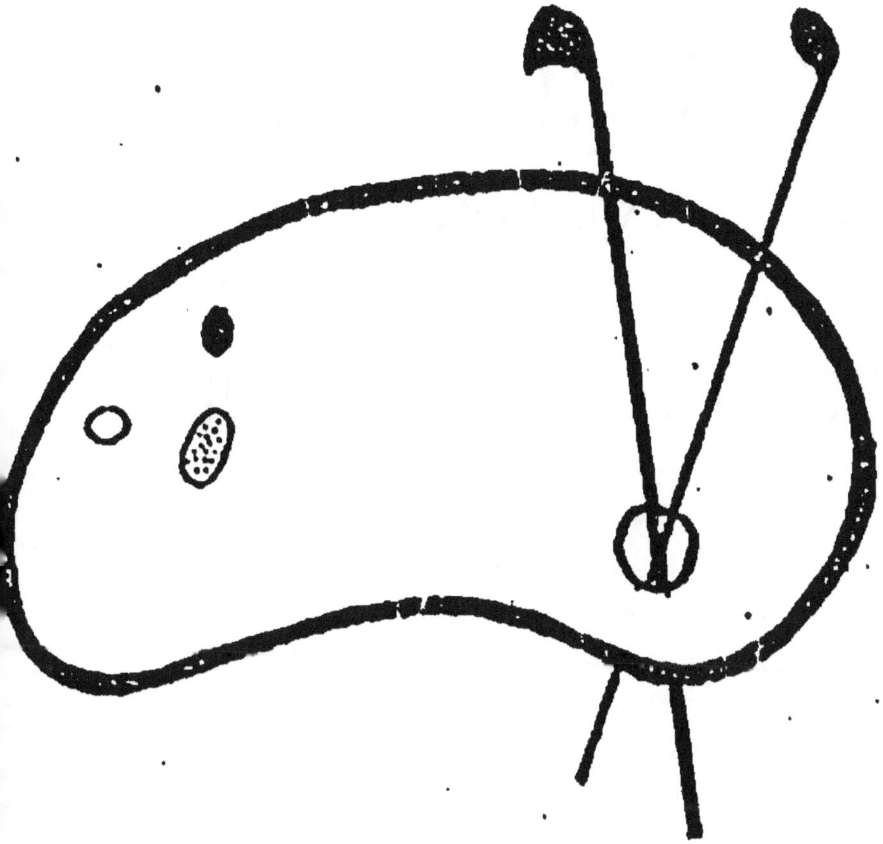

DEBUT D'UNE SERIE DE DOCUMENTS
EN COULEUR

UN SOCIALISME

EN HARMONIE

AVEC LA

DOCTRINE ÉCONOMIQUE LIBÉRALE

PAR

Eugenio RIGNANO

Associé de l'Institut International de Sociologie

———

PARIS (5e)

V. GIARD & E. BRIÈRE

LIBRAIRES-ÉDITEURS

16, RUE SOUFFLOT ET RUE TOULLIER, 12

—

1904

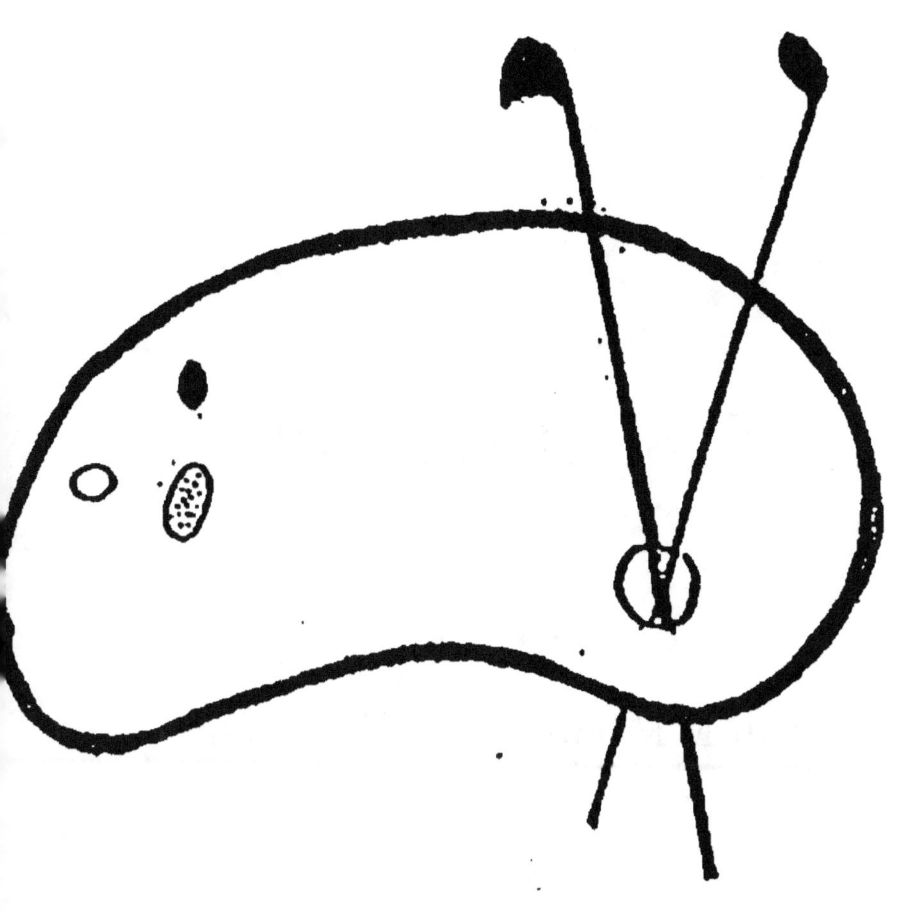

FIN D'UNE SERIE DE DOCUMENTS
EN COULEUR

UN SOCIALISME

EN HARMONIE

AVEC LA

DOCTRINE ÉCONOMIQUE LIBÉRALE

BIBLIOTHÈQUE SOCIOLOGIQUE INTERNATIONALE
Publiée sous la direction de M. RENÉ WORMS
Secrétaire-Général de l'Institut International de Sociologie
XXX

UN SOCIALISME

EN HARMONIE

AVEC LÀ

DOCTRINE ÉCONOMIQUE LIBÉRALE

PAR

Eugenio RIGNANO

Associé de l'Institut International de Sociologie

PARIS (5e)

V. GIARD & E. BRIÈRE

LIBRAIRES-ÉDITEURS

16, RUE SOUFFLOT ET RUE TOULLIER, 12

1904

PRÉFACE

Comme la plupart des économistes et des sociologues, l'auteur de ce livre a dû reconnaître à la fois la justesse des critiques socialistes du régime actuel et celle des objections soulevées par les divers projets de reconstruction sociale que nous ont présentés les socialistes et, surtout, l'école collectiviste.

Il a été frappé de la lacune vraiment fondamentale que Marx a laissée dans la partie positive de son œuvre. Si puissante que soit sa critique, ne perd-elle pas beaucoup de son efficacité en se montrant incapable de réédifier après avoir détruit ?

Il a été choqué aussi par une contradiction criante contenue dans la doctrine du soi-disant matérialisme historique qui, après avoir affirmé la loi sociologique de la lutte des classes et montré sa réalisation dans l'histoire, refuse à l'action consciente des collectivités la moindre efficacité déterminante sur l'évolution sociale et rattache entièrement celle-ci à l'impulsion mécanique et fatale du processus économique.

Les recherches dont nous présentons ici les résultats sont nées du désir de bien analyser ces questions, d'en définir exactement la nature et la portée, de trouver le point faible de telle ou telle doctrine, de faire faire enfin, si possible, aux problèmes les

plus importants et les plus difficiles que se soit proposés l'humanité, un petit pas de plus vers la solution.

L'ouvrage a deux parties. Quelques pages seulement de la première ont été consacrées à la critique du
système actuel. Le côté négatif ayant été amplement
traité déjà par une foule d'auteurs, nous avons cru
pouvoir nous borner à résumer l'ensemble des résultats essentiels auxquels sont parvenus sur ce point
les écrivains socialistes les plus autorisés. Seulement,
nous avons essayé de donner tout son relief à l'action déterminante de la constitution actuelle du droit
de propriété sur le processus économique. Tout le
reste de la première partie est affecté à l'exposition d'un programme d'action sociale qui, certaines
hypothèses étant admises, émanerait, selon nous, de
l'application des lois économiques et sociologiques
les mieux établies à notre moment historique.

Et il nous a semblé que ce programme, appuyé
sur l'hypothèse de l'avènement au pouvoir de la
classe prolétarienne, c'est-à-dire profondément socialiste et répondant à tous les desiderata essentiels
du prolétariat, se trouvait pourtant rigoureusement
d'accord avec les principes fondamentaux de la doctrine économique libérale. Le socialisme et elle cesseraient, selon nous, dans ce nouveau système, d'être
antithétiques, et dériveraient même logiquement l'un
de l'autre. De là le titre de l'ouvrage. Nous avons
cru devoir consacrer quelque pages à le justifier, à
l'étayer de l'appui solide que nous fournissait la doctrine de Bastiat.

La seconde partie comprend trois études distinctes et indépendantes du sujet déjà traité. Leurs

conclusions demeureraient intactes quand même celles de la première partie sembleraient inacceptables. Les unes viennent sans doute à l'appui des autres, mais indirectement, et nous avons laissé au lecteur à juger de quelle façon et en quelle mesure. Nous n'y avons point fait d'allusion nous-même, car nous désirions vivement conserver aux études qui forment la seconde partie de ce volume un caractère d'objectivité absolue.

La première de ces études contient des recherches statistiques sur la distribution des richesses ; la seconde est un essai critique sur les divers socialismes et sur le socialisme en général ; la troisième, d'un caractère tout à fait général, ressortit à des lois fondamentales et envisage d'une façon nouvelle certains phénomènes sociologiques très essentiels.

L'ouvage a paru en italien l'année passée, et les jugements divers, les objections mêmes qu'il a suscités en Italie, ont encouragé les éditeurs actuels à en publier une édition française. Nous sommes heureux de penser qu'il va être soumis aussi par là à la critique de la nation généreuse et géniale qui a la première agité et posé les plus graves problèmes sociaux et jeté la première quelque clarté sur les moyens de les résoudre.

E. R.

Milan, septembre 1903.

PREMIÈRE PARTIE

CHAPITRE PREMIER

DU RÉGIME ÉCONOMIQUE DÉTERMINÉ PAR LE DROIT DE PROPRIÉTÉ ACTUEL

On sait que, selon Marx, la production capitalistique est essentiellement caractérisée par le fait que le possesseur du capital (capital-salaire) achète la force de travail à son coût de production. Or, ce coût est inférieur à la valeur créée, mesurable par le temps normalement employé à l'élaboration d'un produit : il reste, par conséquent, aux mains de l'exploiteur, une plus value (*Mehrwerth*) qui forme le profit du capital-salaires.

On sait que cette théorie marxiste de la valeur — renouvelée, en somme, de Ricardo — est exacte quand on l'applique uniquement au capital-salaires, et en faisant abstraction de tout phénomène de rente ricardienne, différentielle ou de monopole. Mais l'intervention du capital technique (fixe ou variable) augmente le prix de revient des marchandises de tout le montant d'un loyer de ce capital. Le salarié contribue à former ce profit indirectement comme consommateur et non directement comme producteur. Comme producteur il reçoit, dans ce cas, un salaire inférieur encore à la valeur créée, mais qui serait réellement supérieur au coût de la force de travail mise en œuvre si les denrées contre lesquelles l'ouvrier échange ses gains (aliments, vêtements, etc.) n'étaient grevées du profit des capitaux techniques servant à les produire. La majoration des prix de vente qui se produit, oblige cependant l'ouvrier à se borner aux achats strictement nécessaires à son entretien et à celui de sa famille, et la valeur restante qu'il a créée demeure ainsi, en définitive et dans sa totalité, aux mains des possesseurs du capital-salaires et du capital technique.

L'achat de la force de travail au prix coûtant : tel est le trait essentiel du régime du capital. Comme il n'y a pas de rapport nécessaire entre le minimum de subsistances indispensable à l'entretien de cette force et sa plus ou moins grande productivité, l'accroissement de celle-ci, dû à de merveilleuses inventions techniques, ne peut aucunement, en fait, profiter à l'ouvrier. C'est au point que l'on a mis en doute l'amélioration de sa condition et que certains — à tort d'ailleurs — l'ont absolument niée.

Or, si l'ouvrier est contraint d'abandonner la plus grande partie de la valeur produite par lui et de vendre à très bas prix sa force de travail, c'est qu'il ne peut pas se servir librement et gratuitement des instruments qui lui sont indispensables. Sa complète dépendance des détenteurs des moyens de production le met à la disposition de ceux-ci aux conditions qu'il leur plaît de dicter. Les capitalistes ont donc un intérêt suprême au maintien de ce régime quelconque qui garantit la séparation économique de l'ouvrier d'avec son instrument de production ; séparation, qu'assurent parfaitement la forme actuelle du droit de propriété et le régime économique que celle-ci vient à déterminer.

En effet, le processus économique actuel offre aux capitalistes une foule de moyens très efficaces d'empêcher l'ouvrier d'acquérir par ses épargnes l'instrument de production.

Sans doute, les capitaux s'accroissent, grâce au profit, relativement plus vite que la population ouvrière prolétaire. Ce phénomène aurait pu conduire à une considérable élévation des salaires au détriment du taux de l'intérêt ; et l'épargne enfin consentie aux travailleurs, en leur donnant le moyen d'acquérir des terres ou d'autres instruments de production et de se libérer du joug du capital, aurait même pu aboutir à l'entière élimination du profit. C'est justement pour cela que les exploiteurs de la classe ouvrière ont anxieusement cherché tous les moyens possibles de prévenir le danger : ceux qui leur ont le mieux réussi sont l'émigration des capitaux et l'emploi de plus en plus considérable du capital technique et de l'improductif, permettant de réduire à proportion ce capital destiné directement à la demande de travail duquel dépendent l'élévation, la stagnation ou l'amoindrissement du salaire.

De là, l'adoption rapide des nouveaux et admirables perfectionnements techniques, la tendance à favoriser à la fois l'accroissement énorme de la dette publique et le dérèglement de la spéculation et l'expansion coloniale de la vieille Europe.

A ces moyens propres à empêcher — ou à entraver du moins — le relèvement des salaires s'ajouta en même temps, pour faire obstacle à l'émancipation des travailleurs, l'augmentation constante de la valeur des terres et de tous les autres instruments de production (plus value produite, pour celles-là, par l'accroissement continuel de la rente ricardienne, différentielle ou de monopole ; pour ceux-ci, par un accroissement continuel aussi des prix de revient des usines grandioses au matériel technique incessamment amplifié). Et la nécessité de faire pour toutes les cultures et dans toutes les industries des avances de fonds de plus en plus considérables vint augmenter encore pour l'ouvrier l'extrème difficulté de parvenir par ses épargnes à se soustraire au joug du propriétaire capitaliste. On comprend aisément dès lors qu'il suffisait, pour maintenir la séparation écono-

mique de la grande masse des travailleurs prolétaires d'avec
leur instrument de production, d'assurer la perpétuité de la
propriété privée des capitaux. Or, la forme actuelle du
droit de propriété et la pleine et entière liberté de tester
qu'elle consent permettent d'atteindre complètement ce but.

Une infranchissable barrière économique a donc été
dressée entre le travailleur et son instrument de production.
Ce point principal obtenu, la classe capitaliste put s'appliquer à son aise, au moyen d'une foule d'expédients, et avec
le plus grand succès, à l'augmentation du profit, du
Mehrwerth, absolu et relatif (1).

Les capitalistes s'étaient assurés la possibilité de porter
au maximum l'exploitation du travailleur en proclamant
son indépendance au moment où, la terre libre ayant
disparu, il ne pouvait plus s'y rendre et se soustraire ainsi
au joug du capital (Loria). Avec sa servitude, ils brisèrent
la protection partielle contre l'arbitraire que lui assuraient
jadis la loi, les mœurs, les privilèges des corporations,
l'indissoluble union à la glèbe féodale, la fixité même du
montant des corvées. Ainsi, les menées des détenteurs des
capitaux pour exploiter au maximum le travail humain,
surtout pour tenir bas le plus possible le niveau des salaires,
réussirent complètement (sauf dans les cas exceptionnels
où la rapidité de l'accumulation capitalistique dépassa certaines limites), jusqu'au jour où les masses ouvrières, prenant enfin conscience d'elles-mêmes grâce à leur aggloméra-
ration dans les usines et à d'autres circonstances favorables,
commencèrent, par leurs Trades-Unions et d'autres organes
d'enrégimentation, à former un facteur sociologique d'une
réelle efficacité (2).

Ainsi, c'est le triomphe du capital qui a créé les pires
misères de la classe travailleuse et les iniquités de son

______

(1) Marx, *Das Kapital*, Buch I ; Hamburg, 1890 ; dritter, vierter,
fünfter Abschnitt.

(2) Voir le dernier chapitre.

exploitation : si les unes et les autres ne sont plus à leur comble, comme au moment où, à l'essor du régime actuel, Marx le flagellait de l'étalage de son infamie, elles n'en subsistent pas moins et ne se sont guère adoucies.

On sait, par exemple, que chacune des crises économiques si fréquentes aujourd'hui et dont nous étudierons plus loin les principales causes, chaque fermeture d'usine, chaque suspension de travaux, en somme, est pour l'ouvrier expulsé une condamnation à la mort d'inanition ou à d'indicibles tourments. Ne recevant, quand on l'emploie, que le strict nécessaire à l'entretien de sa famille et, par conséquent, presque toujours absolument dépourvu d'économies, il se trouve désarmé, quand vient à cesser la demande de travail, en face du terrible problème des subsistances.

Ce n'est pas tout : la séparation économique de l'ouvrier d'avec son instrument de production conduit aussi fatalement, là où le prolétariat n'a pas encore organisé la résistance, au prolongement et à l'intensification de la journée de travail. L'excès de fatigue, s'ajoutant à l'insuffisance de l'alimentation, brise toute énergie physique et intellectuelle et amène la dégénérescence de la classe prolétarienne et une douloureuse élévation de sa mortalité. Elle comble rapidement d'ailleurs, grâce à l'imprévoyante prolification que favorise le salariat, les vides laissés dans ses rangs par les morts prématurées. Et les machines permettant d'exploiter les faibles forces des enfants, leur nombre excessif est un avantage de plus pour les capitalistes. C'est surtout cette exploitation des forces humaines les moins coûteuses qui a donné lieu à des atrocités et des excès inouïs avant que des lois, arrachées à la classe capitaliste par les agitations croissantes des prolétariens, aient pu la modérer ou l'empêcher.

La procréation insensée que, à la différence de l'esclavage ancien ou du servage féodal, le salariat est particulièrement propre à favoriser (surtout par la réduction des salaires à leur minimum) provoque un énorme excédent de la population ouvrière sur la quantité de force de travail que requiert le capital-salaires, c'est-à-dire cette petite portion du capital total non transformée en capital technique ou en capital improductif ou en fonds destinés à émigrer. A cette foule de prolétaires s'ajoutent les masses incessamment chassées des fabriques par une fiévreuse introduction de machines et très imparfaitement résorbées par le pullulement des industries nouvelles ou l'extension des anciennes. De plus, une crise chronique jette incessamment sur le pavé des légions d'ouvriers privés de moyens de subsistance.

Voilà pourquoi les travailleurs encore désunis, incapables d'imposer une élévation des salaires, des lois protectrices du travail, ou d'autres améliorations, arrivent à un dénuement épouvantable, aux derniers degrés de l'indigence, de la douleur et de l'abrutissement.

Passons à une autre série de conséquences.

C'est l'actuelle séparation économique du travailleur d'avec l'instrument de production qui crée le profit. Or, ce profit que le propriétaire perçoit comme tel, indépendamment de sa valeur personnelle ou de ses actes, de par le droit de propriété dont, d'une façon quelconque, il a été investi, donne au capital privé la faculté d'auto-fructification et une puissance automatique d'accumulation, quels que soient d'ailleurs les modes de son application et leur utilité, c'est-à-dire soit qu'il devienne capital-salaires ou capital technique ou improductif.

Le fait que le capital rapporte un profit, indépendamment de ses modes d'emploi, permet l'augmentation indéfinie du capital technique et de l'improductif et le constant accroissement de leur importance par rapport à celle du capital-salaires dans le total formé par ces trois sortes de capitaux. Voilà pourquoi la classe capitaliste a pu accumuler démesurément sans provoquer une amélioration sensible des conditions économiques des travailleurs.

Du reste, le régime actuel de la propriété privée ne crée pas seulement, par la séparation économique du travailleur d'avec son instrument de production, le profit et l'automatique accroissement des capitaux; il assure en outre, et grâce encore au droit de tester plein et absolu qu'il accorde, la persistance indéfinie du processus de l'accumulation privée. Celle-ci ne pourrait pas (surtout, nous le verrons, après élimination de la spéculation malsaine) dépasser certaines limites si le droit de tester ne lui conférait une continuité d'action ininterrompue par la mort du capitaliste. La transmission héréditaire rend immortels les capitaux privés et leur permet de s'accroître au-delà des bornes imaginables, car l'héritier n'a pas à recommencer depuis le commencement : il n'a qu'à laisser le processus d'auto-accumulation continuer entre ses mains à partir du point où il était à la mort du testateur. Et quand même son patrimoine irait sombrer dans une crise ou au gouffre de la spéculation, il n'en demeurerait pas moins, — en passant presque intact, sauf la portion vraiment détruite, en d'autre mains, et ordinairement en celles d'un spéculateur plus rusé ou plus heureux, — à l'état de propriété privée, sans que ce changement arrêtât peu ou prou le processus d'auto-accumulation.

C'est encore le droit plein et absolu de tester qui, appliqué à la terre, aux immeubles urbains. et, en somme, à tous les biens susceptibles de donner lieu au phénomène d'une rente ricardienne — différentielle ou de monopole — incessamment croissante, assure à ce phénomène une continuité d'action indéfinie. Et, d'une part, cette action constante, opiniâtre, en faveur des mêmes privilégiés ou de leurs descendants, en accordant à un petit groupe, au détriment de tous les autres, des avoirs immérités, progressifs et sans bornes, concourt puissamment à la création de l'inégalité énorme des fortunes dont nous examinerons tantôt les tristes effets ; d'autre part, la plus value automatiquement acquise par les biens fonciers et les immeubles urbains est

entièrement perdue pour la société, puisque le droit de tester
actuel empêche leur retour, fût-il même périodique et temporaire, à la collectivité.

Il suit de là, en ce qui concerne la terre, que la mise en
valeur de sols ingrats équivaut pour la société à *un abaissement permanent*, à leur niveau de fertilité, de tous les terrains déjà cultivés, fussent-ils des plus fertiles. Et conséquemment : la productivité décroissante des terrains ou, plus
généralement encore, la simple co-existence de terres d'un
grand rapport à côté de terres d'un rapport moindre — phénomène de peu d'importance en soi — se transforme en un
fait social extrêmement nuisible parce qu'il concourt à diminuer le taux du capital productif et, par là, à surexciter
indirectement la spéculation.

Quant aux immeubles urbains, le droit de tester enlève
aux communes toute jouissance de la rente des terrains
bâtis : cette rente, dont le montant total croît sans cesse,
constitue une détraction de plus en plus considérable du
revenu annuel de la société en faveur de quelques particuliers. La perte qui en résulte pour l'ensemble de la société
est analogue à celle provoquée par les intérêts des capitaux
improductifs placés dans les 'emprunts publics ou la spéculation. Elle concourt, avec la décroissance du rendement
des terrains et les capitaux improductifs eux-mêmes, à la diminution du profit du capital productif. Et par là, elle
aussi vient à être une des principales causes de la spéculation effrénée actuelle et de l'état de crise chronique
qui en est la conséquence directe.

La production contemporaine est caractérisée par deux
phénomènes très différents. En premier lieu, elle est *capitalistique*, c'est-à-dire que les instruments de production y
sont, économiquement, séparés du travailleur et que celui-
ci, entièrement livré à la merci du capitaliste, est contraint
d'accepter une rétribution minime, disproportionnée à la
valeur réelle de son travail. En second lieu, elle est *mercan-*

tile, c'est-à-dire que les marchandises qu'elle crée sont destinées aux échanges sous le régime de la libre concurrence.

Il n'y a pas de lien nécessaire entre ces deux phénomènes. Une production marchande a pu exister sous des régimes non capitalistiques : ceux de l'esclavage, du servage, du travail libre des artisans indépendants. Et, théoriquement, une production capitalistique pourrait subsister et permettre la division sociale du travail sans avoir recours à l'échange en libre concurrence entre capitalistes. Cette vérité tend à se manifester déjà dans les syndicats industriels.

Nous avons indiqué les douloureuses conséquences du caractère capitalistique de la production; montrons, tout aussi rapidement, celles de son caractère mercantile. Elles se répercutent dans les fermetures momentanées d'usines, les cessations d'entreprises isolées ou — manifestation bien plus grave — dans les crises économiques générales.

Négligeons les perturbations économiques dues à des causes extra-sociales telles que les disettes, par exemple, les grandes invasions de phylloxéra, etc. : les autres — crises de production partielles ou sporadiques, et crises générales — peuvent être rangées en trois catégories distinctes :

1° Celles [tenant à la division sociale du travail, dont le fractionnement d'une part et, d'autre part, l'ampleur du cercle d'action s'accroissent sans cesse.

Grâce à l'isolement des diverses entreprises, les industries éparses dans le monde produisent pour ainsi dire à l'insu l'une de l'autre; elles ne parviennent pas, par conséquent, à maintenir entre les quantités de leurs produits les proportions requises par la société : en d'autres termes, elles ne parviennent pas à coordonner, intégrer en une production adéquate aux besoins du public leurs tumultueux efforts individuels. Quoique les crises finissent par aboutir à un nouvel équilibre, elles ne sont pas pour cela moins douloureuses. Mais le progrès ultérieur des statistiques économi-

ques, de plus amples recueils de données exactes sur le
montant des récoltes et des productions, sur les conditions
de l'offre et de la demande dans le monde entier, ou encore
l'extension des sociétés coopératives de consommation pourront (comme nous essaierons de le démontrer) les rendre
incessamment plus rares et moins intenses.

2° Celles tenant aux inégales conditions des producteurs
dans la concurrence économique.

Une telle inégalité serait sans doute impossible sans la
propriété privée des instruments de production et des capitaux en général. Mais sa cause prochaine est la trop forte
disproportion entre les fortunes particulières : or, l'énormité de cette disproportion dépend uniquement du droit de
tester actuel.

Les points de départ des accumulations capitalistiques
sont bien divers : les unes ont eu pour origine des actes
d'usurpation, et principalement l'occupation abusive du sol,
des terrains communaux surtout, aux dépens des ayants
droit (1) ; d'autres sont le fruit de spéculations heureuses ;
bien peu ont été honnêtement créées par le travail. Mais,
quand même on voudrait les supposer toutes filles du labeur et de l'épargne, il reste néanmoins qu'elles ont commencé à se former à des époques très différentes ; chacune
d'elles datant de l'apparition fortuite dans une famille d'un
individu singulièrement actif, habile et économe. Les différences initiales entre elles se sont accentuées au cours des
générations selon les qualités possédées par les descendants
du premier accumulateur, selon les circonstances, selon ce
fait surtout que, toutes conditions égales d'ailleurs, les
grandes fortunes augmentent plus rapidement que les autres.
Et le droit de tester, en assurant une durée indéfinie à toutes
ces diverses accumulations, a permis qu'entre les anciennes

---

(1) On sait que c'est même là, pour Marx, la source première de
l'accumulation capitalistique en général (Cf. *Das Kapital*, vier und
zwanziges Kapitel : «Die sogenannte ursprüngliche Akkumulation »).

et les récentes, comme entre les plus rapidement croissantes et les autres, aient pu se produire les disproportions énormes actuelles.

Or, la disproportion même des fortunes met à la disposition des grands capitaux des moyens techniques et économico-techniques d'une écrasante supériorité. Les richissimes producteurs, dans la concurrence qu'ils font aux autres, peuvent non seulement gagner plus qu'eux, mais les ruiner, les anéantir. L'inélasticité de compression des gains concourt très efficacement à l'œuvre de destruction. Conséquence directe de la séparation économique du travailleur d'avec son instrument de production, cette inélasticité est un trait essentiel des entreprises capitalistiques actuelles. Elles sont, en effet, aussi incompressibles que des objets en verre : incompressible, le salaire des travailleurs déjà réduit, ou presque, à son minimum ; incompressible aussi le profit, malgré la possibilité théorique d'une compression indéfinie, car la séparation économique du capital d'avec le travailleur lui permet de ricocher au besoin vers des entreprises plus lucratives rapportant un taux normal ou supérieur au normal. On ne saurait donc réduire que les gains de l'entrepreneur non capitaliste : c'est trop peu. Aussi cette absence totale, ou quasi totale, d'élasticité de compression amène-t-elle des fermetures d'usines, des cessations d'exercice, des faillites ou, pis encore, des crises économiques générales, dès que la concurrence entre établissements producteurs diminue les profits de quelqu'un d'entre eux.

L'œuvre de destruction s'étend par degrés de l'humble milieu de l'industrie domestique, des artisans indépendants, des petits paysans propriétaires, à la petite, la moyenne et la grande industrie, semant partout les douleurs et les ruines et causant dans les pays économiquement les plus avancés ce phénomène si caractéristique de notre siècle : un abaissement au niveau de prolétaires sans moyens de production, sans avances indispensables à une activité économique quelconque, de tous les producteurs ruinés, artisans indépendants, paysans propriétaires ou fermiers métayers, petits industriels, petits manufacturiers, petits capitalistes entrepreneurs. Nivelés dans la misère et forcément orientés vers un but commun : la socialisation des instruments de production et, en général, des capitaux, ces prolétaires prennent conscience de leur solidarité, acquièrent *une conscience de classe.* Nous reviendrons ailleurs et plus amplement sur ce point.

D'autre part, les grandes sociétés par actions dont le capital est presque exclusivement versé par des millionnaires, seuls capables de concourir facilement à leur formation, atteignent souvent à une puissance économique formidable qui tend aussi à anéantir les entités productrices moins solides. Et quand, en s'unissant entre elles ou grâce à l'appui des rois de la finance, elles créent ces énormes syndicats de production si irrésistiblement fatals aux entreprises de moindre envergure, la concurrence cesse d'être une émulation bienfaisante entre producteurs partis de conditions initiales à peu près pareilles et soumis à une égale compressibilité des gains : elle devient un véritable massacre. Aux effets de l'accumulation s'ajoutent ceux de la concentration des capitaux achetée au prix de ruines sanglantes (Marx). Notons que le droit de tester donne à ce phénomène aussi de la concentration des capitaux une continuité d'action indéfinie, et par là, avec les fortunes colossales des milliardaires, une monstrueuse acuité.

3° Enfin, une troisième cause de perturbations économiques, due au capital improductif, vient s'ajouter à celle énoncée ci-dessus et la rendre encore plus néfaste. La spéculation est la dernière conséquence du système économique actuel et c'en est aussi la plus funeste. D'une part, en effet, les détenteurs d'immenses capitaux peuvent risquer impunément de fortes sommes ; d'autre part, leur énorme richesse leur fait dédaigner les gains modestes de la production utile, et les invite à se lancer dans les entreprises

violentes de la spéculation, où la force seule, et surtout la
force immense qui dérive d'un capital très considérable, suffit à assurer des gains faciles et fabuleux. De là, à un moment
donné de l'accumulation et de la concentration des capitaux,
la fatale nécessité historique de la spéculation effrénée.

Elle constitue le premier et le plus puissant facteur d'un
état de crise économique permanent. Le capital improductif, en effet, ne créant aucun profit, l'intérêt qu'il donne est
nécessairement déduit du profit des capitaux productifs (1).
Et non seulement de leur profit, qu'il a réduit au minimum, mais de leur masse même qu'il entame toujours davantage au fur et à mesure de son incessant accroissement.
Les vides laissés par ces destructions sont d'ailleurs comblés
par le pullulement de capitaux modestes en voie de croissance, mais, en attendant, l'anéantissement de tant de
forces bienfaisantes constitue l'état de crise chronique dont
souffre aujourd'hui la production.

Le taux du profit n'est pas diminué seulement par l'intérêt des capitaux improductifs. Il subit aussi les prélèvements croissants de la rente foncière, de la rente des terrains bâtis, des intérêts des emprunts publics. Autant de
nouvelles raisons, pour le grand capital, d'abandonner la
production utile pour courir à la spéculation la plus immorale et la plus néfaste. Il n'y renonce que pour monopoliser
absolument une industrie et fonder un de ces *trusts* qui permettent d'exploiter à outrance les consommateurs.

C'est donc, après tout, à la grande spéculation, maîtresse,
par ses énormes capitaux, du sort des entreprises productives, que sourit exclusivement la fortune, et quelle fortune ! Les capitaux moins élevés, incapables de courir les
risques de la spéculation, et ceux, encore inférieurs, en
train de se former péniblement dans le travail et l'épargne,
ont la tâche ingrate et modeste de pourvoir aux entreprises

(1) Cf. LORIA, *Analisi della proprietà capitalista* (Torino, Bocca,
1889), vol. I, page 473 et suiv.

utiles, et d'assouvir, par une partie de leur profit, parfois par tout leur montant, l'épouvantable et néfaste voracité du capital de spéculation. Et la masse prolétarienne des travailleurs, unique et effective productrice de tout ce dont jouissent en parasites les rois du capital, réduite au strict nécessaire malgré le prodigieux accroissement de la somme totale des richesses et malgré tant de merveilleuses inventions multiplicatrices de la productivité du travail humain, et jetée sans relâche sur le pavé par l'ouragan furieux et ininterrompu des crises, pâtit seule, en définitive, de toutes ces misères, ces ruines et ces iniquités.

Mais de ces douloureuses circonstances même surgit pour la première fois un phénomène d'une émouvante grandeur et dont la fatalité historique s'impose.

Cette classe prolétarienne sur qui retombe injustement le poids de toutes les iniquités sociales crée par son mécontentement profond le ferment indispensable à la naissance de sa propre conscience collective. En même temps se réalisent pour la première fois toutes les autres conditions nécessaires et suffisantes à l'affirmation et au développement de cette conscience collective, et partant à la transformation de la classe prolétarienne en un facteur sociologique d'une prépondérante efficacité (1).

Nous nous proposons par conséquent, dans les pages qui suivent, de rechercher si le prolétariat, justement dans l'hypothèse de son arrivée au pouvoir, pourrait parvenir à satisfaire à ses intérêts les plus essentiels par l'institution d'un nouveau droit de propriété, et quelle pourrait être la forme la plus adéquate de ce droit.

Il nous faut, pour y parvenir, passer rapidement en revue les plus fortes raisons qui sont ou peuvent être soutenues pour ou contre le droit de tester.

(1) Voir le dernier chapitre.

CHAPITRE II

DU DROIT DE TESTER

Les principales objections qui ont été ou peuvent être faites au droit de tester actuel, aux trois points de vue, d'ailleurs parfaitement concordants, de l'intérêt économique du prolétariat, du maximum d'utilité sociale et de l'équité, peuvent se résumer comme suit :

1° Ce droit, par ses effets, c'est-à-dire par l'hérédité qui en résulte, s'oppose à l'idée de justice dont la conscience sociale contemporaine, dans son extension et son perfectionnement croissants, a une perception de plus en plus nette : de niveler, dans la mesure compatible avec le maximum du bien-être social, les conditions initiales artificielles de la lutte économique pour la vie ou pour une plus grande intensité de vie. Le droit d'hériter est l'antipode d'un principe pareil.

Une des contradictions les plus criantes d'Herbert Spencer, comme d'ailleurs de la plupart des sociologues et des économistes de notre temps, apparaît en ce qu'ils ont résumé, sans faire aucune réserve, l'idée de justice dans la formule : « que chaque adulte recueille les résultats de sa propre nature et des actes qui en sont la conséquence » (1), corroborée par cette autre : « que nul n'ait la possibilité de décharger sur les autres les conséquences mauvaises de ses

(1) *Justice*, Paris, Guillaumin, 1893, page 31.

actes », en même temps qu'ils admettaient sans restrictions le droit de tester. L'héritier ne possède-t-il pas, dès sa naissance, les instruments de production dont, dès sa naissance, est privé le travailleur prolétaire ? La société est donc bien loin d'accorder à chacun selon ses œuvres et de laisser supporter à l'individu les conséquences de son tempérament et de ses actes quand elle permet à l'héritier de vivre sans travailler, en déchargeant sur ceux dont il est le parasite les conséquences de son oisiveté, voire même celles de ses vices.

2° Le droit de tester constitue le véritable et unique obstacle fondamental à cette socialisation des instruments de production et des capitaux en général qui, nous l'avons vu, est désormais le seul moyen de mettre un terme à la séparation économique du travailleur d'avec son instrument de production et, partant, à son esclavage réel et à toutes les iniquités de l'exploitation qu'une telle séparation provoque fatalement.

Nous verrons, en effet, qu'en dehors d'une modification profonde et essentielle du droit de tester, permettant des prélèvements spéciaux, très élevés, sur les héritages, il n'existe aucun moyen d'atteindre à la socialisation des instruments de production. On pourrait sans doute recourir à l'expropriation violente, mais elle ne serait pas facile à réaliser tant que, surtout, le processus d'accumulation et de concentration des capitaux — dont Marx a évidemment exagéré la généralité, l'extension et l'intensité — demeurerait en deçà de la limite extrême où il suffirait de « faire sauter l'enveloppe capitalistique » pour obtenir, tout mûri déjà, le régime collectiviste. En outre, nous verrons que, cette limite fût-elle atteinte, l'expropriation violente n'avantagerait pas la classe prolétarienne : elle lui serait même immensément funeste, soit par suite des graves perturbations économiques qu'entraînerait une aussi effrayante révolution, soit à cause du nombre énorme d'ouvriers fabricants d'objets de luxe et d'individus employés directement au service des riches dont l'activité deviendrait inutile si l'on détruisait tout à coup la puissance d'achat de leurs clients (1).

De sorte que la nationalisation des instruments de production ne peut pratiquement, sinon théoriquement, se réaliser sans secousses et dans une très large mesure que grâce à une modification profonde du droit de tester. Il faudrait que cette vérité fût mieux comprise qu'elle ne l'est aujourd'hui par la classe prolétarienne.

3° Le droit de tester accorde au processus de l'accumulation automatique du capital privé une continuité indéfinie. Par là, nous l'avons vu, il favorise le dénivellement excessif des fortunes et toutes ses funestes conséquences.

Aujourd'hui, la rapidité d'accumulation d'une partie des avoirs, des plus considérables surtout, tend à s'accroître et devient même parfois vertigineuse grâce à l'influence de causes puissantes. Parmi celles-ci rappelons surtout la rapide augmentation de la population qui, au cours du xix° siècle, a été cause d'une vitesse d'accroissement inconnue jusqu'ici de la rente foncière, et d'une vitesse d'accroissement plus grande encore de la rente des terrains bâtis, et la concurrence, qui, devenue libre, entièrement dégagée de l'entrave des lois, des règlements, des coutumes féodales, peut, grâce aussi à l'extraordinaire facilité actuelle des communications, exercer une action intense, acharnée, sur toute la surface terrestre. C'est elle qui permet aux plus riches des capitalistes contemporains le prompt anéantissement des autres, et encourage tous les excès de la spéculation.

La constitution juridique de la propriété devrait donc opposer aujourd'hui à la vélocité de l'accumulation et de la concentration une égale vélocité de *désaccumulation*. Or, on peut dire que rien n'a été fait en ce sens par les législations sur la propriété : c'est tout au plus si l'on a,

(1) Voir les chap. I et II de la deuxième partie de cet ouvrage.

dans certains pays, institué la légitime, et sur une portion du patrimoine seulement. Mais si cette restriction, appliquée à de petits patrimoines et de petites propriétés, suffit à les diminuer, si elle les fractionne même excessivement (c'est ce qui se vérifie en France surtout), elle n'a, par contre, qu'un pouvoir de désagrégation dérisoire et presque nul sur les grandes fortunes des rois du capital. L'existence de ces fortunes, celles des milliardaires surtout, dans des pays où la légitime est appliquée, le démontre surabondamment. D'autant que les familles riches sont les moins prolifiques. Elles ne comptent généralement pas plus de deux enfants ; bien souvent même elles n'en ont qu'un seul, destiné à hériter de ses parents et de ses proches non mariés. En des cas pareils, l'accumulation est éminemment favorisée au lieu d'être entravée.

4° Le droit de tester actuel s'oppose à la loi darwinienne de la survie des plus aptes. Il la renverse presque en donnant aux hommes nés riches, quelque grande que puisse être leur inaptitude naturelle, des avantages artificiels qui leur assurent la victoire sur les hommes nés pauvres dans la lutte pour l'existence. De là, une perte d'excellents individus qui pourrait être évitée, et qui conduit à une dégénérescence de l'espèce et à tous les maux qui en dérivent.

Notons ici une autre des contradictions de M. Spencer. Après avoir soigneusement distingué la justice familiale (à chacun en raison inverse de ses mérites, c'est-à-dire protection des enfants d'autant plus grande qu'ils sont plus jeunes) de la justice d'État (à chacun selon ses œuvres), il prolonge le régime familial au delà de ses limites naturelles et l'introduit véritablement dans le droit public en accordant que l'on puisse tester même en faveur d'adultes. Car, quand l'État assure aux héritiers désignés, à l'exclusion absolue des autres personnes, la libre disponibilité de certains capitaux et de certains instruments de production, il intervient expressément pour leur garantir, leur vie durant, un avoir entièrement indépendant de leurs mérites.

Nous voyons donc ici prôner à la fois la justice fondée exclusivement sur les lois biologiques qui favorisent la perpétuation de l'espèce et une des causes les plus efficaces de sa dégénérescence.

5° Enfin, on pourrait encore faire au droit de tester nombre d'objections de moindre importance telles que, par exemple : la diminution de richesse et de bien-être social que cause l'oisiveté des héritiers, l'action délétère qu'exerce sur l'intelligence et le caractère de ceux-ci la certitude de pouvoir vivre sans avoir besoin de se rendre utiles. Le sentiment de la solidarité s'émousse en eux, leur égoïsme s'exalte ; ils se pénètrent uniquement de l'idée de leurs droits et perdent celle de leurs devoirs.

Mais nous pouvons négliger toutes ces objections secondaires que l'on pourrait soulever encore contre le droit de tester et passer à l'examen des arguments favorables.

Le premier, le seul qui ait réellement une très grande importance, est que si l'on supprimait le droit de transmettre une fortune à des enfants ou, en général, des êtres aimés, on supprimerait le plus énergique des stimulants au travail, à l'épargne, à l'accumulation indéniablement bienfaisante des capitaux.

On ne saurait, surtout à une époque comme la nôtre, méconnaître la force de cet argument. Aujourd'hui, en effet, d'admirables moyens techniques de production requièrent une quantité toujours croissante de capitaux : ils en absorbent d'autant plus qu'ils sont plus perfectionnés, qu'ils augmentent davantage la productivité du travail. En outre, l'épargne et l'incessante formation de nouvelles accumulations ne servent pas seulement à accroître le montant total des capitaux de la collectivité, ou à substituer des instruments techniques plus perfectionnés aux plus anciens, mais aussi à rétablir ou remplacer les capitaux techniques et les capitaux salaires (réserves de subsistances) qui se détériorent, ou que l'on consomme à mesure. De sorte que si l'épargne sur le total du produit social annuel et la continuelle formation de capitaux qui en est la conséquence venaient à cesser, ou diminuaient considérablement, non seulement le montant total des capitaux d'une nation n'augmenterait plus, mais il diminuerait même avec une épouvantable rapidité.

La fonction d'épargner une partie du produit social annuel pour en former de nouveaux capitaux ne peut être dévolue qu'aux particuliers ou à l'Etat. Nous examinerons plus loin la doctrine collectiviste au double point de vue de l'hypothétique fatalité économique de son triomphe et de sa praticabilité. Pour le moment nous pouvons nous en rapporter à l'opinion soutenue par M. Wagner dans ses « Principes fondamentaux » sur : « la nécessité de former « (*bilden*) le capital social (*das National Kapital*) principa« lement sous la forme juridique de capital privé ». Cette nécessité s'impose, selon cet auteur : D'une part, parce qu'on ne voit pas que le collectivisme offre des garanties suffisantes d'imprimer à la production sociale la direction nécessaire pour égaler, au moins, l'accroissement du capital total qui se réalise sous le régime actuel. D'autre part, parce que la mise en œuvre du plan d'organisation de la production collectiviste présente d'énormes difficultés (1). Or, si la nécessité de la propriété privée pour *la formation* du capital n'implique pas du tout que celui-ci doive, *pour continuer d'être, pour se conserver*, demeurer perpétuellement en propriété privée, elle impose absolument, par contre, pendant la période de formation, le maintien, l'exaltation même du stimulant qui pousse aujourd'hui les particuliers à l'épargne et à l'accumulation.

On soutient encore, à l'appui du droit de tester, qu'il a

____

(1) Adolph Wagner, *Grundlegung der politischen Oekonomie*, Dritte Auflage, zweiter Theil : Volkswirthschaft und Recht, besonders Vermögensrecht (Leipzig, Winter, 1894) §§ 143 et 144, p. 313-320.

pour fondement juridique les devoirs des parents envers leurs enfants. Un père, dit-on, a le droit de disposer de ses biens en faveur de ses enfants parce qu'il a envers eux le devoir de l'assistance. Cet argument n'est évidemment pas valable. En effet, ce devoir des parents envers leurs enfants est fondé sur des lois biologiques qui gouvernent tout le règne animal et qu'il convient à la société, même à un point de vue purement utilitaire, de sanctionner dans l'ordre juridique et dans l'ordre moral, afin de n'avoir pas à s'imposer une fonction à laquelle elle est infiniment moins apte que ceux qui y ont été prédisposés tout naturellement par la sélection darwinienne. Mais, une fois adultes, les fils n'ont plus besoin de l'aide spéciale des parents. Dans leur bas âge, il faut qu'ils trouvent sous le régime familial, et suivant « la loi biologique en vertu de laquelle la vie s'est maintenue à la surface du globe et a évolué vers des formes supérieures », d'autant plus de soins qu'ils sont plus jeunes. Il faut qu'ils reçoivent alors en raison inverse de leurs mérites. Plus tard et en vertu des mêmes principes, ils doivent être soumis au régime de l'État : À chacun selon son mérite. De sorte qu'en tout cas il suffirait, si le père mourait prématurément, d'accorder à ses fils en bas âge, et jusqu'à leur majorité, le simple usufruit de la fortune paternelle ou d'une partie de cette fortune.

Les choses sont loin de se passer ainsi aujourd'hui. Non seulement les enfants demeurent propriétaires, et pour toute leur vie, des biens que leur père a accumulés (ce qui serait déjà, en soi, contraire à une justice uniquement fondée sur la loi biologique), mais ils peuvent ajouter à cette fortune celle de tous leurs ascendants. Et il n'existe, en vérité, aucune loi biologique qui justifie le droit d'être assisté par les plus lointains ancêtres.

Mais, en outre, la possibilité accordée à quelques-uns de protéger leurs enfants bien au delà du temps ou des bornes indiqués par les lois naturelles n'a-t-elle pas pour conséquence nécessaire l'insuffisance de l'aide reçue par la grande majorité des enfants des pauvres ? Ne voit-on pas la mortalité sévir parmi ceux-ci bien plus que chez les autres ? Il paraîtrait donc juste, si la justice se fondait véritablement sur la biologie, d'enlever aux riches la faculté d'un surcroît d'assistance inutile et contraire à la loi naturelle, pour accorder d'autre part aux prolétaires la possibilité d'aider leurs enfants dans la mesure que cette loi impose.

Le troisième argument que nous allons formuler se rattache par certains points au précédent, mais par certains points seulement, si bien qu'on peut rejeter celui-là et accepter partiellement celui-ci.

Il est, dit-on, désirable pour le bonheur de la collectivité humaine que l'homme, si haut placé dans l'échelle animale, acquière le sentiment profond de sa responsabilité envers les êtres qu'il a appelés à la vie. L'homme supérieur fait tout son possible pour assurer à ses fils non seulement une enfance, mais toute une existence heureuse. Que l'un de ceux-ci demeure, par suite d'une infériorité innée et imprévoyable, incapable de lutter pour l'existence, un père hautement conscient le dissuadera sans doute de fonder une famille vouée au malheur, mais ne voudra-t-il pas aussi lui assurer les moyens de traverser la vie sans trop souffrir ? Si, donc, l'on veut évoquer, chez ceux qui ne les éprouvent malheureusement pas encore, des sentiments aussi élevés, aussi éminemment bienfaisants, il faut les seconder chez les hommes supérieurs, sans quoi le sens moral, au lieu de se fortifier et de s'étendre, s'affaiblira peu à peu même dans les esprits où il est formé et fortement enraciné.

Un quatrième argument en faveur du droit de tester, ayant quelques points de contact avec les deux précédents et que l'on expose d'habitude en termes peu exacts, est celui-ci : Le droit de tester et l'hérédité contribuent à fortifier les affections de famille.

Si la plus grande solidité du lien familial était réellement assurée par le droit de tester et si, pour le plus grand bien de la société, il était bon que les rapports entre pères et enfants, fussent-ils d'une nature aussi peu relevée que ceux maintenus par l'épée de Damoclès de l'exhérédation, ne se relâchassent pas trop à l'époque de la majorité des enfants, on ne pourrait en effet contester une certaine valeur à cette opinion.

Rappelons cette autre encore : Les héritiers, dispensés de gagner leur vie, forment l'armée des savants et des artistes ou celle des directeurs d'administrations publiques, d'établissements de bienfaisance, etc... : la société perdrait beaucoup à ce qu'ils fussent privés de leurs biens héréditaires.

Cela est partiellement vrai en ce qui concerne les fonctions d'administrateurs, surtout pour les œuvres de bienfaisance où les héritiers de riches patrimoines, débarrassés du soin de gagner leur vie par le travail, sont particulièrement désignés pour des charges sociales non rétribuées aujourd'hui. Mais il ne faut pas oublier que le « programme minimum » des socialistes en demande la rétribution. La somme qui, de ce fait, grèverait le budget social serait infiniment inférieure à la détraction apportée actuellement au produit total par les rentes des héritiers. Ainsi, l'argument est rétorquable contre l'institution qu'on voudrait défendre, car, réserver certaines charges sociales à de riches rentiers, c'est augmenter encore leurs privilèges, bien assez considérables par ailleurs. Et en outre, réserver ces charges à des gens désignés par le hasard de la naissance plutôt qu'aux plus dignes, c'est courir le risque de confier à des incapables les administrations publiques et les établissements de bienfaisance.

L'autre partie de l'argument est insoutenable. En fait, si

le besoin de travailler pour vivre empêchait de cultiver les sciences et les arts, la totalité ou la presque totalité des savants, des professeurs de Facultés, des magistrats, des professionnels, des artistes contemporains serait fournie par des familles riches ; or, c'est le contraire qui est vrai. C'est même généralement pour trouver un gagne-pain que les intellectuels choisissent leur carrière. Le prolétariat intellectuel contemporain est une preuve à l'appui de cette assertion. On devrait penser plutôt à la quantité de germes précieux stérilisés par le fait que les enfants des pauvres reçoivent à peine une ébauche d'instruction élémentaire. La douloureuse situation économique de leurs familles les oblige à renoncer aux études quelque peu supérieures où pourrait se manifester l'originalité de leur intelligence, et à subir, dès l'adolescence, le joug du travail manuel qui pèsera sur toute leur vie. Leurs hautes aptitudes s'atrophient et s'éteignent dans l'inaction au grand détriment de la science, des arts et de la société.

Les considérations que nous avons exposées jusqu'ici partent toutes d'un point de vue utilitaire, le seul d'où nous croyons possible et utile de discuter. Mais il en est une autre sur laquelle nous voulons nous arrêter un moment, quoique son contenu soit purement métaphysique, parce qu'elle a frappé beaucoup de gens et parce que Spencer lui-même en a étayé sa thèse sur le droit de tester.

Le droit de tester, nous dit-on, est inséparable du droit de propriété : celui-ci étant un *droit naturel,* le droit de tester en est un aussi.

Or, comme on l'a remarqué bien souvent déjà, l'institution de la propriété n'est pas unique et immuable, et il n'y a point une seule sorte de propriété, il y en a beaucoup : « Une autre erreur très générale aussi, c'est que l'on parle « de « la propriété » comme si c'était une institution ayant « une forme fixe et toujours la même, tandis qu'en réalité, « elle a revêtu les formes les plus diverses et qu'elle est en-

« core susceptible de modifications très grandes et non
« prévues (1). »

Par conséquent, modifier le droit actuel de tester et discipliner, ou même empêcher par exemple — en partie ou
entièrement — certaines donations entre vifs ne serait pas
anéantir la propriété mais en changer les formes actuelles,
de même que les fidéicommis et les majorats, par exemple,
en ont changé les formes anciennes.

La propriété n'est pas un droit, mais un ensemble de
droits variables en nombre, en étendue et en qualité (eine
Summe einzelner Befugnisse, dit Wagner). Les combinaisons de ces éléments dans la constitution du droit de propriété sont théoriquement infinies.

« Les droits que confère la propriété sont, aux yeux du
« jurisconsulte, un faisceau de pouvoirs, capables d'être
« considérés à part les uns des autres, et susceptibles en
« même temps d'une jouissance distincte (2). » Et M. Wagner distingue précisément dans le droit de propriété les
cinq droits suivants : d'usage, de contrat, de donation,
d'héritage (droit de tester) et d'accumulation (3).

Le droit de donner et celui de tester sont donc compris
tous deux aujourd'hui, et d'une façon pleine et absolue,
dans le droit de propriété actuel, mais ils pourraient en être
retirés séparément ou à la fois, et partiellement ou totalement, sans que ce droit, dont deux éléments auraient disparu ou se seraient modifiés, cessât d'être un système bien
défini constituant un arrangement de la propriété.

Nous verrons que, par une nécessité historique, la société tend à devenir de plus en plus utilitaire à mesure
qu'elle acquiert une conscience collective plus étendue et
plus parfaite. Elle en arrivera à ne plus sanctionner que les

(1) DE LAVELEYE, *De la Propriété et de ses formes primitives*, Paris,
Alcan, 1891, p. 543.

(2) H. SUMNER MAINE, *Etudes sur l'histoire du droit*, Paris, Thorin,
1889, page 210.

(3) *Grundlegung*, dritte Aufl., Zw. Theil, 198 et 272, 277-279.

formes de propriété qui garantiront à la grande majorité des hommes le maximum du bien-être. Quant à celles qui iront contre ce but, elle les rejettera sans se laisser arrêter un seul instant par des considérations métaphysiques.

Seulement, il y a une autre façon de soutenir que le droit de tester est inséparable du droit de propriété. Et l'objection est telle qu'elle peut aisément induire en erreur. On affirme qu'en donnant ou léguant son épargne, c'est-à-dire la partie non consommée de ce que la société lui a cédé en échange de son travail, un individu n'aliène « rien qui appartienne à d'autres » et n'usurpe aucun droit (1). Voilà encore un cercle vicieux, évidemment. Si la constitution de la propriété admet le droit complet de donner et de tester, le donateur n'aliène, en effet, rien qui appartienne à d'autres : si elle ne l'admet pas, il dispose injustement de biens sociaux. L'apparence de solidité d'une telle objection tient à une double erreur : celle de méconnaître la réelle situation de l'ouvrier, économiquement séparé de l'instrument de production, condamné, par conséquent, à se faire exploiter par les capitalistes ; et celle d'assimiler les biens de consommation aux capitaux (instruments de production ou avances de fonds), de manière qu'on néglige de considérer l'inévitable transformation de l'épargne en capitaux.

Mais, au fait, même en supposant comme sources premières des capitaux actuels le travail honnête et l'épargne des générations passées, ils n'en sont pas moins pour cela des moyens de travail indispensables à l'ouvrier. Si donc, de par le simple hasard de la naissance, ils font défaut à la grande majorité des travailleurs, tandis qu'ils échoient en propriété exclusive à des gens qui, sans avoir rien fait pour les mériter, peuvent, grâce à eux, disposer arbitrairement de la force de travail des autres, la transmission héréditaire des fortunes n'est plus que la transmission de la fa-

(1) SPENCER, *Justice*, 146.

culté d'exploiter ; et au lieu de représenter simplement, pour ceux qui les reçoivent, la possibilité de consommer des objets épargnés à leur intention, elle représente le pouvoir de s'approprier gratuitement le produit actuel du travail d'autrui. Et si cette appropriation gratuite d'une partie du travail d'autrui peut être considérée, par rapport au capitaliste accumulateur du nouveau capital, comme une récompense due à sa peine et à sa frugalité, bienfaisantes créatrices de la nouvelle accumulation, comment ne pas voir en elle une injustifiable usurpation et un inique parasitisme, par rapport à l'héritier ?

D'ailleurs, quand même cesserait cette exploitation de l'ouvrier qui constitue l'essence de la production actuelle, on ne pourrait pas assimiler les capitaux aux biens de consommation et négliger l'inévitable transformation de ceux-ci en richesses capitalisées. Sans doute, si l'épargne non consommée demeurait perpétuellement sous forme d'objets de consommation, sans qu'il fût possible de la changer en capital, on aurait bien raison de ne pas se soucier de savoir qui la consommerait. C'est le point de vue du collectivisme. Si, en effet, la société payait chacun de ses membres par un plein droit de consommation sur une certaine quantité d'objets (en bons de travail, en somme) elle pourrait évidemment déduire ces objets de son produit total, au moment choisi par chaque individu pour en jouir personnellement ou les léguer à des héritiers. Et, dans ce dernier cas, elle ne subirait point d'autre préjudice que l'inactivité, consentie aux légataires.

Mais la chose changerait du tout au tout si, contrairement aux assertions des collectivistes, il n'était ni possible ni utile d'empêcher la transformation des objets de consommation en capitaux, en instruments de production ou en avances de fonds :

« En imaginant, dit Spencer, un rouage mécanique nou-
« veau ou partiellement nouveau, en lui donnant un ca-
« ractère d'utilité pratique, en inventant quelque procédé

« différent ou meilleur que les procédés connus, l'inventeur »
(et on pourrait en dire autant, selon cette façon de voir, du
capitaliste qui échange son épargne contre de nouvelles
machines) « fait des idées, des outils, des matériaux, des
« procédés connus, un usage qui est à la portée de toute
« autre personne, et ne restreint la liberté d'action d'au-
« cune » (1).

Cette assertion est complètement fausse.

Faisons, pour un moment, abstraction des faits actuels,
de cette réalité où le prolétaire, par exemple, est, faute de
loisirs et d'études, dans l'impossibité de rien inventer,
comme, faute de rien posséder au delà du nécessaire, il est
dans l'impossibilité d'épargner. Admettons que, grâce à
l'abolition de la séparation économique actuelle entre travailleur et instrument de production, grâce aussi à un nivellement général des conditions artificielles initiales de la
lutte pour la vie, tous les hommes fussent également libres
d'inventer ou d'épargner. L'inventeur et le capitaliste, dans
cette hypothèse, n'enlèveraient à personne la faculté de se
servir de tous les moyens d'inventer de nouvelles machines
ou d'accumuler de nouveaux capitaux. Et cependant, dès
que certains individus, supérieurement intelligents, actifs
ou économes, auraient réalisé une invention ou accumulé
un nouveau capital, ils causeraient, en utilisant leurs nouveaux moyens de production, un préjudice immédiat et très
considérable à tous les autres producteurs, parce qu'ils pro-
voqueraient une diminution durable de la valeur normale
du produit de la journée de travail. Ainsi, par exemple, le
tisserand « à la main » par le seul fait que certains inventeurs ont imaginé, et certains capitalistes pratiquement appliqué le métier à vapeur, tissant en trois heures ce qu'on
ne saurait tisser à la main en moins de dix heures de travail, a vu diminuer immédiatement et presque dans la
même proportion (non pas tout à fait la même à cause du

____

(1) Spencer, *Justice*, 128-129.

profit du capital technique) la valeur du produit de sa journée de travail. Ce qu'il fabriquait en dix heures a cessé d'équivaloir au produit de dix autres heures d'un labeur aussi intense et aussi compliqué que le sien, pour ne plus représenter que la valeur d'un travail de quatre ou trois heures seulement. N'est-ce pas comme si l'inventeur ou le capitaliste avaient enlevé aux tisserands une partie de leur force et de leur habileté? comme s'ils les avaient mutilés en quelque sorte ? (1) Comment soutenir, après cela, « qu'ils ne diminuent aucunement la liberté d'action » des ouvrières qui n'ont pas pu, pour une raison quelconque, inventer ou accumuler comme eux ? Comment peut-on dire qu'ils « ne leur causent aucun préjudice ? » (2)

Pour que cela fût, il faudrait rendre libre et gratuit pour les ouvriers l'usage des nouvelles machines. Leurs dix heures de travail fourniraient alors un produit dont l'unité de mesure aurait sans doute une valeur trois fois moindre que l'ancienne, mais les machines leur permettant de fabriquer une quantité trois fois plus grande, la valeur normale de leur travail ne changerait pas. En ce cas, l'introduction incessante de nouvelles machines serait réellement à l'avantage général des consommateurs, car elle élargirait et multiplierait la productivité du travail humain, sans préjudicier à personne.

(1) Ainsi, par exemple, les tisserands à la main, dans la province de Biella, gagnaient jadis 50 centimes par mille coups de navette. A l'époque de l'invention du métier mécanique les mille coups furent payés 20 ou 22 centimes et on ne les paie guère aujourd'hui plus de 12 centimes (EINAUDI, *Psicologia d'uno sciopero*, dans la « Riforma sociale », du 15 octobre 1897, page 948).

(2) Dans la patrie même de Spencer, l'histoire, surtout celle de la première moitié de ce siècle, est pleine du récit des souffrances ouvrières provoquées par l'introduction des machines. Elles ont causé des hécatombes de travailleurs indépendants et supprimé d'entières classes sociales (les tisserands à la main ont disparu). Peut-on soutenir que, même dans ces cas, elles n'ont pas préjudicié aux ouvriers indépendants et diminué leur liberté d'action ?

Au lieu de cela, et grâce au droit de tester qui assure la perpétuité de la propriété privée des machines, les ouvriers ne peuvent pas s'en servir gratuitement, et le dommage qu'elles leur causent est irrémédiable. Quand l'amoindrissement virtuel de leur activité dépasse une certaine limite, ils succombent dans une lutte trop inégale. Et eussent-ils possédé à leurs débuts les avances de vivres nécessaires, ils sont contraints de renoncer à leur indépendance et de s'employer dans les usines mêmes contre lesquelles ils ont lutté en vain. Le produit de leurs dix heures de travail (d'un travail dont la qualité est redevenue normale au point de vue social) recommence alors à représenter la valeur de dix heures d'efforts, mais ils sont contraints d'en céder la plus grande partie au détenteur de l'instrument de production à la merci duquel ils se trouvent.

Pour garantir la liberté d'action de tous ses membres ou de la grande majorité d'entre eux, la société devrait donc empêcher les inventeurs et les capitalistes d'appliquer à la production les inventions et les capitaux qui abaissent la valeur des produits au détriment des producteurs obligés de recourir encore aux anciens systèmes. C'est, en somme, ce que ferait le collectivisme, en empêchant les « bons de travail » de se transformer en moyens de production, en capitaux. Ou encore, consciente de l'utilité sociale des inventions et des accumulations individuelles, la société pourrait, au contraire, les encourager, en en laissant, pendant quelque temps, tout le profit à leurs auteurs. Mais la réalisation de la loi d'égale liberté pour tous (cet irrésistible besoin de la conscience sociale en formation, ce principe fondamental de la justice de Spencer sur lequel cet auteur insiste tellement) imposerait de n'avantager les inventeurs et les capitalistes que pendant l'espace de temps *strictement nécessaire et suffisant* pour les stimuler le plus efficacement possible à inventer ou accumuler.

La société suit, en fait, cette ligne de conduite utilitaire et équitable par rapport aux inventions, dont les brevets sont temporaires et qui finissent par devenir la propriété commune et gratuite de tous (Bastiat) : elle agit tout autrement en ce qui concerne les accumulations de capitaux. Le droit de tester actuel retranche définitivement les instruments et les moyens de la production du domaine de la communauté et de la gratuité, et les avantages exclusivement réservés à quelques hommes continuent à préjudicier indéfiniment à la grande majorité des autres.

Nous pouvons passer sous silence toutes les autres opinions de nature métaphysique soutenues à l'appui du droit de tester ou de celui d'hériter. Elles sont d'ailleurs presque innombrables, les points de vue subjectifs d'où elles proviennent étant entièrement arbitraires.

Mais examinons rapidement les modifications au droit de tester actuel qui ont été proposées pour répondre aux objections énoncées ci-dessus.

On comprend que pour éviter à la fois les inconvénients d'un droit de tester trop absolu et ceux de sa complète abolition on ait cherché des transactions capables de tourner toutes les difficultés, ou, du moins, les essentielles. Les propositions qui ont été faites à ce sujet peuvent se ramener à trois types principaux (1).

La première catégorie de ces réformes préconise le prélèvement de droits sur les successions, proportionnels ou progressifs, destinés à l'acquisition des instruments de production à nationaliser. C'est ce que proposent, par

---

(1) Nous négligeons à dessein les projets qui, tout en respectant le droit de tester, abolissent, pour les collatéraux (Bentham, Stuart Mill, etc.), ou même pour les ascendants et les descendants directs, le droit d'hériter dans les successions *ab intestato*. Ces successions, nous dit-on, iraient à l'Etat. Mais il est évident qu'après la promulgation d'une loi pareille, il n'y aurait presque plus personne qui négligeât de faire son testament, et les biens que l'Etat percevrait de ce chef se réduiraient par conséquent à une valeur minime, dérisoire.

exemple, M. de Laveleye pour la nationalisation du sol et M. Wagner pour le rachat des terrains bâtis et des immeubles urbains.

Mais cette modification du droit de tester, surtout dans la faible mesure où elle paraît applicable à ses partisans, ne satisferait pas les prolétaires. Le processus de nationalisation auquel elle donnerait lieu serait beaucoup trop lent. En dépit même des meilleures intentions de la rendre aussi efficace que possible, elle demeurerait incapable d'aboutir rapidement et sérieusement à une nationalisation sur une très vaste échelle de tous les instruments de production et en général de tous les capitaux existant aujourd'hui. Il est très nécessaire, en effet, de ne pas diminuer l'intérêt des particuliers à la conservation des capitaux nationalisables et de ne pas amoindrir le stimulant à la formation incessante de nouvelles accumulations. Les droits proportionnels ou progressifs sur les successions ne pourraient donc jamais être très élevés ni la progression des progressifs très forte (1). Ainsi ce processus de nationalisation n'aurait pas la rapidité et l'efficacité requises. La proportion entre les capitaux demeurés en propriété privée et ceux nationalisés menacerait de ne pas décroître avec la rapidité voulue ou de ne pas diminuer du tout. Et on ne pourrait guère recou-

---

(1) Une progression trop forte pousserait inévitablement et très énergiquement à dissiper, dès qu'il aurait dépassé un certain montant, tout le revenu des grandes fortunes et une partie du capital même, en dépenses inutiles.

L'objection que les impôts sur les successions, les proportionnels aussi bien que les progressifs, s'ils absorbent plus que le revenu et touchent au patrimoine, conduisent à une destruction de capitaux, perd, ici, au contraire, toute valeur. Il ne s'agirait pas en effet d'ajouter le montant de ces impôts à l'actif du budget national, mais de les appliquer à la nationalisation des instruments de production, à la transformation de richesses privées en richesses collectives. Bref, il ne s'agirait pas véritablement d'*impôts* mais de *prélèvements*. L'État recevrait en qualité de cohéritier des sommes destinées à devenir une propriété collective.

rir aux prélèvements *en nature* des portions de patrimoine
à nationaliser à cause de la modicité de ces prélèvements,
et, dans les projets dont il est question ici, parce que la nationalisation ne porterait que sur une catégorie de la richesse : les biens fonds ou les immeubles urbains (1).

Or, les prélèvements *en nature*, partout où la pratique
en serait possible, représenteraient évidemment le moyen
le plus simple et le plus direct d'effectuer la nationalisation
des biens. Ceux *en espèces* présenteraient, entre autres inconvénients : une bureaucratie immense et très compliquée,
vu la masse considérable d'acquisitions à effectuer ; la possibilité, la facilité même de fraudes, offerte aux fonctionnaires préposés à ces acquisitions et aux propriétaires vendeurs ; le péril encore plus probable de voir, en cas de
pressants besoins budgétaires, les prélèvements servir à couvrir un déficit plutôt qu'à payer des terrains ou des immeubles ; et enfin et surtout la hausse artificielle et énorme
qui se produirait dans la valeur des biens à nationaliser par
suite de la grande et continuelle demande qu'en ferait
l'État.

Cependant, quelles que soient leurs lacunes, ces sortes
de projets ont le mérite d'indiquer la seule voie possible
par où le prolétariat pourra atteindre pacifiquement au but
fatal de son action consciente : la nationalisation des instruments de production et, en général, des capitaux. Des
prélèvements de l'État sur les successions pourront seuls

(1) Les prélèvements en nature seraient impossibles, si la nationalisation devait se borner à une seule sorte de biens, dans les patrimoines mixtes (c'est-à-dire composés à la fois de terrains,
d'immeubles urbains, de titres de dettes publiques, d'actions ou
d'obligations de sociétés par actions, etc.) et dans ceux formés de
biens non nationalisables. Il faudrait en ces cas forcément recourir
aux prélèvements en espèces, applicables à l'acquisition des catégories de biens à nationaliser. Mais si la nationalisation devait
s'étendre à tous les biens en général, les prélèvements en nature seraient toujours possibles théoriquement et ils le seraient aussi pratiquement sans doute, dans la plupart des cas.

nous y mener sans révolution, sans funestes cataclysmes économiques et sociaux, sans brusque rupture avec le régime actuel.

M. Letourneau a émis une opinion bien plus hardie que celles que nous venons d'examiner. Il préconise l'abolition totale, ou presque totale, du droit de tester ou de celui d'hériter, à la seule condition que cette mesure soit prise graduellement.

« Sans recourir à aucun procédé violent, en respectant « tous les droits acquis, et même mal acquis, la commu- « nauté pourra, quand elle le voudra, effectuer des me- « sures graduées, à long terme, visant surtout l'avenir. C'est « ainsi qu'au Brésil, en 1871, pour abolir l'esclavage sans ré- « volution ni guerre sociale, on a voté une loi déclarant libres « tous les enfants qui naîtraient dorénavant de parents es- « claves. Or, dix-sept ans seulement de ce régime transitoire « ont permis d'arriver sans secousse à l'émancipation com- « plète de toute la classe servile (1888)... Dès à présent, par « les droits de succession dont il frappe la transmission héré- « ditaire de la propriété, l'État entreprend sans cesse contre « l'héritage. On pourrait élever progressivement ces droits, « les plus légitimes de tous, en les graduant non plus « d'après le degré de parenté, mais d'après la quotité de « l'héritage. Sagement échelonnée sur une longue série « d'années, cette progression permettrait d'arriver sans se- « cousse à l'abolition totale ou presque totale de l'héri- « tage (1) ».

A quoi l'on peut objecter que, pour s'être très lentement réalisée, l'abolition totale ou presque totale de l'héritage n'en porterait pas moins un coup mortel au stimulant du travail et de l'épargne.

On peut rattacher à une seconde catégorie de réformes

---

(1) LETOURNEAU, *L'évolution de la propriété* (Lecrosnier et Babé, Paris, 1889), pages 501-502.

le projet de Stuart Mill ayant pour but, non pas la nationalisation des capitaux, mais une diffusion des richesses capable d'obvier à la lenteur de la *désaccumulation* des fortunes privées. La proposition de Stuart Mill tendrait par là à empêcher le droit de tester de conduire encore à l'avenir à la formation d'une inégalité énorme entre les accumulations :

« Si je composais un code des lois qui me semblent les
« meilleures en elles-mêmes et sans tenir compte de l'opi-
« nion courante, je restreindrais, non ce qu'il est permis de
« léguer, mais ce qu'il est permis d'acquérir par voie de
« legs ou d'héritage. Chacun aurait le droit de disposer de
« tout son bien par testament mais non celui d'en enrichir
« une seule personne au delà d'un maximum assez élevé
« d'ailleurs pour assurer une confortable indépendance. Les
« inégalités de fortune provenant de l'inégalité des efforts,
« de la frugalité, de la persévérance, des talents et, jusqu'à
« un certain point, des chances favorables, sont insépa-
« rables du principe de la propriété privée et on ne peut
« accepter celui-ci sans en admettre les conséquences : mais
« je ne vois rien d'opposable à la fixation d'une limite au
« montant de ce qu'on peut acquérir grâce à la bienveillance
« d'un autre, sans qu'on ait eu lieu d'exercer aucune fa-
« culté, et je voudrais que quiconque en ces conditions dé-
« sirerait un accroissement de richesse travaillât pour
« l'obtenir (1) ».

Une objection se présente d'abord. Ce projet annulerait à un moment donné le stimulant à épargner et un père de famille cesserait de travailler dès qu'il aurait accumulé le maximum de l'avoir transmissible aux siens par héritage. Il pèche d'ailleurs surtout à notre point de vue parce que,

_____

(1) J. STUART MILL, *Principles of political economy* (Longmans, Green et Cie, London, 1900) Deuxième ch. du Livre II, page 139. WALLACE, *Bad Times* (Macmillan, London, 1885) fait une proposition analogue (p. 88).

pour ne pas léser, en apparence du moins, le droit de tester, il accorde au testateur la faculté de disposer à son
gré de la partie de son patrimoine que la loi lui défendrait
de transmettre à ses enfants (1). Elle n'irait certainement
pas à l'Etat. Le plus souvent elle passerait sans doute à des
gens sûrs pour retourner aux enfants après retenue d'un
pourcentage comme rémunération du service rendu. Le but
visé serait ainsi complètement manqué. Et quand, effectivement, le testateur distribuerait la partie de sa fortune non
transmissible à ses enfants, à ses parents les plus proches et
— ceux-ci ne suffisant pas à l'épuiser — aux plus éloignés
ou même à des amis, on parviendrait sans doute par là à
égaliser davantage les fortunes privées et à en empêcher les
disporportions énormes actuelles, mais on courrait d'autre
part le risque de mettre, en plus des enfants des testateurs,
beaucoup d'autres personnes, qui auraient dû travailler
et se rendre utiles à la société, à même de vivre aussi dans
l'oisiveté. Ce serait agrandir, au lieu de la restreindre,
toute une catégorie d'inconvénients nés du fait de l'héritage. Si d'ailleurs le testateur dotait du surplus de sa fortune des « établissements d'utilité publique », on serait exposé au danger d'un immense gaspillage de précieuses forces
productrices. Car le but principal de ces établissements ne
serait pas l'utilité publique, mais l'assouvissement de la vanité des donateurs. On pourrait craindre aussi un pullulement de ces institutions de bienfaisance qui, par leur multiplicité et la façon dont la charité y est comprise et prati-
quée, ont sur le caractère moral du peuple et l'ensemble de
l'économie sociale une action funeste et vraiment délétère.

(1) En réalité, le droit de tester ne serait pas entièrement respecté ; il serait même considérablement amoindri par la limitation
du montant des richesses transmissibles aux êtres les plus aimés.
Cette limitation, qui ne donne lieu à aucune objection à notre point
de vue, enlèverait cependant toute raison d'être à la concession
faite au testateur de disposer aussi de la partie restante de son patrimoine.

Que l'on songe à celle qu'exerçait jadis dans le Royaume-Uni la charité légale.

Les ouvriers d'aujourd'hui n'ont que faire de la charité qui humilie et abrutit : ils demandent, ils exigent un travail libre et entièrement payé qui les élève et les ennoblisse. Les capitaux privés que la société parviendrait à soustraire, en une plus ou moins grande proportion, aux familles des testateurs, ne devraient donc pas servir à augmenter les aumônes, mais à garantir, par leur nationalisation et leur mise à la disposition du travailleur (de la façon que nous examinerons plus loin), le rapprochement économique de l'ouvrier et de l'instrument de production.

Enfin, une troisième catégorie de restrictions du droit de tester comprend les prélèvements de l'État *progressifs dans le temps*. Nous nous occuperons de ces systèmes dans le prochain chapitre. Celui de Huet, ne tendant pas à réaliser la nationalisation des capitaux, mais à assurer à chacun son *droit au patrimoine*, et celui de M. Wallace pour effectuer la nationalisation du sol en sont, nous le verrons, des cas particuliers.

CHAPITRE III

PRÉLÈVEMENTS SUR LES SUCCESSIONS PROGRESSIFS DANS LE TEMPS

Comme nous l'avons vu au chapitre précédent, les trois points de vue, d'ailleurs parfaitement concordants, de l'utilitarisme pur (maximum du bien-être social), de l'intérêt économique de la classe prolétarienne, et de l'équité, requièrent pour la modification cherchée du droit de tester, les qualités fondamentales suivantes. Une telle modification devra :

1° Satisfaire au principe d'équité en égalisant (autant, du moins, que ce nivellement est compatible avec la plus grande somme de bien-être social) les conditions initiales artificielles de la lutte économique pour la vie ou pour une plus grande intensité de vie.

2° Réaliser bientôt une vaste nationalisation des instruments de production et de tous les capitaux en général.

3° Permettre une adéquate vitesse de *désaccumulation* afin de diminuer les différences entre les accumulations privées de capitaux (car il y en aura de non nationalisés encore, tandis que d'autres se formeront pour se nationaliser à mesure).

4° Garantir des conditions de vie sociale telles que puisse se vérifier la loi darwinienne de la survie du plus apte.

5° Stimuler puissamment au travail, à l'épargne, à la formation continuelle de nouveaux capitaux.

Il faut à ces conditions, principales, en ajouter de secondaires : réduire autant que possible le nombre des oisifs, des parasites, qui privent la société de tout le travail qu'ils auraient dû accomplir en d'autres circonstances ; évoquer et développer le sentiment de la responsabilité des parents envers les êtres qu'ils appellent à la vie ; maintenir les liens familiaux entre les adultes et leurs parents âgés, etc.

La cinquième de ces conditions empêche de satisfaire entièrement à la première uniquement par la constitution juridique du droit de propriété ; mais il faut du moins satisfaire entièrement à la seconde, la plus importante d'ailleurs à notre point de vue. Nous avons noté qu'on ne saurait y parvenir par une simple limitation de la transmission héréditaire des richesses. Il faudra donc abolir complètement cette transmission, et remettre à la collectivité *tous* les instruments de production et les capitaux en général, aujourd'hui aux mains de propriétaires privés. Seulement l'empêchement pourra ne porter, à la mort du capitaliste, que sur une partie de ses biens, et, afin de ne pas affaiblir le stimulant au travail et à l'épargne, n'agir sur la partie restante qu'*au bout d'une certaine période* ou même *de plusieurs périodes déterminées.*

Ainsi, par exemple, le stimulant au travail et à l'épargne garderait toute son efficacité si ces périodes couvraient la durée entière de la vie des êtres les plus chers au capitaliste défunt : celle de son fils et même toute celle de son petit-fils. Le droit du testateur sur la partie de ses biens dont il a hérité (et, par conséquent, son droit de donation entre-vifs) différerait de celui qu'il aurait sur la disposition des richesses acquises par son épargne et son travail personnels et se modifierait selon la provenance plus ou moins éloignée de l'hoirie. En d'autres termes, la transmission héréditaire s'exercerait amplement sur des biens accumulés par l'épargne et le travail personnels, serait considérablement restreinte pour ceux reçus en héritage et s'amoindrirait jusqu'à l'annulation complète après un certain nombre de transmissions en propriété privée.

Un exemple éclaircira mieux la chose. Le testateur *A*

laisse un patrimoine dont le montant total sera représenté par a. L'État, intervenant comme cohéritier, en prélèvera un tiers, par exemple, tandis que les deux autres iront à B désigné par A pour son héritier. Supposons que B, par son travail et son épargne, ou en économisant sur les revenus de son héritage, ou par les deux moyens à la fois, augmente ce patrimoine $\frac{2}{3} a$ d'une valeur représentée par b.

A sa mort l'État fera, du montant complexe $\frac{2}{3} a + b$, où *d'une façon quelconque, les deux patrimoines se seront fondus et confondus*, deux parts de la valeur respective de $\frac{2}{3} a$ et b ; il prélèvera un tiers sur la seconde (b) mais, sur la quotité $\frac{2}{3} a$ qui représente le montant du patrimoine hérité par B du premier accumulateur A, il se réservera une fraction ou un pourcentage plus élevés, les $\frac{2}{3}$ du montant, par exemple. Ainsi, l'héritier C, désigné par B, ne recevra que $\frac{1}{3} \left(\frac{2}{3} a \right) + \frac{2}{3} b$; tandis que l'Etat percevra $\frac{2}{3} \left(\frac{2}{3} a \right) + \frac{1}{3} b$. — Supposons que C, à son tour, par le travail et l'épargne, ou en réalisant des économies sur les revenus du patrimoine hérité, ou par les deux moyens à la fois, augmente ce patrimoine $\frac{1}{3} \left(\frac{2}{3} a \right) + \frac{2}{3} b$ d'une valeur c. A sa mort, l'Etat fera du montant complexe $\frac{1}{3} \left(\frac{2}{3} a \right) + \frac{2}{3} b + c$, où d'une façon quelconque, *les trois patrimoines se seront fondus et confondus*, trois parts de la valeur respective de 1/3 (2/3 a), 2/3 b et c. Il prélèvera 1/3 de la valeur c et 2/3 de la valeur 2/3 b qui représente le montant du patrimoine que C a reçu directement de l'accumulateur B. Mais, sur la quotité 1/3 (2/3 a) représentant le montant du patrimoine que C a reçu de A de seconde main, c'est-à-dire après deux transmissions en propriété privée, l'État se réservera une part encore plus considérable : les 3/3 par exemple, la totalité. De sorte que l'héritier D, désigné par C, aura seulement :

$$\frac{0}{3}\left[\frac{1}{3}\left(\frac{2}{3}\,a\right)\right] + \frac{1}{3}\left(\frac{2}{3}\,b\right) + \frac{2}{3}\,c = \frac{2}{9}\,b + \frac{2}{3}\,c;$$

tandis que l'État percevra :

$$\frac{3}{3}\left[\frac{1}{3}\left(\frac{2}{3}\,a\right)\right] + \frac{2}{3}\left(\frac{2}{3}\,b\right) + \frac{1}{3}\,c;$$

de sorte qu'il aura ainsi prélevé, dans l'ensemble, à la mort de C, tout le montant du patrimoine a, les $\frac{7}{9}$ du montant du patrimoine b et le tiers du montant du patrimoine c.

Par suite, d'après ce système de prélèvements, l'héritier E, désigné par D, recevrait seulement :

$$\frac{0}{3}\left[\frac{1}{3}\left(\frac{2}{3}\,b\right)\right] + \frac{1}{3}\left(\frac{2}{3}\,c\right) + \frac{2}{3}\,d = \frac{2}{9}\,c + \frac{2}{3}\,d;$$

et l'État :

$$\frac{3}{3}\left[\frac{1}{3}\left(\frac{2}{3}\,b\right)\right] + \frac{2}{3}\left(\frac{2}{3}\,c\right) + \frac{1}{3}\,d.$$

Et ainsi de suite indéfiniment.

Nous ne donnons, bien entendu, cette progression particulière $\frac{1}{3}$, $\frac{2}{3}$, $\frac{3}{3}$, ou 33, 66, 100 0/0, qu'à titre d'exemple : on en pourrait choisir mille autres. En outre, nous croyons inutile d'insister sur ce que la division de chaque patrimoine en diverses parties, pour l'application des divers taux de prélèvement, ne devra et ne pourra se faire que *quantitativement* et non pas *qualitativement*. En effet, chaque patrimoine laissé en héritage changera, en règle générale, sa nature, ses modes de placement, dans les mains de l'héritier. De sorte que dans le patrimoine que celui-ci laissera à son tour, la partie héritée sera presque toujours fondue et confondue avec les autres accumulées dans la suite. L'Etat ne pourra et ne devra donc tenir compte que du simple *montant* auquel elle s'élevait et dont il aura pris connaissance à la mort du premier testateur (1).

Le principe agissant dans une telle modification du droit de tester peut être considéré comme une généralisation de celui qu'a émis M. Huet (2). Et, ainsi généralisé, on peut le définir un prélèvement *progressif dans le temps* que l'Etat ferait sur les successions. Actuellement, les droits progressifs ordinaires sont en quelque sorte *progressifs dans l'es-*

(1) Partant, je ne crois pas mériter l'objection que m'ont faite des économistes et sociologues distingués, que l'Etat ne saurait, dans bien des successions, démêler les parties héritées d'avec les autres (Voir, par exemple, Achille Loria, « Archivio Giuridico », mai-juin 1901, page 107 ; Camille Supino, « Il Diritto Commerciale », vol. XIX, page 639 ; Rodolfo Laschi, « Rivista Italiana di Sociologia, mai-juin 1901, page 389). L'Etat, en effet, sans avoir rien à démêler, aurait simplement à soustraire, de la valeur vénale totale de chaque patrimoine, *le montant* de la fortune que le défunt actuel aurait recueillie jadis par succession.

(2) On sait, en effet, qu'il accorde à l'accumulateur d'un patrimoine le droit plein et absolu de tester, tandis qu'il refuse entièrement à l'héritier le droit de disposer du patrimoine reçu en héritage (*Règne social du Christianisme*, Paris, Didot, 1853, page 271). C'est là, on le voit, un cas particulier du principe ci-dessus, la progression étant en ce cas égale à 0/1, 1/1 (prélèvement nul de l'Etat à la mort de l'accumulateur et prélèvement total à la mort de son héritier immédiat). Cette proposition, à vrai dire, malgré l'excellent principe qui l'inspire, et indépendamment de toute autre considération sur la progression spéciale et unique qu'elle adopte, a le défaut capital de provenir de considérations métaphysiques supposant toutes l'absolu et négligeant la réalité des faits. Des considérations utilitaires auraient abouti à une formule plus générale et plus élastique, susceptible de s'adapter par ses applications, c'est-à-dire par des progressions infiniment diverses, aux conditions spéciales de milieux et de moments différents, et capable de se conformer aux contingences particulières les plus disparates.

pace, car ils s'appliquent aux patrimoines en raison de leur étendue. Selon le nouvel arrangement du droit de tester, les prélèvements sur les héritages seraient progressifs, non pas en raison de l'étendue ou de la grandeur des patrimoines, mais en raison du nombre des transmissions qu'ils auraient subies, c'est-à-dire, en somme, en moyenne : en raison du temps écoulé depuis leur accumulation. — Le principe progressif serait appliqué au temps plutôt qu'à l'espace, et selon l'âge des patrimoines plutôt que selon leur ampleur.

L'arrangement du droit de tester qu'il provoquerait satisferait, nous le verrons, mieux qu'aucun autre, aux conditions posées ci-dessus. Il pourrait donc, à notre avis, modifier dans le sens désiré ce droit et, conséquemment, l'entière constitution de la propriété. Il pourrait tout au moins servir à indiquer la direction que devrait suivre la classe prolétarienne, si jamais elle triomphe, pour pourvoir à ses intérêts économiques les plus essentiels.

Nous nous convaincrons facilement d'ailleurs que la modification préconisée est, de toutes celles examinées plus haut, la plus apte à remplir les conditions que nous avons énoncées.

Elle ne pourrait sans doute, à elle seule, satisfaire complètement à la première de ces conditions ; elle ne mettrait pas tous les hommes, au seuil de l'âge adulte, en une situation économique identique ; mais l'amélioration en ce sens serait très considérable.

En effet, les descendants des grands capitalistes actuels recevant des fractions toujours moindres, et enfin nulles, des accumulations privées de ces derniers, les fortunes acquises par voie d'héritage descendraient graduellement, mais rapidement, à un niveau modeste. Ensuite, la nationalisation d'une partie de ces biens permettrait même aux ouvriers nés pauvres le libre et gratuit usage d'une quantité toujours plus considérable de moyens de production ou d'avances de fonds indispensables. Enfin, grâce au relèvement de la rémunération du travail qui serait la conséquence de l'usage libre et gratuit des instruments de production et des capitaux en général, les masses ouvrières acquerraient effectivement la possibilité d'épargner et d'accumuler des épargnes à transmettre à leurs enfants.

Cette tendance des biens transmis par héritage à se niveler à un montant modeste, la libre et gratuite disposition pour tous des capitaux indispensables au travail et l'accroissement continu du nombre des légataires concourraient à amoindrir, à rendre même de plus en plus négligeables, pratiquement, les inégalités initiales artificielles entre les enfants des classes aisées et ceux des classes inférieures.

Et comme il est impossible de parvenir uniquement par une adéquate constitution juridique du droit de propriété à la parfaite égalité initiale, on s'en approcherait d'autant plus vite si, au lieu de se borner à l'emploi de ce seul moyen, l'État recourait en outre à des mesures secondaires et auxiliaires, l'enseignement entièrement gratuit à tous ses degrés par exemple, et d'autres encore, également susceptibles de rapprocher incessamment la société de son but suprême.

Il ne faut pas croire que le collectivisme, qui admet le droit plein et absolu de transmettre en héritage les bons de travail, remédierait à l'inégalité initiale artificielle. La proposition de M. Huet n'y remédierait pas davantage puisqu'elle accorde aux accumulateurs le droit plein et absolu de tester. Et ce n'est pas même en abolissant complètement celui-ci qu'on atteindrait le but, car nul ne pourrait empêcher le père de faciliter au fils, de son vivant, et par tous les moyens matériels et moraux à sa disposition, « la course au succès ». Il le pourvoirait, par exemple, d'une éducation et d'une instruction supérieures et de cette complète connaissance théorique et pratique de la vie que peut seule assurer une forte puissance d'achat aisément transmissible par lui, de son vivant. De plus, il entretiendrait

son fils à ses frais, jusqu'au moment le plus propice pour
le lancer dans une carrière où il retrouverait ses amitiés,
ses protecteurs, sa clientèle, etc. L'abolition complète du
droit de tester ne détruirait donc pas ces avantages artificiels.

Et, du reste, la constitution de la propriété pourrait ne
pas garantir l'égalité initiale parfaite sans être pour cela
injuste. Le concept d'équité, à mesure qu'il se dépouille de
ses superfétations métaphysiques, se confond toujours plus
complètement avec celui d'utilité générale, de sorte qu'en
considérant la nature humaine dans la réalité des faits, on
pourrait trouver équitable un arrangement de la propriété
qui maintiendrait de légères différences initiales dans la
« course au succès » s'il garantissait en même temps le
maximum du bien-être collectif.

La seconde des conditions énoncées plus haut serait,
d'autre part, entièrement réalisée. La formule algébrique
que nous avons donnée montre avec quelle rapidité la progression 1/3, 2/3, 3/3, choisie à titre d'exemple, amènerait
la nationalisation des instruments de production et des
capitaux en général. En effet, à la mort du petit-fils de
chaque accumulateur (ou, en somme, de l'héritier de son
héritier immédiat) l'État aurait nationalisé le tiers de la
fortune personnelle du mort, les 7/9 de celle accumulée par
son père et la totalité de celle du grand-père. On pourrait,
d'ailleurs, modifier cette rapidité et adopter telle progression
qui semblerait plus convenable (1).

(1) Notons à ce propos que certaines progressions supposant la
nationalisation complète d'une accumulation privée après une
seule transmission par héritage : 1/2, 2/2, par exemple, ou : 1/3,
3/3, pourraient sembler trop rapides même envisagées du point de
vue des prolétaires, pendant la période du passage du régime actuel
au nouveau, qui cesseraient de paraître telles par la suite. Et, par
contre, des progressions rapides — celle que nous avons adoptée
pour notre démonstration, par exemple — pourraient, la période
intermédiaire une fois passée, paraître trop lentes. Il faudrait peut-

Il y aurait donc moyen d'accroitre à volonté non seulement la quantité absolue des biens nationalisés mais même, grâce à des progressions très rapides, leur quantité relative par rapport à la totalité des capitaux demeurés en propriété privée. Ceux-ci comprendraient les avoirs non encore parvenus au terme fixé pour leur nationalisation, et ceux que l'épargne continuerait à former. La pleine et entière liberté laissée à chacun de convertir des biens de consommation (ses gains épargnés et accumulés) en véritables capitaux ne pourrait donc pas empêcher la diminution continue des capitaux privés par rapport aux collectifs.

Ainsi que nous l'avons affirmé à maintes reprises déjà, il est de toute nécessité pour la classe prolétarienne d'arriver à comprendre que des prélèvements élevés, très élevés même, sur les successions, permettront seuls une nationalisation, effective et rapide, sur une très vaste échelle, de tous les instruments de production et des capitaux en général. Or, le principe de la progression dans le temps appliqué aux prélèvements permettrait, sans amoindrir d'ailleurs l'ardeur au travail ou à l'épargne, des pourcentages très hauts, atteignant même 100 0/0 sur certaines portions de patrimoines.

C'est là, à moins qu'on ne veuille recourir à l'expropriation violente révolutionnaire, la seule méthode pratique de nationalisation.

Il suffit, pour s'en convaincre, de passer en revue quelques-unes de celles qui ont été suggérées. Celle qu'on essaierait d'obtenir en indemnisant les propriétaires au moyen d'un emprunt public serait purement apparente, si même elle était exécutable. Les capitalistes demeureraient tels, en

être aussi en certaines circonstances augmenter le nombre des transmissions pendant la période intermédiaire afin que la transformation se fît lentement, sans provoquer une résistance trop acharnée de la classe capitaliste ou une émigration de capitaux trop grande. Ce sont des questions que la pratique et l'expérience se chargeraient de résoudre à mesure.

effet, et l'énorme accroissement des impôts devenu nécessaire pour le paiement des intérêts des nouveaux emprunts publics leur permettrait d'exploiter le travailleur comme auparavant. L'unique résultat pratique serait une augmentation épouvantable de la principale matière première et de l'étendue du champ d'action de l'agiotage le plus effréné et de la spéculation la plus malsaine. Aussi M. Leroy-Beaulieu a-t-il beau jeu quand il critique ce projet de nationalisation du sol :

« Comment peut-on », dit-il, « prétendre que l'Etat, de-
« venu maître de toute la terre, pourrait supprimer tous
« les impôts, sauf les redevances des fermiers ? Certes, cela
« lui serait presque loisible s'il expulsait purement et sim-
« plement les propriétaires actuels et se mettait à leur place
« sans leur allouer aucune indemnité.... Si l'Etat veut in-
« demniser pleinement les propriétaires actuels, qu'il con-
« sente à leur payer la valeur courante de leur terre, quel
« sera le bénéfice que lui rapportera cette opération ? Un
« écrivain anglais, M. Fawcett, l'a parfaitement fait res-
« sortir ; le bénéfice ne pourrait exister pour l'Etat que s'il
« parvenait à emprunter la somme destinée aux indemnités
« à un taux d'intérêt plus réduit que celui qui était la base
« habituelle de la capitalisation de la valeur des terres.
« Cette simple formule fait ressortir qu'au lieu d'un béné-
« fice, le rachat par l'Etat, au moins dans le temps présent,
« infligerait à ce dernier une perte considérable. Les terres,
« dans les pays de l'Europe occidentale, ne rapportent
« guère nets de tous frais, — impôts, réparations, salaires
« de régisseurs, etc., — que 2 1/2 à 2 3/4 0/0, exception-
« nellement 3 0/0 du prix de vente. L'Etat qui peut em-
« prunter dans les conditions les plus favorables, l'Angle-
« terre par exemple, a rarement pu émettre un gros emprunt
« à un intérêt moindre de 3 0/0. Les autres pays paient le
« crédit à 3 3/4, 4, 4 1/2, 5 et jusqu'à 6 0/0. Dans les cir-
« constances exceptionnelles dont nous parlons, un em-
« prunt qui devrait équivaloir à toute la richesse immobi-

« lière du pays, c'est-à-dire monter à près de 100, 120 ou
« 150 milliards de francs et qui exigerait une annuité de
« 4 milliards de francs pour la France et d'une somme plus
« ou moins approchant pour les autres pays, un pareil em-
« prunt ne pourrait se négocier qu'à un taux d'intérêt beau-
« coup plus élevé que le taux aujourd'hui en usage. L'Etat
« serait donc en perte et en perte considérable, puisque les
« 100, 120 ou 150 milliards qu'il emprunterait lui coûte-
« raient soit 1, soit 1 1/2, soit même 2 milliards de plus
« que ne lui rapporteraient les terres qu'il aurait expro-
« priées.

« Ayant fait une opération aussi maladroite et coûteuse,
« bien loin de pouvoir supprimer un impôt quelconque,
« l'Etat devrait maintenir tous les impôts anciens, il serait
« même obligé de les accroître. Le revenu des terres, en
« effet, ne représenterait pas pour lui une ressource dispo-
« nible, puisqu'elle serait insuffisante pour payer l'intérêt
« des emprunts que la nécessité d'indemniser les proprié-
« taires aurait fait créer. Ainsi, « la jouissance idéale du
« domaine public » se dissipe comme un nuage quand on
« veut la saisir.

« L'opération gigantesque d'emprunt dont nous avons
« parlé serait, à vrai dire, impossible. Il ne se rencontre
« pas, en effet, dans tout le pays une somme de capitaux
« circulants disponibles, mobilisables, qui puisse équivaloir
« à la valeur des terres...

« La seule méthode de paiement qui fût réalisable, ce se-
« rait, sans emprunter au public, de délivrer à chaque
« propriétaire terrien un titre de rente égal au revenu net
« que sa terre lui produisait. Voilà l'opération qui cause-
« rait le moins de perturbation, qui serait la plus simple et
« la plus sommaire. Supposons-la faite ; quel serait le bé-
« néfice de l'Etat et de la communauté ? Le revenu net des
« terres ne lui appartiendrait qu'en apparence, puisqu'il de-
« vrait servir à payer les rentes dues comme indemnités
« aux propriétaires expropriés... Où se trouverait donc

« pour lui la faculté de réduire les impôts? Bien loin de lui
« en donner les moyens, l'opération du rachat honnêtement
« faite lui imposerait des charges considérables, ne fût-ce
« que pour le personnel et le matériel de contrôle, de re-
« cette, de paiement (1) ».

De là, la nécessité de renoncer absolument à une idée de
rachat impliquant la permanence de la constitution actuelle
de la propriété.

Cependant même une nationalisation graduelle, aux in-
demnisations couvertes par le rendement d'impôts spéciaux,
de quelque genre qu'ils fussent, ne constituerait jamais
qu'une réforme illusoire. Réels ou personnels, directs ou
indirects, grevant le revenu ou les capitaux, et toutes les
classes contribuables ou certaines d'entre elles (celle du capital et ses embranchements divers, par exemple), des impôts sur l'avoir des vivants n'aboutiraient en somme qu'à
un remaniement entièrement inefficace du droit de propriété actuel. Car les prélèvements sur les biens des vivants
ne peuvent pas dépasser de très modestes proportions sans
affaiblir considérablement, par contre-coup, le stimulant au
travail, à l'épargne, ou même à la conservation des capitaux déjà formés, sans troubler et entraver mortellement
tout le développement de l'industrie et du commerce, sans
produire enfin dans toute l'économie publique des effets
vraiment désastreux.

La chose est bien différente quand il s'agit de prélèvements sur les héritages, surtout si on les établit de façon à
ne pas diminuer chez le père de famille l'espoir de former
de nouveaux capitaux profitables aux siens.

L'école collectiviste, ou plutôt certains collectivistes, prétendent obtenir la nationalisation en accordant aux détenteurs actuels du capital une « suffocante abondance de

<hr>

(1) Paul Leroy-Beaulieu, *Le Collectivisme*, Paris, Guillaumin,
1893, pages 167-169. Voir aussi Henry George, *Progress and Poverty* (Kegan Paul, Trench, Trübner et C°, London) pages 255 à 257.

moyens de jouissance », c'est-à-dire une faculté d'achat, un droit de prélèvement sur le produit total d'une valeur égale au montant de leurs richesses, mais qui ne pourrait plus d'ailleurs se retransformer en moyens de production. Dans cette hypothèse la forme du droit de propriété demeure inaltérée : il n'en est pas moins, en réalité, profondément modifié par la forte restriction qu'apporterait au droit d'usage actuel sur les biens possédés l'empêchement de les transformer de moyens de jouissance en moyens de production. Mais comment, surtout au commencement du régime collectiviste, au moment où, par l'expropriation, il se substituerait à l'actuel, pourrait-on effectivement empêcher les indemnités obtenues de se retransformer en capitaux techniques et en capitaux-salaires ? On compterait en vain sur les prohibitions légales ou les obstacles matériels puisque le capital-salaires, — la plus importante des formes du capital, celle d'où découlent toutes les autres, — se compose justement de vivres, d'effets, d'objets de consommation directe, enfin. Et s'il était possible de rigoureusement borner les indemnités à des biens de consommation et de jouissance personnelle directe, la société en général et le prolétariat en particulier souffriraient énormément du gaspillage qu'entraînerait un tel état de choses. Car la production sociale serait poussée à pourvoir à ce gaspillage plutôt qu'à reformer les capitaux qui s'useraient à mesure, ou à créer de nouvelles forces productives perfectionnées.

Le collectivisme oscille donc entre l'expropriation violente révolutionnaire et l'extrême opposé : l'expropriation avec indemnisation complète, — pour n'avoir pas voulu prendre sérieusement en considération la possibilité de modifier la forme juridique actuelle de la propriété selon les intérêts économiques de la classe prolétarienne. Il affecte même de négliger cette forme, notre constitution légale de la propriété, et toutes les institutions humaines en général, lui paraissant essentiellement impuissantes à déterminer les phénomènes économiques. Nous verrons que cette doctrine est fausse et pourrait quelque jour nuire réellement à la cause du socialisme, en influant, au moment décisif, sur toute l'activité et, particulièrement, sur l'œuvre législative du parti prolétarien.

On a proposé un autre système de nationalisation ne visant, d'habitude, que la propriété du sol : celui des annuités temporaires. D'après ses adeptes, tout propriétaire d'un bien-fonds recevrait de l'État, pendant 99 ans, par exemple, une somme annuelle équivalant à la rente nette de son domaine. Mais, les 99 ans écoulés, l'État cesserait de payer aucune indemnité et deviendrait l'unique propriétaire du sol. Il est peu vraisemblable que si les non-propriétaires arrivent un jour au pouvoir, ils se contentent de légiférer au profit de leurs arrière-neveux. En outre, les futurs descendants héritiers des propriétaires fonciers actuels, et, par ricochet, ces propriétaires eux-mêmes, auraient à souffrir injustement d'un plus mauvais traitement que celui réservé aux descendants héritiers de tous les autres capitalistes actuels, et, par conséquent, à ces capitalistes mêmes. Enfin, la cessation subite générale des annnuités équivaudrait presque, pratiquement, dans l'économie sociale, à une expropriation violente.

M. Wallace a proposé un système analogue. L'État devrait, d'après lui, indemniser les landlords actuels, pour le rachat de leur *quit-rent* (rente ricardienne naturelle), moyennant des annuités exactement équivalentes, mais ne devant durer que trois vies : celles du propriétaire actuel, de son fils et de son petit-fils :

« Le principe qui semble le plus juste, dit-il, est de con-
« tinuer l'annuité successivement à l'héritier unique ou
« aux héritiers du propriétaire, vivants au moment de
« la promulgation de la loi, ou nés à n'importe quel
« moment avant sa mort. On assurerait ainsi au pro-
« priétaire même, et à tous ceux à qui il s'intéresse
« personnellement, le revenu net de la terre dont ils

« jouissaient avant la nouvelle disposition législative (1) ».

Ce mode d'expropriation pourrait rentrer aussi dans le principe général du prélèvement sur les héritages progressif dans le temps sous la formule spéciale $\frac{0}{1}$, $\frac{0}{1}$, $\frac{1}{1}$, c'est-à-dire : prélèvement nul à la mort du propriétaire actuel ou à celle de son fils, et prélèvement complet à la mort du fils de ce fils. C'est, renvoyée d'une génération, la solution proposée par Huet. Mais, outre que la nationalisation y serait, d'une part, presque aussi retardée que dans le cas précédent, elle aurait, au moment de sa réalisation, une rapidité excessive, équivalent à une expropriation violente. Les raisons de l'auteur nous semblent insuffisantes :

« La propriété des vivants, dit-il, devrait être aussi rigou-
« reusement respectée par l'Etat que par leurs concitoyens.
« Ils ne doivent pas être frustrés des jouissances auxquelles
« ils se sont accoutumés et de leurs raisonnables espoirs.
« Mais cette règle ne peut s'appliquer aux êtres non nés en-
« core. Ceux-là n'ont ni espérances ni droits de propriétaires
« et peuvent, sans injustice, être dépouillés de leurs droits
« supposés, s'ils sont en désaccord avec le bien-être géné-
« ral » (p. 198).

Cette raison ne tient pas, car on ne saurait, à vrai dire, à moins de considérations d'ordre métaphysique, soutenir qu'un nouveau contrat social ne puisse modifier des droits actuellement possédés par des vivants. Ce principe, s'il était admis, empêcherait la promulgation de toute loi, chaque disposition législative nouvelle étant destinée à déplacer ou modifier, par rapport aux vivants, des droits dont la jouissance avait été jusqu'alors assurée sans conteste.

Il faut donc bien reconnaître que, selon notre affirmation, le seul moyen de parvenir effectivement à une générale et

<hr>

(1) *Land Nationalisation.* (Swan, Sonnenschein et C°, London, 1896), page 199.

rapide nationalisation, c'est de modifier notre droit de propriété de façon à permettre à l'Etat de très grands prélèvements sur les héritages. Mais alors il faudrait considérer sérieusement si — et en quels cas — dans quelle mesure et selon quelles modalités — l'Etat légataire pourrait prélever sa part *en nature*, c'est-à-dire en terrains, immeubles urbains, actions et obligations de sociétés par actions, titres de dettes publiques, etc. Cette mesure en effet s'imposerait fatalement à l'Etat prolétarien décidé à nationaliser tous les instruments de production et les capitaux en général.

Le nouveau droit de propriété pourrait être pacifiquement et légalement établi par les organes représentatifs le jour où prévaudraient enfin les mandataires de la classe prolétarienne. Leurs délibérations élimineraient complètement — sauf le cas d'une résistance extra-légale des capitalistes, aboutissant à des restrictions de votes et autres empêchements — la nécessité ou le danger d'une de ces révolutions violentes que bien des gens prévoient et annoncent pour la fin du régime actuel.

Le prélèvement sur les héritages, progressif dans le temps, serait principalement caractérisé :

1° Par des effets bienfaisants immédiats, puisque, le lendemain même de son institution, la moyenne habituelle des décès mettrait aux mains de l'Etat une bonne partie des successions ouvertes et, dès la première année, les revenus des biens nationalisés iraient (en attendant, nous le verrons, que l'on pût accorder l'usage libre et gratuit des capitaux aux travailleurs) alléger le poids des impôts, de ceux surtout qui pèsent principalement sur les masses ouvrières (1).

(1) Selon M. de Foville, la mort fait passer annuellement sous les fourches caudines du fisc la 33° partie environ de la totalité des patrimoines actuels (DE FOVILLE, *La Fortune de la France*, « Annuaire de la Soc. de Statist. de Paris », nov. 1883, page 411).

L'ensemble de l'actif successoral soumis aux droits sur les héritages (the total amount of capital paying death duties) a été, en 1895-1896, de 6,6 milliards en chiffres ronds pour tout le Royaume-

2° Parce qu'il permettrait d'accomplir le passage du régime actuel au nouveau graduellement, sans heurts ni secousses (1). C'est ainsi, par exemple, que le changement d'importance relative des différentes branches des industries, c'est-à-dire la diminution des marchandises de luxe proportionnellement à l'accroissement des objets de plus grande nécessité, pourrait se produire peu à peu, sans ruiner personne, grâce seulement à une diverse orientation des groupes de la jeunesse future.

3° Le système des prélèvements progressifs dans le temps sur les successions, constituerait une mesure continue qui amènerait à l'État, d'un mouvement incessant, les richesses accumulées, pour eux et leurs descendants immédiats, par les particuliers. Il n'y aurait plus d'ailleurs

Uni, chiffre approximativement égal au montant total des successions en France (sans déduction des dettes). Les petites successions ne dépassant pas la valeur de 100 £ (2500 fr.) ne sont pas comprises dans ce chiffre de 6,6 milliards. Elles sont en effet exemptes de droits. Elles sont évaluées 17 millions et demi en fr. (PAUL LEROY-BEAULIEU, *Essai sur la Répart. des Rich.*, Paris, Guillaumin, 1897, p. 539).

Selon les chiffres cités par M. GARELLI (*L'imposta successoria*, Torino, Bocca, 1896, p. 138-141), la valeur des biens immeubles déclarés pour l'évaluation de l'impôt sur les successions dans tout le Royaume Uni, en 1894-1895, s'élevait à : £ 159.680,000 et celle des biens meubles à : £ 141.421.000, soit ensemble à plus de sept milliards et demi de francs. Le total annuel des valeurs successorales en France se serait, parait-il, élevé en 1895 à : fr. 5.741.280,596, dont 2.896.316.527 en biens meubles et 2.844.964.069 en immeubles.

(1) On considérerait tous les patrimoines existants comme effectivement accumulés par leur propriétaire actuel, sans aller rechercher, ce qui serait d'ailleurs impossible dans la plupart des cas, leur première origine. On n'irait pas voir s'ils proviennent de l'usurpation de biens communaux, d'heureuses spéculations d'agiotage, ou de fraudes adroites, plutôt que du travail honnête et de l'épargne. On n'essaierait pas non plus, dans ce dernier cas, de démêler l'apport de chacune des générations qui ont concouru à la formation de la fortune familiale : elle serait attribuée entièrement au travail et à l'épargne du descendant actuel.

aucun danger à laisser ceux-ci entièrement libres d'entasser, non seulement des objets de consommation, comme le voudraient les collectivistes, mais même de nouveaux capitaux et de nouveaux instruments de production, et en telle quantité qu'il leur plairait. Car il ne s'agirait pas, en effet, d'une expropriation violente, révolutionnaire, à réaliser tout d'un coup, sans rien changer à la forme juridique actuelle de la propriété : en pareil cas, la nécessité d'empêcher la résurrection des inégalités et des iniquités actuelles défendrait sans doute l'accumulation privée et son libre emploi et forcerait la société de remettre complètement la production aux mains de l'Etat. C'est ce que le collectivisme se voit contraint de proposer. Mais un tel prélèvement continu de la part de l'Etat rendrait cette précaution inutile ; les capitaux incessamment formés et accumulés par les particuliers et les instruments de production les plus récemment créés devant être, à brève échéance, dans l'espace d'une ou deux générations seulement, absorbés, aspirés sans trêve ni repos, par le grand réservoir des biens nationalisés.

Mais, pour atteindre à la nationalisation effective, rapide et très vaste de tous les instruments de production et de tous les capitaux en général, l'Etat prolétarien devra surmonter toutes les difficultés de réalisation inhérentes à un système d'expropriation sans indemnisation entière, ou, plutôt, de prélèvements sans acquisition correspondante et sans remboursement complet de portions de biens placés entre les mains de particuliers. Quel que soit le procédé particulier de nationalisation choisi, on ne saurait éviter ces difficultés que causeront surtout :

1° Les fraudes tendant à soustraire à l'Etat la portion des biens qui lui serait dévolue ;

2° Les émigrations de capitaux destinées à éluder l'obligation de leur transfert à l'Etat ;

3° Les complications provenant des capitaux placés ou

mis en exercice dans le pays, mais possédés par des étrangers.

Si ces difficultés ne paraissent pas insurmontables, elles sont très graves cependant. Elles le seraient surtout si la classe prolétarienne n'arrivait pas en même temps au pouvoir dans tous les pays à production capitaliste particulièrement développée et en l'absence d'accords internationaux. Il faudrait donc que l'Etat mît le plus grand soin et la plus grande sagacité possibles à les vaincre.

Nous possédons dès aujourd'hui, pour prévenir les fraudes, nombre d'expédients déjà appliqués ou déjà proposés. On pourrait en formuler bien d'autres encore. L'idéal serait de réaliser ce critère théorique général : faire en sorte qu'à peine l'argent donné à un individu en paiement de ses services est échangé, non plus contre un moyen de consommation personnel direct quelconque, mais contre un moyen de production, un capital en général, la propriété de ce capital résulte immédiatement de documents tels qu'il soit facile à la société de les connaître et d'en prendre note.

Toutes les données de la technique fiscale et tous les moyens pratiquement mis en œuvre pour éviter, — sans trop déranger le contribuable, — les fraudes en matière d'impôt, et surtout d'impôt sur le revenu ou sur les successions, pourraient également s'appliquer aux prélèvements destinés à la nationalisation des biens (1).

Même, au cas d'un prélèvement sur les héritages qui rendît inutiles, grâce aux revenus des biens nationalisés par ce moyen, tous les impôts en général, il est clair qu'il serait possible d'appliquer très soigneusement et très minutieusement tous les expédients pratiques et toutes les sub-

(1) En supprimant, par exemple, pour tous les titres la forme de titres au porteur et en donnant faculté aux agents de l'Etat d'examiner les registres de toutes les entreprises particulières on empêcherait la fraude même dans ces catégories de la richesse mobilière : titres au porteur, crédits non hypothécaires, capital circulant des entreprises privées — où elle est encore possible.

tilités de la technique fiscale. En effet, les investigations des agents de l'Etat ne s'exerceraient qu'une fois dans la vie de chaque homme, au moment où la société lui permettrait d'hériter d'un patrimoine. Toutes les autres mesures vexatoires aujourd'hui en usage seraient abolies. Par conséquent, les frais de perception en général, ceux qu'entraînerait le travail improductif de surveillance et de contrôle surtout, et la perte de temps pour les citoyens seraient, malgré ce redoublement de soins, considérablement réduits (1).

Du reste, certains impôts sur les successions dépassent déjà, dans les cas où le montant de l'héritage est très élevé

(1) Chaque comté du Massachussets possède un bureau des successions auquel, pour devenir exécutoires, les testaments doivent être soumis dans les trente jours suivant la mort du testateur. L'exécuteur on l'administrateur testamentaire est tenu de présenter un inventaire des biens meubles et immeubles du mort dont trois experts, choisis par le bureau ou par le juge de paix, évaluent le montant. Et tous ces patrimoines privés sont aussitôt enregistrés au bureau des successions (EINAUDI, *La distribuzione della ricchezza nel Massachussets*, « Giornale degli Economisti », mars 1891, page 221).

En Angleterre, où les actions nominatives prédominent, les listes des actionnaires peuvent être consultées par quiconque veut le faire dans les bureaux d'enregistrement de l'Etat. Les principaux journaux y donnent, d'après le relevé du fisc, la liste des biens possédés par les capitalistes à leur mort (BERNSTEIN, *Socialisme théorique et socialdémocratie pratique*, Paris, Stock, 1900, page 81 ; et PAUL LEROY-BEAULIEU, *Essai sur la répartition des richesses*, 520). Du reste, quoique les impôts sur les successions soient plus élevés dans le Royaume-Uni que partout ailleurs, les fraudes touchant ces impôts y sont très rares, à cause de l'usage général des valeurs nominatives. Beaucoup de sociétés ignorent absolument les titres au porteur (P. LEROY-BEAULIEU, *Ibid.*, 546).

Dans le canton de Soletta, le contrôle de la déclaration du revenu personnel imposable est facilité par le fait que, depuis 1604, on y a établi l'usage d'inventorier publiquement à chaque décès la fortune du mort (ANGELO RONCALI, *Una moderna imposta sul reddito*, « Riforma Sociale » du 15 oct. 1897, page 927).

et le degré de parenté minime, 15, 20 ou même 25 0/0 (1).

Notons d'ailleurs que si, ces pourcentages pris pour points de départ des prélèvements à opérer indistinctement sur tous les héritages (quels que fussent la grandeur du patrimoine ou le degré de parenté entre le testateur et le

---

(1) Ainsi, en France, les tarifs pour les collatériaux et les héritiers étrangers à la famille sont de 8 à 12 0/0 auxquels il faut ajouter les droits de timbre et d'enregistrement qui les portent à 12 ou 15 0/0 pour les grandes fortunes et à 15 ou 18 0/0 pour les fortunes médiocres (Paul Leroy-Beaulieu, *Essai sur les répartitions des richesses*, 74.) — En Angleterre, le nouveau *estate duty*, promulgué en 1894, établit un impôt de 1 à 8 0/0 selon le montant du patrimoine. Les patrimoines dépassant 1.000 £ sont en outre frappés d'un droit de 3 à 6 0/0 pour la ligne collatérale et de 10 0/0 pour les étrangers à la famille. L'ensemble de ces droits représente donc jusqu'à 18 0/0 des très grands héritages. M. le ministre Doumer, dans un projet de loi qu'il a soumis à l'approbation du parlement français en 1895 et qui fut repoussé par le Sénat, demandait l'établissement d'un droit de 1 à 4 0/0, selon l'importance du patrimoine, pour les héritiers directs, et de 16 à 20 0/0 pour la ligne collatérale et les étrangers. — Au Queensland, les collatéraux peuvent avoir à payer 20 0/0 sur les très grands patrimoines. — Dans le canton d'Uri, la part des parents très éloignés en ligne collatérale peut être taxée à 25 0/0 sans compter la progression supplémentaire sur la valeur de l'héritage qui s'élève parfois à 20 0/0 du principal de l'impôt (Gabelli, *L'Imposta successoria*, p. 31 et suiv.). — En 1893, un projet de loi présenté par M. Giolitti, alors ministre, demandait l'augmentation du taux de l'impôt successoral à partir du 5e degré. Il devrait être, pour ce degré, de 10 0/0 ; pour le 6e degré, de 12 0/0 et ainsi de suite. Il arrivait à 20 0/0 pour les parents au 9e degré, les alliés et les amis. Sans plus faire de distinction aucune entre ligne directe et ligne collatérale, M. Giolitti demandait l'augmentation progressive du taux sur les quotes-parts imposables individuelles dépassant 20.000 lires. Il proposait l'augmentation d'un dixième jusqu'à concurrence de 50.000 fr. ; de 2 dixièmes depuis cette limite jusqu'à 100.000 fr. ; de 3 dixièmes jusqu'à 300.000 fr. ; de 4 dixièmes jusqu'à 500.000 fr. ; de 5 dixièmes pour toute somme encore supérieure. De sorte que l'ensemble de l'impôt aurait pu donner un maximum de 30 0/0 de droits (*Ibid.* 162).

légataire, y compris en première ligne celui du père au fils qui est, de tous, le plus étroit et le plus important), on leur appliquait le principe de la progression dans le temps, les difficultés d'effectuer la fraude grandiraient proportionnellement à la quotité à prélever. Les prélèvements à pourcentages très considérables, doubles ou triples des précédents, s'effectueraient seulement, en effet, sur des patrimoines déjà transmis une ou deux fois par héritage, c'est-à-dire dont le montant serait déjà connu des agents de l'État.

Quant à l'émigration des capitaux, s'il est vrai que la plus grande partie de ce qu'on appelle le capital meuble (actions et obligations de sociétés industrielles, de chemins de fer, du crédit foncier ou immobilier, titres de la dette publique, etc.) est en réalité solidement fixée sur le territoire d'un État, sous forme de machines, usines, exploitations minières, chemins de fer, améliorations agricoles, bâtiments, travaux hydrauliques et autres analogues, il est vrai de dire aussi qu'il en existe une autre partie, — constituée par l'argent, les marchandises-salaires et matières premières aisément exportables, et toutes les accumulations nouvelles, dont l'incessante formation sert aujourd'hui non seulement à augmenter, mais encore à remplacer celles qui incessamment se consument, — évidemment facile à soustraire aux prélèvements de l'État. Il faudrait, pour la retenir, et détruire les causes artificielles d'émigration des capitaux d'un pays à l'autre, que la classe prolétarienne, triomphante partout, adoptât partout les mêmes processus de nationalisation. Le danger serait à son comble au cas d'une expropriation révolutionnaire violente, et bien moins grand sans doute si des voies pacifiques et légales avaient préparé les prélèvements, et si ces prélèvements étaient gradués. Il diminuerait encore, pour des quotités égales, quand on opèrerait sur les successions et non sur l'avoir des vivants; et il serait enfin d'autant moindre, au cas particulier d'impôts progressifs dans le temps sur les héritages, que la progression adoptée serait plus lente. Pourtant, repétons-le, il ne pourrait être éliminé que par l'arrivée au pouvoir de la classe prolétarienne simultanément dans tous les Etats à production capitaliste très avancée. C'est justement le fait que tout vaste processus de nationalisation se trouverait en face de cet obstacle et, sans le triomphe simultané des prolétaires dans les principaux pays, ne parviendrait jamais à le surmonter complètement, qui démontre surtout l'irréfragable nécessité, pour la classe prolétarienne, d'élever partout la question sociale à la hauteur d'une question internationale, d'appeler de toutes parts à une ligue fraternelle, à une action solidaire et concordante le prolétariat du monde entier.

Resteraient enfin à éliminer les difficultés provenant du phénomène, très fréquent dès aujourd'hui, d'instruments de production et de capitaux en général situés ou en exercice dans un pays où leur propriétaire est étranger. A mesure qu'elles surgiraient, on trouverait pour les résoudre de nouvelles bases d'accords internationaux. De nouveaux traités uniraient les Etats prolétariens entre eux, ou avec ceux qui ne seraient pas encore socialistes, et un nouveau droit international se formerait. La pratique et l'expérience enseigneraient à résoudre les complications qui se présenteraient à mesure, tout comme elles ont résolu, pour chaque cas particulier, celles qui tenaient à la législation sur les brevets d'invention, la propriété littéraire et autres matières semblables. Mais ces complications ne sauraient donner lieu à de grandes difficultés, car on ne pourrait jamais refuser à un Etat souverain la juridiction la plus absolue sur tous les instruments de production et les capitaux en général qui seraient situés ou en exercice sur son propre territoire. C'est ainsi, par exemple, que le droit de lever l'impôt de richesse mobilière sur des titres de la dette publique ou des actions ou obligations de sociétés par actions possédés par des détenteurs étrangers repose sur ces principes : que le fait de posséder un titre d'Etat étranger ou

une action ou obligation d'une société ayant son siège dans
le dit Etat équivaut à une possession sur son territoire, et
que chaque peuple est libre de statuer sur les propriétés
sises sur son territoire et de régir au gré de ses lois même
celles qui sont en des mains étrangères. On pourrait, par
un raisonnement analogue, sauvegarder les droits de chaque
Etat au cas de prélèvements sur les héritages, au moment
de la mort des possesseurs étrangers.

Mais supposons le cas de prélèvements à effectuer sur
des héritages composés de capitaux situés ou en exercice
sur le territoire de plusieurs Etats au moment de la mort
de leur possesseur. Aucun des Etats intéressés ne pourrait,
en l'absence d'accords internationaux, appliquer à cette
portion du patrimoine représentant un capital engagé dans
les bornes de son territoire, le prélèvement progressif dans
le temps, au lieu du prélèvement proportionnel ou progressif ordinaire, si le défunt n'avait, à un moment quelconque,
hérité d'un capital en exercice sur ce territoire même. Par
contre, l'existence d'accords spéciaux entre les différents
Etats permettrait d'appliquer toujours le principe de la progression dans le temps à tout le montant des hoiries, de
quelque façon qu'elles fussent composées et dispersées sur
divers territoires. Après avoir déterminé la portion générale
à prélever sur l'ensemble d'un patrimoine, chaque Etat s'ap-
proprierait la quotité qui lui reviendrait, proportionnellement au montant des capitaux en exercice sur son territoire.

La troisième des conditions requises dans le nouveau
droit de tester est l'adéquate rapidité de désaccumulation.
Il est évident que l'on pourrait toujours, en appliquant le
principe de la progression dans le temps aux prélèvements
sur les successions, réaliser, selon la progression spéciale
adoptée, la rapidité de désaccumulation la mieux en rapport avec les nécessités sociales du moment (1).

(1) Si, par exemple, dans le calcul algébrique exposé ci-dessus
pour la progression particulière 1/3, 2/3, 3/3, on supposait :

La quatrième condition vise l'actualisation de la loi darwinienne du triomphe du plus apte. Cette loi est entravée, ou même complètement renversée grâce aux avantages artificiels dont jouissent aujourd'hui les familles épuisées et dégénérées. Il est clair qu'en avantageant uniquement et d'une façon rapidement décroissante le fils, ou le fils et le petit-fils du capitaliste accumulateur, on retarderait à peine d'une ou de deux générations l'action de la loi darwinienne. En effet, si le patrimoine de l'aïeul, de par l'incapacité du premier ou des deux premiers héritiers, n'augmentait pas du tout, le petit-fils ou l'arrière petit-fils n'aurait, dans sa

$$b = \frac{2}{3}\, a; \quad c = \frac{1}{3}\left(\frac{2}{3}\, a\right) + \frac{2}{3}\, b; \quad d = \frac{1}{3}\left(\frac{2}{3}\, b\right) + \frac{2}{3}\, c; \quad e = \frac{1}{3}\left(\frac{2}{3}\, c\right) + \frac{2}{3}\, d;$$

et ainsi de suite ; si, en d'autres termes, on supposait que B, C, D, E, etc., redoublaient tous le patrimoine reçu en héritage, on aurait :

$$b = \frac{2}{3}\, a,$$

$$c = \frac{2}{3}\, a,$$

$$d = \frac{16}{27}\, a,$$

$$e = \frac{44}{81}\, a,$$

$$f = \frac{120}{243}\, a,$$

tandis qu'aujourd'hui, dans l'hypothèse que chacun de ces légataires parvint à redoubler son patrimoine on aurait :

$$b = a,$$

$$c = 2\, a,$$

$$d = 4\, a,$$

$$e = 8\, a,$$

$$f = 16\, a,$$

c'est-à-dire qu'f aurait une valeur 32 fois plus grande.

Les progressions qui s'exerceraient sur deux vies seulement et n'admettraient qu'une seule transmission d'héritage en propriété privée seraient, naturellement, bien plus rapides. Par contre, celles admettant un plus grand nombre de transmissions seraient plus lentes.

« course au succès », aucune sorte d'avantage artificiel (1).

Et, quant aux conditions secondaires, il est aisé de vérifier qu'elles aussi seraient entièrement satisfaites.

Examinons maintenant la condition suprême, celle à laquelle la nouvelle modification du droit de tester doit surtout satisfaire, et de la façon la plus complète : éviter d'amoindrir l'impulsion au travail, à l'épargne, et à l'incessante accumulation de nouveaux capitaux. Nous verrons que non seulement cette condition sera remplie dans le nouvel arrangement de la propriété mais que, même, l'excitation au travail et à l'épargne y augmentera beaucoup.

M. Wagner croit que les prélèvements considérables opérés par l'État sur les héritages fortifieraient, au lieu de l'amoindrir le stimulant à l'épargne chez le père de famille, désireux de parvenir quand même à laisser aux siens une fortune suffisante. En tout cas, les économistes convaincus qu'au delà d'un certain pourcentage ces prélèvements affaibliraient le stimulant au travail, au lieu de le fortifier, reconnaissent que l'action déprimante serait presque nulle pour les degrés lointains de parenté. « Plus le sen- « timent familial est faible, moins l'affaiblissement du droit « de succession paralyse les intérêts de l'économie sociale. « C'est pourquoi l'impôt sur les successions est d'autant « plus inoffensif qu'il pèse plus uniquement sur des pa- « rentés lointaines (2) ».

Or, les descendants des descendants, ceux qui naissent après la mort de l'ancêtre capitaliste, et parfois longtemps

(1) L'usage ancien du majorat, qui subsiste encore pour une partie de l'aristocratie anglaise, a déjà produit, et continue à produire, en Angleterre, des effets analogues. Grâce à lui, les puinés n'ayant aucun avantage artificiel remarquable dans la lutte économique, seuls les plus actifs, les plus hardis de ceux-ci parviennent à faire fortune, à se mettre en état de fonder une famille, et à laisser ainsi des descendants, héritiers de l'esprit d'initiative de leurs pères.

(2) Roscher, *Grundlagen der Nat. ök.*, Stuttgart, Cotta, 1804, 216.

après cette mort, peuvent être considérés comme ses parents très éloignés.

Et, en réalité, si un père de famille est poussé à intensifier son labeur et à augmenter ses épargnes pour accroître le bien-être de ses enfants, il ne travaille jamais pour enrichir un jour ses lointains descendants :

« Nous avons appris par expérience, dit Stuart Mill, que
« la plupart des hommes travailleront beaucoup plus éner-
« giquement et feront des sacrifices pécuniaires plus consi-
« dérables pour eux et pour leurs *descendants immédiats*
« que pour le public (1). »

L'expérience nous a même appris que ces descendants immédiats sont *les seuls* pour lesquels les hommes s'imposent un travail et des sacrifices extraordinaires :

« Ce qu'on appelle l'esprit de famille est souvent fondé
« sur une illusion de l'égoïsme individuel. On cherche à se
« perpétuer et à s'immortaliser en quelque sorte dans ses
« arrière-neveux. Là où finit l'esprit de famille l'égoïsme
« individuel rentre dans la réalité de ses penchants. Comme
« la famille ne se présente plus à l'esprit que comme une
« chose vague, indéterminée, incertaine, chacun se con-
« centre dans la commodité du présent : *on songe à l'éta-*
« *blissement de la génération qui va suivre et rien de*
« *plus* (2) ».

S'il en est ainsi, il suffit de n'accorder qu'aux seuls descendants immédiats la transmission à titre gratuit de la totalité ou d'une partie des biens accumulés par le travail et l'épargne. Au maximum, on pourra aller jusqu'à la seconde génération : mais il sera complètement inutile, pour le maintien du stimulant au travail et à l'épargne, de dépasser cette limite et de permettre qu'une fortune puisse être transmise jusqu'aux générations les plus reculées.

(1) EXAMINER, 19th July 1878 ; rapporté par DE LAVELEYE, *De la Propriété, et de ses formes primitives*, Paris, Alcan, 1891, page 584.

(2) DE TOCQUEVILLE, *De la Démocratie en Amérique*, Paris, Calmann-Lévy, 1888, vol. I, page 84.

Ainsi le stimulant au travail et à l'épargne ne serait aucunement affaibli par les prélèvements progressifs dans le temps ; et il serait, par contre, remarquablement aiguisé par la faculté laissée au testateur de disposer plus complètement des biens accumulés directement par lui que de ceux acquis par héritage (1).

L'expérience quotidienne nous apprend, en effet, que les possesseurs de grandes fortunes, pouvant laisser à leurs enfants les patrimoines qu'ils ont eux-mêmes reçus en héritage, ne sont aujourd'hui aucunement stimulés à les augmenter encore. D'ordinaire, ils dépensent et dissipent gaiment dans le luxe le plus effréné et les jouissances les plus raffinées, dans le jeu ou la débauche, leurs considérables revenus. C'est le droit de tester actuel qui les pousse à la dissipation au lieu de les exciter à l'épargne, même quand ils sont très prévoyants et très attachés à leur famille. Mais ces richards se conduiraient tout autrement si on leur disait : « Prenez garde : des biens dont vous avez hérité vous-mêmes, vous ne pourrez laisser à vos enfants qu'une petite fraction, ou même rien du tout, tandis que de ce que vous aurez directement accumulé, vous pourrez léguer une part très considérable. » Cet argument les disposerait mieux

(1) On peut arriver également à ce but sans cependant recourir aux deux extrêmes, comme le fait Huet dans sa progression 0/1, 1/1, où le droit de tester est entièrement respecté au premier transfert et entièrement annulé au second. Une telle progression et toutes celles qui, sans atteindre à des chiffres aussi absolus, tendraient cependant à exagérer dans ce sens, devraient être également rejetées. En faisant à l'État une part minime sur l'avoir des accumulateurs mêmes, on accorde en réalité à l'accumulateur un pouvoir testamentaire excessif. Une moindre liberté de tester pourrait suffire à provoquer l'accumulation ; une moindre somme de privilèges pour l'héritier pourrait donc être compatible avec le maximum d'utilité sociale. Le processus de nationalisation serait, dans les progressions modelées sur celle d'Huet, trop retardé à la première génération, puis trop accéléré à la seconde par les très grands prélèvements sur les fortunes ayant subi un seul transfert en propriété privée.

que tout autre à retrancher pour le moins sur leurs folles dépenses et à transformer une partie de leurs revenus en un bienfaisant capital productif (1).

D'ailleurs, quelle que fût sa position sociale, un père affectueux serait bien plus poussé au travail et à l'épargne quand chaque centaine de francs qu'il gagnerait représenterait par rapport à ses enfants une valeur double ou triple de celle de chaque centaine de francs de son patrimoine héréditaire. Bien plus qu'aujourd'hui il serait excité à doubler ce patrimoine s'il devait, son but atteint, pouvoir léguer à ses enfants non seulement le double, comme aujourd'hui, mais trois ou quatre fois autant qu'il leur transmettrait en conservant seulement les biens hérités par lui (2).

Il faut donc reconnaître que si le droit de tester actuel constitue un stimulant efficace au travail, à l'épargne et à

(1) Si, dans le calcul algébrique exposé ci-dessus pour la progression particulière 1/3, 2/3, 3/3, nous supposons b égal à 0, c'est-à-dire, si B n'augmentait pas le patrimoine reçu, il n'en pourrait transmettre qu'un seul tiers égal au $2/9$ du patrimoine a, au lieu de pouvoir, comme aujourd'hui, transmettre celui-ci intégralement. En outre, en supposant $b = c = 0$, c'est-à-dire au cas où ni B ni C n'auraient augmenté les biens dont ils auraient hérité, C n'aurait plus rien à transmettre. Si b devenait une quantité négative $- b'$, c'est-à-dire si B amoindrissait l'héritage reçu au lieu de l'augmenter, C ne pourrait percevoir que $1/3 \, (2/3 \, a) - b'$, et par conséquent rien du tout dès que se réaliserait $b' > 1/3 \, (2/3 \, a)$. En un cas pareil, l'État ne pourrait percevoir que $2/3 \, (2/3 \, a)$, ou moins encore.

(2) On peut aisément vérifier que les choses ne se passeraient pas autrement pour C, dans la progression spéciale 1/3, 2/3, 3/3, si B redoublait le patrimoine reçu de A.

Naturellement, la force du stimulant au travail et à l'épargne augmenterait encore si, au lieu de la progression indiquée par nous, on en adoptait une autre où les pourcentages de la première et de la deuxième transmission en propriété privée différaient davantage entre eux. Mais il ne faudrait pas dépasser un maximum au delà duquel on retomberait dans les inconvénients signalés plus haut au sujet de la formule de Huet.

l'accumulation continuelle de nouveaux capitaux, des prélèvements progressifs dans le temps sur les successions en constitueraient un bien plus efficace encore. Mais, l'utilité de la réforme admise, quelle est la raison d'être du droit de tester actuel, plein et absolu ?

Il ne sert, en réalité, qu'à empêcher les instruments de production et les capitaux en général de tomber dans le domaine de la communauté et de la gratuité pour les travailleurs, qu'à maintenir et garantir de la façon la plus absolue cette séparation économique du travailleur d'avec son instrument de production ou le capital en général, qui est l'unique et ferme appui de l'exploitation capitalistique. On ne peut donc pas invoquer en sa faveur l'utilité sociale. Il cause, outre la permanente séparation économique du travailleur d'avec son instrument de production, cette énorme inégalité des fortunes d'où dérivent, nous l'avons vu, tant de maux sociaux. Il est donc bien uniquement au service des intérêts égoïstes et de la rapacité du capitaliste.

À considérer les choses du point de vue de l'utilitarisme et de l'équité, la société ne peut favoriser certains de ses membres, à l'exclusion et au détriment de tous les autres, que pour atteindre à une très grande utilité collective, et les privilégiés ne doivent demeurer tels que dans la mesure et durant l'espace de temps strictement nécessaires à l'obtention de ce but. Aujourd'hui, par exemple, les brevets accordés aux inventeurs au détriment du reste de la société ont en vue l'encouragement, l'impulsion à donner aux inventions nouvelles : leur durée est exactement calculée de façon à atteindre ce but. Le droit de posséder et de tester, le pouvoir accordé aux détenteurs de la richesse de transmettre à un héritier des biens dont, à son tour, il disposera à son gré par testament, investit certaines personnes, à l'exclusion et au détriment de toutes les autres, du monopole des instruments de production et des capitaux en général. Leur privilège ne devrait servir qu'à donner à la production et à l'épargne la plus grande impulsion possible :

il ne devrait par conséquent dépasser en aucune façon la grandeur nécessaire et suffisante pour atteindre ce but. Cette condition est la seule qui puisse pleinement justifier le droit de propriété.

Par conséquent, si des prélèvements sur les successions progressifs dans le temps peuvent, sans nuire à l'épargne et à la formation de nouveaux capitaux, rendre plus efficace et plus rapide l'action du processus de nationalisation auquel ils seraient employés, c'est que, de tous les systèmes examinés plus haut, ils fourniraient le plus propice à une organisation de la propriété rigoureusement adaptée aux principes de l'utilitarisme et de l'équité. En d'autres termes, la limitation préconisée du droit de tester et l'ensemble du droit de propriété qui en résulterait représentent effectivement l'unique organisation de la propriété apte à constituer, qu'on me passe le mot, un véritable *brevet de capitalisation ou d'accumulation* à durée temporaire et strictement déterminée par l'utilité collective. La société consciente devrait instituer ce *brevet de capitalisation ou d'accumulation* à la suite de considérations nettement et exclusivement utilitaires, analogues à celles qui, tout récemment, par une sorte de contrat entre tous ses membres, lui ont fait adopter les brevets d'invention.

L'affinité qui existerait entre l'institution du droit de tester ainsi modifié et celle des brevets d'invention est mise en évidence par Bastiat, là où il s'efforce de démontrer que la façon d'agir de la concurrence ne peut manquer d'être essentiellement différente, selon qu'elle s'applique aux inventions de nouvelles machines ou aux accumulations d'instruments de production :

« J'ai fait voir que la concurrence fait tomber dans le « domaine de la communauté et de la gratuité et les forces « naturelles et les procédés par lesquels on s'en empare » (les découvertes constituant les inventions humaines) ; « il me reste à faire voir qu'elle remplit la même fonction « quant aux instruments au moyen desquels on met ces

« forces en œuvre. » ..... « Ici, il est clair que la gratuité
« ne peut jamais être absolue ; puisque tout capital repré-
« sente une peine, il y a toujours en lui le principe de la
« rémunération (1). »

Maintenant, les méthodes par lesquelles un homme s'empare des forces naturelles ne peuvent pas non plus tomber
dans le domaine de la communauté et de la gratuité à
cause des brevets d'invention ; et si ces brevets étaient
éternels, à durée illimitée, les inventions ne pourraient
jamais devenir absolument gratuites. Cet empêchement
artificiel mis à la communauté et gratuité des méthodes
d'utilisation des forces naturelles fait dire à Ferrara, un des
plus purs représentants de l'école manchestérienne : « A bas
« tout ce qui est œuvre humaine ! A bas les brevets d'in-
« vention et la propriété littéraire ! »

Mais les brevets temporaires ne font que différer la gratuité des inventions. Et si c'est encore là un tort fait à l'ensemble de la société, le dommage qui en dérive est largement contrebalancé par l'encouragement donné aux inventeurs. Le fait de la brève durée des monopoles — quinze à
vingt ans — montre justement l'intention de restreindre
leurs désavantages au minimum nécessaire pour encourager autant que possible les esprits inventifs. Le droit de
posséder et celui de tester empêchent les instruments servant à subjuguer les forces naturelles (machines, usines,
défrichements, etc.) de tomber également dans le domaine
de la collectivité. L'obstacle artificiel opposé à leur communauté et leur gratuité constitue pour l'ensemble de la
société un inconvénient analogue au précédent et qui,
comme le précédent, pourrait être limité et contrebalancé
par sa durée temporaire. L'empêchement ne devrait être
maintenu que le temps strictement nécessaire et suffisant
pour pousser à l'extrême le stimulant à l'accumulation. Des

____

(1) BASTIAT, *Harmonies économiques*, tome VI, pages 367-8. (Guillaumin et Cⁱᵉ édit., 1893).

prélèvements sur les héritages, soumis à de certaines progressions dans le temps, pourraient, nous l'avons vu, réaliser ce desideratum ; mais le droit de posséder et le droit de tester actuels constituent effectivement dans leur ensemble ce qu'on me permettra d'appeler un véritable *brevet d'accumulation à durée illimitée.* De là, et de là seulement, l'impossibilité absolue notée par Bastiat aussi de voir ces instruments de production et ces capitaux en général passer dans la communauté et gratuité, comme les inventions.

Ce qui fortifie et justifie en apparence l'argumentation des partisans du laissez-passer manchestérien quand ils combattent à outrance, comme contraire à l'équité, toute limitation apportée par l'État à la libre concurrence et au libre échange des services, c'est qu'ils ne prennent pas en considération et ne semblent pas même apercevoir une intervention fondamentale bien plus nuisible à la libre concurrence que toutes les autres mises en tas : le droit de posséder et de tester actuels, l'impossibilité, pour la majorité des hommes, de se servir gratuitement des instruments au moyen desquels sont mises en œuvre les forces de la nature. Même, leurs raisonnements acquièrent un grand fonds de vérité et un grand pouvoir de persuasion quand, faisant abstraction du sens étroit donné par eux au mot liberté, nous le prenons dans sa large acception de faculté d'employer, outre les forces naturelles et les méthodes propres à les asservir (ce qui arrive à l'expiration des brevets d'invention), les instruments grâce auxquels ces forces sont mises en œuvre (ce qui arriverait à l'expiration des brevets d'accumulation). Alors, dans la gratuité et la communauté absolues des énergies naturelles, la concurrence réellement libre apparaît comme une garantie efficace du maintien des rapports d'équité entre les hommes.

Ainsi, quand Bastiat dit : « C'est cette portion d'utilité « gratuite, forcée par la concurrence de devenir com- « mune, qui fait que les valeurs tendent à devenir propor-

« tionnelles au travail (1) », il se trompe s'il parle des conditions actuelles de la concurrence que notre droit de posséder et celui de tester empêchent de faire tomber dans le
domaine commun les instruments de mise en œuvre des
forces naturelles. Cela est si vrai qu'il faut calculer dans la
valeur des marchandises, en plus de l'élément travail, l'élément profit, à cause du loyer du capital technique. Bastiat
aurait raison si les *brevets d'accumulation* étaient temporaires, comme les brevets d'invention, si les instruments de
production revenaient, au bout d'un certain nombre
d'années, à la collectivité.

Quand il dit : « Ce phénomène » (le concours de plus en
plus actif des agents naturels) « aurait tourné contre la so-
« ciété elle-même, en y introduisant le germe d'une inéga-
« lité indéfinie, s'il ne se combinait avec une autre har-
« monie non moins admirable, la concurrence (2) », il ne
s'aperçoit pas que cette inégalité s'est produite en effet,
notre droit de posséder et de tester ayant toujours empêché
la concurrence de rendre communs et gratuits les instruments de mise en œuvre des agents naturels.

« Quelle incalculable distance », ajoute Bastiat, « sépa-
« rerait les diverses conditions des hommes si, seuls, les
« descendants de Gutemberg pouvaient imprimer, les fils
« d'Arkwright mettre en mouvement une filature, les ne-
« veux de Watt faire fumer la cheminée d'une locomo-
« tive (3) ! »

Il ne pense pas que, seuls, les capitalistes passés, les
présents, et leurs héritiers actuels ou futurs, ont eu, ont et
auront encore par la suite le pouvoir de mettre en mouvement les usines et de lancer les locomotives sur les rails.
Voilà pourquoi il y a une distance incalculable entre la condition des capitalistes, des « rois des chemins de fer » amé-

<hr>

(1) BASTIAT, *L. c.*, p. 374.
(2) BASTIAT, *L. c.*, 380.
(3) BASTIAT, *L. c.*, p. 380.

ricains et de leurs descendants, par exemple, et la condition des travailleurs prolétaires incapables d'utiliser librement et gratuitement aucun instrument de travail et
aucun capital.

Bastiat appelle la concurrence : « le ressort par l'opéra-
« tion duquel toute force productive, toute supériorité de
« procédé, tout avantage, en un mot, qui n'est pas du *tra-
« vail* propre, s'écoule entre les mains du producteur, ne
« s'y arrête, sous forme de rémunération exceptionnelle,
« que le temps nécessaire pour exciter son zèle et vient, en
« définitive, grossir le patrimoine commun et gratuit de
« l'humanité, et s'y résoudre en satisfactions individuelles
« toujours progressives, toujours plus également ré-
« parties (1) ».

Il ne réfléchit pas que les avantages dont jouit le producteur propriétaire des instruments de production ne s'ar-
rêtent pas entre ses mains sous cette forme de rémunération exceptionnelle : le loyer du capital technique, tout
juste le temps nécessaire pour exciter son zèle au travail et
à l'épargne ; ils y demeurent indéfiniment, — les instruments de production ne tombant jamais dans le domaine
de la communauté et de la gratuité.

« Ce sont ces efforts », dit-il, « qui s'échangent les uns
« contre les autres à prix débattu. Tout ce que la nature,
« le génie des siècles et la prévoyance humaine ont mis
« d'utilité dans les produits échangés est donné *par dessus*
« *le marché* (2). »

Il oublie évidemment que les capitalistes ne rivalisent
pas entre eux à qui cédera gratuitement l'usage du capital,
de sorte que son utilité n'est pas donnée en réalité *par dessus le marché*, comme celle des inventions à l'expiration
des brevets.

« Nous croyons », dit enfin Bastiat, « que tout ce qui

(1) BASTIAT, *Loc. cit.*, p. 381.
(2) *Ibid.*, 383.

« gêne la liberté trouble l'équivalence des services, et que
« tout ce qui trouble l'équivalence des services engendre
« l'inégalité exagérée, l'opulence imméritée des uns, la mi-
« sère non moins imméritée des autres, avec une déperdi-
« tion générale de richesses, les haines, les discordes, les
« luttes, les révolutions (1). »

Eh bien, le droit de propriété et le droit testamentaire
actuels gênent la liberté en empêchant qu'on se serve gratuitement des instruments de production, même à l'expiration du délai nécessaire pour pousser au maximum le désir
de l'accumulation ; ils troublent l'équivalence des services
au point que, sans en prêter aucun en échange, le riche
héritier peut disposer de ceux d'une multitude de gens ; ils
produisent enfin l'inégalité exagérée, l'opulence imméritée
des uns, la misère non moins imméritée des autres, les
haines, les discordes, les luttes que déplore Bastiat.

Voilà donc où est l'erreur fondamentale de l'école libérale, erreur qui ne vicie pas seulement toutes ses conclusions,
mais les rend parfaitement contraires à la vérité, dans l'appréciation des rapports économiques actuels. Ennemie de
toute intervention de l'État pouvant nuire à la concurrence,
elle en accepte l'intervention principale, celle qui, en enlevant à jamais à la majorité des hommes la faculté de se
servir librement et gratuitement des instruments de production, empêche la concurrence de produire ses effets
bienfaisants là où ils seraient le plus nécessaires.

Ainsi, il suffirait d'abolir cette fâcheuse intervention de
l'État pour que la plus grande partie des conclusions de
l'école libérale fussent exactement vraies. Or, comme nous
l'avons vu, une conformation différente de la propriété,
modifiée dans le sens d'un brevet d'accumulation à durée
temporaire, pourrait, sinon détruire cette intervention, du
moins en supprimer les effets pratiques essentiels. C'est
donc vers cette nouvelle organisation de la propriété que,

(1) BASTIAT, *L. c.*, 566.

logiquement, devraient tendre les écoles économiques sin-
cèrement libérales.

Mais si, d'une part, une constitution de la propriété qui
annulerait l'ingérence excessive de l'Etat serait conforme
aux plus libérales tendances des écoles économiques libérales et en serait même la pure et simple conséquence logique, elle ne s'adapterait pas moins parfaitement, d'autre
part, aux tendances les plus nettement individualistes de ces
écoles et, pour celles-là aussi, représenterait la plus rigoureuse des déductions.

Ces tendances individualistes, incessamment plus nettes
et plus répandues, ne sont pas seulement l'aboutissant nécessaire de telle ou telle doctrine, et le patrimoine de telle
ou telle école, mais le signe d'un phénomène social en formation, la suite inévitable et directe de l'extension et du
perfectionnement croissants de cette conscience sociale
dont l'affirmation d'une conscience collective prolétarienne
marquera le dernier et suprême degré (1). Aussi, chaque
nouvelle évolution de la propriété, quels que soient ses
causes ou ses facteurs sociaux immédiats, se rapproche-
t-elle toujours davantage de ces tendances.

En effet, aux premières époques barbares de l'évolution
humaine, et pendant la féodalité, aux âges du régime social à charpente massive imposé par un état de guerre chronique, l'individu, dans ses rapports avec la collectivité,
n'existe que comme partie d'un tout homogène : la famille.
Il ne se détache pas du groupe familial avec lequel il se confond entièrement. La collectivité, l'Etat, ne reconnaissent
point l'individu comme tel, mais comme appartenant à une
certaine famille. La charge de guerroyer ou le titre de noblesse n'appartiennent pas à tel ou tel homme, mais à telle
ou telle famille. La propriété (des biens mobiliers et même
des terres après que les guerres en ont supprimé la pro-

(1) Voir le dernier chapitre de ce volume.

priété collective) est familiale, non individuelle. Puis, à mesure que la société progresse, et la direction de son évolution est, nous le répétons, vers l'extension et le perfectionnement incessants de la conscience sociale, l'être pensant acquiert une importance propre comme élément de cette conscience. Les tendances individualistes se répandent et s'intensifient ; elles brisent peu à peu l'unité d'abord indissoluble de la gens, de la descendance, et l'individu, cessant enfin de se confondre avec la famille, se dresse en face d'elle.

L'évolution des rapports de l'individu et de la famille avec la société est peut-être la manifestation sociologique qui objective le mieux les tendances individualistes, au fur et à mesure de leur diffusion et de leur intensification. Or, l'évolution de la propriété est parallèle à celle-là. D'abord familiale, elle n'admet pas même le droit de tester. En le reconnaissant plus tard, la société accorde une plus grande importance à l'individu vis-à-vis de la famille : car le droit de tester peut détruire le droit familial d'héritage, de fidéicommis, de majorat. Le testateur, du consentement de la société, peut s'opposer à la famille.

Ceci nous montre clairement que, dans l'évolution même du droit de propriété, l'individu se détache et se distingue toujours plus nettement du groupe familial.

Par conséquent, comme les titres et les honneurs, les grandes charges sociales et le pouvoir politique sont devenus, d'héréditaires et transmissibles dans la famille, personnels et non transmissibles, la possession d'un droit de propriété sur certaines choses (surtout sur des instruments et des capitaux indispensables à la production et donnant à leur possesseur un énorme pouvoir social) deviendra aussi strictement individuelle. Le passé nous permet de prévoir un avenir où, — en tant que cela est compatible avec le maximum du bien-être social — le droit de possession ne sera plus transmissible dans la famille ou la descendance, mais réversible à toute la collectivité, à chaque mort d'homme.

Des prélèvements sur les héritages se conformeront donc d'autant plus aux tendances individualistes qu'ils seront plus élevés et même très élevés, c'est-à-dire, que les tendances individualistes conduiraient, même à elles seules, à une profonde restriction du droit de tester au bénéfice de la collectivité cohéritière. Mais cette limitation profonde ne peut aboutir simplement à un impôt toujours plus élevé sur les successions, car elle causerait par là une destruction de plus en plus grave de capitaux et ne pourrait d'ailleurs dépasser le point où l'impôt successoral, en se substituant à tous les autres, fournirait toutes les recettes nécessaires au budget. Ainsi une conséquence ultérieure s'impose : la nationalisation de tous les instruments de production et de tous les capitaux en général, nationalisation à laquelle aboutirait nécessairement la limitation de plus en plus profonde mise au droit de tester par les prélèvements de la collectivité cohéritière.

Il nous restera à voir, si la rétrocession de capitaux en propriété privée, accordée à des individus autres que les héritiers (proposition d'Huet, par exemple), serait plus conforme aux tendances individualistes ; ou si elles préconiseraient le loyer, la prestation et la cession d'usage gratuite ou onéreuse à des entreprises privées, dirigées par des individus ou des associations ; ou encore la gestion directe de l'Etat, selon l'avis des collectivistes. Il faudra examiner en outre si les autres facteurs sociologiques, si surtout le facteur de la conscience sociale et le facteur tellurique, naturel et artificiel, concourront à tourner vers l'un ou l'autre de ces moyens d'emploi des instruments de production et, en général, des capitaux, après leur nationalisation. Mais, en attendant, il est hors de doute que c'est vers cette nationalisation que nous mènent les tendances individualistes, et qu'elles nous y mèneraient indépendamment de toute influence étrangère. Il y a là un aboutissant inévitable et direct des délimitations toujours plus profondes mises, au nom de l'individualisme et en faveur de la collectivité co-héritière, au droit de tester.

Il nous reste donc maintenant, comme nous le disions, à examiner, au point de vue économique-social, comment on pourra utiliser les instruments de production et les capitaux nationalisés, sans aller à l'encontre d'aucune tendance et d'aucun facteur sociologiques.

Tel sera l'objet du prochain chapitre.

CHAPITRE IV

MODIFICATIONS PROFONDES DANS LA STRUCTURE ÉCONOMIQUE-SO-
CIALE AUXQUELLES POURRAIT CONDUIRE LE NOUVEAU DROIT
DE PROPRIÉTÉ.

I

Prémisses.

Les tendances individualistes que maintient, répand et
intensifie la formation d'une conscience collective incessamment plus étendue et plus parfaite s'opposeraient au régime collectiviste comme à tout autre système consacrant
une trop grande ingérence de l'État dans les actions des
particuliers.

Et, d'autre part, la conscience sociale intégrée par la ma-
turité d'une conscience de classe chez les prolétaires s'opposerait à une rétrocession en propriété privée d'instruments
de production et, en général, de capitaux ayant déjà subi
un processus de nationalisation.

Loin de permettre l'application pratique du *droit au patrimoine* préconisé par Huet, elle exigerait le maintien de
la propriété collective, car nos instruments de production
sont de telle nature que l'égalité des conditions initiales
artificielles de la lutte économique pour la plus grande
intensité de vie ne saurait être suffisamment réalisée s'ils

cessaient d'appartenir à la collectivité. Or, l'égalité des conditions initiales artificielles de la lutte économique est le principe d'équité suprême qu'impose une conscience sociale totale.

Et la condition actuelle du facteur tellurique artificiel — grandes usines utilisables uniquement par la coopération ou le travail associé de beaucoup d'individus, vastes entreprises en général, agricoles, industrielles, — rendrait matériellement impossible la rétrocession en propriété privée individuelle de moyens de production déjà nationalisés. Même, selon ses diverses catégories (terrains soumis à une culture intensive, usines, mines, chemins de fer, immeubles urbains, servant de logements, d'entrepôts ou de magasins, etc.), le facteur tellurique artificiel déterminerait directement les manières économiques et sociales les plus appropriées à leur mise en œuvre et à leur bon fonctionnement.

En outre, une tendance à l'association contractuelle s'affirme dès aujourd'hui au moyen de toute sorte de libres associations, dans tous les domaines de l'activité humaine, et témoigne d'un mouvement social croissant et irrésistible, irréfrénable.

Et l'on vient de voir le processus graduel et continu de nationalisation que créerait une propriété transformée en un brevet d'accumulation à durée temporaire par des prélèvements sur les successions progressifs dans le temps ou par toute autre institution analogue.

Examinons donc, d'après ces facteurs sociologiques, ces tendances et ces conditions, de quelle façon et par quelles voies la nationalisation de toutes les forces naturelles, de tous les instruments de production, de tous les capitaux en général, conduirait au but que le prolétariat pourrait se proposer d'atteindre par la mise en commun des biens privés : le rapprochement économique du travailleur et de son instrument de production.

II

De la terre.

Les avantages de la graduelle nationalisation du sol agricole, de sa location simple et de la perception des rentes ricardiennes par l'Etat peuvent, d'après les partisans de cette nationalisation partielle, se résumer comme suit :

1° La rente ricardienne différentielle (naturelle ou acquise) ou de monopole, dévolue à l'Etat, au fur et à mesure de la nationalisation des terres, éliminerait la classe des propriétaires fonciers non cultivateurs ou entrepreneurs de culture sur leurs biens. Ainsi cesserait ce phénomène de parasitisme social, le plus ancien et peut-être, aujourd'hui encore, le plus considérable de tous : l'injuste privilège du propriétaire terrien recevant d'entrepreneurs capitalistes ou de paysans agriculteurs des loyers qu'il n'a pas mérités par son travail ou par l'exercice d'une fonction socialement utile.

2° La différente capacité productive naturelle ou acquise des terrains n'empêcherait plus que des quantités égales de travail fussent également rétribuées. L'augmentation de valeur des terres, au fur et à mesure de l'accroissement de la population, ne profiterait plus au propriétaire seulement mais à toute la société (1).

(1) Le taux moyen du loyer annuel des terrains domaniaux affermés s'élevait, en Prusse, en 1849, à 1.19 ; en 1864 à 1.89 ; en 1867, à 2.11 thalers le *morgen*. Dans les anciennes provinces prussiennes, en 1849, 1869, 1879, 1890-91, ce taux moyen fut respectivement de 13.9, 26.11, 35.63, 38.95 marcs ; dans la Prusse orientale, de 7.63, 14.58, 18.57, 20.12 ; en Saxe, de 26.71, 44.34, 70,15, 83.34 (cultures de navets) ; dans le Hanovre, aux trois dernières dates, de 36.51, 52.15, 56.59 (WAGNER, *Grundlegung, Dritte Aufl., Zw. Theil, 432-433).

3° La rente ricardienne est cause aujourd'hui que la mesure de la fertilité d'un pays est celle de la productivité des sols particulièrement ingrats, même quand ils représentent une très faible portion de l'étendue cultivée, les propriétaires fonciers, et non la collectivité tout entière, profitant seuls de la fertilité plus grande, naturelle ou acquise, des autres terres. Cet inconvénient, si grave pour toute la production en général, cesserait du moment où elle serait entièrement dévolue à l'Etat.

4° L'Etat devrait percevoir les rentes ricardiennes des terrains, même quand il n'aurait besoin d'aucun impôt, dans l'unique but de faire régner la meilleure justice distributive possible parmi les cultivateurs des diverses terres et d'éviter, dans l'ensemble de la production, les inconvénients énoncés ci-dessus. Cette source de richesse publique fournirait donc à chaque nation un moyen très naturel et très avantageux de subvenir à ses besoins financiers (James Mill, Stuart Mill, De Laveleye, Spencer).

La location directe par l'Etat, qui apporterait des avantages si considérables à toute l'économie sociale en général, manifesterait encore, dans l'économie agricole en particulier, l'essentielle supériorité de la propriété collective du sol sur sa propriété privée. Aujourd'hui l'exploitation agricole se fait très principalement sous le régime du bail ou son équivalent, la possession nominale d'une terre grevée d'hypothèques. Les propriétaires véritablement cultivateurs, ou entrepreneurs de cultures sur leurs propres fonds, ont toujours été dans le passé, sont encore partout (sauf en France) et deviennent chaque jour davantage l'exception (1).

(1) « En résumé, la culture du sol a presque toujours été accomplie par le possesseur temporaire, presque jamais par le propriétaire perpétuel » (DE LAVELEYE, *De la propriété*, etc., 543).
On trouvera des données sur l'extension croissante des terrains donnés à ferme et la diminution de l'étendue directement administrée par les propriétaires, par exemple, dans LORIA, *La costitu-*

Sous le régime du sol nationalisé, les fermages se constitueraient de la façon et selon les systèmes les plus avantageux
pour toute l'économie publique et non plus, comme aujourd'hui, de la façon et selon les systèmes qui avantagent
le propriétaire privé au détriment de la collectivité. L'État
seul peut être guidé par l'intérêt général. Seul propriétaire,
il supprimerait le stimulant qui pousse aujourd'hui à une
culture épuisante et stérilisante le locataire agriculteur et
l'entrepreneur capitaliste grâce à la forme que l'avantage
particulier du propriétaire privé impose aux contrats de
fermage ; et, par contre, il exciterait efficacement ses tenanciers à une culture réparatrice et à des améliorations
continuelles.

Les contrats de bail imposés par les propriétaires actuels
à leurs fermiers aboutissent à une culture épuisante et à
une diminution de la productivité de l'industrie agricole.
Et ce, pour plusieurs raisons (1) :

1° Les efforts du propriétaire pour obtenir une rente très
élevée, supérieure à celle que le terrain pourrait lui donner
théoriquement, sont en général couronnés de succès. C'est
que, d'habitude, les tenanciers sont dans l'impossibilité
d'opter et contraints d'accepter les conditions qu'on leur
offre. Ainsi, lorsque la rente ricardienne tend à augmenter, le propriétaire parvient à en accroître et en accélérer le
mouvement ascendant ; quand, au contraire, elle tend à
diminuer à la suite, par exemple, de la concurrence faite
aux anciens terrains par de nouvelles exploitations, il re-
tarde indéfiniment l'abaissement des loyers. C'est ainsi que

<hr>

zione economica odierna, Torino, Bocca, 1899, page 544. Voir aussi,
dans le même ouvrage, les nombreux détails sur les épouvantables
progrès de la dette hypothécaire, p. 549-558.

(1) Les propriétaires obérés de dettes hypothécaires sont, à cet
égard, assimilables aux fermiers, car, tôt ou tard, leur insolvabilité
devient irréparable et entraîne fatalement leur expropriation.

Voir, sur l'accroissement continuel et effrayant des expropriations pour dettes hypothécaires, LORIA, *ibid.*, 577 à 580.

les *landlords* anglais, par exemple, en continuant à prétendre des rentes trop élevées, ont poussé leurs fermiers à une culture épuisante et ruineuse (1).

2° Les baux sont trop courts, les propriétaires ayant intérêt à les renouveler aussi souvent que possible, afin de pouvoir profiter de chaque augmentation de la rente ricardienne de monopole que produit l'accroissement de la population.

3° Le propriétaire n'indemnise pas le fermier pour les améliorations qu'il a introduites et les capitaux qu'il a investis dans l'exploitation.

4° Quand la récolte a été mauvaise, le propriétaire refuse de diminuer autant qu'il le devrait le montant des fermages, ce qui rend encore plus difficile la condition déjà précaire du tenancier. Celui-ci alors s'endette et, généralement, pour essayer de s'acquitter, il épuise le sol pendant ses dernières années de location.

« Dans les années de mauvaise récolte, le propriétaire
« devrait se montrer plus accommodant qu'il n'est, et ac-
« corder parfois des réductions de loyer. Il est dans son
« plein droit quand il s'y refuse, mais alors la condition du
« locataire devient très précaire (2). »

Cependant, en regard des inconvénients du système de la propriété privée du sol comparé à celui de la propriété collective, on pourrait mettre les avantages dérivant de la supérieure aptitude des propriétaires privés à la haute surveillance et la haute direction de la gestion des terres qu'ils afferment. Mais si la supériorité du propriétaire cultivateur ou entrepreneur de cultures sur l'État propriétaire peut être admise, on ne saurait, par contre, accorder aucune aptitude spéciale au possesseur d'un bien dont l'exploitation est entièrement confiée à des tenanciers (Stuart Mill, Ros-

_____

(1) Voir, entre autres : LORIA, *Analisi della proprieta capitalista,* 2ᵉ vol., 364 ; et WALLACE, *Bad Times,* 55.

(2) PAUL LEROY-BEAULIEU, *Essai sur la répartition des rich.,* 148.

cher, Wagner, etc.). D'autant plus que, d'abord, comme
l'avoue M. Paul Leroy-Beaulieu :

« Les vieilles et patriarcales habitudes qui créaient un
« lien personnel d'amitié, presque familial, entre le loca-
« taire et le propriétaire ont aujourd'hui disparu et, deve-
« nus toujours moins résidents, les propriétaires ne con-
« naissent leurs tenanciers que de nom, et n'ont pour eux
« aucun intérêt réel (1). »

Ensuite, il est vrai de dire que beaucoup de terrains sont
aujourd'hui achetés et gardés par la haute finance, non pas
tant comme des sources de revenus que comme des objets
de spéculation ou des placements sûrs pour des capitaux
surabondants. En ce cas, c'est surtout au titre de propriété
que l'on tient et non à l'amélioration et à l'accroissement
de productivité des domaines acquis (2).

La propriété privée du sol agricole ne présente donc aucun avantage qui contrebalance ceux de la propriété collective avec ses systèmes de location directe par l'Etat, capables d'atteindre, même dans une agriculture à fermages,
à une exploitation suprêmement intensive et réparatrice, à
un maximum de productivité générale.

Voilà pourquoi M. Wagner a pu dire, en voyant les résultats obtenus sur les terrains publics affermés, en Allemagne :

« Grâce à une sage constitution du loyer temporaire,

---

(1) *Essai sur la répartition des riches.*, 15.

(2) Cf. WAGNER, *Grundlegung, Dritte Aufl., Zw. Theil,* 469-470.
« Dans le Schleswig-Holstein, par exemple, on se plaint que les modernes fluctuations du commerce des biens » (dues à la spéculation
s'attaquant à ces terrains) « menacent de faire perdre à la propriété
foncière le caractère qu'elle avait quand le propriétaire considérait
son fonds comme sa terre natale et l'administrait avec soin par intérêt personnel et par amour pour ses descendants » (page 470).
Cette plainte est générale aujourd'hui dans nos pays civilisés.

Voir LORIA, *Costituzione economica odierna*, 254-264, pour plus de
détails sur la spéculation moderne effrénée dans ses rapports avec
la propriété foncière.

« *telle qu'on peut facilement l'obtenir*, les terrains de
« l'Etat sont administrés par leurs locataires aussi bien, si-
« non mieux, qu'ils le seraient par des propriétaires tra-
« vaillant sur leurs propres fonds (1). »

M. Meitzen dit de même, à propos des domaines que
l'Etat prussien, il y a plus d'un siècle, a renoncé à administrer directement :

« Ces fermages ont joué un rôle important dans le dé-
« veloppement de l'agriculture nationale. Ils ont été jus-
« qu'ici gérés d'une façon particulièrement intelligente, et
« ont en général procuré de grandes richesses aux entre-
« preneurs, malgré des emplois de capitaux et des amende-
« ments extraordinaires. »

« Ce jugement favorable, ajoute Wagner, est encore au-
« jourd'hui le jugement général (2). » Et il poursuit : « Là
« où prédomine effectivement la location, comme en An-
« gleterre, et là où elle semble bonne, comme dans ces do-
« maines d'Etat assimilables à de grandes propriétés fon-
« cières, on tient déjà la démonstration générale ou
« spéciale de l'inutilité de l'institution de la propriété pri-
« vée du sol, dans l'intérêt de la production. Et partout où
« existent exclusivement ou du moins partout où préva-
« lent, comme en Angleterre, la grande propriété et la
« grande exploitation, la difficulté du passage de la pro-
« priété privée à la propriété collective n'est pas très consi-
« dérable. Cette transformation n'exigerait, en effet, au-
« cune modification dans le processus de la production
« rurale. La perception et la distribution seules du revenu
« rural, et surtout de la rente foncière, en seraient affec-
« tées. Les agents de l'Etat n'auraient qu'à se charger du
« rôle d'intermédiaires entre propriétaire et fermiers que
« remplissent aujourd'hui les agents des *landlords* (3). »

(1) *Die Finanzwissenschaft*, édition italienne, Turin, page 336.
(2) *Grundlegung, Dritte Aufl.*, Zw. Th., 442.
(3) Wagner, *ibid.*, 442.

Selon Rau, le système des fermages de l'Etat devrait être constitué de façon à assurer la jouissance des lots pour un terme assez long et même pour toute la durée de l'existence du locataire : « Et quand le lot rentrerait dans la « masse pour être de nouveau cédé, il faudrait indemniser « le cultivateur sortant, ou sa famille après sa mort, pour « les amendements exécutés, les fumures, le drainage, les « clôtures, les plantations, afin que la terre ne fût pas né- « gligée durant les dernières années de jouissance (1). » Et, en effet, dans les Flandres, où le fermier sortant est indemnisé pour les amendements permanents et pour les engrais et l'état de fumure du fonds qu'il quitte (l'indemnité, *packtersreyt*, s'élève parfois à 300 francs l'hectare), la culture est particulièrement intensive malgré l'adoption très générale du système des baux (2).

Mais il ne serait pas moins important pour la prospérité de l'industrie agricole que les fermages de l'Etat tendissent à détruire cet autre inconvénient des locations privées : l'élévation du prix du loyer au-delà de la valeur réelle de la rente ricardienne différentielle, naturelle ou acquise. Afin d'obtenir ce résultat et de faciliter en même temps le passage du régime actuel à celui de la propriété agricole collective, l'Etat devrait, au moment où une terre tomberait en son pouvoir, la céder de nouveau au fermier cultivateur ou directeur d'exploitation, — pour toute la durée de leur

(1) P. Leroy-Beaulieu, *Le Collectivisme*, 141.

(2) P. Leroy-Beaulieu, *Répart. des rich.*, 148. M. Wagner dit aussi à propos des terrains affermés par l'Etat : « On devrait accorder au « tenancier sortant, auquel on bonifie toujours tout ce qui dans les « cultures ou les semences demeure un avantage pour son succes- « seur, une indemnité pour l'état de fumure du sol, car c'est encore « un amendement dont le fonds continuera à profiter après son dé- « part » (*Finanzwissenschaft*, éd. italienne, 372). Voir, dans le même volume, d'autres détails sur les locations des biens domaniaux (359 à 372) ; en particulier, sur les réparations et reconstructions de bâtiments rustiques, les amendements, les précautions à prendre contre les détériorations (369-372).

vie ou pour telle autre durée dont, à mesure, l'expérience aurait montré les avantages, — mais en réduisant convenablement les loyers injustes imposés par les anciens propriétaires. Il pourrait se réserver, au besoin, le droit de reviser périodiquement les conditions du contrat, afin de pouvoir jouir des accroissements réguliers ou accidentels de la rente ricardienne ou de toute autre « conjoncture » durable, survenue pendant la période de location (Wagner). Et, en tout cas, il obligerait le tenancier à cultiver ou à surveiller l'exploitation directement lui-même, afin d'empêcher les sous-locations toujours funestes à l'industrie agricole par suite des loyers énormes qui grèvent le dernier des sous-locataires (1).

En même temps, en remettant les lots à la disposition de l'État, à chaque mort d'homme, ou, en somme, à chaque échéance du contrat de fermage, on éviterait d'autres inconvénients, qui, sans être la conséquence directe et absolument nécessaire de la propriété privée ainsi que ceux examinés plus haut, n'en sont pas moins très graves et très redoutables aussi. On éviterait, par exemple, ce morcellement excessif des terres et des exploitations rurales provenant surtout des partages héréditaires (cf. Le Play et son école), que l'*Anerbenrecht* et autres expédients artificiels ne parviennent pas à empêcher. On se prémunirait contre le danger, encore plus grave, de ces funestes reconstitutions de latifundia, si fréquentes aujourd'hui grâce à a facilité avec laquelle se font les expropriations pour dettes des petits propriétaires sans défense. On a eu beau recourir à l'*homestead* : cette loi, comme d'ailleurs tous les autres remèdes imaginés pour combattre le mal, est demeurée sans effet.

____

(1) On pourrait, selon les circonstances, faire fixer le montant du loyer par des experts ou céder le terrain à affermer au plus offrant. Voir, touchant ce sujet, les règles pour la location des terres domaniales en Allemagne, dans WAGNER, *Finanzw.*, éd. it., 359-362.

Pour détruire enfin le dernier des inconvénients indiqués par nous, inévitable, celui-là aussi, dans les fermages particuliers, l'Etat devrait faire les concessions suivantes. D'abord, il devrait, par analogie avec ce qu'il accorde én matière d'impôts, consentir des réductions *temporaires* des loyers, à la suite de récoltes exceptionnellement mauvaises ou de cataclysmes tels que les alluvions, les grêles désastreuses, les invasions du phylloxéra, les épizooties, etc. Les dommages encourus par quelques cultivateurs seraient alors répartis sur toute la nation, conformément aux principes de l'assurance mutuelle, et la condition des fermiers devenant moins précaire, ils ne seraient jamais obligés à une culture excessivement épuisante, gravement et irréparablement nuisible à la productivité générale du sol.

En outre, l'Etat devrait accorder des réductions *durables* des loyers, quand se produiraient de durables diminutions de la rente ricardienne du sol, à la suite, par exemple, de la concurrence faite aux vieux terrains par des terres nouvellement défrichées. La découverte d'un pays fertile et sa mise en culture, ce bienfait si grand pour l'ensemble de l'humanité, ne serait plus dès lors un malheur pour l'industrie agricole de tous les autres pays. Ses conséquences, supportées par tous les citoyens, aboutiraient simplement à la diminution d'une source de revenus publics et non à une dépression de l'industrie agricole et à une culture épuisante. Et le désavantage de la diminution des revenus de l'Etat serait amplement compensé par les avantages qu'en leur qualité de consommateurs, les citoyens retireraient de la diminution du prix des produits respectifs (1).

---

(1) Quant aux conditions de location des autres forces dites naturelles, cfr., par exemple, pour les forces hydrauliques, les réglements établis par l'Etat de l'Ontario (Luigi Einaudi, *Un esempio di legislazione nazionalizzatrice sulle forze idrauliche*, « Riforma Sociale », 15 octobre 1898).

Pour les mines, voir surtout les conditions de location de l'Australie. On sait que les Etats australiens se réservent le domaine

III

De la suppression des impôts.

Revenons à cette suppression à laquelle il a déjà été fait allusion. Il est évident que la perception du loyer des terres par l'Etat, en la rendant possible, aurait une grande et bienfaisante portée sociale. Cet argument est un des premiers et des plus efficaces qu'aient portés, à l'appui de leur thèse, les adeptes de la nationalisation du sol, de James Mill à de Laveleye, et de Henry George à Wallace. En effet, plus les impôts ont d'inconvénients, plus le régime social qui rendrait leur suppression possible acquiert de valeur sociale.

Les reproches les plus mérités par nos systèmes de contributions peuvent se résumer ainsi :

1° Les impôts poussent à un gaspillage de précieuses énergies humaines en travaux improductifs de perception, de surveillance et de contrôle (1).

éminent du sous-sol et la jouissance de la rente minière de toutes leurs mines : or, charbon, fer, etc. Cfr. aussi les règlements régissant la location des dépôts de phosphates dans la Caroline du Sud et ceux de la location des riches mines de fer du Luxembourg (LUIGI EINAUDI, *La rendita mineraria*, Torino, Un. Tip. Edit., 1900, pages 239 à 255).

(1) Les frais généraux de perception atteignirent, selon M. Wagner, 7,77 millions de £ pour 74, 93 millions de £ de rendement brut en 1875 en Angleterre ; cette proportion est égale à 10, 4 0/0. En France, les frais s'élevaient à 249 millions pour un rendement de 2.577,05 millions, soit 9,7 0/0. Ces deux Etats sont ceux où les frais de perception sont relativement le plus réduits (*Finanzw.*, éd. it., page 189).

2° Ils attentent à la liberté personnelle en causant une foule de vexations et d'ennuis, et souvent la complication énorme, épouvantable, des dispositions législatives en matière d'impôts fait que, sans le vouloir, les plus honnêtes gens transgressent des règlements trop minutieux, trop divers et incessamment modifiés. Ils causent des dépenses accessoires, des pertes considérables de temps qui équivalent, en somme, à des pertes d'argent. Ils excitent à la corruption et à la fraude :

« Ils ajoutent, dit Wagner, des frais accessoires très
« considérables aux charges supportées par le contribuable,
« causent une très grande perte de temps et de travail, ex-
« citent (surtout les impôts de consommation) à des formes
« de fraudes très déplorables, telles que la contrebande et
« la corruption et, troublant ainsi les conditions de la con-
« currence, désorganisent toute la vie des affaires » (1).

3° Ils entravent de mille façons l'industrie et le commerce et leur donnent souvent une direction artificielle qui empêche la production de se faire toujours dans les lieux et de la façon où il serait économiquement le plus désirable qu'elle se fît. Cela est surtout vrai des impôts de consommation qui ont, en outre, l'irréparable vice d'origine de pouvoir se transformer en instruments d'abaissement des salaires aux mains de la classe dominante. « Les modes de
« contrôle et de perception de ces impôts (de consomma-
« tion) oppriment et entravent la circulation et la juste di-
« vision nationale et internationale du travail, de façon à
« refréner souvent le progrès technique (2) ».

4° Ils ne parviennent qu'à travers de grandes, et même de très grandes difficultés, parfois, à subvenir aux besoins de l'État, ce qui est pourtant la condition *sine qua non* de son existence. Ces difficultés, qui font péricliter tout l'organisme social, ne peuvent être surmontées par la fixation

(1) WAGNER, *ibid.*, 1085, 1116.
(2) WAGNER, *ibid.*, 1085.

d'un impôt unique ; bien loin de permettre ce moyen, elles obligent l'Etat à recourir à l'énorme complication des « systèmes d'impôts » qui aggravent et multiplient actuellement les inconvénients de l'impôt même.

5° Ils sont essentiellement incompatibles avec les tendances individualistes qui se répandent et se précisent toujours davantage. Une telle incompatibilité, en rendant plus insupportable, à mesure, l'exaction des sommes exigées de chaque individu, l'atteinte portée à sa liberté de consommation ou d'épargne sur ses gains, contribue à augmenter la difficulté d'appliquer nos systèmes de contributions actuels et à manifester l'accord des tendances individualistes avec tout régime financier qui pourrait se dispenser de recourir à l'impôt.

6° Ils ne peuvent en aucun cas constituer un régime équitable. Ils apparaîtraient essentiellement injustes, même en faisant abstraction de la lutte des classes à laquelle ils offrent un champ de bataille quotidien, même en supposant pour un moment l'Etat capable d'obtenir l'équilibre entre ces classes et d'appliquer effectivement le principe éthico-social qui, idéalement, devrait toujours le guider. C'est que, d'abord, le problème de la translation des impôts, malgré d'habiles essais de solution théorique (celui de M. Pantaleoni, par exemple, dans sa : *Teoria della traslasione dei tributi*) est, pratiquement, impossible à résoudre, car chaque impôt se répercute de façons infiniment diverses dans l'Etat, selon d'infinies diversités de circonstances. Et l'insolubilité pratique du problème détruit la possibilité de s'orienter dans l'application des principes aptes à réaliser l'équité en matière d'impôts. En outre, ces principes mêmes sont absolument arbitraires. Et quand il serait possible de s'entendre sur le choix de celui qui devrait servir de base au système des contributions, soit que l'on prit celui de Smith sur l'assurance, ou celui de la jouissance, ou celui de la capacité de contribuer, ou celui du sacrifice égal, ou un autre, on pourrait arriver arbitrairement (on est, en fait, arrivé avec chacun d'eux) à la proportionnalité de l'impôt aussi bien qu'à sa progressivité, ou même à une progressivité à rebours, et à des progressions très faibles ou très fortes (1).

7° Ils constituent enfin une modification *sui generis* ultérieure à l'organisation quelconque de la propriété sur laquelle ils se greffent et qu'ils altèrent ; mais ils ne possèdent pas les qualités intrinsèques d'une véritable organisation de la propriété. D'abord, en effet, ils ne sont pas fixes et établis une fois pour toutes pour une longue période de temps, par un contrat social à longue échéance dont chacun saurait que les dispositions dureront autant ou, tout au moins, presque autant que lui. Sans eux, l'individu au-

(1) Si l'arrangement de la propriété était, ce qu'il n'est certes pas actuellement, équitable en soi, le principe que l'impôt doit équivaloir au montant des frais des services rendus par l'Etat au contribuable serait, évidemment, le seul acceptable. Ce principe offenserait encore sans doute le droit d'usage consenti par l'arrangement de la propriété parce qu'il est dans l'essence de l'impôt d'obliger le contribuable à un échange. Mais l'échange tel qu'il pourrait avoir été établi par un libre contrat ne violerait le droit d'usage que *qualitativement* et non plus *quantitativement* ; il n'altèrerait plus en somme les proportions quantitatives que l'arrangement de la propriété aurait déterminées dans la distribution de la richesse sociale, de sorte que si cet arrangement était équitable, il n'en détruirait pas l'équité. Seulement, il est impossible de connaitre, fût-ce approximativement, la valeur des services rendus par l'Etat, car « quand même on pourrait et voudrait calculer les rapports *immédiats* entre les institutions de l'Etat et l'individu, on ne pourrait absolument pas calculer l'influence *médiate* que les institutions exercent sur tous les aspects du bien-être civil » (RAU) ; de sorte que ce principe aussi ne pourrait être qu'un guide bien incertain pour la formation d'un système d'impôts équitable.

Mais quand l'équité manque tout à fait dans la constitution même de la propriété à laquelle devrait être appliqué le système d'impôts, la recherche de « suprêmes principes » de justice tributaire devient essentiellement oiseuse, à moins qu'elle ne commence par l'étude du nouvel arrangement de la propriété propre à réaliser véritablement des rapports équitables.

rait des normes de conduite infaillibles pour ses plans
d'avenir, quel que fût du reste le droit de propriété en
vigueur. La forme actuelle de la propriété des biens matériels ou l'institution actuelle des brevets d'invention et de
propriété littéraire, par exemple, offriraient une base solide
à l'action individuelle si l'une et l'autre n'étaient modifiées
par l'impôt. Et combien plus sûrement encore l'avenir serait prévoyable si l'institution de prélèvements sur les successions (ordinaires ou progressifs dans le temps, mais in-
variablement déterminés d'ailleurs pour une longue période),
ou si, en somme, toute autre constitution d'un *brevet d'accumulation* à durée limitée, permettait l'établissement
d'une finance à revenus !

L'impôt a, de par sa nature, un caractère instable. Il
n'est pas du tout fixe et peut être chaque année modifié,
diminué, augmenté, créé à nouveau selon le montant des
dépenses nationales. Il a quelque chose d'arbitraire. Quand
la constitution de la propriété sur laquelle il se greffe serait équitable, il lui serait impossible, nous l'avons vu, de ne
pas altérer et détruire cette équité, même dans l'hypothèse
invraisemblable qu'il fût appliqué par un État paternel et
juste à souhait. Mais il y a plus, et le mobile qui pousse
chaque classe à rejeter sur les autres tout le poids des contributions le rend essentiellement propre à devenir l'instrument des pires iniquités sociales.

S'ils manquent de fixité et de stabilité, les impôts ne sont
pas moins dépourvus de cette autre qualité requise par
toute constitution de la propriété véritablement adaptée à
ses fins : le respect de la liberté de consommation et
d'épargne. Étant en effet prélevés chaque année sur les revenus individuels, ils amoindrissent et violent cette liberté,
si essentielle à l'obtention du maximum de travail et de la
plus grande intensité d'accumulation de nouveaux capitaux (1).

(1) Des prélèvements sur les successions, quand ils seraient progressifs dans le temps ou établis de toute autre façon qui les fît

Voilà donc tout un ensemble de graves inconvénients.
Sans doute : quand l'impôt demeure le seul moyen de subvenir aux besoins de l'Etat, ils ne suffisent pas à le faire
abolir, mais ils accroissent, proportionnellement à leur gravité, l'importance et l'utilité sociale des systèmes financiers
qui peuvent se dispenser d'y avoir recours.

« Toutes les recherches et les observations précédentes »,
dit Wagner dans la conclusion de sa *Science des finances*,
« prouvent que la formation d'un système d'impôts ration-
« nel, théoriquement juste, pratiquement utile, cons-
« titue sous tous les rapports un problème énormément
« ardu et que l'on ne peut résoudre que d'une façon très
« imparfaite... Les inconvénients inévitables des impôts
« démontrent que si, dans son ensemble, le développement
« de la fonction de l'Etat est nécessaire et salutaire, il n'en
« est pas moins *payé bien cher...* C'est seulement alors
« qu'on a acquis une idée claire et complète des difficultés
« extraordinaires que présente l'impôt et surtout le pro-
« blème de constituer un équitable système de contributions
« que l'on est en mesure d'apprécier pleinement l'impor-
« tance des recettes d'ordre privé et des taxes dans l'entre-
« prise publique... Des difficultés mêmes du problème de

correspondre effectivement à un brevet d'accumulation à durée
temporaire, ne toucheraient pas du tout au revenu des vivants. Ils
limiteraient seulement la quantité de capitaux que la volonté pos-
thume d'un testateur a le droit de soustraire à la collectivité, au détriment de la capacité de gains et de la liberté de travail de tous
ceux qu'il contribue à priver du libre et gratuit exercice des instruments de production et des capitaux en général. Voilà pourquoi
l'impôt, qui amoindrit pour chacun le droit de jouir du fruit de sa
peine, est l'antithèse des tendances individualistes et pourquoi
celles-ci sont parfaitement accordables avec les prélèvements sur les
successions qui détruisent des droits attentatoires à la liberté du
travail. En outre, l'impôt, en diminuant la liberté de consommation
et d'épargne de l'individu, affaiblit le stimulant au travail et à
l'épargne. Des prélèvements sur les successions le fortifieraient au
contraire, surtout s'ils étaient progressifs dans le temps.

« l'impôt surgit un nouvel argument de grande importance
« en faveur des revenus privés de l'Etat (1). »

Or, cet argument favorable à un système financier non
basé sur l'impôt est propre aussi à mettre en évidence la
valeur (d'autant plus grande que plus grands sont les inconvénients signalés ci-dessus) d'une organisation de la propriété capable de réaliser graduellement la nationalisation
de tous les biens particuliers et pouvant ainsi conduire,
sans secousse et par un processus automatique en quelque
sorte, du système actuel de l'impôt à un système
financier à revenus. Au lendemain de cette nationalisation, les loyers des immeubles urbains servant d'habitations, de bureaux, d'entrepôts, de magasins, etc.,
rentreraient complètement dans la catégorie des taxes
(taxes d'habitation). Les rentes ricardiennes différentielles des terres et les loyers différentiels des capitaux
techniques fixes, dont nous parlerons plus loin, empêcheraient qu'aucun avantage artificiel fût accordé à quelques
producteurs au détriment des autres. Non seulement le
système qui assurerait les revenus de l'Etat et des autres
administrations publiques (provinces, villes), respecterait
entièrement la nouvelle constitution de la propriété (et
par là il serait équitable si la constitution de la propriété
l'était aussi), mais il aiderait à produire cette équité sociale.
Il n'aurait pas été institué pour fournir aux besoins du trésor, mais pour réaliser la justice. Ce dernier but, loin de
venir *s'ajouter* à celui d'obtenir un certain rendement des
contributions, serait au contraire le plus essentiel. Et il provoquerait la réalisation de l'autre comme une de ses conséquences.

(1) Pages 1099-1103.

IV

Des taxes et des immeubles urbains.

M. Loria prévoit cette objection : « Un Etat qui pour-
« voirait aux services publics par ses revenus patrimoniaux
« cesserait d'attribuer une valeur à ces services puisqu'il les
« prêterait gratuitement, sans rien exiger des citoyens...
« Or, si l'on veut bien admettre que l'Etat rend des ser-
« vices quantitativement et qualitativement divers aux dif-
« férentes classes sociales, trouvera-t-on conforme à la jus-
« tice la gratuité des services publics ? N'implique-t-elle pas
« plutôt un injuste procédé envers les classes qui obtien-
« nent de moindres services ? (1) »

L'objection est réelle, théoriquement, au point de vue in-
dividualiste-anticommuniste. Elle n'aurait toutefois qu'une
bien petite valeur pratique si la constitution de la propriété
qui permettrait à l'Etat le prêt gratuit de ses services, en
nivelant le pouvoir économique des diverses classes d'une
façon graduelle mais continue, égalisait aussi autant que
possible les avantages qu'elles retireraient des services gratuits. En tout cas, comme il est absolument impossible,
nous l'avons vu, de connaître dans quelle proportion les
services de l'Etat avantagent les intérêts économiques de
chaque individu ou de chaque classe en particulier, on
court le risque de réaliser une double série d'injustices par
un système de finances à impôts, l'une se rattachant aux
services mêmes (surtout là où l'inégalité économique des diverses classes est grande), l'autre, bien plus grave et bien

(1) *Ancora dell' imposta progressiva*, « Riforma Sociale », 15 janvier 1897, p. 11.

plus insupportable, à la perception de l'impôt. Dans un système financier basé sur le revenu, on risque de *donner aux uns plus qu'aux autres;* dans celui basé sur l'impôt, *d'enlever beaucoup pour donner peu* aux uns et de *donner beaucoup tout en n'enlevant que peu de chose ou même rien du tout* à d'autres, grâce surtout à la translation des impôts. Ainsi, le danger d'injustices et de communisme est, dans ce cas, bien plus grand.

Mais pour éviter justement, et le plus complètement possible, en ce qui concerne non les classes, mais les individus, que l'État prête gratuitement ses services aux uns plus qu'aux autres, il est certain qu'il faudrait en exiger le prix toutes les fois que la valeur des services rendus serait susceptible de mesure et que ces services seraient rendus uniquement sur la demande des intéressés. On aurait alors des taxes au lieu d'avoir des impôts (1).

En pareil cas, les tendances individualistes elles-mêmes, si contraires aux impôts, exigeraient que la valeur des services rendus par l'État ou par la ville aux simples particuliers continuât à être remboursée. Elles exigeraient, en d'autres termes, le maintien des taxes, et ce serait, je le répète, en haine de ces principes communistes dont elles sont exactement l'antithèse.

Cependant, sans se démentir, sans déroger à leur principe théorique, les tendances individualistes pourraient permettre, dans la pratique, de supprimer la plupart des taxes qui existent aujourd'hui : celles, d'abord, dont la suppression n'impliquerait aucun progrès vers le communisme, parce que les services qu'elles assurent seraient rendus par l'État, tôt ou tard, à tous les citoyens en mesure presque égale ou, s'ils n'étaient rendus qu'à un très petit nombre d'hommes, ce serait d'une façon avantageuse à toute la société. Telles sont, par exemple, les taxes pour

____

(1) Nous donnons au mot taxe l'acception qu'il a dans la *Science des finances* de M. WAGNER, p. 285, 298.

l'administration intérieure ou l'administration de la justice.

Les tendances individualistes feraient supprimer en outre les contributions qui, véritables taxes pourtant, créent certains avantages artificiels dans les conditions initiales de la lutte économique : celles, par exemple, payées pour l'enseignement public, à tous ses degrés.

Il serait, enfin, conforme aux tendances individualistes de défalquer de la valeur du service et de rendre ainsi gratuit, dans certaines taxes, un élément de coût aujourd'hui onéreux. Une des principales fonctions de l'Etat devrait être de rendre gratuit et commun, moyennant la concurrence ou tout autre expédient, le plus grand nombre possible d'instruments de production et de capitaux en général servant à mettre en œuvre les forces de la nature. C'est là, d'ailleurs, une conséquence directe de la doctrine individualiste de Bastiat. Toutes les taxes ressortissant aux services de l'Etat tels que : la poste, le télégraphe, le téléphone, les chemins de fer, et autres semblables, ou les services municipaux tels que : l'eau potable, l'éclairage des maisons, les tramways, et autres analogues, devraient uniquement couvrir les frais nets d'exercice et de réparations. Mais il serait conforme aux principes individualistes de défalquer de la valeur des services rendus l'élément de coût, onéreux aujourd'hui, représenté par le montant de tous les intérêts du capital d'installation et d'exercice.

Les rares taxes qui seraient maintenues après l'abolition de toutes les autres et de tous les impôts, essentiellement réduites par la gratuité des capitaux d'installation et d'exercice, ne fourniraient pas grand chose à l'Etat et aux villes. Leur modeste rendement serait, en tout cas, entièrement absorbé par les frais d'exercice des services auxquels elles devraient correspondre. Mais, dans l'hypothèse d'une nationalisation graduelle de tous les biens privés, parallèlement au revenu national des loyers des terrains se formerait une source de revenus municipaux si importante qu'elle pourrait, à elle seule. suffire aux frais des villes et leur laisser de grosses épargnes : j'entends parler de la taxe municipale d'habitation et d'usage de locaux (magasins, bureaux, entrepôts, etc.), dans laquelle viendraient se transformer automatiquement les loyers actuels quand les immeubles urbains, passant aux mains de l'État, seraient par celui-ci abandonnés à la gestion des villes. Nous verrons ailleurs les modalités de cette cession.

La taxe d'habitation ne couvrirait pas seulement, pour les maisons situées dans des lieux où la valeur du terrain serait minime, ou même nulle, les frais d'exercice qui, en ce cas, consisteraient presque uniquement en frais de réparations et d'administration : elle représenterait aussi les intérêts du capital, afin de se proportionner aux frais de construction, c'est-à-dire au degré de luxe des logements. Et là où la rente de l'*aire* ou *de situation* des terrains bâtis serait élevée, la taxe d'habitation rembourserait cette rente, que le libre jeu de la demande et de l'offre déterminerait alors comme aujourd'hui, outre les frais d'exercice et les intérêts. On comprend quelle abondante source de revenus elle formerait.

La société réaliserait bien d'autres avantages en percevant elle-même tous les loyers des immeubles urbains. On peut les résumer, selon ce qu'ont dit et répété les partisans de la nationalisation ou municipalisation des terrains et des immeubles urbains, de la façon suivante :

1° Cessation d'un des nombreux et multiformes parasitismes sociaux, — parasitisme qui, même abstraction faite du phénomène de la rente du terrain, est assimilable à l'injuste privilège des propriétaires fonciers. En effet, le loyer que perçoit le premier et réel accumulateur des épargnes ayant servi à l'édification d'un immeuble peut être considéré comme un prix accordé à son *abstinence*, et ce prix est sans doute équitable, il provoque sans doute la multiplication nécessaire des maisons d'habitation. Mais le loyer payé à l'héritier du constructeur est un phénomène

de parasitisme analogue au paiement du loyer du terrain
au propriétaire foncier qui n'a jamais contribué au défri-
chement ou à la fertilité de ses domaines.

2° Cessation d'une iniquité de la constitution économique
actuelle qui se cache sous le phénomène de la rente du terrain. Aujourd'hui, l'élévation rapide, parfois énorme, parfois invraisemblable de cette rente dans les grandes villes
en voie de développement, enrichit démesurément un très
petit nombre d'individus qui n'ont pas le moindre mérite à
cette augmentation de leur fortune : « Le propriétaire
« privé des immeubles urbains jouit donc d'un extraordi-
« naire accroissement de son revenu, grâce à l'élévation de
« la rente du terrain et du loyer de l'immeuble, et d'un
« extraordinaire accroissement de son patrimoine, grâce à
« la plus grande valeur acquise par l'immeuble même. Et
« il ne mérite ce gain par aucun effort ; il l'empoche aux
« frais du reste de la population que l'élévation des loyers
« des habitations et l'élévation des prix des produits, cette
« conséquence des hauts loyers des entrepôts et magasins,
« contraint de verser gratuitement une partie de ses re-
« venus aux propriétaires des fonds et des immeubles (1). »

(1) Wagner, *Grundlegung*, *Dritte Aufl.*, zw. Theil, 480. Voir aussi,
au sujet de l'exploitation des locataires et des boutiquiers par les
propriétaires d'immeubles dont la rente est en augmentation, *ibid.*,
478.

Quelques chiffres suffiront à donner une idée de l'accroissement
de la rente des terrains dans les villes qui s'agrandissent le plus
rapidement. Les terrains sablonneux de la partie occidentale de
Berlin valaient, quelques dizaines d'années avant la guerre,
100 thalers le *morgen* (jugero). En 1872, ceux situés à la périphérie
coûtaient de 3 à 400 thalers et davantage par perche cárrée (*Qua-
dratruthe*), tandis que les mieux situés allaient à 2, 3, ou même
6 mille thalers (Wagner, *ibid.*, 487). A Chicago, le quart d'acre
acheté 20 dollars en 1830 valait 45.000 dollars en 1856 ; 125.000 dollars en 1872 ; 175.000 en 1881 ; 325.000 en 1886 ; un million et
250.000 dollars en 1894. En un quart de siècle, de 1870 à 1895, le
montant total des loyers annuels de Londres, grâce *uniquement* à

3º Un des principaux champs d'action de la spéculation malsaine se rétrécirait peu à peu et finirait par disparaître.

Mais deux points d'interrogation se poseraient et s'imposeraient surtout, au moment du passage en propriété collective des terrains et des immeubles urbains. L'Etat ou les villes seraient-ils aptes à la gestion et à l'administration de la masse énorme d'immeubles dont ils deviendraient propriétaires? D'après quels critères pourrait-on établir leurs parts respectives dans la jouissance des rentes?

On sait que M. Wagner lui-même admet qu'on puisse, en thèse générale, répondre affirmativement à la question, au cas où l'administration et la gestion des immeubles seraient confiées aux communes :

« S'il est vrai que la surveillance, les soins et les capitaux « nécessaires au maintien d'un immeuble soient plus diffi« cilement obtenus d'un organe public que d'une adminis« tration privée, il est vrai de dire aussi que les réparations « se font habituellement, aujourd'hui, non à la charge du « propriétaire, mais à celle du locataire. Elles sont, dans « les contrats de bail usuels des grandes villes, dans l'actuel « *libre droit de contrat*, adossées au locataire, à ce point « qu'il paie les réparations des fenêtres abîmées par le vent « ou la grêle et aucunement par sa faute. »

...« Un immeuble urbain est en réalité un *capital de* « *pierre* (ein steinernes Kapital) qui, par le simple méca« nisme de la location, par un minime travail ordinaire « d'administration et un insignifiant apport de nouveaux « capitaux pour réparations, devient une source de revenus « assimilable à un titre de rente. »

« Les possesseurs d'immeubles urbains sont donc compa-

l'accroissement de la rente du terrain bâti, a augmenté de : t 7.782.336, soit : 195.558.500 francs. Des terrains qui, à Paris, dans le quartier de la Madeleine, coûtaient un centime et demi le mètre carré en 1533, valaient 54 centimes en 1616 ; 6 fr. 40 en 1775 : ils valent aujourd'hui mille francs (EINAUDI, *La municipalisation du sol dans les grandes villes*, « Le Devenir Social », janvier 1898).

« rables, non aux propriétaires fonciers qui administrent
« directement leurs biens, mais à ceux qui les afferment.
« Or, comme nous l'avons déjà démontré, le système du
« fermage dans les entreprises agricoles détruit un des
« principaux motifs du maintien de la propriété privée du
« sol (1). »

Il suit de là que les communes pourraient surmonter les
difficultés inhérentes à la gestion directe des immeubles,
surtout si le nombre de ceux qu'elles auraient à administrer
augmentait peu à peu.

On sait d'ailleurs comment les municipalités anglaises,
celles surtout de Birmingham, Liverpool et Glasgow,
tendent à se constituer un petit patrimoine immobilier. Au
fur et à mesure de la démolition de leurs vieux quartiers
malsains, elles font élever des bâtiments dont la taxe d'habitation leur fournit un joli revenu.

Du reste, le fait qu'en France plusieurs sociétés anonymes
se sont constituées pour gérer des immeubles, « se substituer
« au propriétaire, administrer à la fois mille immeubles au
« lieu d'un seul ou de deux, et diminuer ainsi les frais
« généraux » (2), montre l'inutilité présente de la fonction
sociale des propriétaires privés. Par conséquent, partout
où la ville chargée de la gestion des immeubles, nationalisés en tant que propriétés, confierait leur administration
à des sociétés semblables, cette administration serait alors
aussi bonne qu'aujourd'hui. La seule différence consisterait
en ce que ces sociétés rempliraient les coffres de la commune au lieu de remplir ceux des particuliers.

Nous avons répondu au premier des points d'interrogation que nous nous étions posés plus haut. Quant à la
seconde question, voici comment M. Wagner y répond :
« Le principe une fois admis de la collectivisation du terrain
« sur lequel s'élève l'immeuble aussi bien que de l'immeuble

____

(1) *Grundlegung*, 489.
(2) PAUL LEROY-BEAULIEU, *Essai sur la rép. des rich.*, 189.

« même, on peut prendre en considération deux éventua-
« lités : le terrain et le bâtiment demeureraient une pro-
« priété collective unique de l'Etat ou de la commune ; ou
« bien l'Etat aurait la propriété du sol, et la ville un simple
« droit d'usufruit perpétuel sur ce sol. Ce droit, très va-
« riable selon les circonstances, serait payé à l'Etat par la
« commune, qui ferait bâtir à son compte et louerait les
« maisons, serait enfin propriétaire des immeubles et usu-
« fruitière du sol. » La plus simple des solutions, ajoute-
t-il, serait d'accorder la double propriété du sol et de
l'immeuble soit à l'Etat, soit à la ville. Mais dans la première des hypothèses, les difficultés d'une si énorme administration seraient trop grandes pour l'Etat. Si, d'autre part,
la ville était seule propriétaire, l'administration, localisée
et circonscrite, serait de ce fait grandement facilitée : mais
la ville s'avantagerait seule, à l'instar du propriétaire privé,
de l'élévation de la rente du terrain municipal, sans avoir
eu d'ailleurs aucun mérite à cette élévation, habituellement
produite par des conditions économiques générales ou par
l'action directe de l'Etat, c'est-à-dire de la totalité des habitants (capitales, villes possédant de grandes institutions de
l'Etat et un grand nombre de fonctionnaires, etc.).

« Cette considération rendrait nécessaire d'assurer pour
« le moins à l'Etat une partie de l'accroissement local de
« la rente et de la valeur du terrain municipal et tout cet
« accroissement, par exemple, dans les grands centres de
« la vie politique et économique dont le développement
« dépend de l'ensemble de la vie nationale. Ceci s'applique
« aux grandes capitales, ou à des villes telles qu'Hambourg,
« Munich, Leipzig, etc. » C'est pourquoi : « Si l'on est
« fondé à croire qu'il y aurait trop de difficulté à réunir
« la propriété du sol et celle de l'immeuble entre les mains
« de l'Etat, on pourrait équitablement céder la propriété
« du sol urbain à l'Etat et un perpétuel droit d'usage de ce
« sol à la ville, en stipulant une compensation à payer
« par celle-ci, et la revision périodique du montant de cette

« compensation selon le développement de la rente du
« terrain local (1). »

M. Wagner a en vue des villes qui feraient bâtir sur le
sol nationalisé dont elles seraient usufruitières. Mais la
chose change d'aspect si on la considère au point de vue
de la simple gestion municipale, avec jouissance relative
partielle des revenus, des immeubles urbains qu'une nouvelle constitution de la propriété aurait fait tomber aux
mains de l'Etat. Alors, les critères pouvant servir à la détermination des parts respectives de l'Etat et de la ville
dans la jouissance des revenus seraient purement empiriques et ils varieraient selon l'emploi à donner à ces
revenus :

Si, par exemple, le résidu restant à chaque commune
des revenus des immeubles urbains, après le prélèvement
des dépenses du budget communal et du pourcentage de
l'Etat, était dévolu (par l'entremise de banques spéciales,
je suppose) à des emprunts à accorder aux travailleurs de
la petite industrie, aux artisans, aux petits commerçants, etc., habitant la commune.

Si, de même, l'excédent des sommes perçues dans la
gestion des terrains confiés aux provinces (ou à des communes rurales, analogues aux *allmenden* suisses ou allemands) (2) était, après déduction du pourcentage de l'Etat
et des frais du budget provincial, dévolu à des emprunts
consentis aux travailleurs agricoles appartenant à ces provinces, c'est-à-dire aux locataires des terrains provinciaux.

Si, enfin, l'Etat après avoir déduit le montant des dépenses générales du total des versements des provinces et
des communes et de celui des loyers des capitaux techniques fixes (usines de la grande industrie) ou des agents
dits naturels (mines, chutes d'eau, etc.) dont il se serait
réservé la gestion, employait l'excédent de ses recettes, soit

(1) *Grundlegung, Dritte Aufl.*, Zw. Theil, 501, 502.
(2) DE LAVELEYE, *De la propriété*, etc., 131, 144, 147, 152.

à rendre communs et gratuits les instruments de production, soit à consentir, en addition aux capitaux nationalisés liquides, des prêts à des syndicats ouvriers ou des coopératives de production.

Les critères empiriques devant régler la jouissance des revenus publics se dégageraient des conditions et droits issus de ces dispositions particulières. On aurait, par exemple, pour comparer les communes entre elles, le quotient du montant total du pourcentage laissé à chacune d'elles, divisé par le nombre de ses habitants ; on pourrait comparer entre eux la commune, la province et l'État en divisant le montant total du résidu destiné aux emprunts par le nombre de ceux qui y recourraient. Le pouvoir législatif aurait, en somme, une foule de semblables critères empiriques pour évaluer les parts respectives de l'État et de la commune, ou de l'État et de la province, dans la jouissance des revenus publics. Et il lui serait facile alors de fixer ces quotes parts une fois pour toutes au moyen de formules empiriques (1). Guidée par les faits, l'expérience vérifierait, dans chaque cas particulier, l'équité des critères et des règles de partage adoptés.

(1) On pourrait déterminer ces parts respectives, pour les communes, par exemple, en faisant la quote part de l'État égale au montant total de la rente du terrain des immeubles urbains nationalisés, plus un certain pourcentage du montant total des loyers de ces immeubles diminués de la rente du terrain. Ou encore la quote part de l'État serait constituée par un pourcentage du montant total des loyers dont on ne déduirait rien, mais qui varierait selon la population des villes. Celles-ci pourraient être, à cet effet, classées selon leur ordre de grandeur, etc. D'autres règles encore seraient applicables. C'est pareillement d'une façon tout empirique que sont déterminés aujourd'hui les pourcentages des droits d'octroi payables par les communes à l'État ou la quote part de l'impôt sur les bâtiments abandonnée par l'État aux villes, ou d'autres partages analogues entre l'État et les administrations provinciales ou municipales.

V

Des dettes publiques.

Il se ferait dans les budgets des administrations publiques un excédent de recettes qui ne cesserait de s'accroître au cours de la collectivisation des diverses catégories des biens privés, grâce aussi à la destruction, effectuée au fur et à mesure de leur retour à l'Etat, des titres de la dette nationale provinciale ou municipale (1).

On peut résumer comme suit, d'après les objections que soulèvent en général les emprunts publics, les avantages sociaux de leur extinction graduelle :

1° Elle déchargerait la production d'un poids considérable, car les intérêts de la Dette publique, payés à un capital presque entièrement improductif, affaiblissent le plus efficace des stimulants de l'activité sociale en diminuant la rétribution des agents producteurs. L'économie actuelle a renoncé à secouer ce fardeau qui l'opprime toujours davantage. Elle recourt même, de plus en plus fréquemment, aux emprunts irrachetables, soit qu'elle ne

(1) En Angleterre, par exemple, le paiement des intérêts de la dette nationale représentait en 1887 — 1888 plus de : fr. 571 1/2 millions, tandis que les dépenses inscrites au budget pour tous les services civils (ceux pour l'armée étant exclus) s'élevaient à 801 millions. La France dépensait pour les intérêts de sa dette : 981.762.000 fr., près d'un milliard — *cent millions de plus* que pour son budget dont le chiffre total était : 882.640.000 francs. On a calculé que le montant annuel des intérêts des dettes publiques pour tous les Etats européens réunis s'élève à quatre milliards et demi (WAGNER, *Ordinamento della economia finanziaria e credito publico*, Torino, Unione tipografica editrice, 1891, pages 384, 385, 622 à 631).

puisse supporter le surcroit d'impôts qu'impliquerait leur amortissement, soit (et cette explication est plus conforme à la réalité dans la plupart des cas) à cause des avantages particuliers qu'ils offrent à la classe capitaliste. Dégagé du poids des intérêts à servir à des capitaux éminemment improductifs, le profit du capital productif, demeuré aux mains des particuliers ou qui s'y accumulerait encore à mesure, s'élèverait proportionnellement, toutes choses égales d'ailleurs : l'importance pour le capital privé des emplois socialement avantageux en serait donc considérablement accrue.

2° Grâce au rétrécissement, à la disparition graduelle d'un des plus vastes champs d'action de la spéculation malsaine, on en verrait peu à peu disparaître les tristes effets et, entre autres, la re-distribution artificielle concentratrice et inique de la richesse sociale (1).

3° L'abolition des rentes sur l'État éliminerait un autre des multiples et multiformes parasitismes sociaux : car, s'il est utile, et par conséquent équitable, de servir les intérêts de la Dette aux accumulateurs des capitaux prêtés à

(1) Vers la fin de l'année 1881, on estimait 3 milliards le capital disponible à la Bourse de Paris, en sommes destinées aux reports, ou données aux intermédiaires comme couverture, ou tenues en réserve par les joueurs, ou engagées dans les spéculations. Les affaires traitées dans cette Bourse par les agents de change représentaient, en 1855, une somme de 64 milliards. Elles en représentent plus de 110 aujourd'hui et encore faut-il ajouter à ce chiffre les 77 milliards maniés par les coulissiers. Quant à la nature de ces affaires, on calculait il y a quelques années qu'il y en avait une réelle sur 16 ou 18. Plus récemment, à Londres, on a calculé que sur 20, 19 sont de simples jeux de Bourse (CAMILLO SUPINO, *La Borsa e il capitale improduttivo*, Milans, Hoepli, 1898, 92 et 173).

On peut évaluer la détraction subie de ce chef par le profit du capital productif quand on songe que, dans le monde de la Banque et de la Bourse, un capital qui ne rend pas 20 ou 25 0/0 est considéré comme pauvrement employé (LORIA, *Analisi della Propr. capit.*, I, 560).

l'Etat, à titre de primes particulièrement aptes à stimuler à l'accumulation, il est inique de continuer à payer ces intérêts à des rentiers oisifs, auxquels le premier accumulateur a pu transmettre ses biens en une proportion immensément supérieure à celle strictement nécessaire et suffisante pour entretenir en lui un maximum d'incitation au travail et à l'épargne.

L'importance de ce parasitisme est mise en relief par l'éloquence des chiffres. Le montant annuel des intérêts des Dettes publiques s'élève, pour l'Europe seulement, à quatre milliards et demi de francs : or, sauf pour la part afférente aux patrimoines des œuvres pies, cette somme énorme est payée presque totalement déjà — et elle le sera entièrement sans doute au cours de la génération prochaine — à des individus qui n'auront rendu en échange aucun service.

Notons, parmi les divers aboutissants de ce parasitisme, que l'Etat remet aux classes riches, en leur payant les intérêts de la Dette publique, toute la valeur des impôts déboursés par elles et un surplus même au delà de la simple restitution. Or, ce surplus est, avec le montant des autres dépenses publiques, enlevé à la classe ouvrière au moyen de tous les autres impôts. C'est la réalisation des injustices que M. Loria craint de voir apparaitre dans la finance à revenus, et une réalisation en grand, car l'Etat prélève en fait la totalité de l'impôt sur les classes sociales auxquelles il prête des services quantitativement et qualitativement infimes, tandis qu'il sert surtout aux autres, auxquelles il n'enlève rien et accorde même une remise.

Les nouvelles accumulations peuvent se dispenser de s'adresser à la demande du travail grâce aux emprunts publics, à d'autres emplois improductifs du capital tels que la spéculation malsaine et l'agiotage ou, d'autre part, grâce aux machines qui permettent d'accroître presque indéfiniment le capital technique sans augmenter la main-d'œuvre. Voilà pourquoi les différences de vitesse entre

l'accroissement des capitaux et celui de la population prolétarienne ne donnent pas lieu par elles-mêmes à une augmentation des salaires. La classe capitaliste à qui tous ces
expédients assurent un profit très élevé dans son ensemble
(compensation de l'entrepreneur, intérêt du capital productif, intérêt du capital improductif) pousse ainsi au maximum, sous l'apparence de la plus rigoureuse légalité,
l'extorsion du produit du travail des masses ouvrières.
Celles-ci paient toujours, indirectement ou directement, les
intérêts des dettes publiques : indirectement pour la part
soi-disant enlevée au profit du capital productif, lequel fait
retomber sur elles le poids de l'impôt en se servant des
emprunts pour empêcher le relèvement des salaires ; directement, pour la part prise sur les impôts de consommation
qui coopèrent très efficacement aussi à la réduction du
salaire à son minimum. Il est donc bien vrai de dire que
les dettes publiques et leurs intérêts sont des dettes et des
intérêts payés par la main droite à la main gauche, à cela
près que la main droite est représentée par les ouvriers et
la gauche par les rentiers oisifs. Et ce qui se cache sous le
nom trompeur de capital dans les titres publics « est simplement le pouvoir de s'approprier le travail d'autrui sans
donner du travail en échange, ce qui n'implique pas seulement la possibilité de vivre aux dépens de la société, mais
celle de diriger capricieusement une grande partie du travail social vers des productions inutiles ou même nuisibles (1) ».

A mesure que l'Etat cesserait de devoir payer les intérêts
de la dette publique, dont les titres ne représentent effectivement d'ordinaire que des capitaux fictifs déjà consom-
més improductivement, le profit du capital productif serait
dégrevé, comme nous l'avons indiqué plus haut, de tout le
montant de ces intérêts. Et quand, par hasard, les titres
détruits représenteraient des capitaux employés producti-

____

(1) WALLACE, *Land Nationalisation*, 15.

vement par l'Etat, ces capitaux tomberaient, selon l'idée de
Bastiat, dans le domaine de la communauté et de la gratuité.

Quant aux deux questions analogues à celles qui se sont
présentées à propos des terrains et des immeubles urbains,
à savoir : Si l'Etat, ou la province, ou la ville seraient
aptes à la gestion et l'administration des capitaux nationalisés? et d'après quels critères pourraient s'établir les respectives proportions dans la jouissance de ces capitaux
entre l'Etat, les provinces et les communes? La première
est évidemment oiseuse. La seule mesure à prendre à
l'égard des titres publics nationalisés serait de les détruire.
C'est ce qui s'est fait jusqu'ici les rares fois où des fonds
d'amortissement ont permis de racheter des titres d'Etat.

Il est moins facile de répondre à la seconde question
touchant les dispositions à suivre à l'égard des titres des
dettes communales et provinciales à mesure qu'ils tomberaient aussi aux mains de l'Etat. Evidemment, leur destruction immédiate accorderait injustement aux provinces
et aux villes qui les auraient émis le don gratuit des capitaux qu'ils représenteraient. Mais on pourrait adopter une
solution empirique que la pratique et l'expérience se chargeraient au besoin de modifier incessamment dans le sens
de la parfaite équité : par exemple, en modifiant la cote des
revenus des immeubles urbains et des terrains cédés par
l'Etat aux communes et aux provinces. La solution serait
de remettre aux administrations municipales ou provinciales le paiement des intérêts de leurs dettes à mesure que
les titres d'émission se nationaliseraient, à la seule charge
de rembourser graduellement au moyen de légères annuités les capitaux représentés par ces titres. Le prêt gratuit
de capitaux auquel correspondrait effectivement l'exemption du paiement des intérêts des titres s'inspirerait de
l'idée mère de la réunion économique du travailleur et de
son instrument de production : faire entrer dans la communauté et la gratuité pour le plus grand nombre possible de

citoyens (en ce cas, ceux appartenant aux communes et provinces exemptées du paiement) la plus grande quantité possible d'instruments de production et de capitaux (en ce cas, ceux représentés par ces titres, les capitaux empruntés par les villes et les provinces étant, contrairement à ce qui se passe pour les capitaux empruntés par l'Etat, employés productivement d'ordinaire).

Quelques chiffres suffiront à donner une idée approximative du reliquat probable des revenus des biens nationalisés après la déduction du montant des dépenses budgétaires de l'Etat.

Voici quels étaient, selon Sir R. Giffen, les revenus du Royaume-Uni en 1885 (1) :

Rente Foncière	L.st. :	65.039.000	
Revenus des maisons	«	128.459.000	
Dividendes des actions des Chemins de fer du Royaume-Uni	«	33.270.000	L.st. : 285.398.000 (= fr. : 7.134.950.000)
Dividendes des actions des autres sociétés par actions du R. U. (mines, carrières, forges, etc.)	«	58.630.000	
Autres profits de la cédule A de l'Income Tax outre la rente foncière et du bâtiment	«	877.000	
Profit du capital agricole (cédule B)	«	65.233.000	L.st. : 183.861.000 (= fr. : 4.596.525.000)
Autres intérêts et profits de la cédule D, ou non soumis à l'Income Tax, dûs au pur capital (placements à l'intérieur du royaume) (2)	«	117.751.000	

(1) *The Growth of capital*, London, Bell, 1889 (tableau page 11).

(2) Dûs au pur capital, disons-nous, car pour les entreprises individuelles, non par actions : *Trades and Professions*, dont le profit est dû en partie au capital et en partie à l'œuvre de l'entrepreneur, un cinquième seulement (42 millions de £) du revenu (216 millions de £) est évalué comme dû au seul capital et reporté comme tel pour composer ce chiffre de 117 millions (tab. p. 11 et page 25).

Intérêts des fonds publics étrangers	« 21.006.000	
Divid. actions de Chemins de fer hors du Royaume-Uni. .	« 3.808.000	L.st. : 84.763.000
Divid. d'exploitations à l'étranger ou aux colonies. . . .	« 9.859.000	(= fr. : 2.119.075.000)
Divid. d'autres placements à l'étranger non compris dans les cédules C et D	« 50.000.000	
	L.st. : 554.022.000	L.st. : 554.022.000 = fr. : 13.850.550.000 (1)

Et en regard de ce revenu provenant uniquement du capital, c'est-à-dire du seul fait de la possession des capitaux, le passif du budget du Royaume Uni — déduction faite de : fr. 574 millions et demi, montant des intérêts de la Dette publique nationale non mentionnés dans le total des revenus ci-dessus, se chiffrait à : millions de fr. 2.250 — 574 1/2 = 1.678 1/2. Les frais des administrations locales (60 millions de £ équivalent à 1.500 millions de francs) portaient le total des dépenses publiques à 3.178 1/2 millions de francs (*Ibid.*, 143). Ainsi, même abstraction faite des deux milliards de revenus provenant des placements à l'étranger, l'excédent annuel des revenus, déduction faite des dépenses publiques, dépasserait 8 milliards et demi de francs. Le revenu des maisons (128.459.000 £ = 3.211.475.000 francs) suffirait amplement, à lui seul, à couvrir le total de ces dépenses.

En France, M. Alfred Neymark (*Les valeurs mobilières en France*, 1888) a calculé que les capitalistes possèdent

(1) L'auteur évalue le capital donnant ce revenu (la terre comprise) 8.577 millions de £ = 214 1/2 milliards de francs. Il calcule qu'il faudrait ajouter à ce chiffre 960 millions de £ = 24 milliards de francs pour la valeur des propriétés privées ne créant pas de revenus (meubles, œuvres d'art, objets précieux) et 500 millions de £, soit 12 1/2 milliards de francs pour celle des biens publics. Cela porte à 250 milliards de francs le montant du capital du Royaume Uni (même tableau, page 11).

80 milliards en valeurs mobilières représentant un revenu
de 3.900 millions à 4 milliards (1).

Le montant des loyers des maisons et des usines s'y élevait, en 1891, à plus de deux milliards ainsi répartis :

Maisons. . . . .   fr. : 1.948.264.852
Usines . . . .   « :   141.817.118
                                 ─────────────
                     Total fr. : 2.090.081.970 (2).

D'après une évaluation administrative le revenu foncier
rural y était de : fr. 2.645 millions en 1879-81 (3).

Voilà donc, pour trois seules sortes de revenus (dividendes de valeurs mobilières, rentes foncières, loyers d'im-

______

(1) Voir H. BABLED, *Les syndicats de producteurs et détenteurs de
marchandises au double point de vue économique et pénal*, Paris,
Rousseau, 1893, page 151.

Selon le « Deutsche OEkonomist » cette richesse mobilière s'élèverait à : 92.322 millions et se composerait comme suit :

Or, Argent . . . .   fr. : 8.000 millions
Rente d'Etat, actions et obligations de chemins
de fer, obligations de villes, foncières . . . . .   «   58.000   «
Actions et obligations diverses . . . .   «   5.800   «
Valeurs étrangères . . . .   «   20.000   «
                                                      ──────
                          Total. . .   fr. : 92.322 millions

(Voir la *Rivista delle Riviste* dans la « Riforma Sociale » du 15 juin
1897, pages 610, 611.)

Selon A. Chirac, le montant total des valeurs mobilières en
France était de 106.388 millions en 1882 (MALON, *Le Socialisme in-
tég.*, II, page 236).

(2) MALON, *Le Socialisme intégral*, II, 373.

(3) *Répartition des rich.*, 89. — L'enquête exécutée par l'administration des contributions directes a évalué la « valeur vénale » des
50 millions d'hectares de propriétés non bâties (50.035.000 sur
52.857.000) 91.584.000.000 francs (DE FOVILLE, *La Fortune de la
France*, « Journ. de la Soc. de Statist. de Paris », 10 nov. 1883,
p. 412).

En supposant que ces calculs aient pour base le taux de capitalisation 3 0/0, la valeur locative des terres atteindrait exactement
2.747 millions de francs.

meubles) un total d'environ 8.735 millions de francs. Or, l'ensemble des budgets de l'Etat, des départements et des villes formait un total de 4 milliards en 1893 (1). L'écart entre ces deux totaux dépasse 4.735 millions ; et si l'on y ajoute la plus-value actuelle des valeurs mobilières et des terrains bâtis, il va au-delà de 5 milliards.

Enfin, en ce qui concerne les revenus des immeubles urbains et leur rapport avec les besoins financiers des villes, voici quelques chiffres. A Paris, les loyers de la propriété bâtie donnaient, en 1900, un total de 775 millions (2), tandis que le budget ordinaire de la ville ne dépassait pas 300 millions (*Répartition des richesses*, 219). A Berlin, en 1891, les loyers urbains représentaient 268 millions de marcs et le budget municipal était de 113 millions et demi de marcs (3). Nous ignorons le chiffre des dépenses annuelles de la ville de Londres en ce moment, mais nous avons celui du revenu de ses propriétés urbaines en 1891. Il s'élevait pour l'*Inner London* à : £ 32.943.260 et pour l'*Outer Ring* à £ : 8.066.417, c'est-à-dire à un total de 41 millions de £ équivalant à 1.025 millions de francs (*Ibid.*, 368) (4).

(1) P. Leroy-Beaulieu, *Le Collect.*, 170.

(2) Loyers de maisons de commerce. 305.000.000
Loyers de maisons d'habitation 416.500.000
Usines 23.500.000

                          Total. 775.000.000

(*Essai sur la répart. des richesses*, page 195).

(3) Direzione generale della statistica. *Notizie sulle condizioni demografiche edilizie ed amministrative di alcune grandi citta italiane ed estere nel 1891*, Roma, Tip. Naz., pag. 247-260.

(4) Naturellement, le fait que, grâce à une meilleure distribution des richesses, les descendants des classes aisées actuelles ne pourraient plus se payer le luxe de loyers très élevés, tandis que, de leur côté, les ouvriers seraient beaucoup mieux logés, apporterait de grandes différences dans ces chiffres et changerait surtout le mode de composition du montant total des loyers. Mais nous ne voulons ici qu'indiquer approximativement l'ordre de grandeurs auquel il appartiendrait.

VI

De la communauté et gratuité des instruments de production et des capitaux en général.

Si la prédominance de certaines tendances des sociétés modernes et les besoins mêmes de l'économie sociale exigeaient le libre exercice privé de la plus grande partie des diverses industries, surtout de celles qui peuvent facilement demeurer dans le domaine de la concurrence, l'Etat devrait les céder en exercice, au fur et à mesure de la nationalisation des instruments de production et des capitaux en général, à des coopératives, des syndicats de production, des sociétés pour achats et ventes, des unions agricoles, etc., formés par les ouvriers mêmes de l'agriculture ou de la grande et de la petite industrie.

Mais nous avons vu que l'Etat, les provinces et les villes auraient un excédent de recettes considérable. Cet excédent servirait de deux façons à ce rapprochement économique de l'ouvrier et du capital que, d'après nos hypothèses, la classe prolétarienne se proposerait d'atteindre au moyen de la graduelle nationalisation des biens : en faisant tomber dans le domaine de la communauté et de la gratuité, — selon la doctrine de Bastiat — les instruments de production, ou capitaux techniques en général, de certaines branches de l'industrie (produits de première nécessité) ; et en rendant gratuits pour les travailleurs les prêts de capitaux salaires, c'est-à-dire les avances de subsistances. L'abaissement du prix des marchandises, conséquence de la gratuité et communauté d'un nombre toujours croissant d'instruments de production, et la gratuité des prêts consentis aux tiavailleurs seraient, pour ceux-ci en particulier, et pour la société en général une source d'avantages d'autant plus considérables qu'un plus large excédent des recettes permettrait à l'Etat, aux provinces et aux villes d'augmenter à mesure le nombre des capitaux techniques gratuits et les sommes destinées à la constitution des capitaux d'emprunt. De là, une efficace garantie d'ordre et d'économie dans l'administration des deniers publics.

Il y aurait naturellement, selon les circonstances, diverses manières de faire entrer dans la communauté et gratuité les instruments de production nationalisés. Les industries qui sont de leur nature des monopoles ou propres à être exercées par l'Etat (chemins de fer, etc.) seraient en effet exercées par lui : il suffirait pour celles-là, ainsi que nous l'avons indiqué plus haut, de dégrever le prix des services publics ou des marchandises produites par l'Etat ou par les autres administrations publiques, de l'élément de coût représenté aujourd'hui par l'intérêt des capitaux techniques d'installation et d'exercice. Quant aux industries laissées au libre exercice privé, il suffirait d'annuler dans chacune le loyer des usines, sitôt que le permettrait la grandeur du nombre des instruments de production nationalisés, et à la condition toutefois que la productivité de ces usines fût égale. Dès lors, et grâce aussi à la concurrence, on annulerait le surplus de valeur qu'ajoute aux produits le loyer des capitaux techniques fixes. De même que la remise d'un pont, d'une route ou d'un canal aux mains de l'Etat diminue le prix de revient des marchandises en transit de tout le montant des péages, l'annulation des loyers exigés aujourd'hui par les propriétaires diminuerait le prix de revient des produits des usines. Et à l'instar des ponts, des routes, des canaux nationalisés, ou des méthodes d'utilisation des forces de la nature à l'échéance des brevets, ces instruments de production passeraient — selon le mot de Bastiat — dans le domaine de la gratuité et de la communauté.

Il suffirait, pour parvenir au but, que la concurrence fût effective et efficace, et les loyers annulés sur toute l'étendue du territoire pour chacune des industries choisies. L'État indemniserait d'ailleurs les propriétaires des usines non encore nationalisées, ou des usines nouvellement construites, afin de parer à l'abaissement ou anéantissement qui ne manquerait pas de se produire dans les prix de location de leurs immeubles (1). Il ne serait pas juste toutefois que certaines des usines nationalisées eussent, de par une imperfection technique ou à cause de leur plus grand éloignement des marchés ou des lieux de provenance des matières premières, un désavantage initial artificiel. Pour obvier à cet inconvénient il faudrait, au moyen de loyers différentiels analogues aux rentes ricardiennes des terrains, enlever aux sociétés coopératives et aux syndicats ouvriers de production, exploitant les meilleures usines, des avantages économiques qu'ils n'auraient nullement mérités. Et comme, d'autre part, ils jouiraient librement et complètement des améliorations dues à leur propre initiative, une telle mesure ne risquerait pas d'affaiblir en eux le stimulant à perfectionner ou agrandir leurs entreprises.

Jusqu'ici la véritable, l'essentielle fonction du capital technique, des machines, a été, non d'augmenter la productivité du travail, mais d'empêcher l'augmentation durable des salaires au-delà d'une certaine limite, malgré que la rapidité d'accumulation des capitaux fût supérieure à celle du croît de la population prolétarienne. Aussi l'agrandissement énorme de la productivité n'a-t-il abouti qu'à l'avantage exclusif des riches. Proportionnellement à cet agrandissement a diminué, dans la répartition du travail social, le pourcentage des ouvriers adonnés à la production des objets les plus nécessaires, tandis que celui des producteurs de marchandises de luxe ou des domestiques des riches

____

(1) On n'aurait pas à craindre la construction d'usines inutiles si l'indemnité n'était payée qu'à partir du moment où commencerait une entreprise et pendant sa durée seulement.

augmentait outre mesure. Excès de jouissances d'une part et, de l'autre, grandeur nullement diminuée des difficultés de satisfaire aux besoins les plus essentiels.

La plus-value des marchandises déterminée par le loyer du capital technique fixe permet au propriétaire capitaliste de s'approprier une partie du travail des salariés, et constitue un des nombreux moyens dont se sert le capital pour exploiter les travailleurs. Grâce à cette plus-value, une quantité de marchandises fabriquées avec l'aide du capital technique peut être troquée contre une supérieure quantité de marchandises dues au seul concours de la même quantité de capital-salaires et de travail humain. Et cet excédent de marchandises passe au propriétaire du capital technique sans diminuer la plus-value ou *Mehrwerth* qu'empoche le possesseur du capital-salaires. Les loyers des capitaux techniques constituent donc eux aussi, comme la rente différentielle des terrains, la rente des propriétés bâties, l'intérêt du capital improductif, et le profit du capital-salaires, un moyen essentiel d'extorquer aux ouvriers une partie du produit de leur travail.

Il faut, sans doute, pour pousser à l'accumulation du capital technique fixe, lui garantir un intérêt ou un loyer. Cette prime lui serait accordée même dans notre hypothèse, car les constructeurs de nouvelles usines ou les introducteurs de nouveaux perfectionnements jouiraient, tout comme aujourd'hui, du revenu de ces richesses jusqu'au moment où elles passeraient à l'État : mais le droit de propriété, et celui, corrélatif, d'exiger des loyers, ne dureraient que le temps strictement nécessaire et suffisant pour stimuler à l'accumulation. Aucune utilité sociale ne justifie aujourd'hui leur durée ultérieure, surtout quand le pouvoir d'extorquer le produit du travail d'autrui passe du véritable créateur de l'usine à d'inutiles désœuvrés, ses héritiers : de même qu'aucune utilité sociale ne justifierait le maintien illimité du droit de prélèvement sur le produit du travail d'autrui que les brevets accordent aux inventeurs. Il y a, en effet, la plus stricte analogie entre le brevet d'invention et le droit de percevoir le loyer d'une usine, l'intérêt d'un capital technique : aussi dans les deux cas le monopole individuel n'est-il justifié qu'autant qu'il est nécessaire et suffisant pour stimuler à l'excès la productivité sociale.

Si, à l'expiration du brevet de propriété privée, les instruments de production devenaient, grâce à leur nationalisation et à l'annulation de leurs loyers, communs et gratuits, l'actuelle séparation économique du travailleur et de son instrument de production cesserait. Des richards désœuvrés ne pourraient plus extorquer le produit du travail ; l'application des machines donnerait tous ses fruits et ce serait le travailleur et non plus l'oisif qui bénéficierait du merveilleux accroissement de la productivité.

Notons, au sujet de la mise en commun des instruments de production, qu'elle offre un moyen unique de satisfaire complètement à ces tendances individualistes que présupposent nos recherches. En réalisant le rapprochement économique du travailleur et de son instrument de production, elle amènerait la condition de choses nécessaire et suffisante pour assurer à ce travailleur tout le produit de son activité. Elle ferait cesser l'injuste jouissance accordée aux uns du labeur impayé des autres. Un tel privilège est du pur communisme, et de la pire espèce ; c'est précisément l'antithèse des tendances individualistes. Aussi, est-ce en se plaçant à un point de vue nettement et uniquement individualiste que Bastiat prône la concurrence qui fait tomber dans le domaine de la communauté et de la gratuité les forces de la nature et les méthodes propres à les asservir. Et ce qui est vrai des méthodes doit, *a fortiori*, être vrai des moyens de les appliquer, c'est-à-dire des instruments de production et des capitaux en général.

Quant aux capitaux techniques variables, il serait probablement difficile, dans la pratique, de n'en pas maintenir la nature onéreuse, l'intérêt, au taux normal que la con-

currence entre tous les capitaux privés, ceux non encore
nationalisés et ceux qui se formeraient incessamment, déterminerait alors comme aujourd'hui. Car, s'il serait aisé
de connaître le dédommagement dû aux propriétaires des
capitaux techniques fixes non nationalisés, après la remise
accordée par l'Etat sur les capitaux techniques analogues
nationalisés, il serait par contre difficile de préciser celui à
accorder aux capitaux techniques variables. Or, la concurrence ne pourrait pas s'exercer librement entre les nouveaux producteurs et les autres et provoquer la mise en
communauté et gratuité des capitaux techniques variables,
si ce dédommagement n'était exactement déterminé. Seulement, quand même l'intérêt du capital technique variable
continuerait à majorer la valeur des marchandises, toute la
nation, et non plus seulement un groupe de capitalistes,
comme aujourd'hui, bénéficierait de la plus value. Et si,
d'autre part, il devenait possible de soumettre à l'indem
nité même les capitaux techniques variables, ils pourraient,
tout comme les fixes, par l'annulation de l'intérêt requis
pour les avances, passer à la communauté et la gratuité.
Dès lors, la valeur des marchandises serait uniquement
déterminée par le travail qu'elles cristalliseraient.

La concession gratuite des capitaux salaires, au contraire, n'entraverait aucunement la concurrence que se
feraient les associations ouvrières de production aidées par
ces prêts gratuits et les entrepreneurs privés obligés de recourir à des salariés. La valeur des marchandises continuerait en effet à être déterminée par la somme des deux
éléments incorporés en elles : travail réel et travail imaginaire. Et ce dernier, selon M. Loria, ne comprend pas l'intérêt du capital-salaire, mais seulement celui du capital
technique. Alors, de même que, grâce à la loi économique
de la rente ricardienne différentielle, les fruits des terrains
les plus fertiles, au lieu de se vendre à un prix moindre,
sont cédés au prix des produits similaires des sols ingrats
(d'où les gains extra de leurs producteurs), les prêts gra-

tuits de capitaux-salaires, au lieu de diminuer le prix de certaines marchandises, laisseraient aux ouvriers, aux sociétés coopératives ou aux syndicats qui les auraient obtenus un surplus de profit, représentant l'intérêt que les salariés des entreprises privées concurrentes seraient contraints d'abandonner au possesseur du capital-salaires. Ces prêts gratuits ne pourraient pas faire baisser les prix. Les associations ouvrières qui les auraient obtenus ne pourraient pas plus suffire à la production industrielle que les terrains les plus fertiles ne pourraient suffire à la production agricole. Les prix se maintiendraient donc, nécessairement, à un niveau assez élevé pour permettre aux entrepreneurs capitalistes privés de concourir aussi à la production. Par conséquent, la gratuité des capitaux-salaires n'avantagerait pas quelques entrepreneurs aux dépens des autres, mais, sans entraver la concurrence, elle constituerait une prime accordée, par exemple, aux ouvriers déjà mûrs parvenus à l'obtention des emprunts après avoir fait leur stage comme simples salariés.

Quant à la gestion de ces sortes de capitaux, notons, en ce qui concerne les capitaux techniques fixes, qu'une usine en elle-même, une fois construite, ne diffère pas essentiellement d'un immeuble urbain. Dès lors, pourquoi ne serait-elle pas gérée aux termes d'un de ces contrats de location où les frais d'entretien, les réparations, etc., sont mis à la charge du locataire et qui, d'après Wagner, facilitent la gestion des immeubles au point d'en rendre les villes et les administrations publiques en général aussi capables et plus capables même que des propriétaires particuliers ?

Des Banques spéciales recueilleraient et administreraient le montant des capitaux techniques variables et des capitaux-salaires constitué par la totalité des patrimoines nationalisés liquides et les excédents annuels du budget des villes, des provinces et de l'État. On sait qu'une Banque, à la différence d'une entreprise industrielle ou commerciale proprement dite, a une fonction *passive* plutôt qu'*active*.

Elle *accorde* ou *refuse* les emprunts qui lui sont demandés sans avoir à appliquer et faire valoir elle-même des capitaux dans la production. Voilà pourquoi une Banque peut être gérée par une société anonyme d'après un mécanisme bureaucratique spécial, qui lui fait perdre entièrement le caractère d'entreprise privée, surveillée par un propriétaire directement intéressé à son bon fonctionnement. Voilà aussi pourquoi elle est réellement assimilable à une administration publique. Et, en effet, des expériences récentes et de plus en plus fréquentes ont montré que les Banques d'Etat sont, de toutes les entreprises, les plus particulièrement aptes à être gérées par la collectivité (1).

VII

D'un frein malthusien et d'une prime à l'abstinence capitalisatrice.

Le nombre de personnes qui demanderaient la concession de terres, d'instruments de production, de capitaux

(1) Un danger bien plus grand et qu'on ne saurait trop soigneusement éviter pourrait provenir du favoritisme, de l'ingérence du pouvoir exécutif dans les concessions d'emprunts. Pour l'éliminer, l'Etat, prolétarien ou non, qui céderait en prêt ses capitaux, devrait rendre les Banques d'emprunts aussi indépendantes que possible du pouvoir exécutif. Celui-ci, par exemple, serait aussi étranger au Conseil ou Institut auquel serait confiée l'administration des biens nationalisés qu'il l'est aujourd'hui à nos Conseils d'Etat, nos Cours des Comptes ou de Cassation. Et, d'autre part, le Conseil d'administration aurait des fonctions analogues à celles de la Chambre domaniale des Etats allemands. (Voir, à ce sujet, A. WAGNER, *La scienza delle finanze*, 345). Avec la gestion des biens nationalisés réservés directement à l'Etat il aurait, par exemple, le haut contrôle

nationalisés, serait sans doute, surtout dans les premiers temps, de beaucoup supérieur à celui des instruments et des emprunts accordables. De là, inévitablement, la difficulté, plus grave sans doute pratiquement qu'elle ne le paraîtrait de prime abord, de choisir les critères empiriques propres à déterminer, selon toute justice, les modalités et la durée des concessions. Ces difficultés, l'expérience, la pratique usuelle, le contact immédiat avec la réalité pourraient seuls les résoudre.

Par exemple : à quelles sortes de groupes et sous quelles modalités serait-il préférable d'accorder des emprunts ou de céder l'administration des usines, quand il s'agirait d'ouvriers de la grande industrie, afin d'assurer autant que possible la réalisation de l'équité et le bon fonctionnement des entreprises? Les emprunts pourraient être accordés, par exemple, selon les circonstances, séparément à chaque société coopérative sous sa stricte responsabilité, ou au contraire aux syndicats ouvriers locaux ou nationaux de chaque branche de la production (les Trades-Unions anglaises, par exemple). Dans ce dernier cas, de spéciales sociétés coopératives de production, tirées de leur sein, et analogues aux *Working Class Limited* anglaises dont une partie seulement des actionnaires travaille dans l'usine de la société, mettraient en œuvre sous leur contrôle, leur garantie de solvabilité, et moyennant leur adéquate participation aux profits, les capitaux empruntés (1). Ces questions, on le voit, ne sauraient être résolues que par la pratique usuelle.

Mais quelle que dût être leur solution on pourrait légitimement en attendre ces effets :

des institutions provinciales et municipales chargées d'administrer les biens confiés à la gestion des provinces et des communes, et la surveillance des Banques de prêts qu'il soustrairait ainsi à une funeste influence directe du pouvoir.

(1) Voir la 9e section de ce chapitre : *De la coopération de production.*

Le nombre excessif des impétrants provoquerait, en conséquence de l'application de certains principes dans la concession gratuite des terres, des instruments, des capitaux nationalisés, une bienfaisante diminution de la procréation imprévoyante. Il suffirait que les facilités consenties — et la chose serait d'ailleurs justement exigée par l'équité — fussent autant que possible faites suivant le rang d'âge des travailleurs. Rang d'âge des individus, comme dans les allmenden suisses ou allemands ; ou priorité de constitution des sociétés coopératives dont les membres auraient d'abord travaillé ailleurs chacun pour son compte en qualité de salariés. Ou encore, les sociétés coopératives et les syndicats ouvriers de production ne pourraient obtenir d'emprunts qu'à la charge d'admettre comme associés, à un certain âge et sous certaines conditions, leurs auxiliaires salariés. Dès lors, bien des gens s'abstiendraient de créer une famille jusqu'au moment où ils pourraient passer de la condition de salariés à celle d'artisans, d'agriculteurs, ou de coopérateurs indépendants, jusqu'au moment enfin où, soit individuellement, soit comme membres d'une société coopérative, ils recevraient l'entière rétribution de leur travail, soustrait à l'exploitation du capital privé par la libre et gratuite disposition des instruments et des capitaux nécessaires. C'est ainsi que dans les anciens corps de métier, l'*apprenti* et le *compagnon* se gardaient de fonder une famille et attendaient pour cela d'avoir atteint aux riches rémunérations de la maîtrise (1). Tout porte aussi à croire que ce frein à une procréation imprévoyante ne cesserait pas d'agir quand le travailleur aurait obtenu la pleine rétribution de son travail. La force de capillarité sociale (Arsène Dumont) qui l'aurait influencé alors qu'il attendait son tour pour la concession des emprunts, l'influence-

_____

(1) Cfr. Sismondi, *Nouveaux Principes d'économie politique*, Paris, Delaunay, 1827, tome I, p. 425-432 ; Nitti, *La population et le système social* (Paris, Giard et Brière, 1897), p. 205 et suiv.

rait encore quand la rémunération complète de son travail lui permettrait d'améliorer incessamment sa position. Cette force de capillarité sociale n'a aujourd'hui aucune prise sur l'ouvrier salarié parce qu'il atteint bientôt « à la limite « extrême de ses aspirations, à l'apogée de sa carrière, de « sorte que tout effort pour obtenir une amélioration ulté- « rieure, et, partant, toute pensée de prévoyance, serait inutile » (1). En outre, la perception de l'entière valeur de son travail abolirait pour l'ouvrier ces puissants facteurs de dégénérescence physique et intellectuelle : la misère et une alimentation insuffisante, causes malheureusement bien connues de procréation imprévoyante (2).

En même temps, un nombre d'impétrants supérieur à celui des instruments de production et en général des capitaux à concéder garantirait aux capitaux privés non encore nationalisés, et à ceux qui continueraient à se former, le maintien de la *prime à l'abstinence*, l'intérêt. L'intérêt est le meilleur des stimulants à l'accumulation. Il maintient actives jusqu'aux moindres portions des fortunes privées que les créances font fructifier quand leur possesseur ne les fait pas valoir directement. En attendant leur tour d'exploiter librement et gratuitement les instruments de production et en général les capitaux nationalisés, les travailleurs seraient bien obligés de recourir au salaire offert par le capital privé. Celui-ci percevrait donc encore un intérêt mais qui cesserait d'être injuste et que l'on pourrait alors considérer réellement comme une *prime à l'abstinence,* équitablement accordée aux producteurs de la richesse sociale. D'autant que les ouvriers, d'abord contraints de travailler comme salariés, parviendraient aussi à leur tour — soit isolément, soit comme membres des sociétés coopératives ou des syn-

(1) Loria, *La proprieta fondiaria e la questione sociale*, 37 ; Nitti, *Population et système social,* 103 ; Sismondi, *Nouveaux Principes,* tome II, p. 344.

(2) Voir Loria, *Analisi della proprietà capitalista*, I, 296 et II, 402 ; Nitti, *Pop. et syst. soc.,* 62, 73, 208-231.

dicats ouvriers de production où ils auraient été employés d'abord comme auxiliaires — à l'obtention gratuite des capitaux nationalisés et à une complète indépendance. Et avec la faculté de s'approprier toute la valeur créée par eux, ils acquerraient la possibilité d'épargner, de s'élever graduellement de leur condition d'ouvriers coopérateurs non capitalistes à celle d'ouvriers coopérateurs petits capitalistes. A leur tour, — au cas, par exemple, où leur capital concourrait à former celui d'une coopérative ou d'un syndicat employant des auxiliaires salariés — ils auraient à leurs gages de jeunes ouvriers encore obligés de louer leur force de travail : de sorte qu'ils ne jouiraient pas seulement du fruit entier de leur *travail actuel* mais aussi de la récompense de leur *abstinence passée*.

Seulement la nationalisation, partielle à leur mort, et complète par la suite, des biens accumulés par eux, empêcherait la juste prime à l'abstinence de se transformer en l'injustifiable extorsion des lointains héritiers.

Cette prime, d'ailleurs, cette toute-puissante excitation à l'épargne et à la constante activité du capital, serait alors plus forte qu'aujourd'hui probablement. Même dans l'hypothèse d'une considérable élévation des salaires réels, due à l'accroissement de la demande et à la diminution de l'offre du travail salarié, certaines circonstances concomitantes nous semblent aisément prévoyables :

La perception de la rente foncière par l'ensemble de la nation, au lieu des propriétaires privés, empêcherait qu'au point de vue des conséquences économiques de la production sociale, la fertilité générale du pays eût pour mesure celle des pires terrains ;

La rente de la propriété bâtie, non plus perçue par des particuliers, mais par la collectivité, cesserait de constituer un prélèvement en pure perte du produit social à l'avantage gratuit d'un petit nombre et au détriment du profit du capital productif ;

Le taux de ce profit ne serait plus abaissé par l'action du

capital improductif des emprunts publics ni, autant qu'aujourd'hui du moins, ainsi que nous allons le voir, par celle de la spéculation malsaine ;

Le coût de production de la force de travail ne serait plus artificiellement grevé par les impôts de consommation et les loyers des capitaux techniques fixes des produits de première nécessité ; l'abolition, enfin, de l'impôt sur le profit en relèverait directement le taux.

Les capitaux privés rendant davantage et réduits d'ailleurs à un montant modeste, se détourneraient de la spéculation malsaine que nous avons vue dépendre surtout de l'énorme grandeur des fortunes particulières, de la possibilité de risquer impunément de très fortes sommes, et du taux mesquin du profit du capital productif. Supprimer la spéculation, ce serait détruire la cause principale de l'état de crise chronique de l'économie actuelle, et la plus formidable et la plus inique peut-être des extorsions exercées par le capital sur le produit du travail (1).

VIII

De l'organisation de la production et de sa coordination à la consommation.

On peut prévoir, dans le passage graduel et continu des biens à la collectivité, une foule de cas où la nationalisation se fera sous forme d'actions et d'obligations de sociétés par

(1) Voir, dans LORIA, *Analisi della proprieta capitalista,* II, ch. v, 3e partie : *Accumulazione del capitale improduttivo ; la speculazione e le crisi ; la depressione industriale,* pages 332 à 372, de nombreuses données sur le montant énorme du capital improductif et ses funestes effets économiques.

actions. Voyons quelles seraient alors, pour l'État, les principales difficultés pratiques à résoudre.

Examinons d'abord les industries véritablement productives et, en outre, évidemment destinées à demeurer dans le domaine de la concurrence. Il serait désirable que l'on pût éviter de déplacer leurs ouvriers, afin que l'admission des travailleurs à l'exercice des entreprises fût graduelle, et ne changeât rien aux conditions matérielles de la production. Cela faciliterait beaucoup le passage du régime actuel au futur. L'État devrait à cet effet déterminer sous quelles modalités et à quelles conditions il pourrait accorder aux coopératives ou aux syndicats ouvriers de production les emprunts de capital-salaires ou de capital technique variable et l'exploitation d'usines, sous forme de cessions d'actions et d'obligations nationalisées. Chaque action ou chaque obligation serait, proportionnellement à sa valeur, grevée du loyer du capital technique, fixe et variable, qu'elle représenterait. Aucun intérêt ne serait au contraire demandé pour la quote part de chacune de ces actions et obligations représentant le capital-salaires. L'association concessionnaire coexisterait avec la société principale exerçant l'entreprise ; elle formerait une société à part possédant une partie des actions, une société d'actionnaires (1).

La nature des problèmes à résoudre serait différente quand les actions et obligations tombées aux mains de l'État auraient été émises par des institutions banquaires ou des sociétés d'assurances, par exemple, sortes d'entreprises qu'on ne saurait appeler productrices, ou par d'autres exerçant de véritables monopoles, telles que les sociétés de

---

(1) Un puissant syndicat ouvrier anglais, la *Society of Boilermakers and Shipbuilders*, a placé 200.000 £ (cinq millions de francs) dans le chantier Armstrong. D'autres Trades-Unions participent financièrement à de grandes entreprises industrielles où leurs associés sont employés comme salariés. (Voir : IANACCONE, *Lo sciopero dei meccanici inglesi*, dans la « Riforma sociale » du 15 nov. 1897, pages 1053 à 1055).

chemins de fer, les compagnies de navigation à vapeur, etc.
La pratique et l'expérience seules pourraient indiquer, se--
lon les circonstances, la conduite à suivre. Certaines entreprises (banques, sociétés d'assurances, exploitations de
chemins de fer, etc.) pourraient être transformées en administrations de l'Etat. Celui-ci n'aurait alors qu'à retenir les
actions et obligations qui se nationaliseraient peu à peu.
Quant aux entreprises qu'il serait inapte à gérer, les commerciales par exemple, il pourrait, soit retenir une partie
des titres afin de conserver un emploi de fonds et la perception des dividendes, soit les vendre tous au fur et à mesure
de leur nationalisation. Dans ce dernier cas, l'expérience
déciderait sur l'opportunité d'appliquer le prix de la vente
à accélérer la nationalisation des biens les plus propres à
être administrés en propriété collective (terrains, immeubles
urbains, etc.) plutôt qu'au rachat final d'entreprises ou de
syndicats capitalistes, devenus par leur concentration de véritables monopoles susceptibles d'être soumis au faire-va-
loir direct de l'Etat.

Ce serait encore enfin la pratique journalière qui déciderait, dans les cas nombreux où les prélèvements sur les
fortunes privées à nationaliser ne pourraient être faits *en
nature*, l'emploi à donner aux sommes perçues, applicables,
soit à la nationalisation ultérieure, moyennant acquisition
immédiate, de certaines sortes de biens (terrains, immeubles
urbains, etc.), soit à l'expropriation définitive des entreprises privées passées à l'état de monopoles, soit à des
emprunts de capitaux techniques variables et de capitaux-
salaires.

Mais que l'Etat s'approprie les actions et les obligations
— ou les instruments de production et les capitaux nationalisés — pour les mettre en valeur lui-même, ou qu'il en
fasse cession à des sociétés coopératives et des syndicats
ouvriers, l'alternative n'implique évidemment aucune
question de principes fondamentaux de justice distributive
et d'équité sociale. Elle ressortit principalement, d'une

part, à un simple problème de technique économico-productrice, qu'il faudrait résoudre de façons diverses dans les diverses branches de l'industrie, selon les nécessités pratiques de la production, et, d'autre part, à de certaines tendances telles que : l'esprit d'initiative, l'individualisme, propres à délimiter exactement, selon qu'ils sont plus ou moins répandus et plus ou moins intenses, l'ingérence de l'Etat. Il est certain que plus elles se fortifieraient et se répandraient, plus elles pousseraient à confier la production aux sociétés coopératives et surtout aux syndicats ouvriers, aux Trades-Unions, qui représentent aujourd'hui la forme supérieure d'organisation du prolétariat, plutôt qu'à l'Etat. Elles exciteraient la concurrence, « cette force vitale qui anime l'être collectif » (Proudhon), et lui accorderaient la plus complète liberté de s'exercer parmi toutes les diverses activités productrices : entre sociétés coopératives et syndicats ouvriers ; entre ces divers groupes et les entreprises privées capitalistes encore existantes ou qui viendraient à surgir ; et entre toutes les entreprises privées en général et celles dirigées par l'Etat.

Ainsi, la concurrence garderait ses avantages. Elle continuerait à faire tomber dans le domaine de la communauté et de la gratuité les forces de la nature et les méthodes propres à les asservir ; elle y amènerait en outre les instruments mêmes par lesquels ces forces sont mises en œuvre. Et, d'autre part, on pourrait légitimement espérer une considérable diminution de ses funestes effets actuels.

Nous avons déjà vu qu'on peut classer ces effets et leurs causes en trois catégories. Rappelons-les ici, aussi brièvement que possible :

1° Aujourd'hui, certaines fortunes atteignent à des chiffres fabuleux. Ce fait, joint au rendement minime du capital productif, crée et favorise la spéculation la plus malsaine : il fomente surtout une véritable piraterie exercée sous le faux nom de concurrence par le tout-puissant capital improductif, laquelle écrase les producteurs sans défense et provoque un état de crise chronique. Il ne faut point voir là une conséquence funeste de la concurrence en elle-même, mais des circonstances dans lesquelles elle s'exerce, circonstances que diminueraient, qu'élimineraient même l'impossibilité d'accumuler les fortunes énormes et une élévation sensible du taux du profit.

2° Aujourd'hui, l'inégalité initiale artificielle des conditions de la lutte économique, jointe à l'inélasticité de compression des gains, fait de la concurrence un combat fratricide où succombent les petits producteurs. Or, cette inégalité serait largement tempérée par la réduction des capitaux privés à des chiffres plus modestes et moins inégaux, par la dévolution à l'État des rentes différentielles des terrains et de toutes les autres forces dites naturelles et des loyers différentiels des instruments de production nationalisés, par la concession d'emprunts égaux aux nouvelles entreprises productives ouvrières. D'autre part, le rapprochement économique de l'ouvrier et de l'instrument de production permettrait avec une plus complète rétribution du travail, une plus forte élasticité de compression des gains.

3° Aujourd'hui, la production est désorganisée, anarchique. Cette anarchie pourrait cesser peu à peu grâce à une adéquate coordination des syndicats ouvriers de production et des sociétés coopératives de consommation.

La concurrence, dans un milieu ainsi modifié, ne porterait plus que des fruits bienfaisants dans la production des richesses aussi bien que dans leur distribution. Du jour où cesseraient l'inégalité extrême des conditions initiales de la lutte et la séparation économique du travailleur d'avec l'instrument de production, elle garantirait à ce travailleur, mieux que tout autre expédient, une rétribution proportionnée aux services qu'il aurait rendus à la société.

Il serait d'ailleurs inutile de l'attaquer et utopique d'essayer de l'enrayer, car elle est déterminée, maintenue, incessamment vivifiée par ce croissant individualisme qui impose au droit économique de reconnaître la pleine liberté des producteurs et des consommateurs pour tout ce qui concerne la production et l'échange.

Et, en tout cas, une intervention serait funeste, quand même elle serait possible, car la concurrence constitue, par rapport à la *coutume* (Stuart Mill) qui déterminait jadis les prix des marchandises et le coût et les moyens de toute production, un des plus remarquables de nos modernes *perfectionnements à l'intérieur* (voir le dernier chapitre). Avec la divison du travail, les progrès de la technique agricole ou industrielle et d'autres perfectionnements analogues, elle a permis à la population clairsemée de l'époque de la *coutume* d'atteindre à sa densité présente. Sa suppression n'entrainerait pas moins de désastres que celle de tout autre perfectionnement intérieur de la même importance. N'oublions pas, en outre, qu'elle est un phénomène purement et essentiellement économique et qu'elle appartient à la catégorie des faits sur lesquels ont le moins de prise la conscience et la volonté sociales.

La conscience sociale peut, nous le verrons, agir d'une façon directe et efficace sur les phénomènes juridiques et, surtout, sur l'organisation de la propriété ; elle peut, par là, modifier indirectement et graduellement l'ensemble des faits sociaux, mais, dans son état d'imperfection actuel, elle se trouverait misérablement impuissante à exercer une influence directe de quelque étendue et de quelque durée sur le développement d'un phénomène purement économique. Elle ne pourrait donc agir sur la concurrence qu'indirectement, par une modification de la constitution de la propriété propre à favoriser énergiquement le développement des sociétés coopératives et surtout des syndicats. Amenée à s'exercer non plus entre des individus, mais entre des groupes et des collectivités de plus en plus amples (sociétés coopératives et syndicats de production composés de plusieurs coopératives) la lutte féroce et éminemment meurtrière se transformerait en émulation pacifique et bienfaisante.

En effet, tout pousse à croire que les sociétés coopératives ouvrières exerçant la grande industrie (comme aussi les Unions agricoles et les associations pour achats et ventes de la petite industrie) auraient, dans un système économique où elles prévaudraient, une tendance encore plus marquée que les entreprises privées du système capitaliste actuel à s'unir en syndicats régulateurs de la production. Toutefois, dès aujourd'hui, l'association contractuelle commence à s'opposer à l'anarchie de la production en ébauchant de nouvelles formes d'organisation économique.

Les ouvriers ont été d'abord poussés à l'union par la conscience de leur faiblesse. Leur tendance à s'associer s'est accrue peu à peu. Puis, chaque association démocratique a été portée à se grouper, à se fédérer avec ses semblables (1). C'est ainsi qu'en Angleterre les sociétés coopératives se sont unies pour former les *Federations* et les grandioses *Wholesales* ; les sociétés de résistance, purement locales d'abord, se sont amalgamées (*Amalgamated Societies*) pour fusionner ensuite dans les gigantesques Trades-Unions (2).

(1) Cf. B. Potter (Madame Sidney Webb) *The cooperative movement in Great Britain* (London, Sonnenschein, 1893, pages 84-87).

(2) La fédération des mécaniciens comptait, en 1891, 497 branches dont 418 ayant leur siège en Angleterre, 42 aux Etats-Unis, 32 dans les colonies anglaises, les autres en divers pays étrangers. Les fondeurs de fer formaient 116 branches ; les forgerons 42 ; les chaudronniers et constructeurs de navires en fer 238 ; les charpentiers et menuisiers 501 ; les tailleurs 355. Les branches ou loges des autres Trade-Unions étaient à peu près aussi nombreuses. L'association des mécaniciens comptait 67.800 membres ; celle des charpentiers 31.784 ; celle des chauffeurs de la marine 110.000 ; celle des ouvriers des Docks 50.000 (George Howell, *Le passé et l'avenir des Trades-Unions*, Paris, Guillaumin, 1892, pages 213 à 210). Ces branches ou loges se transformeraient donc aisément en coopératives de production locales, et les diverses Trades-Unions seraient déjà préparées, tout naturellement aussi, à se transformer en syndicats producteurs comprenant toutes les entreprises de chaque branche de la production.

Considérons en outre qu'aujourd'hui un des plus sérieux obstacles à la constitution des syndicats de production provient des trop grandes inégalités existant entre les différentes entreprises capitalistes. En imposant aux sociétés de chaque branche industrielle des loyers différentiels et en leur accordant des emprunts dont on mesurerait la grandeur à leurs besoins, on éliminerait l'énorme disparité qui pousse actuellement les entreprises capitalistes — les plus faibles d'entre elles autant que les plus fortes — à refuser et à empêcher tout concordat (1).

Du reste, l'Etat aurait en son pouvoir des moyens bien simples pour encourager directement la constitution des syndicats de production. Dans l'hypothèse où l'exercice de capitaux nationalisés serait accordé séparément à chaque société coopérative de production, leur union en syndicats, si elle ne se produisait pas spontanément en mesure suffisante, pourrait être une des conditions *sine qua non* de l'obtention des prêts. Et au cas où les capitaux seraient confiés à des Trades-Unions, ces syndicats ouvriers mêmes, à mesure que des groupes de leurs membres constitueraient de nouvelles sociétés coopératives, deviendraient pour elles de véritables syndicats de production.

Cependant il est probable que, par elle-même, l'œuvre des syndicats de production ne suffirait pas à coordonner convenablement et complètement la production à la consommation. Pour y parvenir, il faudrait connaître le montant des marchandises à produire et le partager proportionnellement entre les coopératives productrices. Des sociétés coopératives de consommation et leurs fédérations (les Wholesales anglais) seraient beaucoup plus aptes à cette détermination quantitative et qualitative que des syndicats

_____

(1) Cf. par exemple, CLAUDIO JANNET, *Des syndicats entre industriels pour régler la production en France*, « Réforme sociale », 15 janvier 1895, page 148 ; et BABLED, *Les syndicats des producteurs et détenteurs de marchandises au double point de vue économique et pénal*, Paris, Rousseau, 1893, page 9.

producteurs ou, *a fortiori*, des banques spéciales (système proposé par Buchez en 1831) dispensatrices de moyens de production.

Or, l'histoire de la coopération de consommation au xix° siècle nous prouve que, seul, l'accroissement des gains, la plus grande puissance d'achat des ouvriers a pu lui donner un développement considérable (1) ; que sa diffusion et sa force économique augmentent *considérablement* à la suite d'une élévation même *minime* de la rétribution des salariés qui forment la grande masse des consommateurs — car l'effet résultant de la convergence et de l'accumulation d'une foule de petits efforts est bien supérieur à celui de leur simple somme — (2) ; qu'il suffirait, par conséquent, d'un considérable accroissement de la puissance d'achat des ouvriers pour voir les associations coopératives attirer dans leur sphère d'action toutes les dépenses de la classe ouvrière, c'est-à-dire se multiplier et se développer au point d'embrasser la presque totalité des objets de consommation et

(1) On sait en effet que les coopératives ont été créées et développées uniquement par les classes travailleuses dès que les salaires ont commencé à s'élever, et que c'est seulement dans les villes essentiellement composées d'ouvriers (Breslau, Leeds, etc.) que les « coopératives de consommation se sont développées au point d'englober désormais presque toute la population urbaine » (Cu. Gide, *Has cooperation introduced a new principle into Economy ?* dans « The Economic Journal », déc. 1898).

La coopération de consommation ne se développe, par contre, ni chez les masses travailleuses dont les salaires sont encore trop bas, à cause de leur pauvreté, ni dans les classes moyennes et aisées, par suite des habitudes de luxe contractées, et parce que les petites épargnes provenant des coopératives leur paraissent négligeables (B. Potter, *The coop. mov. in G. B.*, 226).

(2) C'est parce que les salaires sont un peu plus élevés en Angleterre que sur le continent que la coopération de consommation y a pris un développement absolument merveilleux dans les conditions actuelles du salariat : « Ce sont les Trades-Unions, disait un ouvrier unionniste au Congrès des coopérateurs de Leicester (1877)

approvisionner la presque totalité des travailleurs consommateurs (1).

La réalisation d'un pareil état de choses permettrait aux
Wholesales, ou à l'unique Wholesale de chaque nation qui
recevrait les commandes de toutes les sociétés coopératives
de consommation, de dresser une statistique minutieuse et
exacte de l'ensemble des produits nécessaires pour l'année.
Dès lors, les quantités exactes des marchandises à livrer
pourraient être commises aux divers syndicats auxquels de
longs et importants contrats assureraient un travail fixe et
bien réparti. C'est ainsi qu'aujourd'hui les grandioses
Wholesales d'Angleterre et d'Ecosse commettent à leurs
fabriques de tissus, de vêtements, de chaussures, de
savon, etc., des produits qui ne servent pas à la spéculation,
mais à l'approvisionnement d'une foule d'associations
coopératives. Les syndicats des sociétés productrices des
objets livrables à la consommation pourraient, d'autre part,
déterminer et commander la quantité exacte de marchandises manufacturées, qui seraient des matières premières
pour leur industrie, ou la quantité requise de matières
auxiliaires, telles que nouvelles machines, combustible, etc.,
aux syndicats qui les produiraient. Et ces syndicats sauraient
exactement de quelle quantité de matières premières ou
auxiliaires ils auraient besoin à leur tour. L'organisation de
la production pourrait ainsi s'obtenir moyennant une série
de contrats librement consentis entre syndicats producteurs,
et l'un des termes extrêmes de la série, les produits livrables
à la consommation, déterminerait tous les intermédiaires
jusqu'à l'extrême opposé, la matière tout à fait première de
la production tirée du sol ou des mines.

Nulle crainte d'ailleurs de voir ces régulateurs bienfai-

qui, provoquant l'élévation des salaires, ont permis la formation
des capitaux coopératifs (des coopératives de consommation) » (RAB-
BENO, *La cooperazione in Inghilterra*, Milano, Dumolard, 1895, 84).

(1) Cfr. B. POTTER, *op. c.*, 233 et suiv.

sants de la production se transformer en corporations fermées ou devenir, à l'instar des syndicats capitalistes actuels, de grands monopoles exploiteurs. Ils n'auraient pas l'écrasante puissance financière de ces derniers, et les emprunts accordés également à toutes les entreprises productrices établiraient entre elles une moindre disparité de forces économiques : de sorte qu'ils ne pourraient jamais s'imposer ni écraser sans miséricorde les entreprises nouvelles les menaçant d'une concurrence, comme le font malheureusement aujourd'hui les *trusts;* les *pools* et les *corners* des deux côtés de l'Atlantique.

L'accroissement de la rétribution des ouvriers consommateurs et celui de la puissance économique des unions coopératives qui en serait la conséquence, opposeraient un nouvel obstacle à la transformation des syndicats régulateurs de la production en dangereux monopoles. Les sociétés coopératives de consommation pourraient en effet, au moyen de longs contrats, ou par des avances de capitaux s'ajoutant à celles de l'Etat, et de beaucoup d'autres façons encore, soutenir les entreprises productrices nouvelles contre les monopoles en voie de formation (1). Elles pourraient se livrer elles-mêmes à la production de la marchandise que le syndicat serait parvenu à monopoliser : c'est ce que font déjà, pour certains produits, les Wholesales anglaises (2). Elles pourraient encore soutenir de leurs

(1) En 1885 le *surplus capital* des coopératives de consommation anglaises, le montant des fonds qu'elles ne trouvaient plus à placer dans leurs entreprises, s'élevait déjà à 75 millions de francs (Rabbeno, *La cooperazione in Inghilterra*).

(2) On sait que les Wholesales de Manchester et de Glasgow ne se contentent pas d'envoyer des agents faire des acquisitions de produits aux lieux d'origine ou d'implanter des fabriques pour répondre directement aux demandes de leurs divers groupes, mais qu'ils ont aussi des moyens de transport, des bateaux à eux. Le Wholesale de Manchester, fédération de 900 coopératives de consommation administrées d'après le système de Rochdale, possède

deniers les groupes de producteurs, qui, étant consommateurs de certaines matières manufacturées, premières pour
eux, essaieraient de fabriquer ces produits pour se défendre
contre un monopole (1). En somme, plus la puissance des
unions coopératives de consommation serait grande, plus
les intérêts des consommateurs pourraient être soustraits
à l'arbitraire exploitation des producteurs. Jusqu'ici les
sociétés coopératives de consommation ont sauvegardé ces
intérêts contre les petits commerçants, les vendeurs au
détail ; en Angleterre, les Wholesales commencent déjà,
pour certains produits, à les défendre même contre les vendeurs en gros et les grands industriels (2). Un accroissement
ultérieur de leur puissance rendra cette défense possible
pour tous les produits et contre toute coalition de producteurs.

Si, toutefois, un syndicat tendait à aboutir au monopole,
l'État, propriétaire de tous les capitaux nationalisés, pourrait aisément lui tenir tête. Il pourrait, par exemple, dans
les contrats de location et de prêt, se réserver certains
droits : celui d'intervenir si l'exagération des prix était

en propre, entre autres exploitations, celle d'un moulin dont la capacité productive est de six mille sacs de farine par semaine, à
Dunston on Tyne.

Le montant annuel des affaires de la « Wholesale Society » est
de 8 millions de £ = 200 millions de francs. Dans son *bank de-
partment*, le montant annuel du mouvement de caisse, ressortissant
presque exclusivement à ses rapports d'affaires avec les groupes
affiliés, les coopératives de consommation qui la composent, est de
24 millions sterling = fr. 600.000.000 (B. POTTER, *Coop. Mov. in.
G. B.*, pages 82 à 100).

(1) C'est ainsi que les industriels anglais, grands consommateurs
de produits chimiques — matières premières pour eux, — pour ne
pas subir la loi du syndicat de coalition des fabricants de ces produits, ont implanté des usines pour leur propre compte (BABLED,
œuvre citée, 111).

(2) Par exemple le syndicat des farines a été ruiné en 1899 par les
moulins coopératifs (B. POTTER, *œuv. c.*, 199).

reconnue par une sentence du tribunal rendue sur la demande des consommateurs intéressés ; celui de déterminer
alors un maximum des prix ou de résilier le contrat au
profit soit des sociétés de consommation qui auraient eu
légalement recours à la défense de leurs intérêts, soit de
nouvelles sociétés de production qui s'engageraient à faire
des prix inférieurs. Aujourd'hui, au contraire, l'État est
tout à fait désarmé contre les syndicats-monopoles, malgré
toutes les lois promulguées contre eux ; il peut tout au plus
les *dissoudre* par voie judiciaire : or, ce remède est illusoire, car ils parviennent toujours à éluder la loi et à se reconstituer en prenant des formes légales (1).

Enfin l'État, propriétaire de la totalité ou de la presque
totalité des instruments de production et des capitaux mis
en exercice par les syndicats producteurs, pourrait facilement éviter la formation de corporations fermées analogues
aux guildes du Moyen Age. Ce danger ne saurait être évité
entièrement par l'action des sociétés coopératives de consommation, car elles n'auraient pas toujours intérêt à
imposer l'adjonction de nouvelles entreprises ouvrières aux
syndicats producteurs. Ceux-ci pourraient, par exemple, se
fermer, non pour imposer des prix de monopole, mais pour
s'assurer des quantités de travail plus grandes. Cependant,
pour éviter tout abus de ce genre, il suffirait que l'État,
moyennant des clauses spéciales dans les contrats de louage
des instruments de production, et comme condition *sine
qua non* de leur concession, obligeât les syndicats à
accueillir sur leur demande les entreprises ou unions coopé-

(1) On sait que les lois américaines contre les trusts (anti-trust-
law) se sont très généralement montrées impuissantes à combattre
le mal.

Voir par exemple BABLED, *Les syndicats des producteurs*, page 217
et suivantes ; VON HALLE, *Trust or industrial combinations in the U. S.*,
New-York, Macmillan, 1895, ch. VI. En général, dit-il, « trusts com-
ply with the letter of the law only to more safely circumvent its
intentions » (page 102).

ratives nouvelles, toutes les fois qu'ils arriveraient à comprendre un certain pourcentage des producteurs de leur branche industrielle. Le travail se répartirait ainsi d'une façon équitable, sans aboutir au surmenage des uns et à l'inoccupation forcée des autres.

L'Etat n'aurait donc pas besoin de se charger directement de la production sociale dans son vaste ensemble, pour que la coordination de la production à la consommation se fît naturellement et de plus en plus complètement dans un système économique où les droits et les intérêts des consommateurs seraient aussi parfaitement respectés que ceux des producteurs.

IX

De la coopération de production.

Mais ici, un doute grave se présente légitimement : les travailleurs auxquels l'Etat donnerait les capitaux que certaines tendances sociales ou les exigences mêmes du système économique l'empêcheraient de faire valoir directement, seraient-ils capables de les mettre en œuvre ?

L'objection n'est guère fondée à l'égard des petits industriels et des agriculteurs. Pour ceux-là, les capitaux que la collectivité mettrait à leur disposition seraient confiés, non à des individus mais à des associations pour achats et ventes de matières premières et de produits parfaits, analogues à celles qui ont si bien réussi par l'application du système Schultze-Delitsch en Allemagne. Dans les associations futures, comme dans les actuelles, la responsabilité collective, limitée ou illimitée, donnerait plus de poids à la garantie personnelle de chacun des associés. Les prêts encourageraient en outre leur constitution ; elles seraient plus nombreuses, plus importantes et, partant, encore plus utiles.

Quant aux locataires des terrains de l'Etat, ce n'est pas à chacun d'eux individuellement, mais à leurs groupes, aux Unions agraires, que seraient accordés les emprunts. Leurs associations auraient des buts très divers et pourraient même être temporaires. Un agriculteur pourrait appartenir à plusieurs sociétés à la fois pour des raisons et un temps différents : pour des achats de semences, d'engrais, de bétail, de machines et de matières premières en général, et pour la vente des produits; pour l'introduction de certaines améliorations agricoles, telles que des magasins, des étables, des systèmes d'irrigation ou de drainage ; pour l'usage en commun de magasins, de machines agricoles coûteuses ; pour l'exploitation en commun de laiteries, de cantines, d'huileries sociales.

Ces associations sont, en effet, la forme sous laquelle se développe, riche de promesses pour l'avenir, l'organisation de l'économie agricole des nations économiquement les plus avancées ; et les Unions agraires de l'Allemagne, et les Syndicats agricoles de la France nous montrent le moyen pratique de répandre efficacement sur l'agriculture les capitaux nationalisés (1).

(1) L'Allemagne possède déjà 12.836 Unions Agraires formant des Fédérations ou Associations régionales qui convergent en une Fédération nationale. Elles ouvrent un crédit à chacun de leurs membres, qui reçoit le montant de la somme créditée en graines sélectionnées, fumures garanties, bestiaux de choix, machines perfectionnées et autres moyens de tirer du sol tout le parti possible. La responsabilité des membres des Unions est souvent illimitée. Le capital social est fourni par la Çaisse centrale prussienne, « véritable Banque d'Etat pour le crédit coopératif, surtout pour le crédit agraire ». Elle fut instituée par une loi votée le 31 juillet 1895. L'Etat lui avança alors 5 millions de marcs (6.250.000 francs). Ce premier capital fut porté à 25 millions, puis à 62 millions et demi, par des lois successives, et on peut déjà prévoir le jour où il atteindra 100 millions de marcs (125 millions de francs). La Caisse centrale n'accorde pas de crédits aux particuliers ou aux simples Unions coopératives ; elle n'en ouvre qu'aux Associations régio-

L'État n'aurait même qu'à augmenter considérablement les sommes applicables, par l'entremise des Unions et des Syndicats, à l'industrie agricole, pour encourager le développement de ces associations et intensifier les sources do

nales. Servant d'intermédiaire entre celles-ci et les Caisses d'Épargne, elle permet que les dépôts de ces Caisses commencent à être utilisés par les agriculteurs.

Au 31 mars 1899, après trois seules années d'exercice, la Caisse avait eu des rapports d'affaires avec 50 Unions ou Instituts régionaux (dont 37 agricoles) représentant 7.900 Unions ou Caisses locales (700.000 producteurs).

Outre l'escompte des lettres de change, la Caisse centrale a, dans l'exercice 1898-99, accordé aux Unions régionales un crédit en compte courant de 175 millions de francs. Dans l'ensemble, le mouvement de caisse d'une seule année a été de plus de trois milliards et demi de francs (3.612.000.000), dont 475 millions sur comptes courants des coopératives régionales (MAGGIORINO FERRARIS, *Di una riforma agraria*, Roma, Direzione della Nuova Antologia, 1899, pages 17 à 22).

La France suit de près l'exemple de la Prusse. Elle a déjà plus de 2.000 syndicats agricoles. Dans ses grandes lignes, l'organisation agraire de la France est une imitation de l'organisation allemande. L'union nationale comprend 800 syndicats (plus d'un demi-million d'agriculteurs). Les syndicats sont à leur tour fédérés en Unions régionales dont quelques-unes — une dizaine environ — sont très importantes, comprenant dans leur ensemble 500 syndicats et 250.000 associés. La loi Méline sur l'institution de Caisses régionales de crédit agricole mutuel (23 mars 1899) a donné dernièrement une vigoureuse impulsion au mouvement coopératif agraire français, surtout en ce qui concerne le crédit accordé à la petite propriété. La loi accorde en effet, à titre d'avances, sans intérêt, aux Caisses régionales et à celles locales de crédit agricole mutuel les subventions stipulées lors du renouvellement du privilège de la Banque de France, soit : 1° la somme de 40 millions versés par la Banque au Trésor, une fois pour toutes ; 2° la somme annuelle de 2 millions que la Banque s'oblige à verser au Trésor jusqu'en 1920. « De sorte que non seulement aujourd'hui la France consacre des capitaux publics au crédit agraire, mais ce crédit est en très grande partie accordé *gratuitement sans intérêt* aux Banques agraires régionales » (*Ibid.*, 26-27).

la richesse nationale en poussant la productivité du sol, entravée aujourd'hui par la course du capital à la spéculation malsaine, bien au-delà de la fertilité actuelle.

Notons qu'effectivement les Associations, les Unions agraires réunissent aujourd'hui les avantages de la petite et de la grande culture. Elles permettent à l'agriculteur, entièrement libre de sa personne, l'exploitation directe et complète de sa parcelle et la complète jouissance du produit de son travail, pendant qu'elles lui assurent les bienfaits du grand capital et de la grande industrie : l'achat et la vente en gros des matières premières et des produits ; l'usage commun de magasins et d'instruments agricoles coûteux, etc. Dès aujourd'hui, en somme, la question si controversée du choix à faire entre la grande et la petite culture se résout d'elle-même par l'association contractuelle des travailleurs agricoles indépendants.

C'est au moyen des Unions agraires que se forme et se fortifie dans la classe agricole l'esprit d'association : c'est donc grâce à elles que l'on parviendra un jour, si jamais on y parvient, à la coopération agricole proprement dite, aujourd'hui réellement trop prématurée encore dans la plupart des cas, malgré le succès complet des essais particuliers des Owen, des Gurdon, et de leurs nombreux émules. À mesure qu'augmenterait le nombre des buts poursuivis par une Union agricole, elle ressemblerait davantage à une société coopérative de production.

Mais la simple multiplication des associations actuelles serait déjà un immense bienfait. Elle faciliterait la conclusion de contrats longs et importants entre les sociétés coopératives de consommation ou les Wholesales et les sociétés agricoles de vente en commun des produits, et entre les divers syndicats industriels et les associations productrices des matières premières de l'industrie. Elle effectuerait, en somme, dans l'agriculture et la petite industrie, une coordination de la production à la consommation toujours plus complète et plus parfaite.

La production, dans le domaine de la grande industrie,
pour toutes les industries non exercées par l'Etat, devrait
être nécessairement confiée à la coopération de production.
Il est permis d'espérer que les ouvriers, surtout dans les
pays les plus avancés, seraient alors à même de produire
seuls et de se servir avec prudence et sagacité des instruments et des capitaux reçus en exercice. Leurs groupes posséderaient sans doute la discipline, l'ordre, le sens du devoir indispensables au succès de toute sorte de sociétés coopératives et de celles de production surtout. Il est permis,
dis-je, de l'espérer quand on songe à l'amélioration remarquable et rapide des conditions intellectuelles et morales
de la classe prolétarienne, à son évidente ascension vers
une conscience incessamment plus étendue et plus parfaite,
aux plus récentes manifestations de ses progrès : la solidarité des phalanges ouvrières socialistes de l'Allemagne, le
développement des sociétés de secours mutuels parmi les
ouvriers (les Friendly Societies anglaises) (1), la belle organisation des Trades-Unions (2), l'accroissement et le su-
perbe succès des unions coopératives ouvrières de consommation (3). N'oublions pas non plus que l'arrivée au pouvoir de la classe prolétarienne suppose par elle-même un
perfectionnement ultérieur et très considérable de ses conditions intellectuelles et morales.

(1) Voir, au sujet des Friendly Societies, par exemple : RABBENO,
La cooperazione in Inghilterra, 16.

(2) Voir, entre autres, GEORGE HOWELL, *Le passé et l'avenir des
Trades-Unions* ; SIDNEY et BEATRIX WEBB, *Histoire du Trade-Unionisme*
(Paris, Giard et Brière, 1898) ; ou : *The method of Collective Bargain-
ing* (« The Economic Journal », March. 1896) par les mêmes auteurs.

Le capital de réserve des Trades-Unions dépasse pour quelques
unes d'entre elles les sommes suivantes : 25.000 £ ; 47.000 £ ;
139.000 £ ; 209.000 £ (2.225.000) (G. HOWELL, *Ibid.*, 224).

(3) Cf. BEATRICE POTTER, *The Coop. Mov. in Great Britain*, surtout le
6ᵉ chapitre : « A state within a State. »

Les essais malheureux tentés en France après la Révolution de Février et qui constituent le principal argument contre la coopération de production ouvrière en général ne sont pas très probants. Les entreprises coopératives de 1848 ne pouvaient réussir : elles manquaient de capitaux, c'est-à-dire de la condition fondamentale première la plus indispensable de toutes à leur existence ; constituées en unions coopératives à *type pur*, elles présentaient la forme de coopération de production la plus difficile à établir dans le milieu économique actuel ; leurs statuts, singulièrement imparfaits, malgré leur importance essentielle, avaient été rédigés par des compilateurs inexpérimentés ; enfin les conditions intellectuelles et morales des travailleurs, leur discipline, l'organisation et le degré de conscience collective de la classe prolétarienne étaient alors bien inférieurs à ce qu'ils sont actuellement, et les circonstances ambiantes, les graves troubles sociaux de l'époque poussaient les classes riches, au pouvoir alors comme aujourd'hui, à contrarier la coopération en qui elles voyaient une attaque du prolétariat contre le capital. C'est pourquoi, si médiocre qu'aient été les résultats, les quelques succès obtenus, malgré tant d'obstacles presque insurmontables, forment un solide argument en faveur de la coopération de production ouvrière en général.

D'ailleurs, une forme de cette coopération moins *pure* mais plus adaptée aux exigences pratiques du milieu économiquement défavorable où elle évolue, triomphe dans les *Working Class Limited* de l'Angleterre et des États-Unis. Ces associations de production ouvrière sont anonymes. Leur capital se compose d'actions, d'une livre sterling d'habitude, souscrites par des ouvriers dont la plupart ne travaillent pas dans l'entreprise coopérative, à cause du nombre très considérable d'actionnaires que nécessite la constitution du fonds social.

La naissance de ces sortes d'associations marque la forte vitalité de la coopération de production, qui est capable de réagir à la fois contre la difficulté de formation des capitaux, si grave surtout dans la grande industrie, et contre les conditions contraires du milieu ambiant. Leur réussite, le succès complet des Working Class Limited, « instituées, gérées et « possédées par des ouvriers, démontre que la classe ou- « vrière est apte à administrer et diriger des entreprises in- « dustrielles » (1). La preuve d'ailleurs en avait été faite déjà par l'administration et la gestion ouvrières des unions coopératives de consommation, des Wholesales et des fabriques ouvertes pour leur compte.

Seulement, il est évident que le manque de capitaux formera toujours un obstacle insurmontable au développement complet de la coopération de production ouvrière, et cet obstacle la mettra dans l'impossibilité de résoudre seule la question sociale actuelle. Le salariat, en effet, l'esclavage économique de l'ouvrier et la réduction des salaires au minimum ne dépendent pas du fait que l'industrie est exercée par un entrepreneur privé plutôt que par une entreprise coopérative, mais de la séparation économique entre le capital et le travail. Les ouvriers, privés des moyens de production nécessaires, sont contraints d'abandonner au capitaliste, en cédant leur force de travail à son minimum de coût, toute la plus-value produite par eux. L'entreprise, quelle qu'elle soit, n'est en somme que l'expédient technique permettant de rapprocher matériellement le travailleur du capital. Or, la coopération de production, par elle-même, ne donne pas aux ouvriers les instruments de production. Elle semble partir du principe qu'ils possèdent déjà quand elle admet la possibilité pour les coopérateurs d'accumuler le capital nécessaire à leur entreprise. C'est, pour résoudre la question ouvrière qui dérive de la nécessité de vendre la force de travail à son minimum de coût, compter sur l'inexistence de cette nécessité. Mais comment un moyen, dont l'application présuppose néces-

(1) BEAT. POTTER, *The Cooper. Movem. in Great. Brit.*, 132.

sairement l'abrogation de l'esclavage économique de l'ouvrier, pourrait-il y porter remède? Quelques tentatives couronnées de succès, peu nombreuses en chiffre absolu, très nombreuses relativement à ce qu'on pouvait attendre *a priori*, démontrent la possibilité de confier la production à la coopération des travailleurs et la vitalité de l'entreprise coopérative ; mais sans nous faire espérer que celle-ci suffise seule à résoudre la question sociale et à sauver le salariat.

La coopération de production constitue un moyen très opportun, indispensable peut-être, de mise en exercice des capitaux par les ouvriers, mais il s'agit d'abord, pour ceux-ci, d'avoir des capitaux à exploiter.

Cet unique obstacle essentiel au développement de la coopération de production enlevé, les autres seraient sans doute aisément surmontables. Et un travail libre d'une productivité immense remplacerait le travail coactif du salariat.

Nous avons déjà vu d'ailleurs, par la discipline et la richesse du parti socialiste allemand et du Trade-Unionisme anglais, par la prospérité de la coopération de consommation en Angleterre et aux Etats-Unis, par la réussite des Working Class Limited surtout, les difficultés d'ordre intellectuel ou moral s'atténuer à mesure chez les masses ouvrières des nations économiquement les plus avancées. On les amoindrirait encore en évitant un trop brusque passage des ouvriers à l'administration et la gestion des grandes entreprises, en donnant, ainsi, aux masses ouvrières, le temps et les moyens d'acquérir l'éducation indispensable au succès.

Les Trades-Unions, les sociétés coopératives de consommation, les Wholesales, les Working Class Limited ont surmonté la difficulté de trouver des directeurs et des administrateurs capables. Ces dernières ont même choisi leurs directeurs dans la classe ouvrière, de sorte qu'elles ont pu considérablement diminuer la rémunération de ce travail intellectuel.

Quant au maintien de la discipline intérieure ou de l'entente entre associés, on y parviendrait bien plus aisément qu'aujourd'hui si des statuts accordant, par exemple, une grande autorité aux directeurs, si, en somme, « de bons systèmes de conditions réglementaires », comme dirait Wagner, étaient une condition *sine qua non* d'obtention des usines et des capitaux nationalisés. L'influence salutaire de ces dispositions serait pour toute la coopération de production en général vraiment inappréciable.

Même, pour leur donner toute l'efficacité possible, la nomination du directeur d'un groupe coopératif et le contrôle de son œuvre pourraient être confiés, non aux seuls membres de ce groupe, mais à tous les composants du grand syndicat ouvrier dont il ferait partie. Car probablement on accorderait directement aux syndicats, subdivisés en une foule d'unions coopératives, les capitaux nationalisés applicables aux diverses branches de la production. Le pouvoir disciplinaire qui émane aujourd'hui de l'entrepreneur capitaliste ou du représentant de la société des capitalistes serait remplacé par un pouvoir analogue émanant de tout un syndicat ouvrier grandement intéressé à la prospérité de chaque union coopérative. Ainsi, alors comme aujourd'hui, le directeur serait nommé par un être de raison distinct de la collectivité à discipliner, puisque les membres de chaque groupe coopératif ne représenteraient qu'une faible fraction de leur syndicat (1).

(1) Déjà dans les *Working Class Limited*, l'être de raison distinct du groupe à discipliner est constitué par la masse des ouvriers possesseurs des actions. Les actionnaires travaillant en qualité d'ouvriers dans les sociétés mêmes ne représentent jamais qu'une faible minorité de cette masse : 50 sur 797 dans la fabrique de cotonnades, Hebden Bridge ; 210 sur 651 dans la fabrique de bas et 50 sur 487 dans la fabrique d'habits, Kettering : 250 sur 487 dans la fabrique de tissus de maille, Leicester (BERNSTEIN, *Socialisme théorique et social-démocratie pratique*, 188). Bien souvent même les statuts ou l'usage défendent que cette minorité d'ouvriers actionnaires puisse

En somme, il est évident que, si certaines conditions étaient nécessaires pour l'obtention des usines et des capitaux nationalisés, les associations ouvrières de production adopteraient des statuts excellents, analogues, par exemple, à ceux qui ont assuré le bon fonctionnement et le succès complet des sociétés anonymes par actions. Ces sociétés ont, en effet, résolu un problème qui présentait de bien grandes difficultés pratiques, en établissant des entreprises productrices où les plus directement intéressés au succès, les actionnaires, sont exclus de la gestion qui est confiée à un salarié ne possédant pas même toujours des actions de la société. Elles ont cependant damé le pion aux entrepreneurs privés.

Les unions coopératives de production, en se constituant d'une façon analogue, acquerraient tous les avantages des sociétés anonymes sans en garder les inconvénients. Car, quoique éloignés aussi de la gestion directe, les ouvriers coopérateurs, à la différence des actionnaires actuels, pourraient contribuer directement au bon fonctionnement de l'entreprise : un usage judicieux des machines, une scrupuleuse économie des matières premières, le fini parfait des produits, la suppression des frais de surveillance devenus inutiles à l'abrogation du salariat, donneraient au travail une productivité à laquelle il ne peut atteindre aujourd'hui, où les économies, les perfectionnements et une augmentation de production réalisés par les salariés ont pour seul résultat l'enrichissement d'un capitaliste entrepreneur.

Ce n'est pas le système technique actuel de la production ou le mode de l'administration et de la gestion des en-

faire partie du conseil d'administration. Elle n'a par conséquent qu'un simple droit de vote. On évite par là que le gérant et tous les membres chargés de la surveillance, de l'ordre et de la discipline dans l'usine puissent être directement blâmés ou destitués par les ouvriers qu'ils doivent discipliner et au besoin punir (Cf. B. Potter, *The Cooperative movement in Great Britain*, 140 à 153).

treprises qu'il s'agit de changer, mais la façon de distribuer la valeur produite. Que l'on prenne, par exemple, une société anonyme dont le directeur ne serait pas actionnaire, que, sans rien changer au fonctionnement actuel, on distribue à chaque fin d'année aux ouvriers (déduction faite du loyer du capital technique payable à l'Etat) le bénéfice qui, sous forme de dividendes ou d'intérêts, est réparti aujourd'hui entre les actionnaires et les détenteurs d'obligations, et l'entreprise coopérative de production, telle que nous l'entendons, est toute formée. Sans rien changer aux procédés techniques, à l'autorité du gérant, au nombre et au genre de ses attributions, aux modalités de son traitement, à la discipline de l'usine, au contrôle de l'entreprise qui, seulement, cessant d'être confié à des actionnaires, serait fait par des ouvriers coopérateurs ou un syndicat ouvrier, on pourrait, en intéressant directement et vivement les ouvriers au succès de l'entreprise, décupler la productivité de leur travail.

En somme, l'expansion de la coopération de production ouvrière ne rencontre aujourd'hui qu'un seul obstacle essentiel : le manque de capitaux et d'instruments. Si on le supprimait, la salutaire tendance actuelle à l'association coopérative, libre enfin de se manifester complètement, sous les formes les plus diverses, donnerait ses meilleurs fruits.

X

D'un accroissement de la production et d'une amélioration de la distribution.

Résumons les résultats auxquels nous ont conduit les recherches précédentes.

Le système économique fondé sur la propriété nationalisée que nous avons essayé d'esquisser nous semble devoir établir à la fois une plus grande prépondérance des conditions favorables à la production sur les défavorables et une bien meilleure distribution des richesses.

Au point de vue de la production, quand même on craindrait d'abord, — à tort d'ailleurs — une partielle incapacité des ouvriers dans la gestion des entreprises, quand même la coopération de production semblerait d'abord prématurée, on ne saurait méconnaître une foule d'autres conditions indubitablement et éminemment favorables : 1° Celles dérivant directement du fait de la propriété collective du sol, des instruments de production et des capitaux en général. Résumons-les comme suit :

Le niveau de la fertilité d'un pays cesserait, en ce qui concerne ses effets économiques sur toute la production sociale, d'être mesurable au minimum de productivité des terres les plus rebelles à la culture ;

Les rentes ricardiennes foncières et les loyers différentiels des instruments de production égalisant les conditions initiales artificielles de la concurrence, elle cesserait d'être meurtrière et décourageante pour certains agents producteurs ;

Des dispositions meilleures présideraient aux locations des terrains et des autres instruments de production ;

Les normes réglant la concession des prêts pousseraient à la fondation d'Unions agricoles présentant pour l'agriculture les avantages de la petite et de la grande exploitation, à la constitution d'associations d'achats et ventes dans la petite industrie, et à l'union des sociétés coopératives de production en syndicats, au cas où cette union ne se ferait pas assez rapidement d'elle-même. Toutes ces mesures faciliteraient l'organisation de la production et sa coordination à la consommation ;

Une grande quantité de capitaux que des intérêts égoïstes poussent à improductivement ou nuisiblement employer aujourd'hui dans la spéculation ou la création de monopoles exploiteurs pourraient être appliqués aux emplois productifs de l'agriculture et de l'industrie.

2° Une série de conséquences heureuses dériverait directement de l'élévation des gains provenant du rapprochement économique de l'ouvrier et de l'instrument de production. Citons-en quelques-unes :

Une plus grande élasticité de compression des gains des groupes producteurs contribuerait à transformer la concurrence meurtrière et décourageante en une bienfaisante émulation ;

Le développement de la coopération de consommation, conséquence des rémunérations augmentées de la grande masse des consommateurs, faciliterait autant que celui des associations agricoles, des associations pour achats et ventes, et des syndicats de production, la coordination de la production à la consommation ;

Un travail bien rétribué, permettant à l'ouvrier une nourriture abondante et complètement réparatrice, serait plus productif, et favorisant un développement intellectuel et moral plus complet, rendrait possible l'application de machines plus délicates, plus parfaites et, partant, elles aussi, d'une productivité plus grande.

3° Une troisième série d'avantages proviendraient de l'anéantissement des principales causes antagonistes et destructrices des agents producteurs. Notons surtout :

L'abolition de l'impôt ;

Le relèvement du taux du profit des capitaux productifs non encore nationalisés, quand ils n'auraient plus d'intérêts à servir aux capitaux improductifs des dettes publiques et de la spéculation, et quand cesserait aussi l'action déprimante de la rente foncière, de la rente du terrain bâti, du loyer des capitaux techniques fixes des marchandises de première nécessité et celle des impôts (action directe pour les impôts sur le profit, indirecte pour les impôts de consommation) ;

L'intensité décroissante des désavantages de la concurrence, de son action meurtrière sur toutes les entreprises
non artificiellement favorisées, grâce aux loyers différentiels, à la plus grande égalisation de la puissance économique des concurrents, et à une supérieure élasticité de
compression des gains qui donnerait à toutes les entreprises productrices plus de force de résistance ;

L'agiotage serait graduellement éliminé par l'extension
toujours moindre de son champ d'action et l'attrait gran-
dissant des emplois productifs ; et grâce à la disparition du
tout puissant capital improductif de la spéculation malsaine
cesserait la destruction actuelle des capitaux productifs.

4° Un surcroit d'ardeur serait mis à accumuler de nouveaux capitaux parce que :

Des prélèvements sur les successions, progressifs dans le
temps, ou tout autre système équivalant à un brevet d'accumulation à durée temporaire, stimulerait très puissamment
à l'épargne ;

Beaucoup plus de personnes pourraient épargner quand
la rétribution du travailleur augmenterait par suite de son
rapprochement économique de l'instrument de production.
Elles y seraient poussées en outre par l'obligation de reconstituer, avant l'époque du remboursement, les capitaux
accordés en prêt par l'Etat. D'ailleurs, comme l'affirmait
jadis James Mill, l'état social où « pullulent les fortunes
modérées sans qu'aucune grande prévale peut être considéré comme éminemment favorable à l'accumulation », par
opposition à celui où « un petit nombre d'hommes très
riches rend l'épargne fort peu désirable à ceux-ci et impossible aux autres » ;

Une portion des revenus des biens nationalisés serait ca-
pitalisée dans les prêts de l'Etat aux travailleurs, au lieu
de continuer à être gaspillée comme aujourd'hui par les
riches rentiers en folles dépenses de luxe.

5° Enfin une augmentation considérable de la production

sociale résulterait aussi de la supérieure productivité du travail libre comparée à celle du travail coactif, ou — plus généralement — de la supérieure productivité d'un régime de grande équité comparée à celle d'un régime moins équitable.

Il est naturel, en effet, que les ouvriers actuels produisent peu : sauf en de rares circonstances où, d'habitude, on recourt à l'artifice malsain du salaire à la tâche pour les exciter au travail, ils ne sont aucunement intéressés à produire beaucoup. Des travailleurs indépendants le seraient au plus haut point, parce qu'ils se partageraient entre eux toute la valeur qu'ils auraient produite et auraient seuls l'avantage de toute amélioration introduite, de toute épargne faite, de tout accroissement de production obtenu.

En thèse plus générale, la capacité productive du régime actuel serait aisément dépassée sous un régime plus équitable. A mesure que la peine prise sera plus entièrement récompensée, le désir du travail aiguillonnera plus de gens ; à mesure que s'égaliseront les conditions initiales artificielles de la course au succès, le libre développement des aptitudes individuelles sera d'autant facilité, et les meilleurs se trouveront plus généralement à même de remplir les hauts emplois, les charges importantes et difficiles. Toutes les forces, toutes les aptitudes, toutes les intelligences donneraient alors leur maximum d'utilité sociale.

Tels seraient les résultats généraux au pojnt de vue de la production des richesses.

En ce qui concerne leur distribution, rappelons, parmi les causes qui la rendraient infiniment meilleure :

La rapidité de désaccumulation des fortunes provenant d'une constitution de la propriété qui l'assimilerait à un brevet d'accumulation à durée limitée ;

L'égalisation des conditions initiales artificielles de la concurrence, et la diminution constante des influences néfastes de la spéculation malsaine sur la redistribution de la richesse ;

L'élimination graduelle et continue de tout parasitisme, la dévolution toujours plus complète à la communauté entière des rentes ricardiennes différentielles, naturelles ou acquises, ou de monopole, des accroissements de cette rente foncière et de la rente du terrain bâti, des loyers des immeubles urbains, des intérêts des capitaux techniques non susceptibles pratiquement d'être annulés, et du montant des intérêts des dettes publiques qui, peu à peu, seraient éteintes ;

Et enfin le passage à la communauté et la gratuité des instruments de production et des avances de subsistances, c'est-à-dire le rapprochement économique du travailleur et du capital.

Ce dernier résultat d'une distribution meilleure des richesses ne sera pas moins bienfaisant que le surcroit de production qu'il accompagnera, ainsi que nous le montrerons dans le chapitre suivant.

DEUXIÈME PARTIE

CHAPITRE PREMIER

Avec le droit actuel de propriété, l'inégalité de la répartition des richesses, au lieu de diminuer, continue-t-elle au contraire à augmenter ? c'est là une idée, comme on le sait, qui, soutenue par les uns, est cependant niée avec vigueur par les autres. Ici nous ne pourrons faire autre chose que résumer très succinctement les données principales et les résultats auxquels sont arrivés quelques auteurs connus, données dont nous allons nous servir pour quelques considérations courtes, mais nécessaires.

Ce qu'il faut faire remarquer avant tout, c'est que la question est en général mal posée à deux différents égards.

En premier lieu, on ne définit généralement pas avec exactitude ce qu'on doit entendre par une plus grande ou une moins grande inégalité de la répartition des richesses ; on n'a donc aucun critérium exact pour évaluer les données statistiques qu'on porte à l'appui de l'une ou de l'autre thèse. Ainsi par exemple, une question vivement débattue est celle de savoir si la moyenne des salaires réels des masses qui travaillent a continué ou non à augmenter, dans la deuxième moitié du siècle qui vient de s'écouler — et l'on confond à tort cette question avec cette autre, bien différente, de savoir si l'inégalité de la répartition des richesses a continué dans cette période à augmenter plutôt qu'à diminuer ; car, évidemment, une augmentation des salaires, fût-elle légère, telle que dans la meilleure hypothèse serait celle qui s'est effectuée dans ces dernières années, n'impliquerait pas du tout une répartition moins inégale des richesses ; elle pourrait, au contraire, coïncider avec une répartition encore plus inégale que lorsque les salaires étaient à un niveau inférieur.

En second lieu, les partisans du régime actuel s'efforcent de démontrer l'amélioration des conditions des masses prolétariennes et de la répartition des richesses pour tirer de cette démonstration un argument formidable contre les aspirations socialistes et l'organisation du prolétariat en une classe à part. Leur conclusion est évidemment absurde, car, quand même cette amélioration serait prouvée, elle n'exclurait pas que le prolétariat pût atteindre à des améliorations plus complètes et plus rapides encore, grâce à de nouveaux arrangements sociaux, grâce surtout à une modification radicale du droit de propriété. Même, s'il a réellement arraché quelques concessions à la classe capitaliste, le fait n'invalide pas du tout la thèse socialiste de la lutte des classes et offre, au contraire, un argument puissant en faveur d'une organisation prolétarienne, encore plus compacte et plus perfectionnée, entièrement capable de tenir tête à la coalition des divers embranchements de la classe capitaliste et de se faire accorder des avantages ultérieurs.

La croissante inégalité de la répartition des richesses n'a pas été affirmée seulement par des écrivains socialistes : des économistes orthodoxes, MM. Cairnes, Roscher, Fawcett et Gide, entre autres, l'ont constatée aussi. Mais avant de demander aux chiffres d'élucider cette question, essayons d'en poser très exactement les termes.

On peut donner différentes définitions mathématiques de l'augmentation ou de la diminution de l'inégalité de la répartition des richesses.

Ainsi, par exemple, on peut dire que l'inégalité augmente quand le montant total des revenus dépassant le revenu moyen (revenu total divisé par le nombre des habitants ou des familles) augmente en comparaison du montant total des revenus inférieurs à cette moyenne. Selon cette définition, une augmentation même de tous les revenus inférieurs peut coïncider avec une augmentation de l'inégalité.

On peut donner encore une autre définition. Appelons *moment d'un revenu* le produit du montant de ce revenu par le nombre des individus qui en jouissent. Regardons comme revenus minimes tous ceux, par exemple, qui sont au-dessous de la moyenne générale. Additionnons les moments des revenus les plus élevés, à partir du revenu maximum, jusqu'à ce que la somme soit égale à celle des moments des revenus les plus bas. On pourra dire que l'inégalité augmente quand la première somme se répartit sur un nombre d'individus toujours moindre par rapport au nombre de ceux de l'autre somme. Ainsi, si, à une époque donnée, les revenus inférieurs à la moyenne eussent été de 500 et de 1.000 francs par an, et que leurs possesseurs eussent été au nombre d'un million pour chaque catégorie, si, en même temps, les revenus les plus élevés dont la somme des moments aurait égalé celle de ces revenus inférieurs eussent été d'un million et de deux millions de francs respectivement répartis entre 1.000 et 250 personnes, on aurait eu :

$$500 \times 1.000.000 + 1.000 \times 1.000\,000 =$$
revenu   nombre d'individus   revenu   nombre d'individus

$$= 1.000.000 \times 1.000 + 2.000.000 \times 250;$$
revenu   nombre d'individus   revenu   nombre d'individus

En supposant qu'au bout d'un certain nombre d'années cette équation se fût modifiée de la façon suivante :

$$500 \times 800.000 + 1.000 \times 1.000.000 + 1.300 \times 400.000 =$$
revenu nombre d'individus revenu nombre d'individus revenu nombre d'individus

$$= 1.000.000 \times 1.000 + 2.000.000 \times 150 + 10.000.000 \times 60 + 20.000.000 \times 1;$$
revenu nombre d'individus revenu nombre d'individus revenu nombre d'individus revenu nombre d'indiv.

ou bien comme ceci :

$$500 \times 2\,000.000 + 1\,000 \times 500.000 =$$
revenu   nombre d'individus   revenu   nombre d'individu

$$= 5.000.000 \times 200 \times 10.000.000 + 50;$$
revenu   nombre d'individu   revenu   nombre d'individus

alors, selon cette définition, on devrait dire que l'inégalité aurait continué à augmenter, justement parce que les proportions du nombre des plus riches avec celui des plus pauvres nécessaire à opposer ensemble un revenu égal serait respectivement $\dfrac{1.250}{2.000.000}$, $\dfrac{1.211}{2.200.000}$, $\dfrac{250}{2.500.000}$, c'est-à-dire moindre dans le deuxième et dans le troisième cas que dans le premier (1).

(1) A ce propos, on ne pourra jamais insister assez sur la grande utilité qu'auraient les diagrammes ou courbes des revenus : il suffirait pour les construire de reporter sur l'axe des abscisses les différents pour cent des individus ayant les divers revenus, en faisant partir de 0 le pourcent des individus à revenus minimes, de la dernière abscisse de ces revenus le pour cent des individus ayant des revenus immédiatement supérieurs, et ainsi de suite, et porter comme ordonnées les revenus mêmes. Il en résulterait une courbe ayant à peu près la forme d'une hyperbole, avec l'abscisse et l'ordonnée d'abscisse 100 comme asymptotes. — L'aire comprise entre l'hyperbole et les coordonnées-asymptotes représenterait le revenu total; et la réduction de cette aire dans le rectangle de base l'abscisse maximum 100 donnerait, dans la hauteur de ce rectangle, le revenu moyen. Les différentes courbes qui seraient construites à des intervalles égaux de temps présenteraient la variation de l'inégalité de la distribution sous une forme sensible d'une grande évidence.

Ces courbes, selon la loi empirique des revenus de M. Pareto, seraient données par l'équation : $\text{Log } N = \text{Log } A - i \text{ Log } (x + a)$; où $N = $ nombre d'individus ayant un revenu supérieur à x (x à reporter, dans notre cas, sur l'axe des ordonnées, N sur celle des abscisses, et le zéro des coordonnées sur le point d'abscisse 100); et A, a, i étant des paramètres propres à chaque système donné de revenu, c'est-à-dire spéciaux pour chaque pays désigné, et pour chaque époque (Cf. VILFREDO PARETO, *Cours d'économie poli-*

Mais quand on parle d'égalité ou d'inégalité de la répartition des richesses, il se peut qu'il ne suffise pas de considérer seulement la *quantité* du revenu, et il peut être au contraire très utile d'en considérer aussi la *qualité*. Et ainsi à l'égard de cette qualité on peut dire que la répartition *empire* quand le rapport entre la somme totale des revenus rémunérateurs du pur travail, matériel et intellectuel, et la somme totale des revenus appartenant à la catégorie des rentes ricardiennes, différentielles ou de monopole, et à la catégorie des profits et des intérêts du capital (revenus les premiers, c'est-à-dire les rentes ricardiennes, dont le propriétaire jouit sans jamais donner en échange aucune prestation ; revenus les seconds, c'est-à-dire les intérêts du capital, dont, si ce n'est l'accumulateur effectif du capital, du moins ses héritiers jouissent, après sa mort, sans qu'ils prêtent pareillement le moindre service à la société), quand ce rapport, dis-je, continue à diminuer.

L'aggravation qualitative de l'inégalité de la répartition comprise dans cette troisième définition est funeste principalement parce qu'elle représente une prime croissante accordée à l'oisiveté et une récompense du travail toujours moindre, du moins relativement.

L'augmentation d'inégalité comprise, au contraire, dans la première ou dans la seconde définition, ou dans d'autres semblables qu'on pourrait donner, est funeste principalement (abstraction faite des perturbations toujours plus graves qu'elle produit dans l'économie de la production), parce qu'elle indique qu'une quantité toujours plus grande de jouissances superflues se répand sur un nombre toujours moindre de capitalistes, tandis qu'une masse toujours plus considérable de prolétaires voit diminuer, relativement du moins, la possibilité de satisfaire aux besoins les plus ur-

tique, Lausanne, Rouge, 1897, t. II, l. III, chap. 1 : *La courbe des revenus ;* et SOREL, *La loi des revenus,* « Le Devenir Social », juillet, 1897).

gents. Elle amène une diminution du bien-être total ou, pour le moins, elle empêche l'augmentation de ce bien-être dans les proportions qu'on aurait pu attendre de toutes les inventions techniques, de tous les progrès de la civilisation.

Passons maintenant à l'examen de quelques chiffres. Nous pouvons tout d'abord admettre une légère augmentation dans la moyenne générale des salaires réels des masses ouvrières. M. Kautsky lui-même reconnaît que : « Justement dans les pays capitalistes les plus avancés, il n'est plus possible de constater une progression générale de la misère physique ; tout montre au contraire que la misère physique y diminue. La classe ouvrière vit mieux aujourd'hui qu'il y a cinquante ans » (1). Toutes les catégories d'ouvriers n'ont cependant pas vu s'améliorer sensiblement leurs conditions : on peut affirmer, sans crainte de se tromper, que, pour celles qui n'ont pas encore organisé la résistance, pour les ouvriers agricoles, et pour les femmes en général, cette amélioration a été bien légère, souvent même tout à fait nulle.

Pour l'Italie, on connaît le tableau dressé par M. Bodio selon lequel pour les ouvriers (non compris les femmes et les enfants) des principales manufactures d'étoffes de coton, ou de laine, les papeteries, et les fabriques de bougies de la Haute-Italie, la moyenne des salaires en millièmes de lires par heure de travail, se serait élevée de 1871 à 1896 de 171 à 254 ; et, étant donnée dans l'intervalle la diminution du prix moyen d'un quintal métrique de grain de L. 31,36 à L. 22,56, les heures de travail, nécessaires pour acheter cent kilos de blé, seraient ainsi descendues de 183 à 89 (2). Dans ce tableau cependant, comme on le voit, il n'est tenu compte dans le passage du salaire nominal au

____

(1) *Le Marxisme et son critique Bernstein*, Paris, Stock, 1900, p. 221.

(2) *Annuario Statistico Italiano*, Roma, 1897, p. 131.

salaire réel que d'une seule espèce de consommation, et, par exemple, on n'y tient pas compte des loyers qui cependant en Italie aussi ont subi des augmentations considérables.

Pour la France, M. Paul Leroy-Beaulieu, — qui toutefois pèche toujours par trop d'optimisme, — calcule que depuis 40 à 50 ans jusqu'à aujourd'hui (1896), les frais pour la vie d'une famille d'ouvriers se sont accrus de 20 à 25 0/0, mais que la généralité des salaires nominaux est augmentée de 80 à 100 0/0, de sorte que le gain effectif d'une famille ouvrière est augmenté en moyenne, dans les 50 dernières années, de 50 à 75 0/0 (1). Pour la Saxe, nous verrons les revenus au-dessous de 800 marks augmenter, de 1879 à 1894, de 828.686 à 972.257, c'est-à-dire seulement de 17.3 0/0, tandis que ceux de 800 à 1.600 augmentent beaucoup plus rapidement, — de 165.362 à 357.974, — c'est-à-dire de 116.4 0/0 (2) : ce qui sert à indiquer que la proportion des salaires les plus élevés tend à augmenter en comparaison des plus bas.

Pour les Etats-Unis, selon M. Carroll Wright, en calculant à 100 le montant moyen des salaires en 1860, ils étaient de 87.7 en 1840 et de 160.7 en 1891 ; tandis que les heures de travail diminuaient en moyenne de 1.4 par jour (3). Selon ce même statisticien, cependant, si l'examen des prix des articles sur la base de la consommation, quand on fait abstraction des loyers, montre que le coût de la vie est inférieur en 1891 de 4 à 5 0/0 à ce qu'il était en 1860, il est, si l'on tient compte des loyers aussi, pour le moins aussi élevé aujourd'hui qu'en 1860, et probablement même un peu plus élevé (4). Hobson, d'autre part, est d'avis que, pour l'Angleterre, le gain représenté pour l'ouvrier par la diminution du prix du pain, du thé,

<hr>

(1) *Essai sur la rép. des rich.*, 451.

(2) Kautsky, *Le Marxisme*, etc., 168.

(3) Carroll Wright, *Are the Rich growing Richer and the Poor Poorer ?* « The Atlantic Monthly », september 1897, p. 304.

(4) *Ibid.*, p. 304-5.

du sucre, des vêtements, est plus que contrebalancé par la perte due à l'augmentation très considérable des loyers, et aux prix plus élevés des légumes, du lait, des œufs, du beurre, du fromage, du charbon, de la viande, de l'huile, etc. ; de sorte qu'il faut déduire au moins 20 0/0 de l'augmentation nominale des salaires, pour obtenir l'augmentation effective des salaires réels (1).

Cependant la moyenne des salaires réels en Angleterre a sans doute augmenté, comme le prouve, entre autres choses, l'augmentation de la consommation des vivres : ainsi la consommation du jambon était de 7,82 livres par tête en 1874 et de 13,29 en 1894 ; celle du beurre et de la margarine a passé pendant le même temps de 5,50 à 10,44 livres ; le fromage de 5,02 à 6,38 ; le cacao de 0,27 à 0,58 ; le froment et la farine de 161,73 à 256,19 ; la groseille et le raisin sec de 4,47 à 4,90 ; le sucre brut et raffiné de 56,24 à 80,06 ; le thé de 4,22 à 5,52 ; le tabac de 1,43 à 1,66 ; le nombre des œufs consommé était respectivement de 20,94 et 36,68. La consommation de la viande de bœuf, salée ou fraîche, a passé de 1880 à 1894, de 3,22 à 6,59 livres par tête. On a, au contraire, constaté une diminution de la consommation des pommes de terre : 13,74 livres en 1874, 7,68 livres en 1894 : du riz : 10,16 et 7,26 ; des boissons alcooliques (à l'exclusion du vin et de la bière) : 1,26 et 0,97 gallons (2). Et si l'augmentation des premières consommations ci-dessus sert à indiquer une augmentation effective

(1) HOBSON, *Problems of poverty*, London, Methuen, 1899, p. 25.

(2) *Statistical Abstract for the United Kingdom*, Thirty-Sixth Number (from 1874 to 1888), p. 72-73 ; et Forty-Second Number (from 1880 to 1894), p. 78-79.

Ces chiffres se rapportent seulement aux produits importés de l'étranger et ne comprennent pas la production intérieure ; mais si cette dernière est diminuée pour les céréales, elle est augmentée au contraire pour l'élevage des bestiaux. Les données sur les boissons alcooliques comprennent aussi bien l'importation que la production intérieure.

de la moyenne des salaires réels de la classe ouvrière, qui
représente la grande majorité du total des consommateurs,
la diminution des trois dernières consommations signifie
justement la substitution graduelle de qualités supérieures
d'aliments à des qualités inférieures, et une diminution de
l'alcoolisme, le succédané de la nourriture physiologique-
ment insuffisante (1).

Même en Angleterre cependant, pour des catégories entières d'ouvriers, l'amélioration a été presque ou tout à fait
nulle ; ainsi, par exemple, M. Sidney Webb n'en constate
aucune pour certaines catégories d'ouvriers des industries
textiles, qui sont cependant parmi les industries les plus
florissantes, ni pour les remouleurs et les aiguiseurs de
fourchettes de Sheffield, ni dans la nombreuse classe des
ouvriers dépourvus d'instruction professionnelle (*unskilled*),
ni dans celle des artisans des grandes villes. Ils ne reçoivent
tous, dit-il, que des salaires de famine (*starvation wages*) (2).
Engels, après avoir reconnu une progression effective, à
partir de 1848, dans les salaires des Trades-Unionistes, disait cependant, en 1885, que l'existence de la plupart des
ouvriers est aujourd'hui aussi misérable, plus misérable
peut-être encore que par le passé (3). Quant aux salaires
des femmes, M. Webb trouve qu'ils gravitent, comme
règle générale, « si près du niveau strictement nécessaire à la
subsistance qu'ils n'ont jamais pu être plus bas ». Il est même
d'avis que « les quatre millions des travailleuses actuelles
(1897) présentent une très forte proportion de personnes

---

(1) M. Loria est cependant d'avis que cette augmentation des
consommations dépend en assez grande partie de l'augmentation
relative (en comparaison des ouvriers) des travailleurs improductifs (domestiques, dépendants et favoris des classes riches) lesquels
sont ceux qui se nourrissent le mieux (*Analisi*, II, 379-380).

(2) Sidney Webb, *Labor in the longest Reign*, London, Grant Richards
1897, p. 19 et suiv.

(3) Friedrich Engels, *England*, 1845 und 1885, *Die Neue Zeit*,
juin 1885, p. 213-214.

réduites à la médiocre alimentation de leurs aïeules en 1837 ;
et il ajoute qu'il n'y en a probablement jamais eu un aussi
grand nombre à un niveau si bas (1).

Concluons donc avec lui, et en appliquant ses paroles à
tous les pays à production capitaliste développée : « On
peut démontrer que si, à tous les points de vue, la position
d'une vaste catégorie de salariés s'est beaucoup améliorée
depuis 1837, d'autres catégories ont eu bien peu de part, si
tant est qu'elles en aient eu aucune, à l'accroissement général de la richesse et de la civilisation. Si nous prenons
en considération les différents degrés de bien-être matériel,
et si nous fixons une ligne au-dessous de laquelle nous considérons que l'ouvrier ne pourrait pas vivre décemment,
nous trouvons à l'égard des salaires, des heures de travail,
de l'habitation, et de la civilisation générale, que le pour
cent de ceux qui tombent au-dessous de cette ligne est
moindre aujourd'hui qu'en 1837. Mais nous constatons
aussi que le plus bas niveau atteint est aujourd'hui aussi
bas que dans ce temps-là, et que le *nombre total* qui tombe
au-dessous de cette ligne est, en nombre absolu, probablement plus grand qu'en 1837. La profondeur de la misère
est aussi grande qu'elle l'a jamais été ; son étendue absolue
est aussi grande si elle ne l'est pas davantage (2).

Au point de vue du bien-être et de la tranquillité de la vie
des masses ouvrières, l'importance de l'augmentation de la
moyenne des salaires réels, plus ou moins légère et plus ou
moins partielle selon les pays, est encore amoindrie par les
chiffres du paupérisme dénotant la persistance de cette plaie
sociale. Car, en effet, si les augmentations des salaires réels
des ouvriers étaient effectivement de quelque importance,
elles les sauvegarderaient eux et leurs familles. Ils auraient
la possibilité de mettre de côté des épargnes suffisantes ou,
moyennant des versements d'une certaine importance, de

(1) Sidney Webb, *Ibid.*, 21.
(2) Sidney Webb, *Ibid.*, 56-57.

s'assurer contre les maladies, les accidents, le chômage. Les familles ouvrières ne tomberaient plus dans le dénuement dès le lendemain de la mort du chef de famille, ou au premier moment d'une crise économique, ou au bout de quelques semaines ou de quelques jours de chômage.

Les chiffres suivants montraient pour le passé une augmentation continuelle du paupérisme :

En 1835 les pauvres, aux États-Unis, sont moins de 1/100 de la population ; mais dans le Massachussetts seulement la taxe pour les pauvres augmente de 3/5 en 25 ans, et en 1877-78, 1/20 de la population « se trouve plongé dans le paupérisme ». En comparant l'augmentation de la population des États-Unis avec l'augmentation de la somme affectée annuellement à l'entretien des pauvres, on a les données suivantes :

Années	Frais pour les pauvres (en dollars)	Population	Frais pour les pauvres par 100 habitants
1850	2.954.806	23.191.876	12,7
1860	5.445.443	31.443.321	17,3
1870	10.930.429	38.558.371	28,3

c'est-à-dire que la dépense pour les pauvres augmente plus que proportionnellement en comparaison de l'augmentation de la population. Le nombre total des pauvres, ceux complètement et ceux partiellement subventionnés, augmente en une seule années, 1870-71, de 12 0/0. Il en est de même dans la Pensylvanie où, en une année seulement, 1875-76, le nombre des indigents croît de 11.98 0/0 (1). Et si une partie assez considérable de ce paupérisme d'Amérique est due à l'immigration croissante des pauvres d'Europe, les statistiques ci-dessus démontrent cependant, puisque le paupérisme ne diminue pas ou augmente, même en Europe,

(1) LORIA, *Analisi*, II, 389-390.

que cette plaie sociale tend à s'accroître pour tout l'ensemble des pays civilisés.

Quant à l'Angleterre, pour ne parler que de Londres seulement, lord Compton écrivait en 1888 : « Quoique, selon mon opinion, la misère à Londres soit plus grande qu'elle n'apparaît dans les statistiques que nous possédons (car les personnes qui passent leur vie au milieu des indigents savent bien qu'un grand nombre d'entre eux luttent avec un courage véritablement héroïque contre les approches de la pauvreté et luttent en silence, de sorte que leur condition n'est connue ou devinée qu'à moitié), ces statistiques cependant et toutes les informations que nous possédons montrent un terrible état de choses. Les comptes-rendus hebdomadaires du paupérisme métropolitain donnent, en prenant pour époque de comparaison la quatrième et la cinquième semaine du dernier mois d'octobre (1887) :

94.112 secourus pendant la quatrième semaine
95.242   »   »   » cinquième   »

Ces chiffres présentent une augmentation de 4.038 et 4.311 si l'on compare les semaines correspondantes de l'année précédente (1886) ; de 4.995 et 5.099 en comparaison des mêmes semaines de 1885 ; 5,096 et 6,021 à l'égard de 1884 ; de sorte que, en trois ans, la population des misérables était augmentée pour le moins de 6.000 individus à cette époque de l'année. Si la population de Londres croît, et cela est vrai, avec une rapidité alarmante, ces chiffres montrent que le paupérisme marche avec une rapidité encore plus grande » (1).

La confirmation de ces faits est donnée par Wallace, qui, en faisant noter que la moité des morts des hôpitaux et tous ceux des *Workhouses* appartiennent aux classes misérables

____

(1) COMPTON, *Distress in London*. « The Fortnightly Review », January 1888, p. 113.

(*destitute classes*), trouvait, dans le *Registrar-General's Annual Summary of Births and Deaths in London*, que les chiffres de la mortalité, pendant les dix années 1872-1881, avaient passé de 8.674 à 13.132. L'augmentation des décès dans toute la ville a été de 4 0/0 ; donc, si le nombre des pauvres n'avait pas relativement augmenté, les 8.674 décès n'auraient dû s'élever qu'à 9.021 : au contraire, ils se sont élevés à 13.132. Cette différence 13.132 — 9.021 = 4.111 (étant donnée la mortalité élevée de 30 pour mille pour les classes infimes), servirait donc à démontrer qu'en 10 ans 137.000 individus sont allés augmenter le nombre des misérables de Londres, en sus de l'accroissement proportionnel à l'augmentation de la population (1).

En 1888, sur 79.000 décès enregistrés dans cette métropole, 10.170 avaient lieu dans les *Workhouses*, 7.113 dans les hôpitaux publics, et 380 dans les asiles publics, ce qui donnait un total de 17.662 (2). En ajoutant, comme le fait Wallace, pour obtenir le nombre des composants, les classes misérables, aux morts dans les *Workhouses*, la moitié seulement des morts dans les hôpitaux et dans les asiles publics, on a une proportion de morts misérables de 17,61 0/0 sur le total des morts de cette année 1888, tandis que les chiffres ci-dessus, rapportés par Wallace pour les années 1872 et 1881 (8,674 et 13,132) représentaient respectivement une proportion de 12,2 et 16,2 pour 100. Ainsi donc l'augmentation que Wallace constatait pour la période 1872-1881 continuait aussi en 1888.

Pour toute l'Angleterre et le pays de Galles (et à l'exclusion de l'Ecosse et de l'Irlande), la population a augmenté de 23.724.834 à 30.394.078, c'est-à-dire de 28 0/0, de 1874 à 1895. Cependant le nombre des *Indoor Paupers* augmentait dans le même temps de 149.558 (le 1er janvier 1874), à 215.548 (le 1er janvier 1895), c'est-à-dire de 44 0/0 (3).

(1) WALLACE, *Bad Times*, 51.
(2) HOBSON, *Problems of poverty*, 10.
(3) *Statistical Abstract for the United Kingdom*, Thirty-Sixth Number,

Tout cela donc, pour ce qui se rapporte à l'augmentation ou à la diminution du paupérisme. Pour ce qui regarde ses conditions d'existence déjà atteintes ou encore persistantes qu'il suffise de citer ces quelques chiffres :

A Londres seulement, la somme totale trouvée ci-dessus, pour 1888, de 17,662 morts dans les *Workhouses*, les hôpitaux publics et les asiles publics, représentait une proportion de plus de 20 0/0 du total des décès : « Comme peu d'enfants, en comparaison, ainsi conclut Hobson (p. 19), meurent dans ces institutions, il en résulte que, dans la ville qui est probablement la plus riche du monde, un adulte sur quatre meurt assisté par la charité publique ». Et ces chiffres ne comprennent pas ceux qui reçoivent des secours hors des établissements, les *Outdoor Paupers*, lesquels en 1888, pour toute l'Angleterre et le pays de Galles, étaient plus que le triple des *Indoor Paupers* ; 624.813 contre 200.666 (*Statistical Abstract, Forty-Second Number*, 244). Et, comme le chiffre total des décès comprend aussi les classes riches, la proportion pour la classe ouvrière seule doit être encore plus élevée. — Quant aux vieillards de la classe ouvrière, à Londres, en 1892, non moins de 22,5 d'entre eux appartenaient à la seule catégorie des *Indoor Paupers* (Hobson, 22) ; exclus, donc, ceux qui étaient dans les hôpitaux, les asiles publics, ou parmi les *Outdoor Paupers*, et les assistés de la charité privée.

Pour toute l'Angleterre, tandis que 5 0/0 seulement de la population totale au-dessous de 60 ans est plongée dans le paupérisme, la proportion est de 40 0/0 au-dessus de 70 ans. Dans la classe ouvrière, considérée séparément, en 1892, sur

(from 1874 to 1888), p. 209, 217 ; Forty-Second Number (from 1880 to 1894), p. 236, 244.

Le nombre des *Outdoor Paupers* diminue, au contraire, de 679.723 à 601.883 (*Ibid.*), mais cela est dû, comme on le sait, au fait que l'*Outdoor relief* a toujours et continuellement été plus vivement combattu par les autorités de la loi des pauvres (WALLACE, *Bad Times*, 47 ; HOBSON, 19-20).

un total de 952.000 au-dessus de 65 ans, non moins de
402.000 personnes, c'est-à-dire plus de 42 0/0, obtenaient
les secours de la charité légale. « La dureté de la bataille
de la vie, conclut mélancoliquement Hobson, est attestée
par ce nombre de vieillards, hommes et femmes, qui, malgré une vie continuelle d'un dur labeur, doivent finir leurs
jours secourus par la charité publique (1). »

Si le paupérisme, où sombrent tant de vies laborieuses,
se mesure aux chiffres des statistiques de la charité légale
ou privée, la gêne, habituelle rétribution du travail assidu,
peut se mesurer aux conditions des habitations ouvrières :

A Milan, en 1881, dans les quartiers ouvriers, sur
25.906 familles formant un total de 106.748 personnes, la
moitié, — 12.627 (43.161 individus) — avaient pour logement une chambre unique. Cela fait une moyenne de 3.4
individus par chambre (2).

A Paris, selon le recensement du 12 avril 1891, les ap-
partements formés d'une seule pièce s'élevaient à 315.286,
bien plus que le tiers du nombre total des logements
(884.315). Et de ces logements comprenant une pièce
unique 78.131 étaient occupés par deux personnes ;
28.475 par trois personnes ; 10.429 par quatre personnes ;
3.462 par cinq personnes ; 1.161 par six personnes ; 490
par sept à dix personnes ; 14 par dix personnes et plus.
Toute la population vivant soit dans un unique local, soit
dans des logements composés même de plus d'un local,
mais ayant deux personnes et plus en moyenne pour
chaque local (tous les locaux compris, de la chambre à
coucher à la cuisine), — c'est-à-dire toute cette partie de
la population dont les gains sont si infimes qu'un rien suffit
pour les précipiter dans le paupérisme, — s'élevait à plus

(1) *Problems of poverty*, p. 22.

(2) Direzione generale della statistica, *Notizie sulle condizioni
demografiche, edilizie ed amministrative di alcune grandi città italiane
ed estere nel 1891*, Roma, 1893, p. 85.

de 851.168 personnes, plus de 27 0/0 de la population totale (3.141.595) (1).

A Bruxelles-Ville (faubourgs non compris), en 1890, sur une population générale de 176.138 et un nombre total de logements de 19.594, il y avait 4.601 maisons habitées par 19.284 familles ouvrières. Ces dernières étaient ainsi distribuées :

Familles qui occupaient une maison entière			491
»	logées dans 3 chambres ou plus		1.371
»	»	2 chambres	8.058
»	»	1 seule chambre	6.978
»	»	1 mansarde	2.186
»	»	1 cave	200
		Total.	19 284

Et parmi les 9.364 familles ouvrières qui habitaient dans une seule chambre, il y en avait 1.511 composées de plus de cinq personnes. Quelques chambres ne dépassaient pas huit mètres cubes de volume (deux mètres de côté) (2).

En Ecosse, 22 0/0 des familles habitent encore aujourd'hui chacune dans une seule chambre ; pour Glasgow en particulier, la proportion s'élève à 33 0/0. En somme, il y a à Glasgow plus de 120.000 et en Ecosse plus de 560.000 personnes, — plus de 1/8 de la population totale, — qui ne connaissent pas la décence d'une habitation à deux locaux. A Londres, 18, 40 et à Plymouth 24, 40 0/0 des logements sont d'un seul local. Et ces données, ainsi continue M. Webb auquel nous empruntons ces chiffres, ne révèlent pas complètement l'extension du mal. Si l'on admet qu'un logement avec une moyenne de plus de deux occupants par chambre, toutes les chambres comprises, doit être considéré comme peuplé outre mesure, — et personne, ajoute-t-il, n'hésitera à l'admettre, après avoir considéré le petit volume des chambres de la plupart de ces logements, — on a compté 481.633 logements pareils en Angleterre et dans le pays de

____

(1) *Notizie sulle condizioni demografiche*, etc., p. 200.
(2) *Ibid.*, 231-232.

Galles, soit 7,86 0/0 du nombre total des logements ; et les personnes qui habitaient là étaient au nombre de 3.258.044, c'est-à-dire 11,23 0/0 de la population totale, avec une moyenne de 2,81 personnes par chambre : pour toutes ces personnes *the elementary conditions of decent family life are unknown*. Dans ces chiffres ne sont pas comprises les agglomérations excessives bien connues dans une seule chambre des *cottages* ruraux (1).

Dans la ville même de Londres, la Commission nommée par un décret royal du 4 mars 1884, pour étudier les conditions des maisons des ouvriers, calculait à 60.000 les familles n'ayant qu'une seule chambre pour habitation. Dans la même ville les cas de locaux uniques avec 4,5,6,7,8,9, et même 12 personnes, étaient très nombreux ; ainsi que ceux de 11 et 12 personnes dans deux locaux ; de 17 à 19 personnes dans trois locaux ; chaque chambre presque toujours avec un lit unique pour tous (2).

Si l'entassement dans les habitations permet à la statistique de représenter au moyen de chiffres la misère actuelle, il ne révèle pourtant qu'un des aspects, et non le plus horrible, de la vie des indigents. Les taudis où s'entassent cinq ou six personnes abritent la faim chronique, l'épuisement, les maladies, l'abrutissement, la douleur sous toutes ses formes, à tous ses degrés : et tous ces maux échappent aux recherches les plus patientes du statisticien. Le monde entend à peine un faible écho des pires souffrances.

Lord Shaftesbury disait à la Commission Royale : « Des mots ne sauraient rendre tout ce que le logement unique comporte de physiquement et moralement néfaste. Il con-

____

(1) *Labor in the Longest Reign*, pp. 47-48, 50-52.

(2) Voyez en la liste longue et douloureuse dans le rapport même de cette commission : *First Report of Her Majesty's Commissionners for Inquiring into the Housing of the working classes*, London, 1889, p. 14 et suiv.

duit toujours, autant que j'en ai pu juger, au système du lit
unique. On trouve quelquefois deux lits dans ces misérables
refuges, mais généralement il n'y en a qu'un seul, occupé
par toute la famille, c'est-à-dire dans une foule de cas par
des parents et leurs fils ou leurs filles, des frères et des sœurs.
Il est impossible de dire combien les conséquences de cet
état de choses sont fatales ». Dans d'autres cas où les enfants
adultes couchent dans les mêmes chambres, des locataires
étrangers sont acceptés, et, naturellement, « la tendance à
l'immoralité en est grandement accrue ».

Le Rev. J. W Horsley, chapelain de la prison de Cler-
kenwell, « lequel a fait une étude sur les origines des
crimes dont il venait à avoir connaissance, soutient fermement que l'entassement excessif est une cause toute puissante d'immoralité et il en arrive même à déclarer que la
totalité des cas d'inceste qu'il a rencontrés, un seul excepté,
étaient attribuables au système du logement unique ». Le
Recteur de l'église de Spitalfields « est convaincu, lui aussi,
par son observation personnelle, qu'il y a une grande quantité d'incestes et de cas de prostitution de la jeunesse attribuables à l'agglomération excessive ». M. Marchant
Williams rapporte que bien souvent des frères et des sœurs
de dix-huit, dix-neuf ou vingt ans sont obligés de coucher
dans le même lit.

Quant aux effets matériels de l'agglomération, la Commission déclare devoir noter que « les données sur la mortalité dans certaines localités sont fréquemment fallacieuses
et sans valeur, spécialement quand une moyenne comprend un district étendu. Ces données ont souvent pour
base les seuls décès qui ont lieu dans les maisons particulières, de sorte qu'elles ne tiennent pas compte de toutes
les personnes qui meurent dans les hôpitaux, dans les
asiles, dans les institutions publiques ; et les pauvres gens
meurent rarement dans leur propre maison. Or, malgré
cette lacune, les chiffres de la mortalité atteignent des grandeurs effrayantes dans les localités où prévaut le système

de la chambre unique, et cela sans que les ravages d'aucune épidémie soient nécessaires » (1).

« La mortalité des enfants parmi les pauvres, dit encore la Commission, est énorme. Et ceux qui survivent, dans les districts où la population est trop pressée, subissent une quantité de souffrances dont aucun tableau statistique ne tient compte. Les maladies des yeux sont très fréquentes chez les plus jeunes et elles sont dues aux chambres sombres, mal aérées et peuplées outre mesure dans lesquelles ils vivent ; il en est de même des scrofules et des maladies congénitales, lesquelles sont d'un si grand détriment pour la santé des enfants dans la période de la croissance. Parmi les adultes l'entassement cause u..e somme immense de souffrances qui ne peut être calculée par aucune table de la mortalité, quelque exacte qu'elle puisse être ».

« Les statistiques mêmes des maladies qui sont la conséquence d'une agglomération excessive ne diraient pas toute la vérité sur la perte de la santé causée par une telle agglomération, chez les classes ouvrières. Il y a quelques années, le Bureau Sanitaire institua des enquêtes dans les quartiers pauvres, pour connaître quelle était la somme de travail perdu, non pour cause de maladie, mais par simple épuisement et incapacité de travailler. Selon des calculs modérés, on trouva que chaque ouvrier ou ouvrière perdait environ 20 journées par an pour la seule cause d'épuisement et que les salaires ainsi perdus auraient pu être employés à payer un meilleur logement. On ne saurait douter que le même inconvénient persiste aujourd'hui et peut-être dans une proportion plus grande encore. Tous ceux qui sont journellement en contact avec la vie du pauvre nous assurent qu'un excès de population, dans un milieu donné, en abaisse le niveau général et que les individus s'y trouvent abattus et accablés. Généralement, les dégâts causés dans la santé du peuple par une trop grande

(1) *First Report on the Housing of the Working Classes*, 23, 24.

accumulation sont une conséquence plus funeste que cette sorte d'encouragement qu'y trouvent les maladies infectieuses. Il en résulte l'abaissement des forces vitales et, par suite, la consomption et les maladies qui dérivent de la débilité générale du système, à tel point que la vie en est raccourcie. On ne peut rien affirmer de plus grave, quant aux effets de l'agglomération, que de dire qu'elle est plus nuisible par elle-même à la santé générale, que par le danger qu'elle présente de causer la propagation des maladies épidémiques et contagieuses. »

« Et cependant la plupart des infections qui ravagent certains quartiers des grandes villes sont indubitablement dues à l'entassement de la population. Le typhus, surtout, est la maladie inséparable de l'agglomération et lorsqu'une maladie épidémique vient à éclater, son développement, dans les quartiers trop peuplés, est presque toujours inévitable. A Liverpool, un cinquième environ des maisons délabrées où vit le peuple dans les quartiers les plus peuplés se trouve dans un état « d'infection permanente » ; c'est le siège stable des maladies contagieuses. Aussi n'est-on pas étonné d'apprendre que dans ces tanières, vrais refuges de la fièvre, l'entassement augmente moins rapidement qu'ailleurs, grâce à la diminution de la population que la mortalité y produit (1). »

On reproche aux gens pauvres la malpropreté de leurs habitations. Lord Shaftesbury déclare à la Commission qu'il faut l'attribuer à la nécessité où se trouvent fréquemment les pauvres gens de changer de logement faute de pouvoir payer leur loyer. « Vous montez un escalier chancelant ; vous voyez des ordures ; mais ce ne sont pas les ordures des nouveaux locataires ; elles y ont été laissées par leurs prédécesseurs. Une famille d'indigents ne passe généralement pas plus de deux ou trois mois dans le même logement et elle le quitte sans jamais l'avoir net-

____

(1) *First Report*, 25.

toyé. La saleté s'y accumule à chaque nouvelle location.
Il est, d'ailleurs, impossible à ces pauvres gens de tenir
leurs maisons propres. Ils n'ont pas les moyens de le faire,
et ils ont le cœur rempli d'angoisse. Ils ne savent pas exactement le moment — toujours prochain — où ils devront
s'en aller ; ils sont errants sur cette terre. » D'autres rapportent qu' « il y a dans les quartiers pauvres, des maisons dont les planchers sont trop délabrés pour qu'on
puisse les laver ou les balayer ; dans ces conditions, la plus
consciencieuse des ménagères ne peut pas faire régner autour d'elle la propreté, même quand elle a une quantité
d'eau suffisante à sa disposition, ce qui n'arrive guère dans
ces cas-là ». Et sur la tendance des pauvres gens à s'entasser les uns sur les autres et à s'opposer à la circulation de
l'air dans leur misérables taudis : « On ne doit jamais oublier, dit la Commission, que le corps humain a besoin de
chaleur, et que la circulation de l'air frais, qui est nécessaire à la santé d'un organisme bien nourri, glace les corps
à demi-morts de faim et mal couverts des habitants de ces
logements. Il n'est pas rare de constater l'absence de cou-
vertures sur les lits des pauvres gens ; il ne faut donc pas
s'étonner qu'ils s'entassent les uns sur les autres et aggravent encore les dangers de leur agglomération en bouchant
les moindres soupiraux, puisque, pour eux, l'air est plus
nuisible que bienfaisant » (pages 26-28).

Les données rapportées ci-dessus, à propos du paupérisme et de la misère, prouvent donc l'exactitude du jugement synthétique de Webb, que nous avons cité, et rédui-
sent, comme nous l'avons dit, l'augmentation de la
moyenne des salaires à sa valeur réelle, au point de vue du
bien-être et de la tranquillité de vie de la très grande majorité
des masses ouvrières. Cependant, nous le répétons, on ne
peut pas refuser d'admettre une augmentation effective des
salaires réels dans leur ensemble. Cette augmentation admise, il faut en examiner les conséquences.

Elles sont : D'un côté, un accroissement de la puissance économique du prolétariat, en tant que classe sociale, bien plus que proportionnel à l'accroissement de la moyenne du salaire de chaque ouvrier. Nous verrons plus loin les conséquences ultérieures de ce fait, pour le développement de la conscience collective de la classe prolétarienne et l'augmentation de son *poids* comme facteur sociologique. D'autre part, l'élévation du salaire provoque un accroissement progressif du mécontentement du prolétaire, qui acquiert, dans la diminution de sa misère absolue, une notion plus exacte de sa misère sociale ou relative. D'autant plus exacte qu'il voit celle-ci augmenter continuellement et même rapidement, — comme le démontreront clairement les chiffres que nous exposerons bientôt.

Toutefois, si l'augmentation des salaires arrivait à permettre à la grande majorité des salariés des épargnes telles que le nombre des propriétaires d'un capital — d'un capital digne de ce nom, et non pas d'un montant tout à fait dérisoire, — augmentât rapidement, relativement à la population totale, elle pourrait, à la longue, évoquer un état de choses défavorable à la réduction en propriété collective de tous les instruments de production ainsi que des capitaux en général.

Mais ce n'est point là ce qui se vérifie aujourd'hui.

Nous ne nierons pas qu'une certaine *propriétarisation* minuscule — véritable thésaurisation — est en train de se produire et de s'étendre. Les chiffres des petits dépôts dans les Caisses postales et dans les Caisses d'épargne, croissant plus rapidement que la population, prouvent qu'il y a épargne dans certaines branches de la classe prolétarienne et tendance à thésauriser. Ce sont surtout les domestiques et, en général, tous les clients des riches, qui, avec les petits employés, concourent à former ces dépôts. Les masses ouvrières, au contraire, lorsqu'elles peuvent faire quelques épargnes, préfèrent les verser à la caisse de leur société de secours mutuels ou les confier à leurs syndicats, leurs ligues de résistance.

Cette tendance à thésauriser, dans une partie du prolétariat, quelle que soit la forme d'emploi du petit pécule — dépôts dans les Caisses d'épargne, versements aux sociétés de secours mutuels, etc., — ne pourra cependant jamais être un obstacle sérieux au socialisme. Celui-ci, en effet, n'aura qu'à excepter ces fractions minimes du capital privé (tout au plus 1/2, 1 ou 1 1/2 0/0 de la richesse totale) du système quelconque de nationalisation qu'il aura en vue d'instituer, pour gagner l'adhésion de leurs possesseurs, plus facilement même que celle des prolétaires ne possédant pas la moindre épargne.

Ainsi — pour prendre un exemple où le phénomène de la propriétarisation minuscule se montre d'une manière plus prononcée que partout ailleurs — au Massachussets, en 89-91, le montant de toutes les successions inférieures à 1.000 dollars (5.000 fr.), les petits *cottages* ouvriers y compris, ne constituait que la centième partie (1,16 0/0 du montant total des successions (1). Un procédé de nationalisation qui épargnerait, dans ce pays, les petits patrimoines inférieurs à ce chiffre, ne trouverait donc aucune opposition de la part de ces parias de la classe propriétaire — c'est-à-dire un bon quart (27,07 0/0) du nombre total des propriétaires — et il ne perdrait rien pourtant de son efficacité.

Quant à l'importance numérique de la masse prolétarienne, dont font partie ceux qui possèdent de très petites épargnes, nous verrons que l'on doit admettre, pour les pays à production capitaliste développée, qu'elle comprend, en moyenne, non moins de 80-85 0/0 de la masse entière de la population.

Au-dessus de cette masse de prolétaires, ne possédant rien, ou possédant seulement les petites épargnes ci-dessus, se trouvent deux catégories de gens, à tendances de déve-

(1) EINAUDI, *La distribuzione della ricchezza nel Massachussets*, « Giornale degli Economisti », mars 1897, tableau à la p. 230.

loppement opposées, qui constituent la classe moyenne, et
forment un trait d'union entre les classes vraiment riches
et la classe prolétarienne. L'une se compose des boutiquiers,
des petits marchands, des petits commerçants, des petits
industriels, des petits fermiers ou paysans propriétaires, en
un mot de la petite entreprise vaincue, écrasée par la
grande entreprise capitaliste. Soit qu'ils disparaissent effectivement et tombent dans le prolétariat salarié, soit qu'ils
continuent leur vie de privations, pour tomber, sous le
poids de leurs dettes croissantes ou de leur croissant besoin de soutien et de protection, sous la dépendance de
plus en plus absolue du capital, par lequel ils sont exploités
non moins cruellement que les véritables prolétaires, —
ces déclassés vont incessamment grossir les rangs de la
phalange socialiste prolétarienne (1).

L'autre catégorie est composée des employés privés, des
fonctionnaires publics de rang moyen, et de ceux qui
exercent les professions libérales. Elle constitue la « nouvelle classe moyenne » (2). A cette classe sont dus en très
grande partie les nouveaux revenus moyens, qui se substi-
tuent à ceux de la petite entreprise en décadence. Et c'est
à ces épargnes que sont principalement et presque exclusivement dus les phénomènes tant vantés par les défenseurs
du régime actuel : la soi-disant « démocratisation de la
propriété mobilière » — (lorsqu'elle est effective et non seulement apparente) — et l'augmentation du nombre relatif des
propriétaires d'un capital digne de ce nom, c'est-à-dire
d'une importance non dérisoire — lorsqu'on parvient à démontrer effectivement cette augmentation.

C'est ainsi, par exemple, qu'en France, — pays où ces
phénomènes se présentent bien plus visiblement qu'ailleurs
— la dette publique se démocratise. Le nombre des por-
teurs des actions des chemins de fer y a doublé de 1860 à

(1) Voyez chapitre suivant. Cf. KAUTSKY, *Le Marxisme*, p. 118, 125-
127, 237-238.

(2) Cf. KAUTSKY, *Ibid.*, 242-261.

1895, et celui des actionnaires du Crédit Foncier a passé, de 1888 à 1895, de 22.249 à 40.339 (1). Cependant, une grande partie de cette démocratisation de la propriété mobilière est, comme nous l'avons dit, plus apparente que réelle, puisque son fractionnement est dû, principalement, aux placements multiples de chaque capitaliste qui, dans un but de sûreté, préfère diviser ses capitaux, surtout lorsque ceux-ci sont considérables.

Les épargnes de cette nouvelle classe moyenne et les petites épargnes susdites des couches supérieures du prolétariat suffisent à elles seules à expliquer comment, dans le Massachussets, la proportion du nombre total des successions au nombre total des défunts est augmentée, pendant les trois périodes 1859-1861, 1879-1881, 1889-1891, respectivement de 14,48 à 16,41 et à 19,31 (2). Et comment aussi, en Angleterre, le nombre des successions soumises à l'impôt s'est accru, de 1883-1884 à 1893-1894, de 44.873 à 52.462 (3), c'est-à-dire de 6,02 0/0 à 7,57 0/0, du nombre total des morts (4). Pour ce dernier pays, on peut aussi admettre, qu'une bonne partie de l'augmentation est réellement due à un accroissement de la classe des vrais capitalistes, c'est-à-dire, de ceux qui retirent un revenu élevé de leur patrimoine, parce que la proportion entre le capital commercial et l'industriel y est plus forte qu'ailleurs — et le commerce, contrairement à l'industrie, facilite la forma-

(1) COLAIANNI, *Il Socialismo*, Palermo, Sandron, 2ᵉ ed., 150; SOREL, *La loi des revenus*, « Le Devenir Social », juillet 1897, p. 596.

(2) EINAUDI, article cité : *La distribuzione della ricchezza nel Massachussets*, p. 225.

(3) *Statistical Abstract*, Forty second number (from 1880 to 1894), p. 39.

(4) En effet, les morts avaient été dans tout le Royaume Uni (*Ibid.*, 237) :

1883	696.116 ⎱	moyenne arithmétique 694.633 ;
1884	693.150 ⎰	
1893	732.420 ⎱	moyenne arithmétique 692.787.
1894	653.155 ⎰	

tion de nouveaux capitalistes ou la persistance des entreprises modestes en face des grandes. En outre, l'Angleterre est le refuge de tous les capitalistes dont les capitaux ont été formés et sont encore engagés, non seulement dans la métropole, mais dans tout l'empire Indo-Britannique, dans ses colonies, dans une foule de pays nouvellement ouverts à la civilisation européenne.

Les employés et fonctionnaires constituent une nouvelle classe de salariés. Mais tous n'appartiennent pas réellement à la « nouvelle classe moyenne ». La majorité, au contraire, appartient effectivement à la classe des prolétaires (petits employés et petits fonctionnaires) ; et le petit nombre aux classes riches proprement dites (employés et fonctionnaires supérieurs).

La formation et l'accroissement progressifs de la classe des employés et fonctionnaires, considérée dans son ensemble, sont dus à l'accroissement et à l'extension continuels des fonctions de l'État, des Provinces, des Communes, des fonctions publiques en général ; à l'accroissement des sociétés privées dans un but de bienfaisance, de divertissement, de défense d'intérêts propres, etc. ; et surtout au développement des grandes entreprises commerciales ou industrielles, spécialement des sociétés anonymes, et à la séparation, qui se généralise de plus en plus, de la fonction d'administration et de gestion des capitaux, de la personne propriétaire de ces capitaux, — fonction et propriété qui autrefois étaient toujours réunies dans la même personne, et servaient ainsi à justifier en partie le droit à la propriété privée des capitaux.

Ainsi, d'après le *Journal des Chambres de Commerce de France*, le nombre des fonctionnaires en France a augmenté de 188.000 à 285.000 de l'année 1846 à l'année 1873 ; et en 1896, il était de 400.000, outre les 130.000 fonctionnaires départementaux ou municipaux. La moyenne de leurs appointements, de 1846 à 1896, augmentait de 1.300 à 1.510 fr. par an ; mais sur ces 400.000 fonctionnaires, il y

en a encore 136.000 qui reçoivent moins de 1.000 fr. par
an (1).

Les recensements, en Allemagne, montrent que, pendant
que le nombre des ouvriers dans l'industrie et le commerce a augmenté de 62,6 0/0, de 1882 à 1895, celui des
employés s'est accru de 118,9 0/0 ; tandis que l'accroissement de la population était seulement de 14,5 0/0. Dans
son ensemble, le personnel des entreprises industrielles et
commerciales se répartissait comme suit :

	1882	1895
Patrons	39.6 0/0	28,7 0/0
Employés.	2,8 0/0	4,4 0/0
Ouvriers	57,6 0/0	66,9 0/0

où l'on voit que le rapport des prolétaires et des employés
aux patrons augmente rapidement. Et en tenant compte de
l'agriculture, on trouvait, sur 100 habitants ayant une profession (sans oublier que les patrons, dans la branche agricole, sont en grande partie, ou des paysans propriétaires
de petits fonds grevés d'hypothèques, ou des fermiers-la-
boureurs ; les uns et les autres, par conséquent, intéressés
à la réduction en propriété collective de ces crédits hypothécaires et de ces terrains) :

Désignation		Patrons	Employés	Ouvriers
Agriculture	1882. . . .	27,78 0/0	0,81 0/0	71,41 0/0
	1895. . . .	30,98 0/0	1,16 0/0	67,86 0/0
Industrie	1882. . . .	34,41 0/0	1,55 0/0	64,04 0/0
	1895. . . .	24,90 0/0	3,18 0/0	71,92 0/0
Commerce	1882. . . .	44,67 0/0	9,02 0/0	46,31 0/0
	1895. . . .	36,07 0/0	11,20 0/0	52,73 0/0
Totaux	1882. . . .	32,03 0/0	1,90 0/0	66,07 0/0
	1895. . . .	23,94 0/0	3,29 0/0	66,77 0/0

Et plus lent que l'augmentation du nombre des employés,

(1) « Riforma Sociale », 15 juin 1895, « Rivista delle Riviste »
p. 579.

mais toujours plus rapide que l'accroissement de la population (14,5 0/0), était l'accroissement du nombre de ceux qui exerçaient une profession libérale et des fonctionnaires au service des administrations publiques, car leur nombre passait de 579.322 à 791.983, augmentant de 37, 2 0/0 (1).

Cette nouvelle classe moyenne ne peut s'accroître, en partie, qu'au détriment de l'ancienne classe moyenne des artisans, des petits commerçants, des petits industriels, etc., et, en partie aussi, au détriment de la classe capitaliste proprement dite, puisque le pour cent des ouvriers salariés augmente, comme nous le montrent les chiffres ci-dessus, tandis que celui des patrons décline. L'autre portion de la diminution de l'ancienne classe moyenne va, en grande partie, quand la défaite économique est complète, à l'avantage de la classe ouvrière prolétarienne et en plus faible proportion à l'avantage de la classe capitaliste, quand, ce qui est bien rare, dans la lutte inégale, la faible petite entreprise résiste et s'agrandit et parvient à se ranger parmi les grandes. Selon les époques et les différents pays, ce supplément que reçoit la classe capitaliste est supérieur, égal ou inférieur à la soustraction de ceux qui tombent dans la classe des employés et fonctionnaires.

Le danger que le socialisme voie, dans cette nouvelle classe moyenne, se reconstituer un noyau d'adversaires, — danger qui, dans tous les cas, ne serait pas d'une grande importance, vu les proportions de la classe prolétarienne qui s'accroît tous les jours, grâce au procédé de complète prolétarisation de la fraction la plus importante de l'ancienne classe moyenne — n'existe même pas dans ce cas. En effet, comme employés et fonctionnaires salariés, la réduction en propriété collective des instruments de production et de tous les capitaux en général, leur profiterait comme à tous les autres travailleurs salariés : Dans tout État socialiste, leur travail serait demandé autant et peut-être plus qu'aujourd'hui ; et, à mesure que diminuerait la portion du produit social soustraite par les classes capitalistes parasites, la quantité de ce produit affectée à la rétribution du travail, manuel ou intellectuel, irait croissant (1). Et en tant que possesseurs de modestes épargnes, le socialisme pourra même chez eux faire prévaloir les tendances à la collectivisation des capitaux, en évitant de lui donner la forme d'une expropriation violente révolutionnaire, en respectant surtout entièrement, pour toute la durée de la vie des accumulateurs, les richesses provenant de leur travail et de leur économie.

C'est précisément ici que l'on voit la nécessité de savoir bien apprécier à sa juste valeur cette augmentation du pour cent, par rapport à la population totale, des propriétaires d'un capital quelconque. Un simple marchand au détail, un artisan, celui qui exerce une industrie domestique et autres semblables, ne figurent point dans les statistiques comme autant de propriétaires d'un certain capital. Cependant, — s'ils ne sont pas encore endettés ou tombés de quelque autre façon sous la dépendance ou l'exploitation du capital — ils ne sont pas séparés économiquement de leur instrument de production ; ce ne sont pas des prolétaires salariés, ce ne sont pas des recrues du socialisme. Leur passage graduel, mais continu et inexorable, à l'état de vrais salariés, de dépendants ou exploités du capital, n'est point indiqué dans les statistiques comme la perte d'autant de propriétaires ; et pourtant le socialisme gagne effectivement autant de nouvelles recrues. D'autre part, un modeste employé de plus, qui est parvenu à accumuler les moindres épargnes, figure aussitôt dans les statistiques comme un nouveau capitaliste ajouté à ceux qui existaient déjà, tandis que, effectivement, le socialisme peut conserver en lui un partisan même des plus ardents.

Du reste, ce qui importe le plus aujourd'hui, ce n'est pas

(1) Cf. Kautsky, *Le Marxisme*, 246.

que le nombre des intéressés au socialisme augmente encore, — puisque sa proportion est déjà trop forte (de 80 à
85 0/0 au moins) — mais que ceux qui sont déjà dans une
condition telle, qu'ils devraient être par intérêt favorables
au socialisme, deviennent conscients de la chose, s'élèvent
à la conscience collective, s'organisent et augmentent ainsi
le *poids* de leur propre classe, de manière à parvenir à prévaloir sur les classes qui sont et doivent être contraires au
socialisme.

Passant à la répartition quantitative de tous les revenus
en général, quelle qu'en soit la provenance, nous avons,
pour la Saxe, le tableau suivant (1) :

Personnes ayant un revenu de	1879	1891	Augmentation	
			absolue	pour cent
Inférieur à 800 marks . .	828 686	972 257	143 571	17,3
800 à 1 600	165 362	357 971	192 612	116,4
1 600 à 3 300	61 810	106 136	41 326	71,6
3 300 à 9 600	21 072	41 890	17 818	71,0
9 600 à 51 000	4 683	10 518	5 835	154,4
Plus de 54 000	238	886	648	272,0
	1 081 851	1 489 661		

Le nombre des revenus au-dessous de 800 marks constituait donc, en 1879, 76 0/0 de la totalité des revenus ; et en
1894, 65 0/0 seulement : voilà un signe certain de l'augmentation des salaires et des traitements des employés inférieurs ; et, comme confirmation de ce fait, nous voyons
les revenus de 800 à 1.600 marks (960-1.920 fr.) qui formaient le 15,24 0/0 de la totalité des revenus, à la première
date, en être le 24,03 0/0 à la seconde.

Si l'on fait la somme des revenus des deux catégories,

(1) KAUTSKY, *Le Marxisme*, etc., 168.

on voit que, en 1894, les individus possédant un revenu
inférieur à 1.600 marks ('.920 fr.), c'est-à-dire, qui se
trouvaient au-dessous des deux autres classes, moyenne et
supérieure, étaient le 90 0/0 (65 + 24,03 = 89,03 0/0) de
la population totale. Comme nous l'avons vu, et comme
on le sait, le pour cent des salariés, comparé aux chefs
d'entreprises, augmente à mesure du développement de
l'industrie : ainsi nous avons vu que, dans l'empire Germanique, de 1882 à 1895, les pour cent du personnel des
entreprises industrielles et commerciales, — petites,
moyennes et grandes, ensemble — étaient de 39,6 patrons
pour 60,4 salariés (ouvriers et employés), à la première
date, et respectivement 28,7 pour 71,3 à la deuxième. Et
pour la Saxe seule, industriellement plus développée que
le reste de l'empire, en cette même année 1895, on a 25,31
pour 73,69 (Kautsky, 171). Cela nous montre que le
90 0/0 de la population totale, trouvé ci-dessus, fort intéressé à une répartition meilleure, est de plus en plus composé de prolétaires salariés, d'individus séparés économiquement de leur instrument de production ; pour lesquels,
par conséquent, la répartition meilleure des richesses ne
pourra dériver que de la réduction en propriété collective
de tous les instruments de production et de tous les capitaux en général.

Le tableau ci-dessus nous montre, en outre, que si, grâce
à la tendance générale à l'augmentation des salaires des
ouvriers et des petits employés, les revenus supérieurs
(800-1.600 marks) tendent à s'élever plus rapidement que
les inférieurs (au dessous de 800 marks), les grands revenus (de 9.600 à 54.000 marks) et surtout ceux au-dessus de
54.000 marks, tendent à s'accroître, avec une vélocité encore bien plus grande. C'est donc la confirmation que l'inégalité quantitative de la répartition, selon l'une ou l'autre
des deux premières définitions susdites, tend à devenir
toujours plus grande.

Il en est de même en Prusse, où le pour cent des possesseurs de revenus inférieurs à 525 marks, comparés au nombre total des contribuables, augmente, de 1876 à 1890, de 39,11 à 40,11, c'est-à-dire de 2,05 0/0 ; celui des possesseurs de revenus de 525 à 2.000 marks, diminue de 55,57 à 54,05, c'est-à-dire de 2,7 0/0 ; celui des possesseurs de revenus de 2.000 à 20.000 marks s'accroît de 5,22 à 5,71, c'est-à-dire de 9,3 0/0 ; et celui des possesseurs de revenus supérieurs à 20.000 marks, augmente de 0,10 à 0,13, c'est-à-dire de 30 0/0, donc, bien plus rapidement que tous les autres (1).

En Angleterre aussi, ce phénomène se présente de la même manière, puisque la classe de ceux qui possèdent un revenu de 2.000 livres sterling (50.000 fr.), augmente en nombre plus rapidement que la classe des sujets à l'*Income-Tax*, c'est-à-dire que l'ensemble des possesseurs de revenus supérieurs à 150 livres sterling (3.750 fr.) On y voit plus particulièrement encore que les possesseurs de revenus supérieurs à 10.000 livres sterling (250.000 fr.) augmentent en nombre avec une rapidité 1 1/2, 2, 3 fois plus grande que pour tous les autres revenus (2).

Des revenus de tous genres — revenus de propriétés, profits d'entreprises, salaires et traitements de travailleurs manuels ou intellectuels — si l'on passe aux patrimoines, on trouve que, pour la Prusse, les travaux préparatoires pour la répartition de l'impôt sur les fortunes, fournissaient, pour l'année 1895, les résultats suivants (Kautsky, 164) :

(1) Kautsky, tableau p. 174.

(2) Hobson, *Problems of poverty*, 23 ; Sorel, *La loi des revenus*, tableau p. 603.

Fortunes (les meubles exclus) (en marks)	Contribuables		Total des fortunes imposées	
	Nombre absolu	p. 100	Valeur absolue en milliers de marks	p. 100
6 000 à 20 000	563 370	48,89	2 978 304	9,50
20 000 » 32 000	203 834	17,69	2 214 248	7,13
32 000 » 52 000	162 262	14,08	3 286 801	10,59
52 000 » 100 000	122 683	10,65	4 270 289	13,78
100 000 » 200 000	57 179	4,96	3 993 809	12,86
200 000 » 500 000	29 373	2,55	4 500 373	14,50
500 000 » 1 000 000	8 375	0,73	2 279 301	9,60
1 000 000 » 2 000 000	3 429	0,30	2 453 061	7,90
au-dessus de 2 000 000	1 827	0,16	4 360 633	14,05
	1 152 332		30 345 833	

La population totale s'élevait, cette année-là, à 33 millions
d'âmes (Bernstein, 84). Nous pouvons supposer qu'une
moitié environ de ce chiffre représentait des individus de
plus de 20 ans, ou ayant tout au moins dépassé l'âge où
l'ouvrier commence à travailler (1). Ainsi donc, sur les
33 millions d'habitants, 16,5 millions étaient adultes ; et de
ceux-ci, seulement 1.152.332, c'est-à-dire le 7 0/0
(6,98 0/0) était réputé avoir un patrimoine supérieur à

(1) Dans les comtés riches de l'Irlande, en 1831-1842, les enfants
au-dessous de 15 ans, sont le 38,8 0/0 de la population ; dans les
comtés pauvres, le 42 0/0 (Loria, *Analisi*, II, 400). Seulement, pour
les hommes, la proportion des individus de 15 à 55 ans au total de
la population était, en 1890, respectivement pour le Royaume Uni, la
France, l'Allemagne, de 254, 281, 256 pour 1000 ; celle des hommes
de 15 à 55 ans, plus les femmes de 15 à 45 ans, respectivement de
482,504,481 pour 1000 (MULHALL, *Dict. of Statistics*, London, 1892,
443). Au Royaume-Uni, en 1881, la population était ainsi composée
(*Ibid.*, 183) :

Au-dessous de 20 ans	462
De 20 à 40 »	292
Au dessus de 40 »	246
	1000

6.000 marks. Le 8,7 0/0 seulement, de ces propriétaires,
c'est-à-dire le $\frac{8,7}{100} \frac{7}{100} = 0,6\,\%$ du total de la population
adulte, possédait plus de 100.000 marks ; mais le montant
total du capital qu'ils possédaient, s'élevait à 60 0/0
(58,91 0/0) du total de ces fortunes supérieures à
6.000 marks. Seulement le 1,19 0/0 de ces propriétaires,
c'est-à-dire les 8 dix millièmes $\left(\frac{1,19}{100} \frac{7}{100} = \frac{8,33}{10.000}\right)$ du total
de la population adulte, possédaient plus d'un demi-
million de marks ; mais le total de la richesse qu'ils possédaient, s'élevait au tiers (31,55 0/0) du total de ces fortunes supérieures à 6.000 marks.

Au Massachussets, les résultats d'une enquête faite par
le Bureau de Statistique du Travail, de cet État, sont ré-
sumés dans le tableau suivant (1) :

(1) EINAUDI, article cité : *La Distribuzione della ricchezza nel Massachussets*, p. 230. Ce tableau se rapporte uniquement aux successions
pour lesquelles l'inventaire a été compilé, et, par suite, il ne comprend pas le total de la richesse laissée par les défunts (p. 224).
Mais, comme les successions inventoriées et celles qui ne l'ont pas
été ne diffèrent en rien, le pour cent trouvé pour les unes est
parfaitement applicable aux autres et à leur ensemble.

N° d'ordre	Catégorie	Pourcentage relatif au nombre total des successions				Pourc. de la richesse possédée par chaque catégorie			
		1829-31	1859-61	1879-81	1889-91	1829-31	1859-61	1879-81	1889-91
I	Inférieures à 1000 dollars (5000 fr.)	51,22	35,33	29,39	27,07	4,16	1,95	1,08	1,16
II	De 1000 dollars à 10 000 (5000-50 000 francs). . .	42,43	52,36	53,93	55,89	34,70	23,10	15,42	18,52
III	De 10 000 dollars à 100 000 (50 000-500 000 fr. . . .	6,05	11,07	14,80	15,37	39,58	37,63	32,88	37,46
IV	Sup. à 100 000 dol. (500 000 fr.) { de 500 000 à 2 500 000 fr.	0,24 }	1,15 }	1,62 }	1,46 }	12,82 }	27,77 }	26,46 }	27,54 }
	sup. à 2 500 000 francs. . .	0,06 } 0,30	0,09 } 1,24	0,26 } 1,88	0,21 } 1,67	8,74 } 21,56	9,55 } 37,32	24,16 } 50,62	15,32 } 42,86
	Total. . . .	100,00	100,00	100,00	100,00	100,00	100,00	10,000	100,00

La proportion, pour cent, des successions inventoriées et non inventoriées, y compris les plus infimes et les petits *cottages* d'ouvriers, comparée au nombre total des défunts, était en outre, comme nous l'avons vu, en 1889-91, de 19,31 (Einaudi, 225); c'est-à-dire, au maximum, 30 0/0 du nombre total des morts adultes, si l'on admet, comme nous le verrons bientôt pour l'Angleterre, — pays bien comparable au Massachussets par la race, le climat et les conditions économiques — que 63 0/0 au moins de ces défunts avait dépassé l'âge de 20 ans, ou au moins de beaucoup l'âge où les ouvriers commencent à travailler $\left(\frac{19,31}{63} = \frac{30}{100}\right)$. La presque totalité de la richesse successorale (98,84 0/0) était possédée par 20 0/0 seulement $\left(\frac{72,93}{100}\,\frac{30}{100} = \frac{21,8}{100}\right)$ du nombre total des morts adultes. Seulement 5 0/0 $\left(\frac{17,04}{100}\,\frac{30}{100}\right.$ $= \frac{5,11}{100}\left.\right)$ du total des morts adultes, possédaient plus de 10.000 dollars (50.000 fr.) ; mais la richesse possédée par eux s'élevait aux 4/5 (80,32 0/0) de la richesse successorale de tout le pays. Un demi pour cent seulement $\left(\frac{1,67}{100}\,\frac{30}{100}\right.$ $= \frac{0.5}{100}\left.\right)$ de tous les morts adultes, possédait plus de 100.000 dollars (500.000 fr.), mais la richesse de ces derniers s'élevait à environ la moitié de toute la richesse successorale sociale (42,86 0/0).

Pour l'ensemble des Etats-Unis, Georges Holmes calcule que 52 0/0 du nombre total des familles possèdent ensemble moins de 5 0/0 de la richesse nationale totale ; que 91 0/0 ne possèdent pas plus de 29 0/0 ; que, par conséquent, dans 9 0/0 du total des familles, se trouve englobé le 71 0/0 de la richesse totale ; et que 4,047 millionnaires de dollars, seuls, sur un nombre total de familles de 12.690.152, c'est-à-dire les trois dix-millièmes de la population totale. possèdent le 20 0/0 de la richesse totale. La richesse de ces quatre mille millionnaires égalerait donc en valeur non moins des 7/10 de la richesse totale possédée par les 11 millions et demi de familles des classes non riches, qui constituent le 91 0/0 du total des familles (1). Bien plus, selon Shearman, 182.000 familles riches sur un total de 13.002.000, c'est-à-dire 1,4 0/0, possédaient à elles seules 70 0/0 (69,8 0/0) de toute la richesse des Etats-Unis (43.367 millions de dollars sur 62.082) (2).

L'Angleterre, à son tour, nous donne, pour tout le Royaume-Uni, en 1893-94, les résultats suivants, sur les successions soumises au *Probate Duty*, c'est-à-dire concernant la seule propriété mobilière (*personalty*) (3) :

Valeur des patrimoines	Nombre	Proportion pour 100 du total	Montant net de la propriété sur laquelle le droit a été payé	Proportion pour 100 du total
Ne surpassant pas 1000 liv. st. (y compris la valeur brute des propriétés ne dépassant pas 300 liv. st.)	36,918	70,4	12,488	7,7
de 1000 à 4000 liv. st.	9,623	18,4	20,064	12,3
» 4000 » 10 000 »	3,276	6·2	21,407	13,2
» 10 000 » 50 000 »	2,199	4,2	46,987	28,9
» 50 000 » 100 000 »	275	0.5	19,704	12,1
» 100 000 » 500 000 »	156	0,3	29,550	18,1
» 500 000 » 1000 000 »	11	0,0	7.000	4,6
au-dessus de 1 000 000 »	4	0,0	5,066	3,1
	52,462	100,0	162,866	100,0

Le nombre des morts pour tout le Royaume-Uni, pen-

(1) Georges Holmes, *The Concentration of Wealth*, « Political Science Quarterly », december 1893, p. 593.

(2) Shearman, *The coming billionair*, *The Forum*, January, 1891, p. 552.

(3) « Statistical Abstract », Forty-Second Number, 39. Dans la page précédente, il est dit que « Property assessed to Probate Duty constitutes the true record of personalty changing hands by death ». Les petites successions* ne dépassant pas 100 livres sterling, n'ont, cependant, pas l'air d'y être comprises.

dant l'année 1893-1894, avait été de 692.786 (1). Comme
pour le Massachussets, nous pouvons admettre que 63 0/0,
au moins, de ces défunts avaient dépassé l'âge de 20 ans (2).
Donc, sur ces 692.786 défunts, 436.455 étaient adultes, ou,
tout au moins, avaient un âge bien supérieur à celui où ils
avaient commencé à travailler, si c'étaient des ouvriers.
Ainsi donc, de ces 436.455 défunts adultes, 52.462 seulement, c'est-à-dire 12 0/0 possédaient, au moment de leur
mort, une fortune supérieure à 100 livres sterling. Et 16.000
seulement, c'est-à-dire 3,66 0/0 possédaient, à leur mort,
plus de 1 000 livres sterling ; mais ceux-ci possédaient
92,3 0/0 de toute la richesse de succession mobilière du
Royaume-Uni, si l'on en soustrait le montant des successions inférieures à 100 livres sterling.

Si nous voulons ensuite calculer la proportion du montant total des dépôts aux Caisses d'épargne et aux Caisses

(1) En effet, on a (*Ibid.*, 237) :

Angleterre.	1893	569.958	moyenne 1893-94 : 534.236
	1894	498.515	
Ecosse . .	1893	79 611	« 1893-94 : 75 376
	1894	71.112	
Irlande . .	1893	82 821	« 1893-94 : 83.174
	1894	83.528	

Total pour le Royaume Uni : 692.786

(2) En effet, en France, de 1866 à 1872, sur 100 morts, 37,1 sont
d'un âge inférieur à 20 ans (Mulhall, 175) ; et le pour cent doit être
encore plus bas en Angleterre : car, tandis que dans ce pays, pour
les enfants au-dessous de 5 ans, pour ceux de 5 à 10 ans et pour
les jeunes gens de 10 à 25 ans, la mortalité a été respectivement
63,6, 6,6 et 5,5 pour 1000 (et dans les Etats-Unis, qui nous intéres-
sent particulièrement à raison du Massachussets que nous venons
de considérer, elle était de 58,8, 10,1, 5,4) ; dans la France elle était
bien plus forte : 75,6, 9,2, 8,8 (*Ibid.*, 174). Et cela pendant que la
proportion des hommes de 15 à 55 ans, plus les femmes de 15 à
45, au total de la population, est, pour le Royaume-Uni, de bien
peu inférieure à celle de la France (482 pour 1000, et 504 pour
1000 : *Ibid.*, 443). Cette différence étant due probablement plutôt à
la plus grande proportion, en Angleterre qu'en France, des hommes
au-dessus de 55 ans et des femmes au-dessus de 45, qu'à celle des
enfants au-dessous de 15 ans.

d'épargne postales, au total de la richesse nationale, nous trouverons les données suivantes, pour tout le Royaume-Uni (*Forty-Second Number*, 204 and 206) :

Montant total des dépôts dans les Banques d'épargne postales (*Post Office Saving Banks*) à la fin de l'année 1894	89.266.063 liv. sterl.
Idem dans les Banques d'épargne (*Saving Banks*) à la fin de 1894	43.474.904 liv. sterl.
Total.	132.740.970 liv. sterl.

La richesse totale nationale était évaluée par Giffen (*The Growth of Capital*, London, 1899, p. 43) :

en 1875, à 8.548 millions de livres sterling.

en 1885, à 10.037   »   »

et si, de 1885 à 1894, cette augmentation a continué dans la même proportion décennale de 17,4 0/0, le montant total de la richesse nationale, en 1894, se sera élevé à 11.601 millions de livres sterling. Donc, les 132,7 millions des Caisses d'Epargne ne représenteraient, par conséquent, de cette richesse nationale, que la centième partie (1,14 0/0); bien que ces dépôts ne soient pas tous d'une valeur fort modeste. Ce qui démontre encore une fois le peu d'importance qu'aurait la soustraction des fractions minimes de la propriété privée, dans le procédé général de nationalisation.

Le tableau ci-dessus se rapporte à la seule richesse mobilière, à l'exclusion de la propriété foncière et de l'immobilière.

On connaît bien, d'ailleurs, les chiffres concernant la propriété foncière :

En 1894, il existait, dans tout le Royaume-Uni, 2.184 individus, les 5,6 cent millièmes de la population totale (1), — et par conséquent, au maximum, les 11 cent millièmes de la population totale adulte, — lesquels ne possédaient

____

(1) Elle atteignait en effet, en 1894, le chiffre de 38.780.053 (*Statistical Abstract*, Forty-second Number, 236).

pas moins de 2.000 hectares chacun, et qui, tous ensemble, détenaient une superficie de 38.875.522 acres (15.550.208 hectares), c'est-à-dire un peu plus de la moitié de la superficie du Royaume-Uni. Sur ces 2.184 propriétaires, 421, c'est-à-dire 1 cent millième de la population totale, détiennent plus de 9.152.302 hectares, soit environ le tiers de la superficie du Royaume-Uni. Cela fait 21.700 hectares en moyenne, par individu. Le duc de Sutherland possède à lui seul 206.694 acres, c'est-à-dire 482.676 hectares, presque la superficie moyenne d'un département français (1).

Et, en 1883, M. De Foville calculait :

17 fortunes foncières de 225 à 90 millions de francs représentant dans leur ensemble . .	2 250 millions de fr.
159 fortunes foncières de 90 à 25 millions de francs représentant dans leur ensemble . .	7.755 «
263 fortunes foncières de 25 à 12 millions de francs représentant dans leur ensemble . .	4.208 «
572 fortunes foncières de 12 à 6 1/2 millions de francs représentant dans leur ensemble . .	4 576 «
1.011	18.189 «

chiffres dans lesquels la propriété urbaine n'est pas comprise (2). Et ces 18 milliards représentaient presque la moitie de la valeur totale de la terre agricole de tout le Royaume-Uni, dont le montant, en 1885, selon M. Giffen, était de 42.275 millions de fr. (1.691 millions de livres sterling) (3).

L'on voit, par les résultats concordants que nous avons obtenus pour l'Allemagne, le Massachussets, l'ensemble des Etats-Unis et l'Angleterre, pris comme exemple, que la plus grande partie de la richesse totale, de 85 à 95 0/0, se trouve concentrée dans un très petit nombre de mains,

(1) P. LEROY-BEAULIEU, Rép. des Riches., 520-521.

(2) DE FOVILLE, Les Grandes Fortunes en Angleterre, « Journal do la Société de Statistique de Paris », octobre 1893, p. 372.

(3) The Growth of Capital, 43.

10, 5, et moins encore, pour 100. — Les données ultérieures que nous allons examiner non moins rapidement, nous montreront que malgré les oscillations du pour cent de ces grands capitalistes par rapport à la population totale, lequel diminue ou augmente, selon les différentes périodes économiques, — selon, surtout, la fréquence et la gravité des crises industrielles et commerciales, ou la durée des périodes transitoires de prospérité — la proportion du capital par eux possédé, comparé au total, va toujours croissant, ainsi que la portion du produit social total, qui va à *la propriété* sous forme de rente, intérêt ou profit, par rapport à celle qui va au *travail*.

Le tableau ci-dessus pour le Massachussets, nous montre, par exemple :

D'abord, que dans la même population propriétaire, le nombre des plus riches augmente plus rapidement que celui des moins riches : Ainsi, tandis que, de 1829-31 à 1889-91, le pour cent des plus riches (plus de 500.000 fr.) est plus que quintuplé (de 0,30 à 1,67), celui des moins riches (50.000 à 500.000 fr.) n'est guère plus que doublé (6,05 à 14,80), celui des propriétaires de fortunes médiocres (5.000 à 50.000 fr.) est augmenté seulement de 42,43 à 55,89, et celui des parias de cette classe propriétaire (moins de 5.000 fr.) est réduit presque de moitié (de 51,22 à 27,7), de manière que cet anneau qui unit la classe prolétaire à la propriétaire, s'affaiblit de plus en plus. Et ces chiffres démontrent clairement que même lorsque la proportion pour cent des propriétaires, relativement aux prolétaires, reste invariable, l'exploitation de ces derniers de la part des premiers, augmente rapidement. Par conséquent, s'accroît continuellement l'avantage, pour les prolétaires, de la réduction en propriété collective de tous ces patrimoines, qui abolirait cette exploitation.

En second lieu, et conséquemment, le même tableau nous prouve que la richesse tend continuellement à se concentrer dans les classes riches ou très riches. En effet, tandis que, dans la première période, la richesse nationale était répartie entre les classes I, II, III, IV, au pour cent respectif de 4,16, 34,70, 39,58 et 21,56; maintenant, au contraire, ces rapports deviennent 1,16, 18,52, 37,46 et 42,86. Et cette centralisation nous porte à conclure que la réduction de ces propriétés privées en propriété collective, de la part du prolétariat, n'en sera que plus facile.

Le phénomène que, dans la même population propriétaire, le nombre des plus riches augmente dans une proportion beaucoup plus rapide que celui des moins riches et que, par conséquent, la quantité totale de capital possédée par ces princes de la finance s'accroît beaucoup plus rapidement que la quantité totale du capital de tout le pays, augmentant ainsi continuellement sa proportion par rapport à ce capital total, se présente non moins ostensiblement pour tous les pays à production capitaliste plus développée. Il suffit de citer encore un seul exemple, celui de l'Angleterre :

Dans ce pays, dans les successions ouvertes pendant la période décennale de 1863-72, les fortunes — les mobilières seulement (*personalty*) — qui surpassaient 250.000 livres sterling (6.250.000 fr.) s'élevaient au nombre de 162 ; tandis que, pendant la période de 1873-81, elles arrivaient à 208, présentant ainsi une augmentation de plus de 30 0/0. Et les fortunes de 250.000 à 500.000 livres sterling (6.250.000 à 12.500.000 fr.) étaient augmentées de 126 à 170, c'est-à-dire, avec une augmentation de 36 0/0 (1). Mais celles de 500.000 à 1.000.000 de livres sterling (12.500.000 à 25.000.000 de fr.) et celles qui surpassaient le million (25.000.000 de fr.) qui avaient été respectivement 25 et 10 pendant la période décennale 1863-72 (*ibid.*, 63), furent respectivement 96 et 28 pendant la période décennale aussi, 1884-85 à 1893-1894 (2) ; c'est-à-

(1) WALLACE, *Bad Times*, 63.

(2) « Statistical Abstract », Forty second Number, 39.

dire, qu'elles étaient augmentées bien plus rapidement encore : les premières de 384 0/0 et les secondes de 280 0/0. — Il faut noter ici qu'il s'agit de la seule fortune mobilière (*personalty*) et qu'on n'y a même point calculé les fortunes mobilières de ces patrimoines mixtes (c'est-à-dire en partie mobilières et en partie immobilières), lesquels, bien que surpassant, par leur total, les sommes sus-indiquées, leur restent inférieurs pour la seule portion mobilière.

La somme des moments de ces grands patrimoines supérieurs à 12.500.000 fr. — en prenant pour moyenne des patrimoines supérieurs à 25.000.000 de fr., ce même montant de 25.000.000 de fr. (1) — augmentait donc de :

$$25 \times \frac{12.500.000 + 25.000.000}{2} + 10 \times 25.000.000 = 718.750.000 \text{ fr},$$

$$\text{à } 96 \times \frac{12.500.000 + 25.000.000}{2} + 28 \times 25.000.000 = 2.500.000.000 \text{ fr.,}$$

de 700 à 2.500 millions, c'est-à-dire de 257 0/0, dans un intervalle de 21 ans. Et cela, pendant que le capital total augmentait, en 20 ans, de 1865 à 1885, de 6.113 à 10.037 millions de livres sterling (2), c'est-à-dire de 63,9 0/0, rapidité d'augmentation quatre fois moindre que la précédente.

En outre, à peu près dans la même proportion que cette somme des moments des grands patrimoines, augmentait la somme des moments des revenus de ces mêmes patrimoines ; et, pareillement, à peu près dans la même proportion que tout le capital du pays, augmentait le revenu total de ce capital. Mais si, dans la somme des moments de tous les revenus des classes aisées en général, la somme

---

(1) Quoique par exemple, dans la seule année 1887-88, deux successions aient été supérieures à 75 millions de francs chacune, et une supérieure à 45 millions (P. LEROY-BEAULIEU, *Rép. des Rich.*, 529).

(2) GIFFEN, *The growth of capital*, 43.

particielle des moments des plus forts revenus a crû plus rapidement, cela signifie que le montant de la somme totale des revenus a augmenté plus rapidement que le
nombre de ceux qui composent ces classes aisées ; et, in-
versement, s'il est vrai que les dernières couches de
la classe des prolétaires n'ont en rien amélioré leur condition, ou même qu'elle s'est aggravée, cela veut dire
que le montant de la somme des moments de leurs revenus a crû tout au plus en proportion du nombre de ces
mêmes prolétaires. Il s'ensuit que le nombre de prolétaires
nécessaire pour opposer un revenu total égal à celui d'un
pour cent donné des individus les plus riches a augmenté.
Ainsi, nous voyons se confirmer le fait de l'accroissement
continuel, d'après la deuxième des définitions données ci-
dessus, de l'inégalité de la répartition des richesses, sous
son aspect quantitatif.

Enfin, nous négligeons de parler des milliardaires amé-
ricains : des Green, Gould, Vanderbilt, Havemeyer, Rocke-
feller, Astor, etc., et de leurs fortunes, qu'on évalue, on le
sait, au-delà de 500, 800, 1.000, 1.200, 1.500, 1.900 millions
de francs, respectivement, parce qu'il nous manque la quantité de chiffres nécessaire pour en tirer des conclusions
pratiques.

Tout ce qui a été dit jusqu'ici se rapporte ou à la distribution des patrimoines au sein de la classe capitaliste, ou à
la distribution quantitative de tous les revenus de la société,
de quelque nature que soient ces revenus, rentes et intérêts
de propriétaires, profits d'entrepreneurs, appointements
d'employés ou salaires d'ouvriers.

Si nous passons maintenant des revenus quantitatifs aux
revenus qualitatifs, nous trouverons que, si les chiffres cités jusqu'à présent nous prouvent que la répartition du revenu social, c'est-à-dire de toute la richesse sociale produite annuellement, tend, selon l'une ou l'autre des deux
définitions données ci-dessus, à devenir de plus en plus
inégale du côté quantitatif, les chiffres suivants nous con-

vaincront que, du côté qualitatif, elle tend aussi à empirer chaque jour.

Ainsi, d'après les résultats de l'*Income-Tax*, Murray a dressé, dans son étude sur les salaires et les gains des classes ouvrières, le tableau suivant sur l'accroissement de la recette totale annuelle en Angleterre (1).

Désignation	1867		1882	
	Millions liv. sterl.	pour cent du total	Millions liv. sterl.	pour cent du total
Revenus bruts de la classe capitaliste.	423	44	613	47,70
Revenus de la classe moyenne. . .	120	12,50	140	10,90
Salaires des ouvriers	418	43,50	521	41,40
		100,00		100,00

On y voit que le pour cent du revenu total attribué à la classe moyenne et à la classe ouvrière, — c'est-à-dire au travail intellectuel ou matériel — allait en déclinant, malgré le peu de changement, ou plutôt l'augmentation du nombre de ceux qui composent cette classe, par rapport à la population totale, et que le seul en augmentation était le pour cent extorqué par le capital.

Et Bowley, dans une étude cependant fort optimiste, sur les « changements dans la moyenne de salaires nominaux et réels, dans le Royaume-Uni, de 1860 à 1891 » (2), arrivait aux résultats suivants (tableau à la p. 248) : augmentation du salaire moyen pendant ces 31 ans : 40 0/0 ; augmentation du nombre d'ouvriers : proportionnelle à l'augmentation de la population totale (de 10.800.000 à 13.000.000 les premiers, et de 28,7 à 37,8 millions la seconde) ; et malgré tout cela, il y a diminution de la fraction du revenu national, employée à payer le total annuel des salaires, c'est-à-dire que de 17 on descend à 13 1/2 0/0 de ce revenu national.

Ces chiffres, ceux du premier, aussi bien que ceux du second auteur, doivent encore paraître trop optimistes, ou bien l'aggravation du mal qu'ils nous révèlent doit avoir procédé ensuite avec une rapidité encore plus grande, puisque Hobson nous apprend qu'aujourd'hui le revenu national du Royaume-Uni est réparti comme l'indique le tableau suivant (1) :

Revenu (foncier, urbain, des mines, etc) .	Liv. sterl.	200.000.000
Intérêt.	»	250.000.000
Profits.	»	350.000 000
Salaires	»	500.000.000
	Liv. sterl.	1.300.000.000

Tout cela confirme donc le fait :

Que, malgré la réduction du taux de l'intérêt ou du profit, la fraction du revenu social total qui appartient au capital augmente continuellement et rapidement. Cela dépend, comme nous l'avons vu, de ce que le capital technique et le capital improductif peuvent faire monter à un point quelconque la proportion entre le montant du capital total (capital-salaires + capital technique + capital improductif) et le capital-salaires ; et que, par conséquent, la proportion entre le revenu total du capital et le revenu total du travail augmente nécessairement si la proportion du capital total au capital-salaires croît plus rapidement que ne diminue le taux de l'intérêt.

D'autres données confirment ce fait, et ont une valeur démonstrative non moins importante. Telles sont, par exemple, les suivantes, relatives à la France et aux États-Unis :

Pour la France, nous avons vu M. Paul Leroy-Beaulieu, tout excessif qu'il est dans son optimisme, soutenir que le gain effectif d'une famille ouvrière y a augmenté

____

(1) *Problems of Poverty*, 1899, p. 3.

en moyenne, au cours des 50 dernières années, de 50 à 75 0/0 ; de sorte que nous pouvons retenir l'augmentation moyenne de 60 0/0, d'autant plus que c'est là l'augmentation vérifiée par M. Coste, de 1831 à 1890, dans les charbonnages (1), une des industries où, comme il est notoire, l'augmentation des salaires a été le plus considérable. Or, les successions et les donations annuelles ont augmenté en France, dans l'espace de 50 ans, de 1840 à 1891, de 2.216 à 6.800 millions de francs, c'est-à-dire de 209 0/0 (2) ; et, approximativement dans la même proportion, par con-séquent, doit être augmenté aussi le montant total des for-tunes privées. Même dans l'hypothèse que l'intérêt et le profit du capital auraient diminué en même temps dans leur moyenne générale d'un cinquième (3), la partie du re-venu social acquise au capital aurait tout de même aug-menté de 167 0/0. Par contre, même en admettant que le nombre des familles ouvrière ait augmenté dans le même temps de 20 0/0 (tandis que la population totale ne crois-sait que de 11 0/0) (4), la quote-part acquise à la masse des ouvriers aurait augmenté de $\left(60 + 60 \times \frac{20}{100}\right)$ 0/0 = 72 0/0 ; c'est-à-dire qu'elle aurait tout de même augmenté avec une vélo-cité inférieure à la moitié de la vélocité d'augmentation de la quote-part acquise au capital.

---

(1) ADOLPHE COSTE, *Les bénéfices comparés du travail et du capital dans l'accroissement de la richesse depuis 50 ans*, « Journal de la Société de Statistique de Paris », déc. 1896, p. 449.

(2) PARETO, *Cours d'Econ. Pol.*, « La courbe des revenus », p. 300.

(3) C'est le maximum de réduction qu'on peut admettre, selon Coste, pour ces cinquante ans, de 1840 à 1890, vu que « c'est déjà trop d'admettre que les intérêts hypothécaires soient descendus de 5 à 4 0/0 et les revenus de la rente française de 3,75 à 3 0/0 (*Ibid* ; 451). — Voir, du reste, toute cette étude, dans laquelle l'auteur parvient justement à des résultats tout à fait analogues à ceux du texte.

(4) De 34.230.000 à 38.219.000 de 1841 à 1886 (MULHÁLL, 445) ; ce qui signifie une augmentation de 11 0/0.

Cependant l'évolution de la répartition des richesses aux États-Unis présente des phénomènes encore plus graves. Là, en effet, le capital général (valeur des terrains comprise), divisé par le chiffre de la population, donne pour quotient une moyenne de 220 dollars par tête en 1840, de 870 dollars en 1880 *(Giffen,* 125), de 1.036 dollars en 1890 *(Carroll Wright,* article cité, 303). Il a donc quadruplé, relativement à la population, de 1840 à 1880, et quintuplé de 1840 à 1890. Le taux moyen du profit et de l'intérêt des capitaux et la proportion de la population ouvrière à la population totale n'ont presque pas varié dans le même temps. Quant à la moyenne des salaires, nous avons déjà vu quelle a été, selon M. Carroll Wright (page 304), la courbe de ses fluctuations. En représentant par 100 ce qu'elle était en 1860, on a 87,7 pour 1840 et 160,7 pour 1890. Elle avait donc augmenté de 83 0/0 seulement, tandis que si la répartition des richesses n'avait pas empiré au point de vue de la qualité, cette moyenne aurait dû quintupler elle aussi, s'accroître de 87,7 à 438,5, c'est-à-dire augmenter avec une vélocité presque triple.

Ainsi donc, non seulement l'inégalité de la distribution des richesses n'a cessé de croître *quantitativement,* elle n'a pas non plus cessé d'empirer *qualitativement.* Et nous pouvons tirer de tout ce qui a été dit jusqu'ici cette conclusion générale : continuellement, et par deux côtés à la fois, l'avantage augmente que la classe ouvrière trouverait à la réduction en propriété collective de l'instrument de production et du capital privé, ce moyen unique de rendre la répartition bien moins inégale au point de vue quantitatif et en même temps tout à fait bonne au point de vue qualitatif.

Les chiffres suivants nous montrent que dans les pays où la production capitaliste est le plus développée, même au point où en sont aujourd'hui les choses, — (et même dans l'hypothèse que le régime économique dérivant de la propriété collective ne dût apporter aucune augmentation de la production sociale), — cet avantage serait déjà fort remarquable.

Pour tout le Royaume-Uni on sait, en effet, que le revenu total soumis à l'*Income Tax* s'élevait, en 1894, à
706.130.875 livres sterling, équivalant à 17.653 millions de
francs (1). Ce chiffre ne comprend donc que les revenus supérieurs à 150 livres sterling (3.750 francs), qui sont les
seuls atteints par cet impôt ; et dans la pratique il doit probablement être augmenté d'un tiers, l'expérience prouvant
que l'impôt sur le revenu est prélevé sur des déclarations
qui sont, en général, inférieures de 30 0/0 à la réalité ; ce
qui donnerait en chiffres ronds 23 milliards et demi de
francs (23.537 millions). La population cette année-là
s'élevait, pour tout le Royaume-Uni, à 38.786.053 habitants (2) ; approximativement, le quart de cette somme,
c'est-à-dire en chiffres ronds 9.700.000 (9.696.513), représentait donc le nombre total de familles ou des individus
adultes vivant seuls. Le quotient

$$\frac{17.653.000.000}{9.700.000} = 1820 \text{ francs}$$

ou le quotient

$$\frac{23.537.000.000}{9.700.000} = 2426 \text{ francs},$$

dans le cas où les revenus évalués par le fisc doivent être
augmentés d'un tiers, servent donc à indiquer de combien
pourrait être augmenté le revenu de chaque famille ouvrière si seulement les revenus reconnus par le fisc comme
dépassant 3.750 francs (c'est-à-dire, en pratique, seulement
les revenus dépassant en réalité 4.000 ou 5.000 francs)
étaient également distribués, non pas aux seules familles
ouvrières, mais à la totalité des familles du Royaume-Uni :
ils nous indiquent que le revenu moyen de chaque famille
ouvrière — Bowley calculant, pour 1891, à 53,8 livres

(1) *Statistical Abstract,* Forty-second Number, p. 35.
(2) *Statistical Abstract,* Forty-second Number, p 236.

sterling = 1.345 francs la moyenne annuelle des salaires
anglais (1) —, ce revenu, dis-je, viendrait à être bien plus que
doublé, et, pour la plupart de ces familles, même triplé. —
Ce que les données ci-dessus rapportées par Hobson confirment par une autre voie, en nous montrant que si la
partie du produit social, qui aujourd'hui échoit aux classes
riches sous forme de rentes, d'intérêts et de profits, n'était
plus extorquée à la classe ouvrière, de façon que tout le revenu national revînt au travail, la quantité de revenu qui
échoirait à ce dernier serait presque triplée. — Et ces résultats, nous le répétons, se vérifieraient quand même aucune augmentation de la production sociale ne serait
amenée par le régime économique, résultant de la réduction de l'instrument de production et du capital privé en
propriété collective (2).

Ils ne seraient probablement pas aussi importants dans
la plupart des autres pays, soit parce que l'Angleterre,
parmi toutes les nations, est peut-être la plus riche, soit
parce que, nous l'avons déjà noté, une partie de ses revenus provient de capitaux employés à l'étranger (3).

(1) Article cité : *Changes in Average Wages in the U. K., 1860-
1891* ; « Journ. of the R. Statistical Soc. », June 1895, p. 248.

(2) Dans le *Tract* N. 5 de la *Fabian Society*, « Facts for Socialists »,
London, sept. 1889, p. 2, le revenu total, — compris, c'est-à-dire,
celui qui n'est pas soumis à l'*Income Tax*, — pour tout le Royaume-
Uni, pendant l'année 1896-97, est calculé à non moins de 1.700.000.000
de l. st. La population, en 1897, étant environ de 40.000.000 (en
1895 elle s'élevait à 39.134.166 : « Statistical Abstract », Forty-
second Number, 236), le revenu moyen annuel serait d'environ
42 1/2 l. st. par tête, ou 170 l. st. = 4250 fr. par famille. Donc,
selon ces chiffres, si la richesse avait été distribuée uniformément,
la rétribution de la classe ouvrière se serait élevée d'une moyenne
de 48 l. st. = 1200 fr. par an, — laquelle, selon ce *Tract*, est la
moyenne des salaires des ouvriers anglais, pourvu qu'on en exclue
les *agricultural and general labourers* qui ont les salaires les plus
bas (p. 11 et 12), — à une somme trois fois et demie plus grande.

(3) Le montant total de ces capitaux est calculé par M. Giffen,
pour 1885, à 1.300 millions sterling sur un montant total du capital

D'autre part, cependant, il faut noter que le taux du profit y est plus bas qu'ailleurs et que les données ci-dessus se rapportent aussi à l'Irlande, le pays de la misère. Elles peuvent quand même suffire à démontrer que la question sociale *n'est pas seulement une question de production, mais aussi, en fait, une question de répartition.* Le prolétariat aurait bien tort, sans doute, d'accepter à la légère un nouveau système social qui ne permettrait pas, en même temps qu'une meilleure répartition, une production également plus grande, mais nous voyons ici que, *par elle-même,* une meilleure répartition offrirait à la classe ouvrière des avantages très importants.

Si les chiffres précédents nous ont démontré combien la réduction en propriété collective des capitaux privés serait avantageuse au bien-être de la classe ouvrière, même dans l'hypothèse où le système économique social qui en dériverait, sans augmenter la production, ne servirait qu'à rendre plus égale sous le rapport de la quantité, et meilleure sous le rapport de la qualité, la répartition des richesses, les quelques chiffres et les considérations rapides qui suivent, nous montreront quels gaspillages de forces précieuses et de travail précieux, tout à fait inutile pour la félicité sociale, est causé aujourd'hui par les consommations voluptuaires des classes aisées, parasites des masses prolétariennes.

M. Paul Leroy-Beaulieu a dressé pour l'année 1896, sur les revenus des habitants de la capitale de la France, le tableau que nous rapportons ici, et auquel nous n'avons ajouté que la dernière colonne, calculée sur les données des autres, en prenant comme revenu moyen de chaque classe la moyenne arithmétique du revenu minimum et du revenu maximum (1).

national de 10 milliards (p. 26 et tab. p. 11), ce qui donne une proportion de 13 0/0.

(1) *Rép. des Rich* , 563.

Catégorie de la valeur locative réelle des logements	Revenus correspondant à chaque catégorie en multipliant par 10 les valeurs locatives de 7.000 francs et au-dessus ; par 8 celles de 2 500 francs à 6.999 francs ; par 7 celles au dessous de 2.500 francs.	Nombre des revenus de chaque catégorie	Proportion pour cent entre le nombre des revenus de chaque classe et le nombre total des revenus parisiens.	Montant du revenu de chaque classe
Au-dessus de 20.000	200 000 et au-dessus (moyenne 330.000)	495	0,06	163.350.000
De 15.000 à 19.999	150.000 à 199.900	503	0,06	88 025 000
« 10.000 à 14.999	100.000 à 149.900	1.572	0,19	196.500.000
« 7.000 à 9.999	56.000 à 99.900	2.954	0,36	230.412.000
« 4.000 à 6.999	32.000 à 55.900	9.757	1,19	429.508.000
« 2.500 à 3.999	17.500 à 31.900	14.421	1,77	356 198.000
« 1.500 à 2.499	10 500 à 17.400	26.626	3,25	371.364 000
« 1.000 à 1.499	7.000 à 10.490	33.495	4,10	291.406.000
« 500 à 999	3 500 à 6.990	117.695	14,42	612 014.000
« 300 à 499	2.100 à 3.490	210.683	25,73	589.912.000
« 200 à 299	1.400 à 2.090	199.440	24,44	339.048.000
Au-dessous de 200	Au dessous de 1.400	198.590	24,43	?
		816.131	100,00	3.667.537.000

La moyenne des 495 valeurs locatives supérieures à 20.000 francs est calculée par M. Leroy-Beaulieu 33.000 francs. La moyenne de 330.000 francs qu'on en a déduite pour le revenu des riches de cette classe est certainement inférieure à la vérité, si l'on considère qu'elle comprend les revenus de tous les gros bonnets de la finance parisienne, auxquels leurs fortunes colossales ont donné une réputation universelle : « Il est clair, dit M. Leroy-Beaulieu, que dans cette dernière catégorie se trouvent les quelques dizaines de personnes qui, dans ce pays de France, ont vraiment des fortunes énormes qu'il n'est pas possible d'évaluer. Leur loyer, surtout leur loyer urbain, est un indice insuffisant ; il faudrait y ajouter au moins celui de leurs diverses maisons de campagne, et il y a, du reste, un degré de fortune ou de revenu, auquel n'arrivent que quelques individualités exceptionnelles, et qui échappe à toute évaluation » (*ibid.*,562). Cependant, prenons tout de même cette moyenne de 330.000 francs comme correspondant à la réalité ; et cherchons combien de personnes devront travailler pour chacun de ces richissimes, à la production de marchandises de luxe ou à la prestation de services directs, dans l'hypothèse où ces revenus seraient dépensés en entier.

En calculant à 5 francs le salaire journalier moyen de tous les producteurs de marchandises de luxe et de tous les individus prêtant des services directs destinés à la pure jouissance des riches, nous serons certainement au-dessus de la vérité, l'ensemble de ces travailleurs s'étendant, — pour ne citer que les plus en vue, — depuis les couturières, les modistes, les fleuristes, les brodeuses, les dentellières de Paris (lesquelles ont cependant, elles aussi, un salaire inférieur à 5 francs), jusqu'aux pêcheurs de perles de l'île de Ceylan, aux chercheurs de diamants du Brésil, aux tailleurs de diamants d'Amsterdam, d'une part, ainsi qu'aux éleveurs de vers à soie de la Chine et aux fileuses de soie de l'Italie, de l'autre (1) ; depuis les maçons et les

(1) Parmi les ouvrières employées au tirage et à l'organsinage,

manœuvres qui ont bâti les palais grandioses de la capitale,
depuis les fabricants de meubles riches, depuis les tapis-
siers, depuis les bimbelotiers de Paris, jusqu'aux terrassiers
et aux manœuvres des audacieux funiculaires ou cré-
maillères de la Suisse, aux ouvriers constructeurs des splen-
dides hôtels de l'Engadine ou de la Riviera, aux floriculteurs de Cannes et de Bordighera ; depuis les cochers et
les valets de chambre, depuis la valetaille des hôtels de
luxe, depuis les jockeys du *Grand Prix*, depuis les croupiers de Monte Carlo, jusqu'aux prostituées mêmes de toute
l'Europe (1).

les fileuses expérimentées ont gagné en 1896, dans la province de
Cuneo, un salaire journalier moyen de 1 fr. 20, les fileuses de
deuxième classe 1 fr. 10, les tordeuses 1 fr. 30, les organsineuses
1 fr. 12 (*Annuario statistico italiano* pour l'année 1897, p. 126).

(1) M. Novicow, dans ses calculs, prend, comme valeur moyenne
de la journée de travail, 1 fr. pour l'humanité entière ; 1,33 pour
le groupe européen étendu ; 2 fr. pour le groupe européen restreint
(*Les Gaspillages*, 56).

A Bruxelles, sur 21.691 ouvriers qui s'étaient fait inscrire de
1892 à 1897 à la Bourse du Travail, 8.009 avaient déclaré leurs
salaires, et de ceux-ci

1.155	avaient en moyenne un salaire de	1 fr. 18
787	—	—	2 fr. 01
et 5.526	—	—	3 fr. 20

5,5 0/0 seulement de ces derniers avaient des salaires de plus de
4 francs (CHARLES DE QUEKER, secrétaire de la Bourse du Travail de
Bruxelles, *I salari correnti a Bruxelles dal 1892 al 1897* « Riforma
Sociale », 15 sett. 1898, p. 837).

A Vienne, selon la dernière enquête sur le travail des femmes,
enquête exécutée en 1896-97, les passementières commencent leur
apprentissage avec un salaire par semaine de 1 florin 50 (3 fr. 20) ;
leur apprentissage fini, les plus habiles parviennent à un salaire
de 4,50 à 6 florins au maximum par semaine. Les couturières
de 40 kreuser à 2 florins par jour, la saison ne durant que 6 mois.
Les ouvrières à la machine pour broder les souliers de bal pour
dames, de 7,50 à 8,50 florins par semaine : « c'est là l'ouvrage qui
parait le mieux payé ». Les chemisières pour hommes, les couturières en chemises, celles qui cousent les caleçons, et les couturières en chemisettes pour dames, arrivent au maximum, avec

En calculant à 300 en un an le nombre de journées de travail régulier, on est aussi, certainement, au-dessus de la vérité, M. Leroy-Beaulieu prenant en effet le nombre de 280 (*ibid.*, 555). Quoi qu'il en soit, acceptons tout de même le chiffre de 1.500 francs comme salaire annuel moyen de tous les ouvriers producteurs de marchandises de luxe et de tous ceux prêtant directement des services pour la pure jouissance des riches (1).

En supposant que chaque riche de la première catégorie dépense tout son revenu, combien de personnes emploiera-t-il pour la production des objets de première nécessité et des objets de luxe? Combien d'autres lui prêteront-elles des services directs? Si nous divisions le revenu 330.000 francs par 1.500, nous obtiendrions le chiffre de 220 personnes ; mais ce chiffre serait cependant supérieur à la vérité, par le fait que le prix des marchandises achetées par ces riches diffère du montant des salaires des travailleurs employés à les produire, et cela à cause des profits prélevés par les capitaux salaires et par les capitaux techniques et compris dans ce prix. Nous devons toutefois faire observer que quand la production de ces marchandises, de ces objets de luxe,

leurs salaires à la pièce, à gagner 3,50 florins par semaine ; elles doivent cependant fournir le coton, l'huile pour la machine, les aiguilles et l'éclairage, et comme toutes ces fournitures coûtent 1 florin 24 kreuser, il en résulte qu'en travaillant onze heures par jour, le dimanche compris, elles n'arrivent à gagner que 2 florins 40 kreuser par semaine. Les corsetières : de 2 à 4 florins par semaine. Les ouvrières en confiserie : de 3 à 6 florins par semaine, la saison ne durant que 8 mois. Les ouvrières en fleurs artificielles de 2 fl. 50 kreuser à 8 florins par semaine. Les ouvrières en plumes, qui travaillent à la façon, n'arrivent à gagner en onze heures de travail que 30 kreuser (65 centimes) par jour (Miss A. S. Levetus, article cité : *Working Women in Wien* ; « The Econ. Journ. », March 1897, p. 102-103).

(1) Nous avons vu que M. Bowley, quoique péchant par trop d'optimisme, évalue la moyenne annuelle des salaires anglais, — qui sont les plus élevés d'Europe, — à 53,8 livres sterling = 1.345 fr.

demande presque exclusivement un capital-salaires
(fabriques de dentelles, ateliers de brodeuses, modistes,
fleuristes, etc.), leur prix diffère moins que pour
les autres marchandises du montant général des salaires,
parce qu'on n'ajoute à ce montant que le seul bénéfice du
capital-salaires. Par contre, il en diffère davantage quand
la confection de ces marchandises réclame aussi un capital
technique variable, par exemple des matières premières de
quelque valeur (pour les fabricants de meubles de luxe,
les bois ; pour les couturières, les étoffes ; etc.) ; mais il en
différera au maximum quand il sera nécessaire d'employer
un capital technique fixe d'une grande valeur. Or, il est
notoire que la plupart des perfectionnements techniques ré-
clamant une quantité de machines, de grandes fabriques, etc.,
ont été introduits dans la confection des marchandises de
première nécessité, des marchandises-salaires, et non dans
celle des marchandises de luxe. Ces dernières, en effet, ne se
prêtent pas à être produites par des machines ; en outre,
l'introduction des machines n'a eu d'autre but que d'abais-
ser le coût de la force de travail, c'est-à-dire celui des marchandises-salaires. On sait aussi que la plupart des marchandises de luxe appelées *articles de Paris*, sont produites
par la petite industrie, par des artisans indépendants ; pour
ces derniers, la matière première qu'ils emploient ayant
peu ou point de valeur, la valeur des marchandises coïn-
cide à peu près avec leur rétribution. Il faut noter en outre
que tous ceux qui, au lieu de produire des marchandises
de luxe, prêtent des services directs aux riches, reçoivent
leur salaire directement de ceux-ci, de sorte que leur nombre est alors vraiment égal au quotient du revenu dépensé
divisé par la moyenne de leur salaire (1).

(1) Il n'est certainement pas exagéré d'admettre qu'en moyenne
un tiers du revenu dépensé par les grandes fortunes est employé
à la rétribution des services directs : domestiques, valets de
chambre, cuisiniers, cochers, jockeys, majordomes ; jardiniers des
jardins des villes, des maisons de campagne, gardes-chasse des

Malgré cela, et pour excéder en précaution, nous diminuerons le chiffre obtenu de 220, soit d'un tiers. C'est admettre qu'un tiers en moyenne du revenu dépensé par les classes riches sert à la rétribution des services directs ; et que le reste sert, pour un tiers, à l'achat de marchandises de première nécessité dans la valeur desquelles nous supposerons que les salaires figurent pour $\frac{1}{4}$ et les profits et les intérêts du capital (capital technique et capital salaires) pour $\frac{3}{4}$; pour un tiers à l'achat de marchandises d'une utilité secondaire et de marchandises de luxe dans la valeur desquelles les salaires figurent pour $\frac{2}{4}$ et les profits et les intérêts pour autant; pour un tiers enfin à l'achat des marchandises de luxe dans la valeur desquelles les salaires figurent pour $\frac{3}{4}$ et les profits et les intérêts pour $\frac{1}{4}$: de sorte qu'alors chaque revenu dépensé a représentera un nombre d'individus donné par :

$$\left(\frac{1}{4} + \frac{2}{4} + \frac{3}{4}\right) \frac{\frac{1}{3}\left(\frac{2}{3}a\right)}{1500} + \frac{\frac{1}{3}a}{1500} = \frac{2}{3}\frac{a}{1500}.$$

parcs ; tous les domestiques des clubs, les croupiers des maisons de jeu ; tous les domestiques, portiers, etc., des grands hôtels (on sait que ceux-ci n'ont généralement d'autre paye que les pourboires des voyageurs), tout le personnel spécial des wagons Pull-mann, tous les équipages des yachts de plaisir ; nourrices, bonnes, *nurses*, institutrices, professeurs particuliers, maîtres de musique, de peinture, de chant, de danse, d'escrime, d'équitation, etc. ; danseuses, prostituées, cocottes, entremetteuses, tout le personnel des maisons de tolérance de premier ordre ; tous ceux sur lesquels s'exerce la corruption pour satisfaire la vanité des riches avides d'un titre, d'une charge sociale ; les journalistes, les reporters chargés de rendre compte des réceptions, des soirées, des fêtes dans les maisons des riches ; tous les parasites qui s'attachent à tout grand seigneur, au gros parasite, afin de lui constituer une véritable cour de flatteurs et d'humbles serviteurs, etc , etc. Tous ces individus prêtent directement leurs services aux riches, et c'est de ces derniers qu'ils reçoivent directement leur rétribution.

Ainsi donc, c'est à 147 ($= \frac{2}{3}$ 220) que s'élèvera le nombre des personnes que, pour son compte exclusif, chaque riche de la première catégorie emploie à produire des marchandises de première nécessité et des marchandises de luxe, ou à lui prêter directement des services.

La même réduction devra être apportée à toutes les autres catégories des riches. De sorte que :

$$\text{Tous les riches de la } 1^{re} \text{ catég. emploieront} \quad 147 \times 495 = 72\,765 \text{ personnes}$$

$$\text{»} \qquad \text{»} \quad 2^e \qquad \text{»} \qquad \frac{2}{3} \frac{88\,025\,000}{1\,500} = 39\,122 \quad \text{»}$$

$$\text{»} \qquad \text{»} \quad 3^e \qquad \text{»} \qquad \frac{2}{3} \frac{196\,500\,000}{1\,500} = 87\,333 \quad \text{»}$$

$$\text{»} \qquad \text{»} \quad 4^e \qquad \text{»} \qquad \frac{2}{3} \frac{230\,412\,000}{1\,500} = 102\,405 \quad \text{»}$$

$$\text{»} \qquad \text{»} \quad 5^e \qquad \text{»} \qquad \frac{2}{3} \frac{429\,308\,000}{1\,500} = 190\,803 \quad \text{»}$$

$$\text{»} \qquad \text{»} \quad 6^e \qquad \text{»} \qquad \frac{2}{3} \frac{356\,198\,000}{1\,500} = 158\,310 \quad \text{»}$$

$$\text{»} \qquad \text{»} \quad 7^e \qquad \text{»} \qquad \frac{2}{3} \frac{371\,361\,000}{1\,500} = 165\,050 \quad \text{»}$$

$$\text{»} \qquad \text{»} \quad 8^e \qquad \text{»} \qquad \frac{2}{3} \frac{291\,406\,000}{1\,500} = 129\,513 \quad \text{»}$$

$$\text{Total.} \quad . \quad . \quad . \quad . \quad . \quad . \quad 945\,301 \text{ personnes}$$

Arrêtons-nous à cette huitième catégorie comprenant les revenus de 7.000 à 10.500 francs. Si nous additionnons, nous trouvons que 89.723 riches parisiens, s'ils dépensaient tout leur revenu, emploieraient 945.301 personnes à leur produire les objets de première nécessité et les objets de luxe et à leur prêter des services directs.

Sur ces 945.301 personnes, combien y en aura-t-il d'employées à produire des objets de première nécessité ? Une personne qui possède un revenu annuel de 1.500 francs a de quoi satisfaire complètement ses besoins de première nécessité, car ce revenu correspond à un salaire de 5 francs par jour (1). Ainsi donc, pour se procurer, outre les objets

(1) Les fileurs et les tisserands de la manufacture de coton Cantoni, province de Milan, ont gagné par jour en 1896 un salaire

de première nécessité, ceux qui rendent la vie déjà passablement confortable, chaque riche fera travailler $\frac{1}{4}\frac{1500}{1500}$ ouvriers (1). Et pour tous les riches : $\frac{1}{4}\frac{1500}{1500} \times 89.723 =$ = 22.430 personnes. Il restera donc 922.871 personnes dont le travail ne servira qu'à procurer aux riches de pures superfluités.

Une partie de ces superfluités contribue à augmenter effectivement d'une manière sensible le bonheur de ceux qui en jouissent, mais le reste ne parvient guère, ou ne parvient même pas du tout, à augmenter le bonheur de la classe riche. Admettons cependant qu'il arrive parfois à éloigner des riches actuels certaines peines ; c'est par la possibilité qu'il donne de satisfaire des besoins purement factices, issus de l'inégalité actuelle, et qui n'existeraient plus si cette inégalité cessait d'être. Le travail employé à produire tont ce reste de superfluités est donc dépensé en pure perte au point de vue de la félicité humaine.

On peut affirmer qu'aujourd'hui et dans notre milieu européen, les superfluités obtenues en sus de celles qu'on peut obtenir avec un revenu annuel de 8.000 francs (2),

moyen de 2 lires les premiers, de 1 lire 86 les seconds (*Annuario statistico italiano* de 1897, p. 128).

Les ouvriers foulons de la Valle Mosso dans le Biellais, gagnent de 35 à 40 lires par mois ; les teinturiers, qui ont un salaire un peu plus élevé, de 40 à 45 lires par mois ; un tisserand de 55 à 60 lires en moyenne (LUIGI EINAUDI, *Psicologia di uno sciopero*, « Riforma Sociale », 15 ottobre 1897, p. 948.

(1) Car il s'agit ici de marchandises, dans la valeur desquelles, selon notre hypothèse, les salaires figurent pour $\frac{1}{4}$ et les profits avec les intérêts du capital pour $\frac{3}{4}$.

(2) Ce chiffre est supérieur aux honoraires moyens des professeurs des Universités françaises et correspond au revenu 3 0/0 d'un capital de 265.000 fr. Les employés de l'administration de l'Etat, gagnent en France communément de 1.500 à 1.800 fr. et leur

sont justement de celles qui n'augmentent pas, même actuellement, d'une manière sensible, le bonheur de leurs possesseurs ; ou, si elles l'augmentent, ce n'est que grâce à la satisfaction qu'elles procurent de besoins tout à fait artificiels.

Les grandes richesses, en effet, créent par elles-mêmes à leurs possesseurs des dépenses obligatoires. *Richesse oblige* est encore plus impérieux que *noblesse oblige*. Une famille riche se considère comme obligée par le fait même de sa richesse, et grâce aux préjugés sociaux en vigueur, à dépenser une certaine partie de ses revenus en dépenses de luxe, même si cet excédent de dépense, qu'autrement elle ne ferait pas, ne satisfait aucun besoin vraiment senti. Ainsi donc, cet excédent de dépense du revenu n'augmente nullement la félicité de ses possesseurs. Une meilleure répartition des richesses ferait disparaître ces besoins factices, en même temps que le surcroît inutile de travail et de peines qu'il est nécessaire de mettre en œuvre pour les satisfaire.

Qnant aux besoins créés par la vanité, ils peuvent être également satisfaits avec une dépense plus ou moins considérable de forces ; mais c'est l'existence des grandes richesses qui rend indispensable, pour satisfaire cette vanité, une dépense de forces très grande plutôt que très petite.

En effet, le désir de paraître deux fois plus riche qu'un autre, c'est-à-dire de posséder des objets (bijoux, vêtements, chevaux, parcs, habitations de luxe, etc.) d'une valeur deux fois plus grande que ceux qu'il possède, est tout

---

meilleure espérance est d'arriver à 3.000 fr. (*Rép. des Rich.*, 348). Dans l'armée française la paye d'un colonel s'élève à 8.136 fr. par an ; celle d'un lieutenant-colonel à 6.588 fr. ; celle d'un chef de bataillon ou d'escadron à 5.508 fr. ; un capitaine, douze ans après qu'il a atteint ce grade, touche 4.140 fr. ; après huit ans, 3.780 ; après cinq ans, 3.420 ; avant cinq ans, il n'a que 3.060 fr. ; un lieutenant de première classe a 2.700 fr. lorsqu'il a atteint ce grade depuis 10 ans ; un lieutenant de seconde classe 2.520 ; un sous-lieutenant 2.340. (PAUL GABILLARD, *Le Prolétariat dans l'armée en France*, « Revue des Revues », 15 déc. 1898, p. 577).

aussi satisfait quand la proportion est de 100 à 50 que quand elle est de 10 à 5. Ainsi donc un travail 100 + 50 = 150 et un travail de 10 + 5 = 15 peuvent également satisfaire la même quantité de vanité. Et ce n'est que le fait qu'un homme possède des richesses égales à 50 qui provoque chez d'autres des besoins dont la satisfaction réclame un effort de 100. Si cet homme ne possédait qu'une richesse égale à 5, un effort égal à 10 suffirait à satisfaire la vanité des autres. Le surcroit de dépense (150-15) que fait la classe riche n'augmente nullement sa félicité totale. Une meilleure répartition des richesses pourrait donc concilier avec une bien moindre déperdition d'efforts la réalisation d'une égale quantité de cette sorte de bonheur.

Quant à une troisième catégorie de superfluités, leur suppression causerait sans doute à ceux qui y sont habitués une véritable diminution de bonheur. Mais l'accoutumance use la joie que donnent d'abord certains avantages. Il suffirait donc qu'en prévision d'une nouvelle répartition visant la diminution des richesses des descendants des capitalistes actuels, ceux-ci eussent soin de donner à leurs enfants une éducation meilleure qui ne les habituerait pas aux douceurs dont ils devraient un jour être privés. C'est ce que font déjà en partie aujourd'hui les familles riches ayant beaucoup d'enfants. La nouvelle répartition apporterait donc la cessation complète de certaines superfluités qui coûtent aujourd'hui beaucoup de travail sans provoquer la moindre augmentation réelle de la somme du bonheur social.

Quant à toutes les autres superfluités qui restent encore en sus de celles comprises dans les trois catégories précédentes, on sait que les accroissements successifs de félicité que les accroissements successifs de revenu, au-dessus d'une somme donnée, arrivent à procurer à ces riches qui ont une potentialité trop forte de se procurer les jouissances de tout genre, continuent à s'amoindrir de plus en plus par le fait que les besoins qui viennent à être satisfaits par ces accroissements de revenu continuent à s'éloigner de plus en plus de ceux de première nécessité ou de ceux en général qui sont les plus intenses. Ce phénomène de la jouissance décroissante a été mis en évidence par l'école édoniste autrichienne, laquelle a glorieusement contribué, et plus que les autres, à l'éclaircir. Pour figurer le phénomène d'une façon schématique, on peut dire que si les revenus croissent selon une progression arithmétique :

$$1.000, 2.000, 4.000, 6.000, 8.000, 10.000\ldots,16.000\ldots,$$

la quantité de félicité qu'ils procurent au-dessus d'un certain revenu (lequel, si nous tenons compte des trois causes précédentes qui rendent possible une même quantité de félicité avec une dépense fort inférieure de revenu, peut être évalué à 6.000 francs) croît également selon une progression arithmétique, mais sa raison diminue selon une progression algébrique :

$$2, 1, 0,50, 0,250, 0,125, 0,0625,\ldots,$$

de manière que la quantité de félicité suit la progression suivante :

$$1, 2, 4, 6, 7, 7,50, 7.750, 7.785, 7.9375,\ldots,$$

et cela, naturellement, tandis que la dépense de force et de labeur, que ces revenus dépensés mettent en œuvre, croît avec la même progression que ces revenus :

$$1, 2, 4, 6, 8, 10, 12, 14, 16\ldots;$$

de manière qu'une fraction toujours croissante de cette dépense de forces et de labeur est ainsi gaspillée, tout à fait inutilement, à l'égard de l'augmentation de félicité humaine totale qu'elle devrait procurer.

La langue française se sert du mot blasé pour indiquer les personnes dont la félicité et les jouissances ne s'accroissent plus du tout par le fait de superfluités ou de services quels qu'ils soient, qu'elles peuvent encore se procurer avec leur argent. Passe encore si l'énorme dépense de forces et de labeur que ces revenus gigantesques mettent en œuvre procurait, ou était elle seule capable de procurer à leurs possesseurs, ces moments de sublime extase,

ces ivresses divines, qui remplissent d'un bonheur immense
l'artiste devant les beautés de la nature ou devant une
œuvre d'art, ou le savant au moment où il découvre une
loi de l'univers ! Mais non ; l'artiste ou le savant, auxquels
seulement sont accordés ces bonheurs suprêmes, ne demandent pour cela à leur prochain qu'une minime dépense
de force ou même aucune. La simple observation d'un phénomène naturel, la simple contemplation de l'inépuisable
variété et de la splendeur des œuvres de la nature, leur
suffisent souvent ; ou si quelquefois ils ont besoin, par
exemple, de bibliothèques et de musées publics, de laboratoires scientifiques, de galeries publiques d'œuvres d'art et
d'expositions artistiques, ou même, par exemple, de re-
présentations théâtrales, de concerts grandioses, ou autres
semblables choses, ils ont besoin par là, en effet, de
produits du travail de l'homme, lesquels produits ont
demandé, ou demandent pour leur production, une forte
dépense de forces et d'intelligence ; mais comme ces produits sont tels qu'ils peuvent servir à la jouissance d'une
foule de personnes en même temps ou successivement, la
somme de travail qu'ils ont coûté, rapportée à tous ceux
qui en jouissent, vient à être bien petite pour chacun
d'eux. Pour le richissime blasé, au contraire, des centaines
de travailleurs travaillent et se donnent de la peine exclusivement pour lui, mais son bonheur n'est pour cela nullement augmenté ; des centaines d'êtres humains s'achar-
nent et se donnent de la peine pour porter de l'eau à la
mer, dont le niveau cependant ne s'élève pas même d'une
quantité infinitésimale.

Ainsi, pour ces quatre catégories de satisfactions de besoins factices ou infinitésimaux, à la douleur ou à la peine
d'une quantité donnée de travail, qui est égale, quelle que
soit l'intensité des besoins que ce travail sert à satisfaire,
on n'a à opposer aucune augmentation sensible de la
quantité totale de félicité humaine. Une répartition plus
égale des richesses ne supprimerait que cette félicité mi-

nime ou même nulle et elle supprimerait en même temps la
peine prise pour obtenir cette félicité minime. Cette peine
serait consacrée à la satisfaction de besoins réels et d'une
intensité plus grande. La première suppression ne diminuerait guère ou point du tout la félicité totale, tandis que la
seconde suppression ou le nouvel emploi donné à la même
quantité de peine l'augmenterait considérablement.

On peut rendre sensible le gaspillage de forces que représentent, à Paris seulement, ces quatre catégories de satisfactions de besoins factices ou infinitésimaux. Exprimé
en argent, il correspond à un milliard et demi (1.408.779.000)
de francs par an (1), c'est-à-dire environ la moitié du montant total du revenu des Parisiens. Exprimé en travail
humain, il est égal à toute la somme d'activité de (2) :
$$945.301 - \frac{1}{2}\frac{8.000}{1.500} \times 89.723 = 706.040$$ personnes, si l'on suppose
que les riches dépensent la totalité de leurs revenus an-
nuels ; à l'activité de 529.730 ou de 470.693 personnes au
cas où les riches ne dépenseraient que les trois quarts ou
les deux tiers de leurs revenus (3) ; et à l'activité de :

(1) Cette somme s'obtient en soustrayant le produit de la multiplication du nombre des riches (89.723) par le revenu 8.000 fr. du
revenu total des huit premières classes (= 2.126.563.000 fr.).

(2) Nous avons pris la fraction 1/2 au lieu de celle adoptée d'abord
2/3, parce que la première partie des grands revenus, inférieure
à 8.000 fr., est employée principalement à acheter des marchandises de première nécessité ou d'une grande utilité (dans la valeur
desquelles, selon notre hypothèse, les salaires figurent pour 1/4 ou
pour 1/2 et les profits avec les intérêts du capital pour 3/4 ou 1/2);
et pour une petite fraction seulement, à l'achat de marchandises
de luxe ou à la rémunération de services directs.

(3) Rappelons-nous que M. Leroy-Beaulieu a calculé ces revenus
sur la base des loyers ; or, une personne aimant beaucoup l'épargne se contente d'une maison dont le loyer est modeste, et son
revenu paraît être plus bas qu'il ne l'est en réalité. De sorte que le
loyer multiplié par les coefficients respectifs 8, 9, 10, représente
plutôt la dépense totale annuelle que le vrai revenu dont une partie
a été épargnée.

En outre, nous négligeons à dessein cette partie du revenu qui

$\frac{3}{2}$ 706.040 = 1.059.060, ou de : 2 × 706.040 = 1.412.080

personnes, si la moyenne générale des salaires annuels, au lieu de 1.500, devait s'évaluer seulement à 1.000 ou à 750 francs. Et ces 706.040, 529.730, 470.693, 1.059.060, 1.412.030 personnes s'élèvent avec leurs familles à deux, trois, quatre, cinq millions (1).

Nous ne posons pas ici, notons-le bien, une question de justice ; à savoir s'il est juste ou s'il est injuste qu'un million de personnes travaillent pour 90.000 riches seulement, dont beaucoup, les rentiers oisifs, ne rendent en échange à ce million de travailleurs aucun service, ou

est éventuellement dépensée en œuvres de bienfaisance vraie et propre, parce que, dans la moyenne générale, nous la croyons certainement inférieure à 5 0/0 du revenu total.

(1) Selon le dernier recensement anglais avant 1899, dans tout le Royaume-Uni, parmi les personnes salariées prêtant des services directs aux riches, la seule catégorie des domestiques s'élevait à 1.838.200, et celle des jardiniers à 83.400 ; et cela pendant que les travailleurs de la terre n'arrivaient pas même à la moitié du total des domestiques (870.000) et que les ouvriers industriels, y compris, bien entendu, ceux produisant des marchandises de luxe, n'arrivaient pas même au quintuple du nombre des domestiques (LORIA, *Analisi*, I, 470).

Les marchandises de luxe que la France, en 1805, produisait pour les femmes des classes riches des autres nations, c'est-à-dire outre celles produites pour les dames françaises, s'élevaient, rien que pour les catégories ci-dessous, aux chiffres suivants (chiffres des exportations) : 275 millions et demi de francs de soieries ; 189 millions de tissus d'or et d'argent sur la soie, rubans de soie, dentelles de soie, sans compter les dentelles de soie mêlées d'or, broderies, et broderies en coton pour l'ornement des robes ; et 346 millions et demi de fourrures artificielles, imitations de martre et de zibeline, gants pour dames, plumes pour garniture, garnitures et articles de mode, lesquels articles cependant échappent, la plupart, à la douane, parce qu'ils sont portés par les voyageuses dans leur bagage. Total, 811 millions de francs (ADABONE, *Influenza della clientela delle signore inglesi ed americane sul commercio francese*, « Riforma sociale », « Rivista delle Riviste », 15 juin 1899, p. 609-611).

d'autres, comme les agioteurs et les spéculateurs, leur causent même un dommage très grave ; nous ne posons ici qu'une question de *rendement technique* du travail de l'homme. Parmi ce million de travailleurs, sept cent mille personnes qui travaillent 10, 12, 15 heures par jour, pour ne procurer à aucun membre de la société la moindre quantité de bonheur de plus, ou du moins une quantité infinitésimale en comparaison de l'énorme dépense de forces requise, cela peut-il se dire *un bon rendement technique* du travail humain considéré dans son ensemble ? Ou n'est-ce pas, au contraire, le plus grand gaspillage de forces précieuses qu'on puisse imaginer ?

Une meilleure répartition des richesses ferait donc cesser ce gaspillage ; gaspillage qui, avec la constitution actuelle de la propriété, et grâce à l'augmentation continuelle de la puissance d'achat de la classe capitaliste en comparaison de celle de la classe des prolétaires, continue aujourd'hui à croître, non seulement dans une mesure absolue, mais aussi dans une proportion relative, au détriment total des marchandises de première et de grande nécessité (1). Tout le travail, aujourd'hui gaspillé en pure perte, se tournerait alors justement vers la production des objets d'une plus grande nécessité.

Ainsi, par exemple, supposons une nouvelle constitution de la propriété, qui, d'une part, diminuerait graduellement chez les descendants des capitalistes actuels la puissance d'achat, et d'une autre part, et en même temps, effectuerait la réunion économique du travailleur et de l'instrument de production. La demande de marchandises de luxe, ou de ser-

(1) Tandis que la population totale, en Angleterre, de 1871 à 1881, augmentait de 14,36 0/0, les ouvriers employés dans les manufactures de coton n'augmentaient que de 6 0/0, et ceux des industries de la toile, des tricots, de la laine, et de la laine filée, diminuaient. Au contraire, les modistes augmentaient de 18 0/0, les fabricants de tapis de 23 0/0, les jardiniers, les floriculteurs et les fleuristes de 24 0/0 (WALLACE, *Bad Times*, 69).

vices directs, diminuerait graduellement, ainsi que le gaspillage de millions de forces humaines qui en est la conséquence. Les nouvelles générations de travailleurs, au lieu d'être appelées aussi à produire des marchandises de luxe ou à prêter des services directs aux riches, seraient alors requises, dans des proportions toujours plus élevées, pour la production de marchandises d'une utilité plus grande. Car, ce seraient celles-ci que la demande indiquerait alors, grâce à la plus grande puissance d'achat que les travailleurs posséderaient en vertu de leur rapprochement économique de l'instrument de production.

Les générations nouvelles de travailleurs, que la diminution de la puissance d'achat des descendants des classes riches actuelles ne pousserait plus à produire des marchandises de luxe ou à prêter des services inutiles, se consacreraient à la production des marchandises d'une utilité plus grande. Même si l'on ne tenait compte d'aucune augmentation de la production sociale dans son ensemble, qui pourrait en être la conséquence, la nouvelle direction de la production augmenterait la masse des produits que les travailleurs viendraient à se partager entre eux. La rétribution plus grande qu'ils recevraient augmenterait vraiment, et proportionnellement, la somme du bonheur social, puisqu'elle servirait à satisfaire, non des besoins tout à fait factices ou d'une intensité nulle ou infinitésimale, mais des besoins de première nécessité ou tout au moins fort intenses.

Et si l'on compare le nombre des prolétaires salariés à celui des riches ; si l'on songe que ces prolétaires passeraient d'un état de véritable douleur (trop de travail et besoins intenses non satisfaits) à un état de bien-être normal (travail modéré et satisfaction de tous les besoins intenses), c'est-à-dire d'un état de félicité négatif à un état de bonheur positif, tandis que cette même félicité positive, presque inaltérée, continuerait à être réservée aux descendants des classes riches actuelles, on peut se faire une idée de l'immense augmentation de félicité qui résulterait pour l'humanité entière d'une meilleure répartition des richesses.

—————

Enfin, si nous pouvions reprendre en détail ici, après tant d'autres, l'examen des rapports de cause à effet entre l'inégalité de la répartition des richesses et la criminalité sociale, nous verrions se dessiner nettement l'autre aspect fondamental du dommage causé à la société par la répartition actuelle.

En dehors de la criminalité sporadique, de forme atavique ou anormale, dans laquelle prédomine le facteur anthropologique, nous verrions que les trois grandes sources de la criminalité sont : les deux extrèmes de la répartition : *la trop grande richesse* et *la misère*, et, par elle-même, *l'inégalité excessive* de cette répartition.

La trop grande richesse assure l'impunité aujourd'hui. Jointe à l'oisiveté qu'elle encourage, elle inspire aux grands capitalistes — surtout à ceux qu'un héritage a enrichis — l'idée que l'argent leur permet tout et, qu'ayant des droits sur la collectivité, ils ne lui doivent rien en échange. Leur écrasante puissance sociale les pousse généralement à une vie de jouissances, de folles prodigalités, de libertinage. La recherche continuelle du plaisir cause la plupart des adultères ; la soif de richesse, la prostitution légale des mariages d'argent. C'est aussi la pernicieuse influence de la trop grande richesse qui provoque les faits scandaleux du genre de ceux relatés par certaines chroniques de la *Pall Mall Gazette*, dont les héros sont encore des richards et les victimes des femmes et des jeunes filles pauvres, futures recrues de la prostitution.

La misère est, en elle-même, une conseillère de crimes. Jointe à l'abrutissement, qui est sa conséquence, elle pousse une foule de malheureuses à se prostituer pour compléter un salaire insuffisant et ne pas mourir d'inanition et elle excite, parmi les travailleurs surmenés, mal nourris, le

besoin de chercher une énergie factice et un oubli momen-
tané des tristes réalités de la vie dans les boissons alcooliques. Or, on sait que l'alcoolisme est, à lui seul, cause de
50 à 70 0/0 de la totalité des crimes. En outre, tous les
attentats contre la propriété, de juridiction correctionnelle,
ont pour cause première le dénuement de leurs auteurs ou
l'abjection née d'une vie trop longtemps ignoble et beso-
gneuse : prostitution, alcoolisme, vol, c'est à ces trois
grands courants que s'alimentent d'autres formes encore,
et des plus horribles, de la criminalité.

L'excessive inégalité de répartition des richesses provoque, dans son constant accroissement, une croissante
certitude, chez ceux qui ne sont pas favorisés par la naissance, de l'impossibilité d'atteindre à la richesse par le travail et une activité honnête, et un croissant désir de parvenir, à n'importe quel prix. Aussi voit-on certaines formes
de la criminalité : le crime financier, le panamisme, le par-
lementarisme exploiteur de hautes influences politiques, les
Tammany Hall, les tristes audaces des maîtres chanteurs de
la presse ou du barreau ou celles des *bandes noires* de
l'agiotage devenir des formes de l'activité normale échap-
pant à toute sanction sociale ou morale.

L'excessive inégalité de la répartition des richesses crée
donc une véritable *criminalité d'adaptation*, où l'action du
facteur anthropologique est à peu près nulle tandis que
celle du facteur social est énorme.

Le phénomène de la criminalité nous apparaît donc, dans
son ensemble, comme la conséquence d'une violation portée
à la loi d'hydrostatique sociale. On peut dire que la richesse
est sollicitée par l'infinité des forces d'attraction individuelles
à se distribuer uniformément, à la façon des liquides qui
tendent toujours à se mettre de niveau. Mais l'institution actuelle de la propriété s'oppose à cette tendance et empêche
même parfois que la moindre parcelle de richesse puisse
descendre par des voies normales sur certains individus.
La richesse, par conséquent, ne peut se répandre en plus

larges nappes qu'à travers les crevasses de la digue artificielle et ces crevasses — les crimes — sont d'autant plus
nombreuses et plus graves que le dénivellement des fortunes et la pression qui en résulte sont plus considérables.

Ainsi, puisqu'il tend à provoquer une distribution moins
inégale des biens indispensables à la vie et au bien-être, le
crime remplirait une fonction sociale d'une importance
suprème et d'une nécessité inéluctable. Ce n'est pas par de
telles voies qu'elle devrait être remplie. Elle devrait ressortir à l'institution de la propriété, être la tâche fondamentale
et la raison d'être de cette institution. Et c'est parce que le
droit actuel la méconnaît ou la néglige que d'autres organes, d'autres moyens de la réaliser doivent surgir.

CHAPITRE II

DU COLLECTIVISME, DES AUTRES SOCIALISMES, ET DU SOCIALISME EN GÉNÉRAL

La doctrine collectiviste peut être considérée sous quatre aspects différents :

1° Degré d'actualisation du collectivisme et, si on parvenait à l'établir, ses avantages et désavantages pratiques ;

2° Rapports logiques du collectivisme avec la réalisation de l'équité dans l'économie sociale ;

3° Fatalité de l'avènement du collectivisme ;

4° Manière de l'établir.

Et il ne faut pas confondre le collectivisme absolu — tel, par exemple, que celui exposé par Schæffle dans sa « Quintessence du Socialisme » — avec les divers régimes à simples tendances collectivistes réservant à l'Etat certaines exploitations mais laissant toutes les autres à l'industrie privée.

La première et la plus importante des objections faites au collectivisme *pur* porte sur la possibilité de son actualisation : « Le point, sans contredit, le plus faible du pro-
« gramme collectiviste », dit Schæffle, « est la classification
« économique et le contrôle des travaux particuliers dans
« l'immensité de l'organisme collectif du travail. Selon
« quels critères devront être réparties les diverses forces
« ouvrières dans le grand cycle de la production ? Sera-t-il
« au pouvoir des fonctionnaires préposés à l'économie de

« les déplacer, les transplanter, ou les plier à leur gré à
« de nouvelles fonctions? Notre économie libérale actuelle
« résout très simplement la difficulté de classer économi-
« quement les forces ouvrières qui forment l'ensemble du
« travail social. Le salaire diminue aux lieux et au moment
« où cesse la demande d'un certain produit, c'est-à-dire dès
« que se manifeste sa moindre valeur d'usage. Le prix du
« travail s'élève au contraire aux lieux et pour l'objet qui
« représente une demande croissante et plus urgente ou,
« en d'autres termes, dont la valeur d'usage a augmenté.
« Il s'ensuit que l'intérêt même des travailleurs isolés les
« éloigne du genre de production ayant perdu sa valeur
« d'usage pour les rejeter vers les genres plus recherchés,
« et cela sans besoin d'aucune restriction officielle.

« L'Etat collectiviste ne pourra, au contraire, que *com-*
« *mander* aux ouvriers d'aller ici ou là. Par conséquent, il
« lui sera impossible de maintenir la correspondance quan-
« titative ou qualitative entre le besoin de travail et de
« produits d'une part, et la masse des travailleurs et des
« biens de l'autre. Il ne pourra pas, en somme, conserver
« cet équilibre économique du travail et de la consomma-
« tion qui actuellement, et non sans secousses il est vrai,
« se rétablit au moyen des variations des prix du mar-
« ché (1) ».

Et M. Léon Walras : « Au Marxisme à nous dire com-
« ment il amènera l'égalité de l'offre et de la demande de
« chaque produit, ce qui constitue tout le problème de
« l'équilibre de la production économique... Cette incerti-
« tude sur le rapport de l'offre avec la demande, une fois
« la production effectuée, n'a pas d'inconvénient dans le
« système de la détermination des prix sur le marché,
« puisqu'on en est quitte pour équilibrer alors l'offre et la
« demande, par la variation du prix. Mais il n'en va pas de

(1) SCHAEFFLE, *Die Quintessenz des Socialismus* (1874), Gotha, Per-
thes, 1891, p. 50 53.

« même dans le système marxiste, où le prix doit rester in-
« variable et la quantité fabriquée en plus être jetée au re-
« but en cas de pléthore. Et si, dans ce système, l'État
« ignore absolument la limite de son champ de production,
« comment se mettra-t-il à l'œuvre ? Assurément, les écono-
« mistes n'ont pas démontré scientifiquement le principe
« de la libre concurrence ; heureusement pour eux, la libre
« concurrence ordonne, tant bien que mal, notre produc-
« tion économique ; ils s'extasient sur la manière admirable
« dont elle l'ordonne, et leur tâche est accomplie. Mais le
« socialisme doit procéder autrement : il doit se distinguer
« de l'économisme surtout en ceci qu'il saura l'économie
« politique, et il doit expliquer pourquoi et comment tel
« ou tel principe amènera et maintiendra l'équilibre de
« l'offre et de la demande des services et des produits ;
« ainsi il sortira de la phase littéraire pour entrer dans la
« phase scientifique. C'est ce que le collectivisme de Marx
« n'a pas fait : plus malheureux encore que l'économisme,
« qui nous donne comme marchant bien un système qui
« marche mal, il nous a donné comme devant bien mar-
« cher un système qui ne marchera pas du tout (1) ».

Citons encore une page de M. Paul Leroy-Beaulieu sur
la question fondamentale de l'impraticabilité du collectivisme, sur l'impossibilité de trouver un comité capable,
quels que fussent son autorité, la centralisation de sa direction et ses moyens d'enquête, d'organiser toute la production et de la proportionner aux besoins de la consommation sans le secours des indications précieuses des fluctuations
des prix. Si la critique de M. Leroy-Beaulieu, trop exagérée dans la forme, est très exacte quant au fond, c'est que
le collectivisme, considéré pour les besoins de la polémique
selon sa plus rigoureuse acception, lui fait, à vrai dire, la
partie belle :

(1) Léon Walras, *Théorie de la propriété*, « Revue Socialiste »,
juillet 1896, p. 28-31.

« Supposons cependant des comités d'enquête et des co-
« mités directeurs de la production formés de toutes les
« fortes têtes et de tous les grands cœurs du pays. Il n'y
« entre ni une âme vénale ni un esprit confus. Quelle tâche
« énorme va leur incomber ! Qu'on se reporte à notre bud-
« get français actuel. Quelles difficultés il soulève ! Com-
« bien il faut de peine pour le bâcler ! Il n'est cependant
« que de trois milliards de francs ou trois et demi avec le
« budget extraordinaire. Encore ces trois milliards ou trois
« milliards et demi de francs ne représentent-ils qu'une
« activité de l'État relativement restreinte...

« Autrement considérable, effroyable par la minutie et la
« responsabilité, serait la tâche des directeurs généraux de la
« production. Supposons les dix, ou cent ou mille, on ne voit
« pas quel esprit assez téméraire ou assez dévoué pourrait
« se charger de ces fonctions terribles. Car ces directeurs
« auraient à assurer la vie générale, complète de toute la na-
« tion. Subsistances, vêtements, gîtes, même distractions,
« tout viendrait d'eux. Comme en dehors de leurs ordres et
« de leurs combinaisons personne ne produirait rien dans le
« pays, la moindre erreur de leur part ferait que la nation
« manquerait ou de pain, ou de viande, ou de combustible
« ou de vêtements. Un défaut de calcul de ces « omniarques »,
« car c'est le terme qui les pourrait désigner, et la nation
« ou une partie de la nation devrait mourir de faim. Quelle
« tâche redoutable ! Elle ne serait égalée que par celle des
« membres du comité et des sous-comités directeurs de la
« répartition ; car, de même que les premiers auraient à ga-
« rantir la vie de la nation en général, les seconds devraient
« assurer celle de chaque individu en particulier. En dehors
« d'eux il n'y aurait ni travail ni moyen de gagner sa vie,
« ni consommation possible ».

Ils seraient aidés et guidés, sans doute, par la statistique,
mais pratiquement, ce secours serait entièrement inefficace :

« Combien la force instinctive et, en définitive, régula-
« trice de l'initiative privée et de la spéculation » (prise ici

dans le sens de la recherche des meilleurs prix de vente ou
d'achat) « est supérieure à tout cet ensemble de docu-
« ments que peuvent offrir les statistiques les meilleures !
« Combien le prix n'est-il pas un indice plus rapide, plus
« efficace et plus décisif de la rareté et de l'abondance que
« des relevés statistiques !...

« Les comités directeurs de la production, à moins qu'ils
« ne soient conduits par la main secourable de la Providence
« dont ils seraient les agents terrestres, ne pourraient évi-
« ter ni l'encombrement local ni les déficits partiels. Si de
« leur part il y a quelque défaut de calcul soit en plus, soit
« en moins, quel désordre ! Les conséquences en seraient
« bien plus graves que pour les erreurs de la spéculation
« privée. Celle-ci n'agit jamais complètement dans le
« même sens ; ses erreurs se corrigent d'elles-mêmes, elle
« est d'une merveilleuse promptitude à se retourner,
« n'ayant dans l'ensemble ni préjugé ni amour-propre. Les
« erreurs des comités directeurs de la production seraient
« bien plus difficilement réparables. Le système collecti-
« viste exigerait une bureaucratie dont nous n'avons pas
« l'idée, qui serait beaucoup plus considérable, plus pédan-
« tesque, plus lente encore que celle que nous possédons et
« qui suscite tant de plaintes. Les contrôles hiérarchiques
« devraient être beaucoup plus multipliés ; car ce ne serait
« pas seulement la fortune privée, ni même la fortune
« financière de l'État qui seraient en jeu, mais bien toute la
« vie sociale et la vie matérielle même de tous les citoyens.
« En présence d'une tâche aussi immense, nous n'éprou-
« vons pas les incertitudes de Schæffle et nous répondons :
« jamais une junte ou un comité quelconque ne pourra venir
« à bout d'organiser la production dans un grand pays,
« toutes les productions, aussi bien celle des épingles ou
« des boutons, que celle du blé et des vêtements, sans que
« des millions d'individus soient exposés au dénuement et
« à la faim (1). »

(1) *Le Collectivisme*, p. 328-329.

Mais il est inutile de nous arrêter plus longuement à ces difficultés insurmontables et à toutes celles qui pourraient encore se présenter à l'esprit. Nul aujourd'hui sans doute ne conteste qu'en sa parfaite pureté théorique « le collecti- « visme démocratique de Marx, la soi-disant démocratie « sociale présente un programme absolument irréalisable et « qui conduirait au chaos économique » (Schäffle). Aussi M. Adolphe Wagner a-t-il bien raison de dire qu'abstraction faite de toutes leurs erreurs doctrinaires, Marx et ses disciples ont laissé une lacune essentielle dans leur œuvre, en omettant de tracer un autre système social pratiquement réalisable après avoir critiqué l'économie capitalistique actuelle (1).

Reconnaissons, avec les trois auteurs que nous venons de citer, l'impraticabilité du collectivisme marxiste et sa principale cause : l'élimination de la concurrence, de la liberté contractuelle en matière de production et d'échange. C'est grâce à la concurrence et à la liberté que l'individu producteur, intime élément de l'engrenage social, parvient à se caser là où il est le plus nécessaire : c'est grâce à elles que le si complexe mécanisme de la production, sans besoin d'aucun ingénieur providentiel connaissant et activant les moindres ressorts, *se construit lui-même et se met de lui-même en mouvement.*

L'erreur des collectivistes est d'autant plus grave qu'on n'est, en réalité, aucunement fondé à repousser le principe bienfaisant de la concurrence et de la liberté contractuelle en matière de production et d'échange.

Le prolétariat actuel abhorre la concurrence parce qu'elle a lieu aujourd'hui entre ouvriers *dépourvus d'instruments de production* chez *les détenteurs de ces instruments,* si bien qu'elle aboutit en somme au triomphe de ces derniers, à la réduction du salaire au minimum. Elle cesserait d'avoir cet effet si la réunion économique du travailleur et de son ins-

______

(1) *Grundlegung,* Dritte Aufl., zw. Theil, p. 285-289.

rument de production l'empêchait d'agir sur la *marchandise ouvrier*, et limitait son action aux seules *marchandises objets*. L'échange des produits dans ces conditions se ferait évidemment d'après l'exacte quantité de travail emmagasiné en chacun d'eux ; et comme le travailleur indépendant n'aurait plus à céder aucun profit au capital, sa rétribution se proportionnerait dès lors exactement à la quantité, la qualité et l'utilité de son travail.

Le système mercantile, fondé sur la production de marchandises, de *valeurs d'échange*, n'a rien en soi d'antagonique au grand principe de l'équitable rémunération du travail. Il permet qu'un homme puisse troquer la marchandise produite en un certain nombre de jours contre toutes celles dont il a besoin et dont la totalité représente une somme de travail égale. Si, du reste, la balance est inexacte aujourd'hui, il n'en faut pas accuser le système mercantile, mais une organisation de la propriété qui provoque et maintient la séparation économique du travailleur et des instruments de production.

Le système mercantile, dit Marx, permet l'échange, à leur coût de production, du *produit de consommation* et de la marchandise *force de travail* : celle-ci, créant une valeur supérieure à celle absorbée par les salaires, qui représentent son coût de production, laisse aux mains de son acheteur une plus-value, un profit. Ainsi l'exploitation capitalistique provient de ce que le troc des valeurs d'échange en libre concurrence permet d'échanger des produits matériels contre de la marchandise-force de travail. Mais, pour que cette force s'offre sur le marché *comme une marchandise* et au *prix qu'elle coûte* et non à celui qu'*elle vaut*, il faut le maintien de la séparation économique du travailleur et de son instrument de production. Si, en effet, cette séparation était graduellement abolie par le passage dans la communauté et la gratuité d'un nombre toujours croissant d'instruments de production et de capitaux, les ouvriers n'offriraient plus comme marchandise leur *force de travail*, mais uniquement *les produits obtenus par leur travail*. Ceux-ci, dès lors, sous le régime de la concurrence, s'échangeraient contre de la marchandise monnaie ou contre des produits d'une valeur exactement équivalente, représentant une même quantité de travail cristallisé.

Notons ici que les socialistes en général et les collectivistes en particulier ont tort d'attribuer tant d'importance à la théorie marxiste de la valeur, qui nie le rehaussement des prix causé par le profit ou intérêt du capital technique (capital *constant*, selon la terminologie de Marx). Ce n'est pas de l'exactitude de cette opinion que dépend l'avenir de l'idée socialiste. Selon Marx, en effet, le profit du capital-salaires, aussi bien que celui du capital technique, sont enlevés à l'ouvrier en sa qualité de producteur. Selon M. Loria, — d'après la théorie primitivement ébauchée par Ricardo, — s'il est contraint comme producteur de céder le profit du capital-salaires, c'est comme consommateur et par l'accroissement des prix de revient des marchandises qu'il paie celui du capital technique. Mais tout ouvrier est à la fois producteur et consommateur : la théorie de la valeur de Marx n'a donc pas, pour la démonstration de l'iniquité du régime actuel, l'importance que lui attribuent les marxistes.

Les collectivistes devraient, par contre, s'appliquer à démontrer que la valeur des marchandises, soit qu'elle représente le travail réel seul ou ce travail augmenté du loyer du capital technique, n'est pas une moyenne autour de laquelle oscille le prix marchand, mais une quantité absolument constante et indépendante de la *valeur d'usage* et des fluctuations de la demande. Une telle démonstration s'impose pour l'actualisation du régime qui préconise l'abolition de la concurrence et, partant, des variations des prix. Et c'est parce qu'elle est impossible à faire que le collectivisme paraît impraticable.

Mais la fin de l'exploitation du travail et sa complète rétribution, ce desideratum que la concurrence, nous l'avons vu, n'empêcherait nullement d'atteindre et dont elle serait même la plus sûre garantie si la séparation économique entre travailleurs et instruments de production ou capitaux indispensables venait à cesser, n'est pas le seul objet du collectivisme. Il vise en outre « à la consciente unification du processus productif » (an der bewussten Zusammenfassung des Productionsprocesses) (1). Eh bien, en cela aussi, nous l'avons vu, le régime collectiviste se montrerait moins efficace que ne le sera celui du libre contrat après le développement vigoureux des organes sociaux, rudimentaires aujourd'hui, nés du besoin d'unifier la production en la coordonnant exactement à la consommation : associations d'achats et ventes, unions agricoles, syndicats de production, sociétés coopératives de consommation et fédérations de sociétés (2). L'État serait particulièrement inapte à remplir une telle besogne : il a des fonctions complexes entièrement différentes de celles toutes nouvelles qu'on voudrait lui attribuer et qui requièrent un organe social très différencié, très spécialisé et... tout autre.

Et s'il est possible d'atteindre très complètement et très sûrement, au moyen d'un régime de pleine liberté contractuelle et de libre concurrence, en matière de production et d'échange, aux deux buts essentiels du collectivisme, celui-ci perd toute raison d'être quand même il semblerait réalisable. Les seuls résultats de son opposition à la libre concurrence seraient la destruction, infiniment dommageable à la production, du stimulant le plus efficace de l'ac-

----

(1) Schæffle, *Die Quintessenz*, 34.

(2) Il est évident qu'un développement vigoureux et organique de la coopération de consommation suffirait à lui seul à éliminer complètement une foule d'inconvénients tels que : le gaspillage des annonces, des affiches, de la réclame en général ; le parasitisme des innombrables intermédiaires inutiles entre le producteur et le consommateur ; le danger d'être dupés dans l'achat d'une marchandise mauvaise, avariée, de contrefaçon. — Les collectivistes leur donnent d'ailleurs une importance exagérée.

tivité individuelle, et un épouvantable gaspillage de forces dans une bureaucratie énorme.

« Le socialisme est-il en état », se demande Schaefflo, « de réaliser par son organisation à un degré égal ou supé-« rieur la grande vérité psychologique et la fécondité éco-« nomique du principe libéral qui poussent l'intérêt particu-« lier à l'accomplissement de fonctions sociales produc-« tives ?... On ne pourra sans doute ni par la menace « d'une peine, ni en faisant appel au peuple et à ses de-« voirs, ni d'aucune autre façon, obtenir que partout, dans « le champ entier de la production nationale, chacun tra-« vaille *le plus économiquement et le plus productivement* « *possible.* On ne pourra pas empêcher absolument les gens « de gaspiller le temps destiné à l'ensemble de la produc-« tion ou la matière première du travail. On ne pourra « pas les empêcher de se servir sans égards de cette ma-« tière première. On ne pourra faire en sorte que dans « chaque section le fonds des moyens de production se re-« nouvelle toujours à temps et d'après des critères techni-« quement féconds, que, malgré la diversité infinie des tra-« vaux, chacun soit exactement et équitablement rétribué « selon sa valeur, qu'aucun employé de l'administration « économique, des derniers à ceux que Fourier aurait ap-« pelés les omniarques, n'exploite à son profit son emploi... « Dans une production communautaire comprenant des « millions de personnes, il ne suffirait pas que le produc-« teur A pût dire : Le revenu social de mon travail dépend « de ce que 999.999 autres associés coopérateurs travaillent « aussi activement que moi. Cela ne suffirait pas à réaliser « le contrôle nécessaire et pas même à suffoquer l'instinct « de paresse et de malhonnêteté. Cela n'empêcherait pas de « perdre pendant le travail une partie du temps qui devrait « être consacré à la collectivité et ne rendrait pas vaine la « tentative d'obtenir par la ruse ou la violence une évalua-« tion injuste des prestations individuelles (1). »

(1) *Die Quintessenz*, 30-32.

« D'un côté », — dit M. Leroy-Beaulieu, en comparant le système actuel de la libre concurrence avec le régime collectiviste, — « est l'intérêt personnel, toujours actif, « éveillé, la plus grande force de la personne humaine ; de « l'autre côté est la lourde puissance des règlements uni- « formes, de la bureaucratie paperassière qui, étant orga- « nisée pour pourvoir à des cas généraux et normaux, est « impuissante en face des faits exceptionnels, des brusques « variations auxquels le monde économique se trouve as- « sujetti. D'un côté encore est l'esprit agile de quelques « millions d'hommes, s'occupant librement de professions « qu'ils connaissent, qui les font vivre et où ils ont mis « toute leur âme ; de l'autre est la raison froide de quelques « douzaines d'administrateurs que le sentiment même de « leur responsabilité retient et paralyse au moins autant « qu'il les excite (1). »

Ce n'est pas sans raison que les adversaires du collecti- visme lui reprochent de se baser sur une transformation morale, un développement du sentiment du devoir attei- gnant presque à l'altruisme parfait. Il y a, disent-ils, dans le besoin de recourir à pareille hypothèse, un aveu de l'im- praticabilité complète du système et une preuve de la vé- rité des objections de l'économie libérale.

Quand, malgré l'opinion contraire des Lamark, des Dar- win et des Spencer, on admet avec Weismann la conti- nuité du plasma germinatif, et conséquemment la non transmissibilité aux fils des caractères acquis par le père durant sa vie, on peut sans doute, comme nous le verrons, considérer l'individu à peine né comme une *tabula rasa* pour un très grand nombre de tendances morales et, par consé- quent, accorder une énorme puissance formatrice au milieu ambiant. Mais certaines tendances morales fondamentales, comme l'amour de soi, l'instinct de conservation, l'égoïsme, en un mot, absolument nécessaires *en tous les temps* et

______

(1) *Collectivisme*, 345.

dans tous les milieux, ont été certainement, au contraire, déjà fixées par la sélection, aussi bien dans le plasma germinatif de l'homme que dans celui de la brute même. Elles sont donc innées et l'éducation ou le milieu ne pourront pas les façonner à leur gré dans l'individu.

Il suit de là qu'un système social ne peut être réalisable s'il ne compte pas avec l'égoïsme humain normal. Il ne peut « bouleverser les principes fondamentaux sur les-« quels se fonde le raisonnement économique (Cairnes) ».

Le collectivisme a donc péché en excluant la concurrence : les trop faibles sentiments altruistes de l'homme ne peuvent pas certainement la remplacer. Par réaction contre les économistes orthodoxes « qui ne visaient qu'à l'accroissement de la production de la richesse, sans considérer le point encore plus important de sa répartition » (1), il a beaucoup trop subordonné la production à la répartition. Ses adversaires n'ont pas tort quand ils opposent à l'avantage d'une répartition meilleure le désavantage d'une moindre production. L'inconvénient signalé est d'autant plus grave qu'il suffirait, pour obtenir une meilleure distribution des richesses sans toucher au principe vivifiant de la libre concurrence, du rapprochement économique du travailleur et de son instrument de production. L'assurance donnée à l'ouvrier de jouir entièrement du produit de son travail constituerait le plus efficace des stimulants et elle résoudrait du même coup les deux problèmes connexes de l'accroissement de la richesse et de sa plus équitable distribution.

Une autre preuve encore que le collectivisme a trop subordonné la production à l'équité de la distribution, c'est le véto qu'il oppose à la transformation en nouveaux capitaux, en nouveaux moyens de production, des biens de consommation perçus par chaque producteur comme sa part du produit social. Ce véto, la plus grande originalité

____

(1) De Laveleye, *De la propriété*, etc., 255

du collectivisme, l'amène à demander l'abolition de la monnaie comme moyen d'échange et l'introduction, à sa place, des fameux bons de travail.

Or, le capital salaires, uniquement composé de biens de consommation, peut être formé de bons de travail comme de toute autre monnaie ; et, la production s'appliquant à la construction d'instruments de production et de matières premières, il peut, sous cette forme, donner naissance aux diverses espèces de capitaux techniques, fixes ou variables. Comment, dès lors, et grâce à quelle inquisition, empêcherait-on la transformation des bons de travail en moyens de production ? L'État ne pourrait pas, du moins au commencement, prendre tous les ouvriers à son service ; parmi les embauchés, d'ailleurs, ceux qui jugeraient leur rémunération insuffisante n'iraient-ils pas, pour obtenir un gain supplémentaire, s'engager auprès de quelque autre compagnon plus économe ou de quelque société coopérative, possédant des capitaux accumulés en bons de travail ? Puis, quand même l'État entrepreneur occuperait tous les ouvriers, quand même il serait capable de reconstituer et d'augmenter à mesure les capitaux des ateliers nationaux, pourquoi vouloir empêcher une augmentation encore plus rapide du capital social, grâce au puissant concours de l'épargne privée, surtout s'il était possible de nationaliser au bout de peu d'années les moyens de production en lesquels elle se serait investie ?

Mais quand on parviendrait à empêcher la transformation des biens de consommation en capitaux, on n'empêcherait pas le droit de tester, laissé intact ainsi que toute la forme juridique actuelle du droit de propriété, de provoquer l'accumulation de biens de jouissance. Ainsi, sous le régime collectiviste, l'oisiveté de l'héritier serait encore plus complète et plus immorale que celle de l'héritier actuel : celui-ci du moins est tenu de chercher un emploi sûr à ses capitaux et il apporte ainsi un indirect, un imparfait, mais réel appui à des entreprises socialement utiles. Le droit de tester perdrait sa plus solide défense quand l'épargne, accumulée en bons de consommation, ne servirait qu'à permettre aux héritiers une immorale dilapidation de moyens de jouissance. Les effets pernicieux de l'héritage s'aggraveraient donc et l'on verrait disparaître toutes ses influences bienfaisantes.

Le collectivisme, enfin, va à l'encontre de toutes les tendances sociales actuelles.

La pression de la population sur les subsistances, outre la division sociale du travail, la substitution du travail du serf à celui de l'esclave et de celui du salarié à celui du serf, et l'introduction d'innombrables perfectionnements techniques, a imposé encore et surtout cette remarquable modification du processus de la production : *la concurrence* mise à la place de la *coutume*. Le collectivisme prétend supprimer la concurrence. Dans un nombre croissant de rapports sociaux, le libre consentement remplace aujourd'hui la coaction de l'autorité ; la société, dit Sir Henry Maine, va du statut au contrat. Le collectivisme veut accorder à l'Etat le pouvoir de déterminer en maître tous les rapports concernant la production et l'échange des produits. L'extension et le perfectionnement graduels de la conscience sociale donnent aux êtres pensants, ses éléments constitutifs, toujours plus d'individualité. Le collectivisme, qui commande à l'Etat de trouver la place de chacun dans l'engrenage social, est la négation de cette tendance. Le mouvement social actuel tend à accroître la liberté individuelle, et le collectivisme, à la diminuer.

« Sous le régime collectiviste », se demande M. Paul Leroy-Beaulieu, « la libre détermination de ses besoins « sera-t-elle conservée à l'individu ? C'est un grand point : « toute la liberté et la dignité humaine en dépendent...

« Sous le régime collectiviste, où personne ne peut rien « produire ayant une destination vénale, en dehors de « l'Etat producteur souverain et unique..., l'Etat sera « maître d'éliminer radicalement, en ne produisant rien

« pour eux, tous les besoins qui n'auront pas sa haute ap-
« probation. Supposez qu'un jour l'État tombe entre les
« mains de ces farouches amis de la tempérance qui s'ap-
« pellent *teatotalers*, immédiatement les citoyens devront
« se mettre au régime de l'eau pure ou de certaines bois-
« sons déterminées ; il ne sera plus loisible à un seul habi-
« tant de se dérober à cette déplaisante uniformité de ré-
« gime. Si, par hasard, les végétariens ou légumistes ve-
« naient à mettre la main sur l'État collectiviste, c'en serait
« fait de la liberté de l'estomac pour tous les dissidents
« habitués à entremêler de la viande à leur nourriture...

« Dans l'ordre intellectuel, la liberté serait non moins
« atteinte ; car les satisfactions de l'intelligence supposent
« aussi des objets sensibles qui sont des produits de l'in-
« dustrie. L'État collectiviste serait le seul imprimeur, le
« seul libraire ; quelle censure de la presse ou des livres
« aurait jamais approché de ce régime ?

« Si l'État, par les élections, quel qu'en soit le mode,
« tombe dans les mains des piétistes, immédiatement on
« supprime la production et on arrête la vente de tous les
« ouvrages qui ne sont pas empreints d'un sentiment reli-
« gieux déterminé... (1) »

On a nié aussi la possibilité de choisir ses occupations ou
son domicile sous un régime collectiviste ; on a même comparé l'ouvrier des usines de l'État, où les travailleurs employés de tout grade seront subordonnés au grade immédiatement supérieur, à l'esclave antique « peinant sous le
fouet du maître (Spencer) ».

Il y a là sans doute un peu d'exagération due à l'ardeur
de la polémique, car l'opinion publique — une conscience
sociale toujours plus ample — pourrait opposer un frein
efficace aux abus. Mais on ne peut refuser à ces accusa-
tions un grand fond de vérité quand on considère le collectivisme théorique où nul ne pourrait, dans son particulier,

(1) *Le Collectivisme*, 831-333.

créer un produit d'échange. Et si l'on objectait que pratiquement cette exclusion de la production privée ne serait pas absolue, le régime perdrait alors les caractères essentiels du collectivisme, et ne serait qu'un de ces systèmes à simples tendances collectivistes, *collectivistoïdes*, dont nous parlerons tantôt.

Les socialistes soutiennent que le mot liberté est à peu près vide de sens aujourd'hui pour les prolétaires qui n'ont, disent-ils, pas grand'chose à perdre de ce côté. Et cela est vrai. Mais cela n'implique pas que les prolétaires doivent renoncer à devenir libres. Or, leur liberté ne serait ni suffoquée ni même restreinte par un système socialiste qui, ne recourant à aucune coaction d'aucun genre, se proposerait au contraire d'accorder *seulement sur leur demande*, aux travailleurs unis en associations libres et volontaires, la libre et gratuite disposition des moyens de travail indispensables. C'est bien sous un tel régime que la liberté cesserait d'être un vain mot pour toute la masse prolétarienne : au lieu de nous mener « de la liberté à l'esclavage », comme le prétend M. Herbert Spencer, il substituerait à un système social, où la liberté est le privilège du petit nombre, un autre où elle serait accordée à la presque totalité des hommes.

Mais, pour en revenir au collectivisme, tandis que son opposition aux grands courants modernes allant à l'association contractuelle, l'individualisme, la complète liberté personnelle, semble lui enlever toute probabilité de succès, il annonce et soutient que son avènement est le terme fatal de l'évolution de la production capitalistique actuelle.

Considérons donc brièvement la prétendue nécessité de son triomphe et son ou ses modes possibles d'actualisation.

Il est hors de doute que la concentration des entreprises ne se fait pas aujourd'hui avec la rigueur et la généralité qui seraient nécessaires pour l'actualisation future d'un régime collectiviste proprement dit. Pour en démontrer la nécessité, il ne suffit pas de prouver que le champ de la grande entreprise augmente continuellement et même rapidement relativement à celui de la petite ou de la moyenne entreprise.

Voici, d'après des chiffres empruntés à un ouvrage de M. Kautsky, un tableau de l'état et des tendances de la production (1).

En Allemagne, on comptait dans l'industrie, la manufacture, le commerce, le trafic, l'horticulture, la pisciculture, etc.:

Exploitations	1882	1895	Augmentation 0/0
Avec 1 à 5 personnes.	2 882 768	2 931 723	1,8
» 6 » 10 »	68 763	113 517	65.1
» 11 » 50 »	43 052	77 752	76,9
» 51 » 200 »	8 095	15 621	93,0
» 201 » 1000 »	1 752	3 076	75,6
plus de 1000 »	127	225	100,8
Total	3 005 457	3 144 947	4,6

Pendant que l'augmentation totale des exploitations était de 4,6 0/0, les petites exploitations ne croissaient que de 1,8 0/0 et les grosses exploitations de 100 0/0. Le nombre absolu des premières augmentait, mais leur nombre relatif diminuait.

La répartition proportionnelle des exploitations était, 0/0 :

Exploitations	1882	1895
Avec 1 à 5 personnes.	95,9	93,3
» 6 » 10 »	2,3	3,6
» 11 » 50 »	1,5	2,5
» 51 » 200 »	0,3	0,5
» 201 » 1000 »	0,0	0,1
plus de 1000 »	0,0	0,0

(1) *Le Marxisme et son critique Bersntein*, Paris, Stock, 1900, p. 113-115.

Nombre des personnes employées dans les :

Exploitations	1882	1895	Augmentation 0/0
Avec 1 à 5 personnes(1)	4 335 822	4 770 669	10,0
» 6 » 10 »	500 097	833 409	66,6
» 11 » 50 »	891 628	1 620 848	81,8
» 51 » 200 »	742 688	1 439 776	93,9
» 201 » 1000 »	657 399	1 155 836	75,8
plus de 1000 »	213 060	448 731	110,5
Total	7 310 789	10 269 260	39,9

(1) Les chiffres donnés par Bernstein sont différents pour les petites entreprises, peut-être par ce qu'il ne considère que les entreprises patronales :

Petites entreprises :	1882	1895	Augmentation 0/0
(1 à 5 ouvriers)	2 457 950	3 056 318	21.3

La population, pendant cette même période, n'augmentait que de 13,5 0/0. (BERNS-TEIN, *Social. théor. et sociald. pratique*, 101).

Le nombre des personnes employées dans l'ensemble des industries augmentait de 40 0/0, dans les petites exploitations de 10 0/0 seulement, dans les grandes exploitations en général (plus de 50 ouvriers) de 88 0/0, dans les très grandes exploitations (plus de 1.000 ouvriers) de 110 0/0. Par conséquent, le personnel des petites entreprises diminue relativement quoiqu'il augmente d'une façon absolue.

Proportion 0/0 des personnes employées :

Exploitations	1882	1895
Avec 1 à 5 personnes.	50,0	46,5
» 6 » 10 »	6,8	8,1
» 11 » 50 »	12,2	15,8
» 51 » 200 »	10,1	14,0
» 201 » 1000 »	9,0	11,2
plus de 1000 »	2,0	4,1

Les petites exploitations qui comprenaient en 1882 près des deux tiers (59 0/0) de la population industrielle, en comptaient en 1895 moins de la moitié.

D'autre part, nonobstant la diminution relative, on a une augmentation absolue du nombre des petites et des moyennes exploitations et des ouvriers qu'elles emploient; et il est indéniable que ce fait, sans justifier entièrement l'appréciation de Bernstein sur « l'incontestable vitalité » (1) de la petite et la moyenne exploitations, dénote pourtant une vitalité trop grande pour le triomphe de la théorie collectiviste.

D'ailleurs, Kautsky lui-même est le premier à reconnaître que « la concentration du capital » (c'est-à-dire des entreprises) « ne suit pas la même progression dans toutes les branches de l'industrie ». Ainsi la décadence de la petite exploitation est beaucoup plus rapide dans l'industrie que dans le commerce. En Allemagne, sur 100 personnes employées il y en avait en 1895 (Kautsky, page 119) :

Désignation	DANS DES EXPLOITATIONS OCCUPANT :		
	1 à 5 personnes	6 à 50 personnes	au-dessus de 50
Manufactures, mines, bâtiment.	39,9	23,8	36,3
Commerce, trafic, hôtels. .	69,7	24,3	6,0

Les rubriques « petites exploitations » pour les industries occupant 1 à 5 personnes, « exploitations moyennes » pour celles qui emploient de 6 à 50 personnes ne sont permises que pour l'industrie ; dans le commerce, une maison occupant 5 personnes peut constituer une exploitation moyenne, une maison occupant 50 personnes représentera toujours une « grande exploitation ».

(1) BERNSTEIN, *Socialisme théorique et socialdémocratie pratique,* Paris, Stock, 1900, p. 100.

Tableau de l'accroissement (+) et de la diminution (—)
des personnes occupées de 1882 à 1895.

Désignation	EXPLOITATIONS OCCUPANT		
	1 à 5 personnes	6 à 50 personnes	plus de 50 pers.
Industrie	— 2,1 %	+ 71,5 %	+ 87,2 %
Commerce.	+ 48,9 %	+ 94,1 %	+ 137,8 %

Et tandis que les petites exploitations en général augmentaient, comme le montre le premier des tableaux re-
portés ci-dessus, de 51.955 (1,8 0/0), elles diminuaient de
185.297 (8,6 0/0) dans l'industrie en particulier.

Reprenant ensuite son étude dans le détail, M. Kautsky
montre, parmi les diverses branches de l'industrie, celles
où diminue surtout la petite exploitation et où augmente
la grande. Voici ce tableau de la répartition proportionnelle des personnes occupées dans ces différentes branches 0/0 (Kautsky, page 120) :

Branches d'industrie	EXPLOITATIONS OCCUPANT		
	1 à 5 personnes	6 à 50 personnes	Plus de 50 pers.
Mines	0,7	4,0	95,3
Produits chimiques . . .	15,7	22,6	61,7
Industrie textile	26,0	14,8	59,2
Machines et instruments .	22,1	18,9	59,0
Fabrication du papier . .	17,7	31,5	50,8
Matér. de const. et terrass.	12,8	42,5	44,7
Éclairage	15,2	45,1	39,7

Le domaine de la petite exploitation comprend surtout
les branches suivantes, dans lesquelles la proportion 0/0
des personnes employées est la suivante (Kautsky,
page 121) :

Branches d'industrie	POUR DES EXPLOITATIONS OCCUPANT		
	1 à 5 personnes	6 à 50 personnes	Plus de 50 pers.
Elevage, pêche	88,8	7,9	3,3
Ind. du vêtement, nettoyage	80,4	13,2	6,4
Hôtels, restaurants . . .	74,6	24,1	1,3
Commerce	70,8	25,2	4,0
Hortic. et cult. maraichère	60,2	31,5	8,3
Industries d'art	58,4	33,8	7,8
Travail du bois	57,8	29,6	12,6

Ici encore nous constatons une progression de la concentration du capital :

Tableau de l'accroissement et de la diminution des personnes employées en 1882 et 1895 :

Branches d'industrie	EXPLOITATIONS OCCUPANT		
	1 à 5 personnes	6 à 50 personnes	Plus de 50 pers.
Elevage, pêche	+ 37,0 %	+ 35,1 %	+ 700,9 %
Ind. du vêtement, nettoyage	— 0,6 »	+ 81,5 »	+ 162,0 »
Hôtels, restaurants . . .	+ 70,2 »	+ 138,7 »	+ 429,7 »
Commerce.	+ 74,4 »	+ 89,5 »	+ 177,6 »
Hortic. et cult. maraichère.	+ 65,0 »	+ 141,6 »	+ 40,8 »
Industries d'art	+ 4,2 »	+ 66,9 »	+ 576,1 »
Travail du bois	— 3,1 »	+ 118,6 »	+ 138,7 »
Industries en général. . .	+ 10,0 »	+ 76,3 »	+ 86,2 »

Dans le travail des métaux, l'industrie des cuirs, l'alimentation, le bâtiment et le trafic, la petite exploitation est encore « relativement forte ».

Voici les chiffres qui les concernent (Kautsky, p. 128):

RELIURE SERRÉE
ABSENCE DE MARGES INTÉRIEURES

Branches d'industrie		Proportion 0/0 pour des exploitations occupant :			Augmentation ou diminution des ouvriers de 1882 à 1895 dans les exploitations occupant :		
		1 à 5 personnes	6 à 50 personnes	Plus de 50 pers.	1 à 5 personnes	6 à 50 personnes	Plus de 50 pers.
Travail des métaux	1882	62,8	18,7	18,5			
	1895	44,6	24,6	30,8	— 1,2	+ 83,4	+ 131,3
Augmentation ou diminution relative.		— 18,2	+ 5,9	+ 12,3			
Insdustrie des cuirs	1882	62,9	21,3	15,8			
	1895	50,6	24,9	24,5	+ 6,2	+ 54,2	+ 104,5
Augmentation ou diminution relative.		— 12,3	+ 3,6	+ 8,7			
Industrie alimentaire (1)	1882	60,3	19,6	20,1			
	1895	51,9	23,9	24,2	+ 18,0	+ 67,6	+ 66,0
Augmentation ou diminution relative.		— 8,4	+ 4,3	+ 4,1			
Bâtiment	1882	46,0	36,1	17,9			
	1895	27,0	39,6	33,4	+ 15,3	+ 114,6	+ 264,9
Augmentation ou diminution relative.		— 19,0	+ 3,5	+ 15,5			
Trafic (2) (à l'exclusion des chemins de fer, postes et télégraphes)	1882	64,1	17,3	18,6			
	1895	54,0	18,0	28,0	+ 10,8	+ 37,6	+ 97,0
Augmentation ou diminution relative.		— 10,1	+ 0,7	+ 9,4			

(1) A cette catégorie (industries alimentaires, boissons et comestibles en général) appartiennent un million de personnes, dont 153.080 adonnées à la fabrication du tabac, où prédomine la petite industrie domestique exploitée par les capitalistes ; 97.682 à la fabrication de la bière et 95.162 à celle du sucre, dans lesquelles prédomine la grande entreprise ; 110.267 à la mouture du blé, où aussi la grande entreprise fait des progrès ; 261.916 à la panification et à la pâtisserie et 178.873 à la boucherie où prédomine la petite entreprise indépendante.

(2) Sur les 10.514 commissionnaires que comprend cette catégorie 10.200 travaillent pour leur propre compte ; de même,

Quant à l'agriculture, Kautsky reconnaît que la concentration des entreprises (qu'il ne faut pas confondre avec celle de la propriété foncière) s'y fait très lentement ou pas du tout et que parfois même leur désagrégation l'emporte (1).

L'auteur réduit à sa juste valeur l'« incontestable vitalité » de la petite entreprise industrielle, commerciale ou agricole. Il nous montre que les statisticiens jugent indépendantes une foule d'exploitations que les économistes reconnaissent être exercées par des propriétaires nominaux de leurs moyens de production, agents ou salariés véritables de quelque gros capitaliste, et, souvent, salariés des plus opprimés et des plus pauvrement rétribués. Ces pseudo-entrepreneurs sont particulièrement nombreux dans les industries domestiques du bois : parmi les menuisiers, les vanniers, les tourneurs, les fabricants de chapeaux de paille ou de jouets, ainsi que dans les petites industries se rattachant à l'industrie du vêtement et du nettoyage : confection, lingerie, modes, ganterie, cordonnerie, blanchissage et repassage. De même, les restaurants, en Allemagne, dépendent des grandes brasseries ; le petit commerce du lait, du tabac, des produits pharmaceutiques y débite au détail, pour le compte de sociétés de capitalistes ; les producteurs de betteraves, de fruits, de légumes, y sont exploités par les grandes raffineries de sucre, les grandes fabriques de confitures, etc. (2).

Voilà sans doute un puissant argument en faveur de la probabilité pour l'avenir de l'*expropriation* des capitalistes, et, par conséquent, du socialisme. Car cette exploitation de la petite entreprise par le gros capital démontre que le nombre de ceux qui profiteraient de la réduction en propriété collective des instruments de production et des capitaux en général augmente continuellement et rapide-

(1) V. Kautsky, p. 132-141, et Bernstein, p. 107-113.
(2) Kautsky, 126 et suiv., 110.

ment, proportionnellement au chiffre de la population totale, outre que par l'accroissement direct de la masse des prolétaires, par l'apport indirect de ces contingents provenant d'autres classes sociales : mais il n'y a rien là qui prouve la nécessité d'un régime collectiviste où l'Etat serait l'unique entrepreneur. De même, dans l'agriculture, où le système de la location se développe, où la dette hypothécaire, incessamment accrue, multiplie les propriétaires nominaux, où augmente par conséquent, là aussi, le nombre des personnes vivement intéressées à la socialisation de la propriété foncière et des créances hypothécaires, l'absence de concentration de l'exploitation, si elle n'est nullement contraire au socialisme, est cependant tout à fait contraire au collectivisme.

Quelques chiffres suffiront à prouver que le nombre des petites, des moyennes et des grandes exploitations existant aujourd'hui, ou même celui des entreprises qui, selon toute probabilité, existeraient encore à l'avènement au pouvoir de la classe des prolétaires, formerait un insurmontable obstacle à l'introduction d'un régime collectiviste proprement dit.

En Angleterre, les fabriques et les usines soumises aux lois sur les fabriques (appartenant à la grande industrie) occupaient en 1896, disent les rapports officiels des inspecteurs, 4.398.983 personnes, moins de la moitié de la population employée dans l'industrie d'après le recensement de 1891. Cette population comprenait 9.025.902 individus, outre les gens occupés dans les diverses branches de l'industrie des transports. Selon M. Bernstein (pages 95-96) il faut, dans cet excédent de 4.626.919 personnes, calculer un quart ou un tiers d'employés dans le commerce et dans quelques moyennes ou grandes industries non soumises aux lois sur les fabriques. Cela fait, en chiffres ronds, un reste de trois millions d'employés dans les petites industries et de petits industriels. Les quatre millions d'ouvriers soumis aux lois sur les fabriques se répartissent sur un ensemble de 160.948 fabriques ou laboratoires, ce qui donne une moyenne de 27 ou 28 ouvriers par entreprise. En séparant les fabriques des laboratoires, on a 76.279 fabriques employant 3.743.418 ouvriers, et 81.669 laboratoires en employant 655.565, c'est-à-dire une moyenne de 49 ouvriers par fabrique et de 8 par laboratoire.

« Ce chiffre moyen de 49 ouvriers par fabrique indique « déjà », ajoute Bernstein, « ce qu'une plus minutieuse vé- « rification du rapport confirme : que deux tiers, pour le « moins, des exploitations qualifiées de « fabriques » sont « des entreprises moyennes ayant de 6 à 50 ouvriers, de « sorte que l'on trouve tout au plus 20.000 à 25.000 entre- « prises ayant 50 ouvriers ou davantage et représentant « un total de près de trois millions d'individus. Des « 1.171.990 personnes employées dans les diverses branches « de l'industrie des transports, les trois quarts tout au plus « peuvent être considérées comme appartenant aux grandes « entreprises. En les ajoutant à celles des catégories précé- « dentes, nous trouvons que le personnel ouvrier et auxi- « liaire des grandes entreprises forme un total allant de « trois millions et demi à quatre millions d'hommes, tandis « qu'il y en a cinq millions et demi dans les entreprises « moyennes et petites (pages 95-96) ».

L'industrie du coton donnait les chiffres suivants :

Désignation	1868	1895	Augm. ou dimin.
Fabriques.	2.549	2.538	— 0,43 %
Ouvriers	401.004	528.795	+ 32 %
Ouvriers par fabrique . .	156	208	+ 33 %

La concentration s'y fait donc bien lentement. Elle est encore moins rapide dans les autres branches de l'industrie textile. Ainsi, de 1870 à 1890, le nombre des fabriques de tissus de laine ou de maille s'est élevé de 2.439 à 2.546 et celui des ouvriers occupés dans cette branche d'industrie de 234.687 à 297.053. C'est une augmentation moyenne de 95 à 117 ouvriers par fabrique. Les rapports des inspecteurs des fabriques en 1896 signalent sur tout le territoire de la Grande-Bretagne 9.891 fabriques affectées à l'industrie textile, appartenant à 7.900 entreprises et occupant 1.077.687 ouvriers. Il y avait 5.968 fabriques employant 718.051 ouvriers en 1870 ; ce qui donne, pour les deux années, les moyennes respectives de 120,3 et 136,4 ouvriers par entreprise (Bernstein, 96-97).

En ce qui concerne l'Allemagne où la grande industrie se développe très rapidement pourtant, si rapidement que, sinon pour la fabrication des tissus, elle a, pour celle des machines, par exemple, rattrapé l'Angleterre, tandis qu'elle l'a dépassée dans l'industrie chimique, la verrerie, certaines branches des professions graphiques et, probablement, dans l'électro-technique, la grande majorité des travailleurs industriels appartient encore à la moyenne et la petite exploitation. Elle avait, en 1895, plus de dix millions d'ouvriers industriels dont plus de trois millions appartenaient à la grande industrie, deux millions et demi à la moyenne (6 à 50 ouvriers) et quatre millions trois quarts à la petite (Bernstein, p. 98).

Voici maintenant des chiffres relatifs à l'agriculture allemande en 1895. N'oublions pas qu'il s'agit ici d'exploitations habituellement tenues en location (ou bien de fonds gérés par le propriétaire, mais si grevés d'hypothèques, que la possession en est purement nominale) qui n'ont aucun rapport nécessaire de grandeur avec les *propriétés* foncières sur lesquelles elles s'exercent (ou avec le montant total des placements fonciers de chaque capitaliste qui possède des hypothèques sur beaucoup de fonds à la fois) :

Genres d'exploitations	Nombres d'exploitations
Exploitations minuscules (jusqu'à 2 hectares).	3.236.367
» par petits cultiv. (2 à 5 »).	1.016.318
» » moyens » (5 à 20 »).	998.804
» » grands » (20 à 100 »).	281.767
Grande exploitation (100 hectares et au delà) . .	25.061

Ces diverses catégories d'exploitations occupaient respectivement les superficies suivantes :

Genres d'exploitations	Terrain cultivé	Superficie totale
Exploit. minuscules (jusqu'à 2 hect.).	1.808.444	2.415.414
» par petits cultiv. (2 à 5 »).	3.285.984	4.142.071
» » moyens » (5 à 20 »).	9.721.875	12.537.660
» » grands » (20 à 100 »).	9.869.837	13.157.201
Grande exploitation (100 hect. et au-delà).	7.831.801	11.031.896

C'est-à-dire que plus des deux tiers de la superficie totale appartenaient aux trois catégories d'entreprises exercées par des paysans cultivateurs et un quart à peu près à la grande exploitation (Bernstein, 108-109).

La France comptait en 1882 les entreprises agricoles suivantes (Ibid., 110) :

Désignation	Exploitations	Étendue en hectares	
Moins d'un hectare . . .	2.167.767	1.083 833	
De 1 à 10 hectares . .	2.635.030		11 366.274
» 10 à 40 » . . .	727.088		14.845.650
» 40 à 100 » . . .	113.285		
» 100 à 200 » . . .	20.614		
» 200 à 500 » . . .	7.942		22.266.104
De plus de 500 hectares .	217		
Total	5.672.003		48.478·028

Et la Grande-Bretagne, en 1895, avait (Ibid., 112) :

Désignation	Acre de 40 ares	Pourcentage de l'étendue totale
Exploitations de moins de 2 hectares.	366.792	1,13
De 2 à 5 hectares	1.667.647	5,12
Dé 5 à 20 »	2.864.976	8,79
De 20 à 40 »	4.835.203	15,00
De 40 à 120 »	13.875.914	42,59
De 120 à 200 »	5.113.945	15,70
De 200 à 400 »	3.001.184	9,21
De plus de 400 »	801.852	2,46
	32.577.513	100,00

C'est-à-dire que les 27 ou les 28 centièmes tout au plus des terres cultivées étaient affectés à la grande agriculture proprement dite, tandis que le 2,46 0/0 seulement appartenait aux exploitations énormes. Plus de 66 0/0 de l'étendue totale était occupé par de grandes et de moyennes exploitations de paysans.

« Ainsi, conclut Bernstein, la centralisation des entre-
« prises, condition primordiale de la socialisation de la pro-
« duction et de la distribution, ne s'est jusqu'ici — même
« dans les pays d'Europe les plus avancés — que partielle-
« ment réalisée. De sorte que si, en Allemagne, l'État, dans
« un avenir prochain, voulait exproprier toutes les exploi-
« tations occupant au moins 20 personnes soit pour les ad-
« ministrer entièrement et directement, soit pour les louer
« en partie, le commerce et l'industrie privés compteraient
« encore des centaines de milliers d'entreprises occupant
« plus de 4 millions de salariés. Et si — ce que personne
« ne songe à demander — les seules exploitations agricoles
« dépassant 20 hectares étaient expropriées par l'État, plus
« de cinq millions d'exploitations privées, employant près
« de neuf millions d'individus, demeureraient encore aux
« mains des particuliers (1). On pourra se faire une idée de

(1) Selon M. Kautsky, trois millions environ de ces exploitations

« l'énormité de la tâche imposée à l'Etat qui s'approprie-
« rait toutes les entreprises occupant plus de 20 personnes
« ou faisant valoir plus de 20 hectares en songeant qu'il
« aurait à administrer plus de cent mille exploitations in-
« dustrielles ou commerciales (1) employant de cinq à six
« millions d'individus et plus de trois cent mille exploita-
« tions agricoles occupant cinq millions d'hommes (2).

Mais, répond Kautsky, « si la conception matérialiste de
« l'histoire avait véritablement ce caractère mécanique que
« ses adversaires lui attribuent si volontiers, si cette con-
« ception croyait véritablement à l'avènement progressif et
« naturel du socialisme, dans ce sens que toute la petite
« exploitation sera absorbée par le développement capita-
« liste, au moyen de la concentration du capital, et que
« l'organisme de la production socialiste sera constitué, de
« sorte que le prolétariat n'aura plus qu'à conquérir le
« pouvoir politique et à se coucher dans le lit préparé par
« le capitalisme ; si c'était là la conception marxiste de
« l'évolution vers le socialisme, les chiffres absolus, isolés,
« apportés par Bernstein, pourraient avoir quelque impor-
« tance, car ces chiffres prouveraient que la petite exploi-
« tation est loin de disparaître complètement et que, par
« conséquent, le règne du socialisme est encore loin de sa
« réalisation... Mais ce n'est pas là la doctrine marxiste.....
« La décadence de la production individuelle, qui était
« autrefois la forme de production dominante, engendre
« les prolétaires, les salariés. Plus la production capitaliste
« se développe sur les ruines des petits métiers, moins le

agricoles seraient de simples occupations accessoires annexes des
ménages des laboureurs ou des artisans, annexes qui ne contribuent que dans une faible mesure à la production des marchandises, c'est-à-dire de produits d'échange (KAUTSKY, p. 144).

Il resterait donc deux millions seulement d'exploitations exercées
par les paysans.

(1) Selon M. Kautsky, elles ne s'élèveraient pour l'Allemagne qu'à
48.036 (p. 109).

(2) BERNSTEIN, p. 150-151.

« salarié a de chances de s'affranchir, comme producteur
« isolé, de l'exploitation et de la servitude capitaliste, mais
« plus il aspire à la suppression de la propriété privée.
« Avec le prolétariat naissent naturellement et nécessaire-
« ment des tendances socialistes chez les prolétaires, comme
« chez ceux qui prennent le parti des prolétaires, qui as-
« pirent à leur indépendance, c'est-à-dire à leur liberté et
« égalité.

« Mais cela n'explique que la genèse des aspirations so-
« cialistes, et ne dit encore rien de ses perspectives. C'est la
« concentration du capital qui les améliore de plus en plus.
« Plus elle progresse, plus le prolétariat grandit et s'orga-
« nise, comme nous l'avons vu, mais plus elle affaiblit,
« décourage et appauvrit la masse de ceux qui ont un in-
« térêt à la propriété privée des moyens de production,
« c'est-à-dire, des entrepreneurs indépendants, plus elle
« amoindrit l'intérêt qu'ils ont au maintien de cette propriété
« et plus elle favorise les conditions d'éclosion de la pro-
« duction socialiste...

« La concentration du capital pose le problème historique
« de l'introduction d'un mode de production socialiste dans
« la société. Elle produit les forces nécessaires à la solution
« du problème, c'est-à-dire, les prolétaires, et elle crée le
« moyen de le résoudre, à savoir : la coopération sur une
« grande échelle ; mais elle ne résout pas le problème. Cette
« solution ne peut sortir que de la lutte du prolétariat, de
« sa force de volonté, et du sentiment qu'il a de ses de-
« voirs (1). »

Eh bien, si le triomphe du socialisme doit dépendre
moins directement du processus mécanique de la concentration des entreprises que du développement de la conscience collective des prolétaires et de leur pouvoir social,
la prétendue fatalité du collectivisme disparaît, et l'action
consciente de la classe prolétarienne s'élève, par contre, à la

____

(1) Kautsky, p. 104-107.

dignité de facteur sociologique prépondérant. Dès lors, plutôt que de chercher à *prévoir*, à *prédire* l'évolution future du processus mécanique de la production, essayons de *tracer* et de *proposer* un programme à l'activité consciente des prolétaires.

C'est là, d'ailleurs, le but que, déjà, pratiquement, le programme *minimum* des socialistes poursuit partout.

Seulement quand on considère leur programme *maximum*, c'est-à-dire la façon dont les prolétaires devraient se servir du pouvoir, on comprend que l'incertitude ou l'inapplicabilité absolue de ce programme dépendent de la rigidité de cette doctrine marxiste collectiviste dont, explicitement ou non, les principaux chefs du parti s'inspirent toujours. De tous les projets, le plus impraticable est l'expropriation violente révolutionnaire.

Et Kautsky a beau protester « qu'il ne s'agit pas de la socialisation brusque, *en une longue séance nocturne*, selon le mot de Victor Adler, de toutes les exploitations employant plus de vingt personnes, comme on pourrait le croire en lisant Bernstein, mais seulement *d'un changement de direction dans l'évolution de la propriété* » (page 109). Cette dernière phrase est un peu sibylline, à vrai dire, si le changement doit être l'œuvre consciente du parti prolétarien. On ne peut nier, d'autre part, que l'expropriation violente ne soit le postulat nécessaire de la doctrine marxiste. Le *Kapital* (I, 728-729) ne contient-il pas ce passage : « A « l'heure extrême, il ne s'agira que de faire exproprier « quelques usurpateurs par les masses » ? Et les quatre premiers paragraphes du programme complet exposé dans le « Manifeste du parti communiste » ne confirment-ils pas ce projet ? Avoué ou non, il demeure aujourd'hui même, on ne peut le nier, cher à beaucoup de collectivistes.

Or, ne fut-ce que dans l'intérêt des ouvriers producteurs de marchandises de luxe ou des salariés directement employés au service des riches, il ne faudrait pas anéantir tout à coup, par une expropriation violente, la puissance d'achat des classes aisées. La révolution apporterait d'ailleurs de très graves dommages ; elle causerait d'incalculables désastres dans toute l'économie sociale, grâce à l'intime interdépendance de toutes les industries et de tous les commerces. Elle nuirait d'abord et surtout au prolétariat.

M. Kautsky, après avoir protesté contre l'intention attribuée au parti socialiste de vouloir exproprier violemment les propriétaires privés, s'exprime comme suit :

« Le prolétariat n'a pas d'intérêt au maintien de la pro-
« priété individuelle des moyens de production. Même s'il
« arrive par les voies les plus pacifiques et les plus légales
« au pouvoir, s'il est animé du vif désir de ne rien boule-
« verser et de ne point s'écarter des voies de « l'évolution
« organique », même s'il est sceptique à l'égard des « uto-
« pies » socialistes, il ne tiendra pas compte, dans la dé-
« fense de ses intérêts, du maintien de la propriété indivi-
« duelle des moyens de production et de la production
« individuelle.

« Par contre, un régime prolétarien doit toujours pour-
« suivre un double but. D'une part, *la suppression du ca-*
« *ractère privé des grands monopoles capitalistes* et, de
« l'autre, la *suppression des sans travail, armée de réserve*
« *des industriels.*

« Et, en ce faisant, il atteint le mode de production ca-
« pitaliste au cœur.

« Sans les trusts monopolisateurs et sans les sans-tra-
« vail toujours prêts à prendre la place des grévistes, la si-
« tuation du prolétariat organisé en face du capitalisme
« devient prépondérante.

« Quand celui-ci se plaint aujourd'hui déjà du terrorisme
« prolétarien, c'est une absurdité. Mais le prolétariat éta-
« blira forcément sa dictature dans l'usine le jour où il
« aura conquis le pouvoir dans l'Etat. La position des ca-
« pitalistes, qui subsisteront après la socialisation des cartels
« et des trusts, deviendra alors intenable ; ils n'auront plus
« qu'à supporter les risques de leur industrie sans en être

« les maîtres plus longtemps. Dès ce moment, les capita-
« listes, avec une hâte plus grande que celle des ouvriers
« d'aujourd'hui, réclameront une *socialisation avantageuse*
« de leurs industries ; ils dépenseront beaucoup plus de
« force et d'intelligence à résoudre ce problème par la voie
« la plus rapide et la moins douloureuse qu'ils n'en dé-
« pensent aujourd'hui à combattre le mouvement proléta-
« rien. Le prolétariat victorieux serait contraint, même s'il
« ne le désirait pas au début, de socialiser la production :
« il y serait fatalement, logiquement amené par ses intérêts
« de classe » (pages 333-335).

Admettons, sans soulever le moindre doute sur sa réalisation future et ses bienfaits, cette « dictature prolétarienne
dans l'usine » que la socialisation des trusts et la suppression des sans travail rendraient possible. Elle placerait les
capitalistes, nous dit M. Kautsky, dans une position tellement intenable qu'ils réclameraient une « socialisation
avantageuse » de leurs industries. Que signifient ces mots :
une « socialisation avantageuse » ? Comment le prolétariat
parviendrait-il à « supprimer le caractère privé » des grands
monopoles capitalistes ? Où l'État se procurerait-il les capitaux nécessaires à l'occupation de tous les sans travail ?
Cela ne nous est pas dit. Nous voyons se reproduire ici
l'erreur commune à tous les systèmes collectivistes qui re-
poussent l'expropriation violente : ils oublient d'indiquer
le procédé à suivre pour effectuer la nationalisation des capitaux privés.

La théorie collectiviste, telle qu'on l'entend généralement,
soutient que toute industrie parvenue à son maximum de
concentration, mûre pour la gestion collective, deviendra
une industrie de l'État. Mais aucun collectiviste ne soutient aujourd'hui que toutes les industries arriveront en
même temps à ce maximum de concentration et qu'on pourra
faire sauter « à l'heure extrême » l'involucre capitalistique
pour obtenir tout d'un coup le système collectiviste. Donc,
il reste à expliquer comment l'État pourrait ou devrait pro-

céder à l'expropriation des entreprises l'une après l'autre.

S'il les rachetait pour conserver autant que possible l'arrangement formel actuel de la propriété, les prolétaires retireraient-ils de très grands avantages de ce rachat? Et où prendrait-on les fonds nécessaires? Nous avons déjà vu que les emprunts spéciaux, les lourds impôts sur les vivants, et enfin tous les expédients mentionnés dans le troisième chapitre de ce livre demeureraient inefficaces ou seraient même funestes. Le processus de nationalisation qui en résulterait n'aurait pas seulement l'inconvénient de laisser inchangée la quantité totale des capitaux privés : il serait très lent, et la pesanteur des impôts, le montant énorme des dettes publiques de l'État, des provinces ou des villes le condamneraient *à s'arrêter au bout d'un laps de temps très court*. On sait déjà combien le rachat des entreprises privées de l'eau potable, du gaz, des tramways, et autres analogues, grève dès aujourd'hui les budgets municipaux.

On ne pourrait pas d'ailleurs refuser l'indemnisation complète, surtout si l'on bornait la socialisation à des monopoles et de grandes exploitations.

En effet, exproprier un trust, une grande entreprise par actions, signifie exproprier les possesseurs des actions : le trust anglais du fil à coudre ne compte pas moins de 12.300 actionnaires, celui du fil fin et le *T. et P. Coats* en ont chacun 5.434; l'exploitation Spiers and Pond, de Londres, en a 4.650; l'entreprise du grand canal de navigation de Manchester, 40.000; la société de comestibles Lipton, 74.262 (Bernstein, 81-82). On ne pourrait songer à exproprier quelques capitalistes seulement, par exemple les seuls actionnaires des trusts ou des entreprises employant plus d'un certain nombre d'ouvriers, car une telle conduite amènerait sans doute des troubles spéciaux dont les conséquences funestes s'ajouteraient à toutes celles des expropriations révolutionnaires en général. Il ne se formerait plus de sociétés par actions, d'exploitations coopératives, de syndicats industriels. Des méthodes d'association devant aboutir à un mode supérieur de production seraient rendues impossibles par la crainte d'une expropriation de l'entreprise commune le jour où elle dépasserait certaines limites, de sorte que la production privée rétrograderait vers des méthodes surannées, mesquines et inférieures. Et la société ne pourrait pourtant pas se passer d'elle, de sa mise en œuvre des méthodes de production socialement supérieures, car elle exploiterait forcément toutes les industries et tous les commerces non exercés par les trusts et les entreprises nationalisés.

Supposons, cependant, déjà réalisée l'expropriation des trusts et de toutes les entreprises employant plus d'un certain nombre d'ouvriers ; négligeons-en les funestes répercussions économiques ; soutenons même, malgré M. Bernstein, que l'État ou les communes pourraient, en transformant les gérants des exploitations industrielles ou commerciales en fonctionnaires publics, diriger ces exploitations avec succès ; est-ce à dire qu'on aurait établi un véritable régime collectiviste ? Non, évidemment. On n'aurait pas aboli la production privée que, d'ailleurs, sous aucun régime, on ne pourrait supprimer entièrement et qui serait encore, aussi bien que la production nationalisée, assujettie à la loi de l'offre et de la demande, et aux fluctuations des prix correspondant à la variation des valeurs d'usage. Puis, de quelle façon et à quel moment de ce régime à base mercantile seraient introduits les fameux bons de travail ? Comment empêcherait-on la transformation des biens de consommation, constituant les rémunérations ou les gains, en nouveaux capitaux ? ou le prélèvement d'un profit des capitaux non encore collectivisés sur des travailleurs que l'État ne pourrait pas employer dans les ateliers nationaux ? Ainsi, on courrait le danger de voir se renouveler peu à peu les inégalités et les iniquités actuelles, si la constitution formelle de la propriété demeurait la même sous le régime nouveau. Celui-ci, le seul collectivisme que l'on puisse concevoir et prendre sérieusement en considération, ne serait donc, après tout, que le régime actuel avec une beaucoup plus forte proportion d'industries exercées par l'Etat. Quant au collectivisme pur, théorique, celui qu'a exposé Schæffle, il y faut entièrement renoncer.

Et s'il en est ainsi, si les phénomènes économiques dont l'élimination est indispensable à la mise en œuvre du mécanisme parfait de la production collectiviste ne peuvent pas être supprimés, l'établissement d'un régime à simples tendances collectivistes, un régime collectivistoïde, n'aurait du collectivisme que ses désavantages. En thèse générale, dès lors, des industries d'une seule sorte semblent devoir être réservées à l'Etat, celles qui sont, en fait, des monopoles, et encore à la condition qu'il soit impossible de leur imposer des cahiers de charges spéciaux, garantissant tous les droits des consommateurs. Pour les autres, on ne voit plus pourquoi, après la nationalisation des instruments de production et des capitaux, elles ne demeureraient pas confiées aux travailleurs mêmes. Ils seraient bien plus aiguillonnés à produire beaucoup et à bon marché au cas où ils auraient un intérêt personnel au succès des entreprises, que s'ils étaient de simples salariés fonctionnaires. L'aptitude de leurs syndicats à l'exercice des industries serait certainement supérieure à celle de l'Etat. On n'aurait pas toutes les difficultés d'administration insurmontables que provoquerait, au contraire, la gestion directe de la production et de la distribution des produits par le gouvernement central et les municipalités. Aucun des inconvénients du collectivisme, que nous avons exposés plus haut, ne serait à craindre, en somme. N'oublions pas d'ailleurs que nos tendances à l'individualisme et à l'association contractuelle semblent exclure absolument la collectivisation de la production.

Cependant — nous le répétons encore — la question de savoir s'il faut confier l'exercice de la production sociale à l'Etat ou à des associations libres de travailleurs ressortit à des critères de pure technique économique administrative ; elle pourrait donc être résolue après la nationalisation des instruments de production et des capitaux. Mais c'est celle-ci, ou plutôt c'est la détermination des moyens capables de la réaliser, qui forme véritablement le problème fondamental du socialisme. Les collectivistes n'ont pas encore cherché à le résoudre, ou bien ils ont eu recours à l'expropriation violente révolutionnaire. De sorte que la partie la plus essentielle de leur théorie en est aussi la plus fautive.

Or, si l'étude raisonnée du collectivisme prouve l'inefficacité de son action en faveur du prolétariat, et même son impossibilité pratique, l'examen critique de tous les systèmes de réformes proposés jusqu'ici aboutit à des constatations analogues.

Commençons par les plus modérés.

Il est évident que l'ensemble des dispositions constituant ce qu'on appelle la législation sociale tend, et parvient en effet, mieux que la simple organisation ouvrière de résistance, à diminuer au moins quelques-unes des conséquences iniques du soi-disant *libre contrat de travail* entre les ouvriers privés de moyens de subsistance et de moyens de travail et les détenteurs du capital. Aussi la classe salariée, à demi-consciente déjà, exerce-t-elle sur cette législation sociale une pression de plus en plus forte pendant qu'elle attend d'une modification profonde du droit de propriété actuel la véritable liberté et une émancipation complète.

« Je réclame de l'Etat », dit M. de Laveleye, « non, « comme le dit M. Spencer, des actes de bienfaisance, mais « rien que justice, seulement je veux toute justice. Lorsque « la grande masse des hommes est exclue de la propriété, « l'injustice règne, ainsi que l'a si bien prouvé M. Spencer « lui-même. Dès lors, quand l'Etat intervient pour donner « aux déshérités l'instruction gratuite, quand il les défend « contre les excès du travail, quand il porte atteinte au libre « contrat en Irlande, quand il exproprie des bouges infects « pour améliorer les demeures des ouvriers, quand il ac-

« corde quelques moyens de subsistance à ceux qui sont
« privés de travail, toutes mesures que M. Spencer con-
« damne, l'Etat ne pratique pas la bienfaisance, car ce sont
« là autant d'actes de justice réparative. Le jour où l'ordre
« social sera constitué sur la base des deux principes essen-
« tiels proclamés par M. Spencer : A chacun suivant ses
« œuvres — et — *Qui non laborat nec manducet*, l'Etat
« pourra s'abstenir des actes de justice réparative et se con-
« tenter d'appliquer rien que la justice (1). »

Voilà justement le point à mettre en évidence : l'Etat
n'aurait jamais besoin d'intervenir pour sauvegarder
l'équité des contrats, non pas même de ceux ayant trait à la
production et aux échanges, si une nouvelle constitution
de la propriété assurait aux ouvriers, avec la libre et gratuite disposition des instruments de production et des
avances nécessaires, une véritable liberté contractuelle. Car,
évidemment, tout contrat stipulé entre individus réellement
indépendants et réellement à même de le récuser sans nuire
à leurs intérêts ne pourrait manquer d'être parfaitement
équitable. Il pourrait donc se passer de la surveillance et
de la sanction d'un pouvoir collectif externe. Et ce seraient
alors les travailleurs qui s'opposeraient à toute ingérence
de l'Etat et à ses tendances collectivistes autoritaires.

En d'autres termes, si les rapports contractuels étaient
basés sur l'égalité initiale des conditions et l'effective liberté des contractants, on n'aurait qu'à restreindre au minimum possible l'ingérence de l'Etat dans les contrats privés, pour réaliser le plus haut degré de bien-être social. Ce
bien-être qui se compose de la somme des bonheurs particuliers ne saurait être, en effet, plus sûrement atteint que
par les efforts de personnes réellement indépendantes cher-
chant leur avantage dans de libres contrats. Car elles ne
manqueraient pas de méditer, de tenter, de suivre avec ardeur toutes les façons d'aller à leur but, et, n'en ayant ja-

____

(1) De Laveleye, *Le Socialisme contemporain*, 412.

mais détourné le regard, elles finiraient par y parvenir ;
sans pouvoir d'ailleurs nuire aux autres ni à leurs compéti-
teurs mêmes, si ceux-ci poursuivaient un but pareil avec
des forces égales. L'État, eût-il la possibilité de se montrer
également *paternel* pour tous les citoyens, serait bien em-
barrassé si on le chargeait d'assurer le bonheur de tous. La
complication excessive des phénomènes sociologiques empêche de calculer d'avance les effets lointains de chaque
disposition législative, et *a fortiori* les effets lointains d'une
foule de règlements très minutieux et très spéciaux. C'est
tout au plus si l'on peut prévoir les conséquences de mesures larges et générales également applicables à tous les
membres de la communauté. Un exemple matériel rend
la chose évidente : S'il fallait lancer dans une direction donnée des boules élastiques posées sur un plan horizontal, le
meilleur moyen d'y parvenir serait d'incliner légèrement le
plan de ce côté-là. Quel que fût le sens de leurs mouvements
antérieurs et de quelque façon qu'elles vinssent à se heurter
l'une l'autre, les boules, sollicitées toutes également par
leur poids, finiraient sans doute par glisser sur la pente ;
mais si l'on essayait d'obtenir un résultat analogue en les
poussant une à une sur le plan horizontal, le plus habile
joueur, le physicien le mieux instruit des lois du choc des
corps élastiques, ne parviendraient pas à prévoir tous les
modes de leurs contacts ni toutes les variations et toutes les
déviations des vitesses et des directions initiales.

En dehors de ces considérations, il est certain que les
socialismes d'État, de la chaire, chrétien, évangélique ou
catholique, et, en somme, toutes les formes d'intervention
de l'État dans le contrat de travail pour en tempérer l'iniquité fondamentale ne sont et ne peuvent être que des correctifs dérisoires à la très misérable condition actuelle des
prolétaires. Ces manifestations sociales, même quand elles
représentent un mouvement sincère en faveur des ouvriers,
n'ébranlent pas le moins du monde la base sur laquelle
s'élève l'exploitation des capitalistes, la séparation écono-

mique du travailleur d'avec ses moyens de travail : aussi, pour pouvoir les accepter, les approuver provisoirement, faut-il songer à l'imperfection de la conscience collective prolétarienne, ce facteur si nécessaire à la détermination des phénomènes sociologiques. Cependant, à mesure que, malgré leur insuffisance, les palliatifs adoptés augmenteront un peu la puissance économique du prolétariat, sa conscience collective grandira, et, plus développée et perfectionnée, elle réclamera, elle imposera la ou les modifications du droit de propriété capables de rendre enfin les rapports économiques sociaux véritablement et complètement conformes aux intérêts des masses et à l'équité. Les gouvernements de classe actuels (Marx, Engels, Loria) se transformeront en organes essentiellement chargés de renouveler et de resserrer sans cesse les liens d'un véritable contrat social à mesure que les masses prolétariennes seront absorbées par la conscience sociale incessamment élargie. Mais dans la période de transition que nous traversons, la conscience collective de la classe ouvrière est encore bien imparfaite et sa puissance bien faible. Les prolétariens sont empêchés par les classes dominantes, tenacement vouées à la défense d'institutions sociales d'où dépendent leurs intérêts les plus essentiels, de marcher droit à des modifications radicales de la constitution de la propriété, et leur faiblesse actuelle, obligée de recourir aux voies indirectes afin d'éviter d'insurmontables résistances, est contrainte de se contenter des expédients, des remèdes empiriques de la « législation sociale ».

En songeant à l'inefficacité de ces réformes, nous sommes tentés d'applaudir à la déclaration qui termine la polémique De Laveleye-Spencer : nous voudrions seulement en supprimer les derniers mots et pouvoir entendre par « correction des arrangements sociaux injustes » une modification de la propriété capable de détruire les inégalités artificielles des conditions initiales de la lutte économique :

« Si M. de Laveleye soutient, comme il semble, que faire

« prévaloir les conséquences normales qui doivent résulter
« de la conduite de chacun, si juste que cela soit en prin-
« cipe, est impraticable dans les conditions sociales ac-
« tuelles, qui sont telles qu'en beaucoup de cas les uns
« reçoivent ce qu'ils n'ont pas gagné ou autrement mérité
« d'une façon équitable, tandis que d'autres sont empêchés
« même de vivre par leur travail, dans ce cas voici ma ré-
« ponse : Quand cet état de choses est dû à des arrange-
« ments sociaux injustes, efforçons-nous de corriger ces
« arrangements aussi rapidement que possible, mais n'adop-
« tons pas cette politique désastreuse de créer des injus-
« tices nouvelles, pour diminuer les maux produits par des
« injustices anciennes (1). »

D'autre part, nous ne pouvons méconnaître la justesse de
la réplique de M. de Laveleye :

« Dans ces dernières lignes, M. Herbert Spencer me
« semble concéder le point capital que je tenais à établir. Si
« les institutions actuelles, par la trop grande inégalité
« qu'elles maintiennent, donnent lieu à de nombreuses in-
« justices, comme on ne peut *rapidement* modifier un état
« social résultant de tout le passé, il faut en attendant répa-
« rer ces injustices. Ce sera même, si les mesures sont bien
« entendues, comme l'est par exemple l'organisation d'une
« bonne instruction populaire, le seul moyen de préparer
« peu à peu l'avènement de cet ordre normal et rationnel,
« où les conséquences normales des actes humains et du
« libre contrat seront réellement conformes à l'équité (2). »

Oui, certes, mais l'élaboration de la législation sociale ne
doit pas faire oublier à la classe ouvrière l'impossibilité de
remédier avec des palliatifs à l'énorme iniquité de ses conditions actuelles. Il ne faut pas qu'elle épuise la précieuse
force d'une conscience collective en formation à obtenir des
avantages dérisoires et qu'elle perde de vue le but auquel

(1) *Le Socialisme contemporain*, 412-413.
(2) *Le Socialisme contemporain*, 412-413.

doivent tendre énergiquement tous ses efforts : un changement radical dans l'organisation de la propriété susceptible de lui assurer, non *des correctifs de l'injustice, mais la justice même.*

A côté de ce qu'on appelle la législation sociale figure dans le socialisme d'Etat ou de la chaire la « politique tributaire sociale » de M. Wagner. Elle tend : « à introduire, « avec le concours du système tributaire, une distribution « du revenu national différente de celle qui se vérifie au- « jourd'hui sous le régime de la libre concurrence sur la base « de la constitution actuelle de la propriété ». « Il s'agit « donc d'établir pour l'impôt, à côté du point de vue pure- « ment financier, un second principe : le politique social. « Grâce à lui, l'impôt ne constituerait pas seulement le « moyen de pourvoir aux besoins financiers, mais devien- « drait aussi un instrument modifiant et corrigeant la dis- « tribution du patrimoine et du revenu produite par la libre « concurrence (1). »

C'est, évidemment, disproportionner les moyens au but à atteindre que vouloir se servir de la politique tributaire pour remédier à l'injustice fondamentale de la distribution due à la constitution actuelle de la propriété. Et prétendre appliquer un organe social, créé en vue de certaines fonctions, à des fonctions toute différentes, attribuer aux institutions financières, exclusivement propres à vaquer au budget de l'Etat, le soin, entièrement distinct, de déterminer les rapports d'équité que pourrait réaliser seule une complète reconstitution de la propriété, c'est risquer de bien graves bouleversements. Il faudra, et toujours davantage, sans doute, suivre cette politique pendant la période de transition, mais elle perdra toute raison d'être quand la conscience prolétarienne aura atteint à la consistance voulue pour percevoir et imposer directement les modifications de

(1) *Die Finanzwissenschaft,* édition italienne, Turin, 1891, p. 40, 888.

la propriété qui conduiront d'elles-mêmes à l'équité de la distribution sans besoin de correctifs.

———————

Aucune des réformes provisoires que nous venons de passer en revue n'a, de l'aveu des socialistes, une assez grande portée pour mériter le nom de socialisme; mais les systèmes de Louis Blanc, de Proudhon, de Lassalle même ne le méritent pas davantage. Examinons-les, au moins rapidement, quoiqu'ils appartiennent au passé. Nous nous convaincrons que le discrédit où ils sont tombés ne dérive pas de leur commune tendance à confier la production aux associations des travailleurs plutôt qu'à l'État, mais de leur commune erreur de vouloir émanciper le prolétariat salarié sans lui donner la libre et gratuite disposition des instruments de production et des capitaux en général, c'est-à-dire sans remplir l'unique condition indispensable à l'émancipation ouvrière.

Louis Blanc voulait, au moyen d'un emprunt gouvernemental, créer des ateliers sociaux pour les branches les plus importantes de l'industrie nationale. L'emprunt ne pouvant pas dépasser certaines limites, le nombre des ateliers originaires aurait été rigoureusement circonscrit, mais, « en vertu de leur organisation même, ils auraient été doués d'une force d'expansion immense » (1). Ils auraient, en effet, consacré un tiers de leur bénéfice « à fournir des instruments de travail à ceux qui voudraient faire partie de l'association, de telle sorte qu'elle pût s'étendre indéfiniment (page 104) ». En outre, « l'atelier social aurait sur tout atelier individuel l'avantage qui résulte de la vie en commun, et d'un mode d'organisation où tous les travailleurs, sans exception, sont intéressés à produire vite et bien » (page 105). — De là, sa victoire dans la concurrence à l'industrie privée qu'il supprimerait en l'absorbant. Il attirerait le capital privé par l'appât du paiement d'un intérêt.

———————

(1) *Organisation du travail*, Paris, Bureau de la Société de l'industrie fraternelle, 1848, p. 103.

« Bientôt, en effet, dans toute sphère d'industrie où un atelier social aurait été établi, on verrait accourir vers cet atelier, à cause des avantages qu'il présenterait aux sociétaires, travailleurs et capitalistes » (page 106)..... « Les capitalistes toucheraient l'intérêt du capital par eux versé, lequel intérêt leur serait garanti sur le budget » (page 105). ..... Enfin, l'extension de ce mode de production finirait par éliminer la concurrence à qui Louis Blanc attribue tout le mal social.

Il faut noter dans ces hypothèses : d'abord, la supposition utopique que les avantages de l'usine sociale sur l'industrie privée et la formation, avec le tiers des bénéfices annuels, du capital collectif inaliénable (analogue au fond indivisible de Buchez) suffiraient à donner aux associations une force d'expansion irrésistible, capable d'attirer les capitaux privés, de supprimer la concurrence entre les ateliers affectés à une même industrie, d'organiser le travail, en somme. Ensuite, que les capitaux privés attirés vers l'atelier social y obtiendraient leur intérêt habituel. Dès lors, et malgré l'expansion complète des associations, le capital-privé demeurant encore économiquement séparé du travailleur, l'exploitation de celui-ci ne cesserait pas.

On sait la solution que Proudhon voudrait donner au « problème social ». Tous les fabricants, les manufacturiers, les mineurs, les agriculteurs, les ouvriers, etc., de la nation constitueront la « Société nationale de la Banque d'Echange », dans le but de « secouer la tyrannie de l'or », de substituer au « crédit unilatéral » onéreux actuel, à l'emprunt par lequel « le détenteur de l'or peut seul donner du crédit tandis qu'il n'en reçoit pas », le « crédit bilatéral » gratuit, l' « échange », grâce auquel tous se feront réciproquement crédit d'une partie de leur travail. Tout le problème de la circulation, selon Proudhon, consiste à généraliser la lettre de change, c'est-à-dire « à en faire un titre anonyme, échangeable à perpétuité, et remboursable à vue, mais seulement contre des marchandises et des services.

Ou, pour parler un langage peut-être mieux compris de la finance, le problème de la circulation consiste à *gager* le papier de banque, non plus par des écus, ni par des lingots, ni par des immeubles,... mais par des *produits* (1) ».

C'est à ce but qu'aurait visé la Banque d'Echange. Constituée *sans capital*, elle aurait émis des billets que chaque souscripteur se serait engagé à accepter en tout paiement, de qui que ce fût et au pair (pages 115, 186). Elle se serait proposé « de procurer à ses sociétaires les produits, les denrées, les marchandises, les services ou les travaux dont ils auraient eu besoin pour la production sans le secours du numéraire » (page 186). C'est-à-dire que l'on aurait pu troquer contre les billets ou bons d'échange de la banque, les papiers ordinaires du commerce, traites, mandats, lettres de change ou billets à ordre, sans avoir à subir d'escompte. On n'aurait eu qu'à céder une commission pour les frais d'administration (pages 115, 189). La Banque aurait accordé des prêts, *sans intérêt*, à découvert, sur caution, sur hypothèque, etc. (pages 191, 199, 221). Et — ce qui nous semble de la plus haute importance, car les prêts gratuitement consentis aux sociétés de production ouvrières amènent effectivement le rapprochement économique du travailleur et du capital — elle aurait commandité « tout essai d'association ouvrière et d'organisation des travailleurs qui, dans les données de la pratique la plus ordinaire, présenterait des garanties suffisantes de succès » (page 192).

« Le papier de banque ainsi formé aurait toutes les qua-
« lités du papier le plus solide. Il ne serait point sujet à
« dépréciation, puisqu'il ne serait délivré que contre bonnes
« valeurs et lettres de change acceptables et qu'il reposerait
« ainsi, non pas sur des produits fabriqués, mais sur des
« produits vendus et livrés dont, par conséquent, le rem-
« boursement serait exigible. Il n'aurait rien à redouter de

(1) PROUDHON, *Solution du problème social. Organisation du crédit et de la circulation. Banque d'échange*, Paris, Marpon et Flammarion, p. 112, 113, 114, 185.

« l'excès d'émission, puisqu'il ne serait délivré que contre
« papier de commerce de première qualité, c'est-à-dire
« contre promesse certaine et authentique de rembourse-
« ment » (page 184).

Seulement, pour fabriquer, vendre et remettre des produits, il faut avoir eu d'abord un capital. Et ce capital, la
Banque n'en aurait pas pu faire l'avance. En effet, on ne
comprend pas comment il lui serait possible d'accorder des
prêts à découvert sur caution, des prêts sur hypothèque et
des prêts gratuits aux travailleurs (surtout dans la mesure
nécessaire pour commencer à effectuer réellement leur
émancipation) du moment qu'elle n'aurait pas de capitaux
et que ses billets, pour éviter la dépréciation, ne seraient
émis et reçus qu'en échange de lettres de change représentant des produits déjà fabriqués, vendus et remis. On se
trouve donc en face d'un dilemme : Ou la Banque s'en tien-
drait à l'escompte des lettres de change, et elle ne serait en
ce cas qu'une sorte de Chambre de compensation populaire,
où la compensation se ferait moyennant des bons d'échange,
au lieu de se faire par des virements de comptes, ou bien
les bons d'échange serviraient aussi à constituer des prêts,
de véritables avances de capitaux, et en ce cas ils ne seraient
plus à l'abri de la dépréciation, puisqu'ils ne représenteraient plus des produits fabriqués, vendus et déjà remis.
Leur dépréciation amènerait nécessairement leur cours
forcé pour tous les citoyens (une répétition de l'histoire des
assignats), puisque l'Etat se serait engagé à les recevoir
dans toutes les Caisses publiques (p. 193), et puisque ce
serait en bons que la Banque avancerait à l'Etat toutes
les annuités et emprunts dont il aurait besoin et qui devraient même lui permettre d'éliminer les impôts et la Dette
publique (p. 193, 202, 203, 204). Ce dilemme est la conséquence directe de l'erreur fondamentale, et complètement
démontrée aujourd'hui, qui consiste à croire que le crédit
peut *créer* le capital.

Le projet de réforme de Lassalle, fondé sur les « asso-

ciations productives des travailleurs avec le crédit de l'Etat »,
est bien plus remarquable.

« Si l'Etat se décidait à cette émancipation du travail en
« grand, dans toutes les villes se présenteraient, non les
« travailleurs isolément, mais tous les ouvriers de chaque
« métier, c'est-à-dire toute la corporation ou du moins tous
« les travailleurs qui voudraient se réunir en associations
« productives... L'Etat seconderait cette tendance en accor-
« dant le crédit nécessaire, dans toutes les villes, aux asso-
« ciations de corps de métiers dont il laisserait naturelle-
« ment l'entrée libre aux ouvriers. Il ne viendrait sans
« doute pas à l'Etat l'idée de provoquer dans le monde ou-
« vrier les phénomènes qui caractérisent la bourgeoisie et
« de convertir les groupes de travailleurs en petites sociétés
« rivales. Ce serait dommage ! En somme, les associations
« productives, grâce à l'union de crédit et d'assurance des
« associations, formeraient une société productive qui par-
« tout se subdiviserait en différentes branches de produc-
« tion. Il y aurait donc bientôt, dans chaque grand centre,
« une concentration d'une branche de production en une
« seule association productive et alors toute concurrence
« entre les associations d'une ville serait impossible *a priori ;*
« et, en même temps, le péril que court l'entrepreneur isolé
« serait éliminé par l'association qui marcherait d'un pas
« sûr vers la sereine augmentation progressive propre à la
« production (1). »

Voici maintenant sa réponse à l'objection que la charge
imposée aux finances nationales serait intolérable :

« Ces finances nationales n'auraient besoin de rien dé-
« bourser, tout capital étant une avance de production qui
« se rembourse elle-même par l'accumulation des produits.
« Il se partage en deux parties dont l'une, le capital de cir-
« culation, est restituée par la production au bout d'un an
« ou même de quelques mois (p. 886). »

(1) *Kapital und Arbeit*, édition italienne, Turin, 1882, p. 884-885.

Lassalle ne réfléchit pas que le capital, reformé par le processus même de la production dans l'espace d'un an ou de quelques mois, demeure un élément indispensable à la continuation de l'entreprise, et ne peut, par conséquent, être remboursé, s'il a été emprunté, que le jour où l'épargne aura accumulé un nouveau capital d'un montant égal. Il se trompe donc, comme Proudhon, en supposant au crédit la puissance de créer le capital.

« Dans la plupart des cas, dit-il avec insistance, ce capital « roulant n'est payé par les entrepreneurs qui ont du crédit « auprès des fournisseurs des matières premières que lorsque « cette restitution a eu lieu » (Ibid). Et il ne réfléchit pas que, pour rendre possible la continuation de la production, si les entrepreneurs n'ont pas un capital propre ou pris en prêt, les fournisseurs des matières premières doivent rouvrir, sitôt après avoir été remboursés, un nouveau crédit, et redonner en prêt le capital nécessaire à l'entreprise.

« Mais ce crédit », continue-t-il à dire, « les associations « ouvrières garanties par l'État le trouveraient chez leurs « fournisseurs de matières premières, tout comme les plus « riches entrepreneurs privés. Et leurs autres besoins d'ar— « gent pourraient être plus que suffisamment satisfaits grâce « à la garantie de la Banque nationale qui escompterait « leurs effets (Ibid.) ».

Ces escomptes, à vrai dire, seraient de véritables prêts consentis par la Banque Nationale ou par l'État. Mais où celui-ci prendrait-il les fonds nécessaires ?

« L'autre partie du capital », poursuit Lassalle, « est le « capital fixe. Ordinairement, dans notre production indus- « trielle, il s'amortit au cours de quelques années. Et une « Banque d'État pouvant aisément l'avancer, on n'aurait « pas besoin de recourir aux finances nationales pour régé- « nérer le genre humain. »

Mais l'auteur oublie de nous indiquer d'où pourraient provenir les sommes destinées à ces avances dans la Banque d'État.

Ainsi Louis Blanc, Proudhon, Lassalle, prétendent émanciper le prolétariat, sans enlever les capitaux, les instruments de production, tous les moyens d'oppression, enfin, à la classe du capital. Ils veulent délivrer l'esclave sans le débarrasser de ses chaînes : voilà l'erreur essentielle de leurs systèmes ainsi que de tous les autres analogues qui en sont dérivés. C'est donc à juste titre qu'ils sont entièrement discrédités aujourd'hui.

——— ———

Une doctrine bien plus importante que les socialismes d'Etat, de la chaire, ou chrétien, examinés plus haut, et que tous ces systèmes de Louis Blanc, de Proudhon, et de Lassalle, a été prônée, sous le nom de socialisme agraire, par George, Wallace, et toute la multitude de leurs précurseurs ou de leurs disciples.

Mais à part la question, examinée d'ailleurs dans un autre chapitre, des moyens d'effectuer la socialisation désirée, l'insuffisance de son but, borné à la nationalisation d'un seul instrument de production, le rend impropre à la rédemption du prolétariat.

Notons d'abord que si, quand on considère séparément les diverses catégories des instruments de la production, la terre apparaît comme le plus important de tous, elle ne représente cependant qu'une fraction, et toujours moindre, de la richesse totale (1).

Et elle n'en est pas un élément essentiellement différent de tous les autres. Sans doute, la superficie défrichable, l'étendue sur laquelle s'élève l'instrument de production de l'industrie agricole, n'a été fabriquée par personne, mais

(1) Selon M. Giffen, les terres du Royaume-Uni, en 1885, représentaient à peine *un sixième* de l'ensemble du capital (42 milliards sur 250). Les bâtiments en représentaient à peu près *un cinquième*. La terre n'est donc plus la catégorie de richesse la plus considérable. Le capital des chemins de fer du Royaume-Uni représente déjà une valeur plus grande que la moitié de la valeur de tout le sol (931 1/2 millions sterling = 23.287 millions de fr.) (*The Growth of Capital*, table p. 11).

le sol primitif, couvert de forêts, de cailloux et de ronces, ne ressemblait guère à celui que l'on peut bien considérer comme une œuvre de l'homme, tant il a absorbé de travail et de capitaux avant d'atteindre à sa capacité productive actuelle.

Dans le phénomène de la rente ricardienne différentielle, la part qui est due aux « forces naturelles indestructibles » diminue à mesure que s'accroît la rente différentielle *acquise*. Ne peut-on, dès lors, considérer comme une rente analogue le surplus de gains obtenu par tel atelier grâce à un perfectionnement de son outillage ?

Le phénomène de la *rente de situation* ne se reproduit-il pas aussi, et en bien plus forte mesure, pour les autres instruments de production, les usines, les logements ?

Quant à la *rente de monopole*, il est vrai que la productivité d'une usine occupant une étendue donnée du sol n'a, pour ainsi dire, aucune limite, la perfection des machines pouvant s'accroître indéfiniment par rapport à leurs dimensions, tandis que, transformé en terre arable, le terrain où elle s'élève n'irait pas au delà d'une certaine productivité relativement restreinte. Mais cette différence n'est pas spécifique et essentielle, elle n'est que quantitative. Son importance décroît à chaque progrès de l'exploitation rurale, grâce aux énormes étendues incessamment conquises à la culture dans les pays neufs, et grâce aux perfectionnements de la technique agricole, qui, depuis Liebig surtout, tendent à transformer la loi de la productivité décroissante des terrains en une loi de productivité proportionnelle et même de productivité croissante, analogue à celle de tous les autres instruments de production.

Et si, enfin, de tous les produits nécessaires à l'homme, ceux de la terre sont les plus importants, que de forces contribuent aujourd'hui à les créer ou les transporter ! Les engrais artificiels, les machines agricoles, les moulins, les chemins de fer, les bateaux à vapeur qui transportent les grains de l'Amérique à l'Europe sont désormais autant de capitaux techniques aussi indispensables que la terre à la production des aliments. Et bien d'autres produits, outre la nourriture, sont nécessaires, à l'homme civilisé : habitations, vêtements, chaussures etc. ; dont la production exige une valeur beaucoup plus grande de capitaux industriels que de sol agricole.

Mais la terre, dit M. Loria, est une sorte d'instrument de production très spécial. C'est le seul qui permette à l'homme dépourvu de moyens pécuniaires de se procurer de quoi vivre par son travail, de devenir même peu à peu producteur de capitaux. Il suffira donc d'accorder à chacun la liberté d'occuper l'étendue nécessaire à son entretien et à celui de sa famille. N'eût-il aucune avance de capitaux, l'ouvrier cultivateur pourra se dérober à la tyrannie du capital. Ou, s'il renonçait au travail libre pour aller s'employer chez un capitaliste, il ne le ferait qu'à bon escient et après s'être assuré par contrat, pour des quantités égales de travail, une égale division du produit entre lui, qui s'abstient de la terre libre, et son nouveau patron. Cette association *mixte*, comme l'appelle M. Loria, entre le simple travailleur et le capitaliste serait la seule possible sous le régime de la terre libre.

Il ne s'agirait donc plus d'un socialisme *partiel*, mais d'un socialisme vraiment *intégral* qui pourrait « abroger définitivement, non seulement la rente de la terre, mais aussi le profit du capital et démolir irrévocablement l'édifice entier de l'économie capitaliste (1) ».

Voilà un régime qui introduirait *trop* de justice dans la répartition des produits. L'accumulateur du capital ne recevrait en effet pour son œuvre si profitable à la société aucune compensation spéciale : car son travail manuel ne serait pas plus rétribué que celui du simple ouvrier n'ayant à son actif, outre son labeur, aucune fonction socialement utile, accomplie au prix de quelque sacrifice. A moins que,

---

(1) *La Costituzione economica odierna*, Torino, Bocca, 1899, p. 787-788.

comme M. Loria, on ne veuille voir un sacrifice aboutissant à une utilité sociale en ce renoncement à la terre libre qui serait l'indispensable condition préliminaire de toute association mixte. En tout cas, l'*excès* de justice du système ne manquerait pas d'affaiblir le stimulant à l'épargne.

M. Loria invoque une seule sorte de faits d'une valeur réelle à l'appui de son assertion de l'impossibilité du profit sous le régime de la terre libre. Les terres vierges des nouvelles colonies, nous dit-il, ont exercé un irrésistible attrait sur les émigrants que les capitalistes s'efforçaient en vain de retenir par l'appât de salaires très élevés.

Mais, au lieu des sols vierges et fertiles où les colons, presque sans effort, pouvaient d'emblée subvenir à leurs premiers besoins, nos travailleurs devraient cultiver des terrains exigeant des avances de vivres considérables, des provisions de semences, d'engrais, d'outils ruraux, un capital d'autant plus élevé que la culture serait devenue plus intensive. Ainsi, quand même il serait possible de leur assurer la libre disposition de la terre, les salariés ne sauraient imposer l'association mixte aux détenteurs de tous les autres instruments de production et de tous les capitaux en général en les menaçant de se faire cultivateurs. Car, à moins de disposer déjà de quelques économies, ils ne pourraient effectuer leur menace, et ceux-là seuls auraient la possibilité d'opter qui posséderaient un certain pécule.

Cependant, même en admettant qu'il suffise d'accorder aux travailleurs la liberté d'occupation du sol pour détruire l'oppression du capital, on ne comprend pas comment se réaliserait ce « droit imprescriptible de tout homme à la terre ». L'État l'aurait confisquée, nous dit-on : suit-il de là qu'il pourrait fournir à chacun, sur sa demande, l'« unité foncière » capable de nourrir sa famille ?

La densité de la population opposerait une première difficulté.

Une seconde, et formidable, surgirait du moment où toute la terre libre aurait été distribuée. Dès lors, en effet, pour doter un nouvel ouvrier désireux de se soustraire à l'exploitation du capital, l'État devrait imposer aux anciens, — à quelques-uns d'entre eux du moins, — d'abandonner une petite partie de leur unité foncière. M. Loria lui-même reconnaît (page 15) qu'il faudrait en ce cas rembourser au cultivateur les capitaux employés sur la portion du fonds qui lui serait enlevée. Le nouvel occupant ne pourrait donc faire valoir ses droits à la terre s'il ne possédait, en plus des avances nécessaires à la culture, le montant de cette indemnité : de sorte que l'on ne voit pas où seraient aujourd'hui dans nos pays les terres exploitables par le travail seul.

Que si, d'ailleurs (le droit à la terre devant être *effectif* et immédiatement réalisable afin d'effrayer par la menace d'une désertion les tyranniques détenteurs du capital et de les contraindre à l'association mixte), on déliait le nouvel occupant du devoir d'indemniser le cultivateur évincé, on porterait un coup irréparable à toute l'économie rurale. Nul ne voudrait peiner sur la terre et l'amender à ses frais s'il n'était certain de jouir des fruits de son travail, et on verrait disparaître, avec la sûreté d'occupation fixe, tout aiguillon à intensifier et améliorer l'exploitation du sol.

Mais admettons encore que le droit à la terre fût réalisable pour tous et assurât réellement à l'ouvrier la possibilité d'opter à son choix. Est-il permis d'affirmer cependant, même dans cette hypothèse, que le profit du capital disparaîtrait ? Les capitalistes, les propriétaires d'immeubles urbains, les possesseurs d'instruments de production, d'usines grandioses et parfaitement outillées, de chemins de fer et de steamers, cesseraient-ils de percevoir des revenus ? Le prêt d'un capital ne constituerait-il plus jamais un avantage tel qu'il valût le paiement d'un intérêt au moins minime ? Qu'est-ce qui autorise pareille assertion ? Les faits qui se sont vérifiés aux colonies ne suffisent certes pas à l'étayer. Là, le milieu ambiant différait tout à fait de celui où nous vivons. Le sol, réellement inoccupé, y permettait l'application pratique du droit à la terre, tandis que sa fertilité exubérante éliminait presque entièrement le besoin d'une avance quelconque de subsistances. En outre, quand se produisaient aux colonies les phénomènes qui forment toute la base expérimentale de la théorie de M. Loria, la seule industrie coloniale importante était l'agricole. Les grandioses usines, les énormes capitaux nécessaires aux exploitations, industrielles aussi bien qu'agricoles, des vieux pays, n'y existaient pas encore.

On peut conclure que M. Loria a donné une extension trop grande à une induction juste, tirée de l'histoire des phénomènes coloniaux.

Cependant, que la prétendue répartition sous le régime de la terre libre soit équitable ou pèche... par excès de justice, que ce régime, où, sauf la terre, tous les instruments de production et les capitaux demeureraient en propriété privée, soit susceptible ou non d'émanciper les ouvriers, il serait inutile de vouloir s'y soustraire si l'évolution naturelle du processus économique devait forcément y conduire et si les institutions civiles, l'arrangement de la propriété entre autres, ne pouvaient que « sanctionner une condition économique fatale ». C'est là précisément l'idée fondamentale de M. Loria. A son avis, l'évolution du capitalisme nous mène à la « terre libre ». Il prévoit que les intérêts antagonistes se développant au sein de l'économie actuelle y aboutiront à un système compliqué de limitation productive réciproque des diverses catégories de richesses et, par conséquent, à une dépression économique générale et à une crise foncière permanente qui « lancera sur le marché de toujours nouvelles masses de terres dépréciées ». Alors, « toute tentative de reconstitution de l'économie capitalistique sera déjouée et funeste à ceux-là mêmes qui s'en feraient les fauteurs ». « La constitution organique des rapports économiques rendra déraisonnables les essais d'occupation exclusive du sol ou de rétablissement du régime capitalistique et les producteurs auront tout intérêt à

*sanctionner, dans les institutions civiles, une condition éco-
nomique fatale*, en supprimant la propriété foncière exclusive pour la remplacer par la propriété foncière libre. Et
chacun aura droit à une unité foncière dont on déterminera
l'étendue en divisant la totalité du territoire par le nombre
des producteurs (1). »

Ainsi donc, à l'exemple de Marx et de ses disciples,
M. Loria nous annonce la réalisation fatale d'un certain régime social. Et quoique celui de la terre libre diffère profondément du collectiviste, son triomphe aussi nous est
présenté comme l'inévitable aboutissant du même processus
capitaliste actuel. Il a aussi pour unique levier ce processus ;
il ne compte pas plus que la doctrine marxiste sur la force
consciente de la collectivité prolétarienne pour modifier la
constitution de la propriété. Même, tandis que Marx demande, comme indispensable, au dernier moment de l'accumulation et de la concentration capitalistique, l'intervention de la conscience prolétarienne pour « exproprier les
expropriateurs », d'où son cri fameux : Prolétaires du monde
entier, unissez-vous ! — M. Loria affirme que, fût-ce au
prix de grands cataclysmes économiques, la permanente
crise foncière en « lançant sur le marché des masses toujours nouvelles de terres dépréciées » suffira seule à établir
le régime de la terre libre.

A supposer immuable la constitution actuelle de la propriété, le processus économique qu'elle encadre aboutirait-
il effectivement et inflexiblement au régime prévu par
M. Loria ? On peut en douter. Mais en tous cas ses déductions n'auront de valeur que si les prémisses en demeurent
inchangées. Or, dans la série de catastrophes prévues par
M. Loria, au cours de ces cataclysmes incessamment plus
fréquents, plus amples, plus funestes, plus terribles qu'on
nous annonce, il est improbable que l'homme, qui fuit la
douleur et tend au bien-être, et dont la force active — et

____

(1) *La Costituzione economica odierna*, 783.

naturelle pourtant — peut, en s'additionnant, atteindre à des résultats immenses, ne réagisse pas contre un état de choses insupportable. C'est la constitution de la propriété qui encadre les phénomènes économiques et en canalise l'ensemble dans une certaine direction : il est donc évident qu'on essaierait de la modifier. D'autant plus que, selon la doctrine lorienne, le prolétariat ne serait pas seul à en souffrir, la crise terrible devant sévir aussi et surtout sur les classes riches qui sont aujourd'hui, par leur haute conscience collective, des facteurs sociologiques très efficaces.

Et, si l'action des hommes agissant de concert parvenait à transformer l'arrangement de la·propriété, si elle changeait ainsi le cadre et l'orientation du processus économique, celui-ci ne se déroulerait plus dans la direction prévue : les prémisses et toutes leurs déductions aboutissant à la prévision *fatale* n'auraient plus aucune valeur.

En d'autres termes, si un certain phénomène, un certain processus économique implique un certain *modus vivendi* parmi les hommes, qui règle leurs rapports économiques, et si ce *modus vivendi*, les institutions civiles, l'arrangement de la propriété, peuvent être modifiés, ainsi que nous le verrons, par le facteur sociologique de la conscience sociale (par exemple par les diverses classes sociales, surtout quand une nouvelle arrive au pouvoir) alors la fatalité mécanique des terribles catastrophes aboutissant à tel ou tel autre nouveau système social cesse de correspondre à la réalité.

Au surplus, c'est bien retomber dans l'ancien concept téléologique de la *finalité* naturelle qu'exclure la possibilité d'une influence de la volonté collective sur les phénomènes économiques et en même temps affirmer que leur simple développement mécanique conduit de lui-même au régime modèle, capable de réaliser la plus grande somme de bien-être et de justice.

Voyons les faits d'autre part : Le régime économique actuel a mis les salariés, c'est-à-dire la grande majorité des membres de la société, en des conditions telles et tellement analogues que certaines modifications de la constitution de la propriété leur seraient également et extrêmement avantageuses à tous. Et ils parviennent aujourd'hui pour la première fois, grâce à des causes récentes, à prendre des accords et à agir solidairement. On peut donc affirmer que le faisceau de leurs volontés individuelles constituera un facteur sociologique d'une puissance énorme et qui finira par s'imposer. Il est hors de doute que, dès son arrivée au pouvoir, la classe prolétarienne agira et légifèrera conformément à ses intérêts. Elle s'efforcera donc d'atteindre, soit en modifiant l'agencement de la propriété, soit par tout autre moyen, à la suppression des injustices dont elle souffre, à l'augmentation du bien-être de la multitude qu'elle représente. Ce n'est donc pas retomber dans la téléologie qu'espérer la voir parvenir ainsi à un régime meilleur et plus amplement équitable.

Cependant, s'il affirme la fatalité du régime de la terre libre, M. Loria pense qu'on pourrait le provoquer, aller au devant pour ainsi dire « afin de promouvoir et d'aplanir par des méthodes rationnelles une transformation inévitable qui, abandonnée aux forces aveugles de la nature, serait féconde en désastres et en souffrances pour toute l'humanité » (1).

Et, parmi les méthodes aptes à la réaliser, il préconise l'introduction et l'imposition légale du *salaire territorial*. Les capitalistes agricoles et manufacturiers paient aujourd'hui aux ouvriers le nécessaire et un superflu en espèces, superflu incapable de suffire à l'acquisition de l'unité territoriale à cause du renchérissement artificiel de la terre. Ce renchérissement sera éliminé par les conséquences ultérieures des crises capitalistiques et foncières qu'il provoque déjà. Mais avant qu'il s'élimine de lui-même, la loi sur le salaire territorial obligerait les capitalistes à fournir à leurs

____

(1) *La Costituzione economica odierna*, 785.

ouvriers le salaire nécessaire à leur entretien, tout le temps
de leur emploi, et, en outre, une unité foncière au bout
d'un certain nombre d'années de travail. On calculerait ce
nombre d'années d'après celui qui devrait suffire, avec le
superflu actuel du salaire, à l'acquisition de l'unité foncière
en question. Et si, pendant ces années, un ouvrier était employé successivement par plusieurs capitalistes, chacun de
ses patrons devrait contribuer à la fin, proportionnellement
à la durée de l'emploi chez lui, au paiement du salaire
territorial, c'est-à-dire à l'acquisition de l'unité foncière (1).

Admettons la possibilité pratique du salaire territorial.
M. Loria lui suppose une extraordinaire puissance de solution. Mais les considérations développées ci-dessus, lesquelles nous ont montré l'inefficacité, par rapport à l'émancipation complète du salarié, du régime bien plus vaste et
bien plus radicalement réformateur de la terre libre en général, nous autorisent à conclure que la portée de cette
partielle réforme provisoire serait, au contraire, bien modeste.

Du reste, une autre objection se présente ici. Ce sera la
dernière que nous soulèverons. Quand on admet qu'un
État prolétarien pourrait seul imposer le salaire territorial
et que l'avènement de cet État serait possible (2), ne de-

(1) Pages 790-791. M. Loria ne dit pas si l'unité foncière devra
être accordée en *propriété libre* ou en *propriété exclusive*.

(2) « On comprend aisément qu'une institution (le salaire territorial) destinée à transformer profondément le régime économique
ne pourrait provenir de la libre initiative des ouvriers, isolés ou
associés. Il ne serait pas raisonnable de supposer que des associations de travailleurs, à peine capables, malgré leur organisation et
leur puissance, d'obtenir une élévation des salaires, pourraient
arracher aux capitalistes une concession dont le dernier résultat
serait l'élimination du profit et de la rente. Évidemment, alors, le
salaire territorial ne pourra s'établir que grâce à l'intervention de
l'État : d'un État prolétarien et créé par l'insurrection des classes

vrait-on pas croire aussi qu'au lieu de recourir à une mesure douteuse, il irait droit à une modification radicale de la
propriété susceptible d'assurer aux travailleurs la libre et gratuite disposition de tous les instruments et de tous les moyens
de production, de la terre aux usines et aux capitaux ?

Des divers socialismes en particulier, passons au socialisme en général.

Il nous faut examiner avec la plus grande concision possible les trois sortes d'objections principales qui lui sont
faites : l'une touchant certaine prétendue incompatibilité
formelle et essentielle entre socialisme et individualisme ;
une autre relative à la propriété collective des instruments
de production attaquée au nom de l'évolution suivie jusqu'ici par la propriété ; une troisième enfin dénonçant les
buts, la propagande, l'action, l'œuvre, en somme, du parti
socialiste.

Pour répondre à la première de ces objections, il faudrait évidemment bien établir d'abord ce qu'on entend par
socialisme et individualisme. C'est ce que très généralement
on néglige de faire. Voilà pourquoi ces sortes de polé-
miques sont interminables et n'ont aucun résultat utile —
comme celles analogues sur l'incompatibilité ou l'accord
entre darwinisme et socialisme. On soutient brillamment le
pour ou le contre, et les adeptes de l'une ou de l'autre
thèse ont, d'ordinaire, également raison, parce qu'au moment opportun de la discussion chacun donne au mot socialisme le sens qui s'accorde le mieux avec la thèse à soutenir. Aussi parviennent-ils tous aisément, et selon la plus
stricte logique, à la démonstration qu'ils se proposent.

pauvres ou même d'un État capitaliste, conscient de l'inéluctable
désorganisation des rapports sociaux actuels » (p. 794).

Cette hypothèse d'un État capitaliste adoptant une mesure propre
à éliminer le profit et la rente ne peut pas être admise. L'institution du salaire territorial ne pourrait donc être décrétée que par
un État prolétarien.

Sans doute, la faute n'en est pas seulement aux polémistes mais aussi à ce vocable « socialisme » qui n'a pas encore un sens bien déterminé, comme l'a par exemple le mot « collectivisme » — simple variété du socialisme — surtout depuis l'exposition claire et minutieuse et la critique impartiale qu'en a faites Schœffle. Même, il faut reconnaître que plus l'expression « socialisme » entre dans le langage commun, plus elle s'introduit dans les causeries et les discussions, plus l'idée qu'elle devrait exprimer devient confuse, incertaine, arbitraire.

Il n'est pas d'auteur ou de polémiste qui puisse imposer sa définition d'un mot dont le sens est aussi controversé. Mais, pour rendre profitable une discussion sur le socialisme, quiconque s'en occupe devrait commencer par déclarer le plus clairement et le plus complètement possible l'idée qu'il en a. Si, à la suite de cette explication, il parvenait à démontrer, par exemple, l'incompatibilité du socialisme et du darwinisme, tandis qu'un adversaire, parti d'une définition non moins exacte du socialisme tel qu'il l'entend, arrivait à démontrer la compatibilité et la stricte et nécessaire interdépendance des deux doctrines, le débat acquerrait sans doute à la science quelque nouvelle vérité. On verrait qu'un socialisme ayant tels traits caractéristiques est irréalisable parce qu'il est incompatible avec les lois qui gouvernent la vie universelle, tandis qu'il y a possibilité d'appliquer un socialisme présentant tels autres caractères. Ces sortes de discussions sont, par contre, entièrement vaines et nulles quand les polémistes arrivent à des conclusions opposées sans être partis d'une définition exacte et particularisée de leur concept complexe du socialisme, lequel acquiert immanquablement, au cours de la discussion, et selon les besoins de la thèse à soutenir, les attributs les plus disparates.

Protestons d'abord encore une fois contre l'identification du socialisme au collectivisme. M. Hamon, après une étude consciencieuse des définitions et des concepts les plus habituels du socialisme, a cru pouvoir l'appeler : « un système social dans lequel — ou une doctrine sociale selon laquelle — les moyens de production sont socialisés ». On pourrait être encore plus précis et dire : « C'est un système social où les instruments de production et les capitaux en général sont, pour la plupart, en propriété collective, afin d'éliminer autant que possible le revenu (rente, profit, intérêt) provenant uniquement du fait de leur possession privée et non du travail ou du mérite personnels.; et afin de laisser entièrement le produit social au travail, manuel et intellectuel, auquel il est dû. » Cette définition fait bien ressortir que le collectivisme exposé par Schaeffle est simplement une variété du socialisme que l'on pourrait appeler : « Un système social où, non seulement les instruments de production et les capitaux en général, pour la plupart, sont en propriété collective, mais où, dans le but indiqué, l'exercice même de la production, de la circulation et de la distribution des richesses est accaparé par les corps publics en général (Etat et administrations locales). »

A côté du concept nettement déterminé par cette définition juridico-économique du socialisme, d'aucuns, frappés surtout par ses postulats d'équité, le retrouvent dans tout système social équitable. Cette idée est bien plus vague et bien plus indéfinie que l'autre, mais elle saisit évidemment l'essence intime du mouvement socialiste. D'autres, précisant davantage, lui attribuent la volonté d'établir le plus d'égalité possible dans les conditions initiales artificielles de la lutte économique pour la plus grande intensité de vie. Certaines personnes donnent empiriquement le nom de socialisme au régime quelconque et même à toute disposition législative et à toute mesure sociale destinés à favoriser la classe prolétarienne.

Et enfin, beaucoup mettent dans le mot socialisme un sens de grande solidarité sociale. Mais cette solidarité et le sentiment toujours plus répandu et plus intense que le monde en a, ne sont pas des phénomènes exclusivement propres au socialisme. Ce sont des conséquences du perfectionnement de la division sociale du travail qui se manifestent spontanément, partout, dans la tendance au « relationisme » et à la libre association contractuelle. Seulement, il est vrai de dire que le socialisme, fruit des revendications de la classe prolétarienne où les nécessités vitales de l'attaque et de la défense ont fait mûrir plus tôt l'esprit d'entente, a, mieux que toute autre doctrine sociologique, mis en évidence le besoin social de solidarité.

De ces définitions diverses et si générales ne ressort aucune incompatibilité entre le socialisme et l'individualisme le plus strict et le plus intense, s'il faut, par individualisme, entendre « le développement complet de la personnalité concédé au plus grand nombre possible d'individus ».

Mais quand, de ces définitions générales, on descend aux diverses sortes de socialismes particuliers, alors, dans quelques-uns, — comme par exemple dans le collectivisme, — on voit réellement cette incompatibilité se présenter ; tandis qu'elle demeure absente dans les autres, par exemple dans tous les systèmes où les travailleurs auraient l'usage libre et gratuit des instruments de production et des capitaux mis en propriété collective. Nous avons même vu que ceux-ci nous présentent, au contraire, le seul moyen de parvenir effectivement et complètement à la satisfaction des tendances individualistes, et que non seulement ils ne les contrarient pas, mais les favorisent et les développent.

La seconde des trois principales objections faites au socialisme n'est pas plus fondée. La propriété, qui était collective dans les antiques communautés primitives vis-à-vis du sol (le sol était alors l'unique instrument de production fondamental), est devenue de plus en plus absolument privée pour tous les instruments de production. Et, dit-on, une rétrogradation vers le point de départ de ce processus évolutif est inadmissible.

Notons d'abord que si certaines évolutions allaient toujours dans le même sens, elles auraient nécessairement un terme. Cet arrêt de leur devenir étant inconcevable, il faut bien croire qu'au-delà du point où elles seraient forcées de s'arrêter elles se poursuivent dans une autre direction, selon la loi des retours de Vico ou celle de la spirale goethienne ou d'autres lois analogues. C'est précisément le cas de l'évolution de la propriété des moyens de production : ayant passé de la forme collective des antiques communautés de village à la forme familiale et puis à la forme privée toujours plus absolue, elle ne peut plus désormais aller dans le même sens ; si sa direction ne changeait pas, elle devrait demeurer immuable. Tout évolue cependant.

« A première vue, — c'est le philosophe même de l'évo-
« lution qui parle, — il semble qu'on puisse conclure que
« la propriété à titre absolu du sol par des personnes
« privées doive être l'état définitif que l'industrialisme est
« destiné à réaliser. Cependant, quoique l'industrialisme
« ait eu jusqu'ici pour effet d'individualiser la possession
« du sol, en même temps qu'il individualise toute autre
« possession, on peut contester que l'état définitif soit dès à
« présent atteint... On reconnaissait jadis des droits de pro-
« priété sur des êtres humains, on ne les reconnaît plus...
« Il y a des siècles on eût pu croire que le principe de la
« propriété de l'homme par l'homme était en passe de
« s'établir d'une façon définitive. Néanmoins, à une époque
« plus avancée de son cours, la civilisation, *renversant cette*
« *procédure*, a détruit la propriété de l'homme par l'homme.
« Pareillement, à une époque encore plus avancée, il
« pourra se faire que la propriété privée du sol dispa-
« raisse (1). »
Ces paroles de Spencer, pourvu qu'on les étende de la

____

(1) SPENCER, *Principes de Sociologie*, Paris, Germer Baillière, 1883, vol. III, p. 737-738.

terre à tous les instruments de production en général, nous semblent d'autant plus vraies, que c'est justement la propriété privée de ces instruments qui maintient en vigueur la domination de l'homme sur l'homme.

On a généralement, d'ailleurs, une idée inexacte de l'évolution des institutions humaines que l'on conçoit exclusivement comme un processus graduel, continu, sans sauts brusques, où chaque moment contient en puissance le moment suivant et ne peut être influencé et modifié par aucune action étrangère aux germes en puissance dans le moment qui l'a précédé. Or, cela est bien loin d'être conforme à la vérité.

La violence de la guerre a obligé jadis les membres des anciennes communautés de village à céder leur droit à la jouissance en commun du territoire qu'ils habitaient, c'est-à-dire a transformé brusquement la propriété collective du sol en propriété privée.

La bourgeoisie, parvenue à une certaine importance comme facteur sociologique, a, non moins brusquement, modifié les institutions politiques et l'agencement de la propriété féodale.

Ces exemples entre mille prouvent que tout n'évolue pas dans l'univers graduellement, sans secousses, mais que des modifications brusques, des sauts, de véritables bouleversements d'un mode d'existence à un autre, se vérifient dans les phénomènes sociaux tout comme dans les phénomènes naturels.

Enfin, c'est l'examen des divers facteurs sociologiques qui agissaient dans les communautés de village et de ceux qui agiraient si la conscience prolétarienne s'étendait et se perfectionnait toujours davantage, qui nous fait croire, plus que toute autre considération, à la probabilité future du retour à la collectivité de tous les instruments de production. Dans les communautés primitives, en effet, le facteur sociologique de la conscience sociale était ainsi constitué : conscience collective *totale* (les conditions qui l'auraient empêchée d'être telle n'ayant pas encore surgi) (1) et *presque parfaite* grâce au nombre très restreint des membres des communautés (2). Et voici comment y était constitué le facteur ambiant ou tellurique : *des terres fertiles* et *surabondantes*, grâce à l'introduction récente de l'agriculture et de la vie pastorale qui, exercées toutes deux d'une façon extensive, formaient presque toute l'industrie. En fait d'instruments techniques de production, outre la terre, *de simples outils* maniés chacun par un seul travailleur.

Avec de pareils facteurs sociologiques de la conscience sociale et du milieu tellurique, la constitution de la propriété s'était faite sur la base de la propriété collective de la terre, *unique instrument de production qui fût alors indispensable et suffisant* pour assurer à chacun le moyen de gagner sa vie par son travail. La *collectivité*, en fait de propriété, se rattache nécessairement à l'existence d'une conscience sociale *totale*, car cette conscience exige la justice et l'égalité de traitement pour tous. Et les relations d'équité ne sauraient être garanties suffisamment, quand un ou plusieurs instruments sont absolument indispensables, que par leur propriété collective qui peut seule en permettre la cession en usage selon les modalités et les conditions nécessaires au maintien des rapports d'équité. Chaque année avait lieu le *tirage au sort* de tous les lots parmi les membres de la collectivité ou leur *concession à tour de rôle*. Ces moyens de garantir la justice et l'égalité de traitement pour tous étaient possibles grâce à la condition du facteur tellurique indiquée ci-dessus : *toutes les terres étaient fertiles, surabondantes et cultivées extensivement*. En un tel état de choses, le changement annuel des lots était sans inconvénients pour les agriculteurs. En outre, on maintenait dans l'*indivision* une très grande partie du territoire, les terrains de qualité inférieure cou-

____

(1) V. chapitre prochain.
(2) *Ibid.*

verts de pâturages ou de forêts. La possibilité de cette mesure dépendait de la coexistence de l'agriculture et du système pastoral et de la *surabondance* des terres relativement à la population. Enfin les *outils*, utilisables par *un seul* travailleur, et que *chacun pouvait facilement se procurer* grâce à leur coût minime, étaient en *propriété privée*.

Eh bien si, dans la société actuelle, la conscience collective parvenait à absorber même la classe prolétarienne, si enfin elle pouvait comprendre, comme dans les communautés primitives, *la totalité* de la collectivité, comment, dans l'identité du facteur sociologique de la conscience sociale et la complète diversité du facteur tellurique, se constituerait la propriété? Voilà le problème. Maintenant, *la collectivité de la propriété*, conséquence de la *totalité* de la conscience sociale, ne s'imposerait plus seulement pour la terre : il faudrait l'établir pour *tous les instruments de production* que leur coût élevé rend difficiles à obtenir, et qui sont cependant *indispensables et suffisants* pour assurer à chacun son gagne-pain. Leur mise en propriété collective pourrait seule garantir aujourd'hui cette égalisation des conditions artificielles de la lutte économique qu'imposerait une conscience sociale redevenue totale comme elle l'était jadis.

La chose est évidente pour nous, car nous avons vu que toutes les iniquités sociales actuelles dépendent de la propriété privée des moyens de production, tandis qu'elles pourraient toutes (de la rente ricardienne injustement confisquée aujourd'hui par une minorité, aux grands monopoles exploiteurs) être éliminées par le passage à la communauté des capitaux et des instruments de production.

Mais par suite de l'*intensité* de la culture actuelle et de la *nature* des instruments et des industries manufacturières, la justice et l'égalité de traitement pour tous ne peuvent plus être garanties par des tirages au sort ou des concessions à tour de rôle de terrains et d'instruments. Il faudrait recourir à des *loyers* de tous les instruments de production, *loyers différentiels*, susceptibles de faciliter l'affluence des capitaux vers l'agriculture et l'introduction de toute sorte de perfectionnements techniques dans les usines, ainsi que la suppression de tout injuste avantage initial. Et la nature d'une partie du facteur tellurique artificiel (usines, instruments dont ne peut plus se servir aujourd'hui un seul individu et uniquement utilisables *par des groupes*) imposerait nécessairement des cessions en location non à de simples particuliers mais *aux collectivités coopératives* de travailleurs.

On voit donc que, loin de contredire aux lois de l'évolution de la propriété, sa collectivisation serait la simple et directe conséquence du retour d'un des plus importants facteurs sociologiques à sa manière d'être dans les communautés de village primitives.

Mais si ce n'est pas simplement au processus mécanique naturel de l'évolution des phénomènes économiques qu'il faut demander le renouvellement des anciens rapports d'équité; si le retour du facteur sociologique de la conscience sociale à son *intégralité* primitive dépend de la formation d'une classe prolétarienne consciente, la troisième et dernière des objections justement soulevée contre les trop zélés partisans du fatalisme économique (l'inutilité de s'agiter pour réaliser une condition de choses fatale par elle-même) cesse d'avoir la moindre valeur.

Dès qu'on se place à ce point de vue, il semble bien logique d'encourager la constitution et l'organisation parfaite d'un parti socialiste. Ce parti se propose en effet tout simplement d'élever dans chaque État à la coparticipation de la fonction sociale législative la classe prolétarienne ; il s'efforce d'introduire dans les Parlements un nombre toujours plus grand de représentants de cette classe dont les intérêts, antagoniques de ceux des capitalistes exploiteurs, ne peuvent être défendus que par elle. C'est grâce au constant accroissement de la représentation prolétarienne que l'État, cessant d'être uniquement l'organe et

le défenseur de la bourgeoisie détentrice de tous les instruments de production pour devenir le représentant de la société entière, cessant de favoriser l'oppression des classes
riches pour concourir puissamment à la réalisation de
l'équité, introduira enfin, par voie législative, une série de
modifications profondes aux institutions civiles actuelles
(et tout d'abord à l'organisation de la propriété) capables
d'assurer la plus grande quantité possible de bien-être au
plus grand nombre possible de citoyens.

Mais pour parvenir à la constitution d'un parti prolétarien conscient et fort, le moyen, on le sait, est la propagande. De là son énorme importance pour la cause des
prolétaires.

Or, il est indéniable que cette propagande serait beaucoup plus facile et plus efficace si elle s'appuyait à un programme « maximum » plus concret, plus net, et, disons-le,
plus réalisable que le programme collectiviste actuel. Il le
faudrait tel que les adversaires du socialisme fussent bien
embarrassés de le combattre comme ils combattent aujourd'hui le collectivisme, au nom de la science. En mettant
mieux en évidence que ce n'est pas un obstacle matériel
ou d'ordre économique, mais seulement l'égoïsme exploiteur d'une petite minorité, qui s'oppose à la rédemption
des masses prolétariennes, il ferait comprendre à celles-ci
l'antagonisme essentiel qui est entre leur classe et celle
des bourgeois. L'extension et le perfectionnement de leur
conscience collective en seraient accélérés, et la claire vision de la possibilité de se racheter et de l'applicabilité de
la réforme nécessaire et suffisante pour y parvenir secoue-
raient l'indifférence, l'apathie, le découragement et le scep-
ticisme du prolétariat, électriseraient son activité, donneraient une nouvelle vigueur et une nouvelle énergie à son
action comme parti.

« Tant qu'on n'aura pas bien établi, écrit M. Loria, la
« possibilité théorique de la réforme sociale, tant que la
« science n'aura pas tracé la méthode rationnelle de trans-

« formation des rapports capitalistiques, on pourra toujours
« affirmer que l'impuissance de l'Etat à les modifier ne
« provient pas de la toute-puissance politique de la pro-
« priété mais de la nature organique de ces rapports ré-
« fractaires aux modifications rationnelles. Mais dès qu'on
« aura démontré la possibilité matérielle d'une réforme
« économique essentielle, dès qu'on en aura indiqué un
« plan complet et des moyens pratiques d'actualisation, il
« sera évident pour la première fois que si cette réforme
« ne s'accomplit pas, c'est uniquement grâce à la prépo-
« tence politique de la classe économiquement domi-
« nante (1). »

Aussi est-ce un inconvénient d'une réelle importance
pour la propagande socialiste qu'elle n'ait pas su exposer
jusqu'ici une réforme réalisable et point trop entachée
d'utopie ; qu'elle ait même, tout de suite après un premier
insuccès, déclaré anti-scientifiques tous les essais de ce
genre. Elle aurait pu retirer un profit immense, analogue à
celui que le concours des Encyclopédistes a assuré à la Révolution, de l'appui des penseurs, des philosophes, des
savants dignes de ce nom (il y a de faux savants vendus à
la classe du capital), des amis sincères et désintéressés de
l'étude, des esprits généreux que tourmente et agite l'idéal
de l'équité. Mais la critique la plus sévère et la plus impi-
toyable du régime actuel ne suffit pas à enlever l'adhésion
des gens studieux, et ceux qui se laissent guider par la raison plutôt que par le sentiment ne sont pas ébranlés par
l'exposition des malheurs du régime actuel quand on ne
leur en indique pas en même temps des remèdes bien dé-
finis et bien réalisables. Faute de les apercevoir ils disent :
Nous reconnaissons et déplorons l'injustice et les tristes
conséquences du régime actuel, mais nous l'acceptons faute
de mieux, comme *le seul possible*.

C'est donc dans l'intérêt même de la cause socialiste qu'il

(1) *La Costituzione economica odierna*, 786-787.

faut déclarer franchement et résolument l'erreur commise
par le collectivisme en proposant, pour remédier aux maux
actuels, un système économique absolument impraticable.
Mais la réfutation victorieuse *d'un certain système socialiste* n'ébranle pas les principes fondamentaux de justice
qui forment l'essence et la force irrésistible du socialisme.

Les immenses masses ouvrières en train de prendre conscience d'elles-mêmes, qui s'agitent et demandent justice,
ne sont pas collectivistes au vrai sens du mot. Elles ne le
sont qu'en apparence : mais si elles se rangent presque
toujours sous le drapeau du collectivisme marxiste, c'est
uniquement parce que cette doctrine résume et représente
l'idée socialiste en général, parce qu'elle est la seule à demander la socialisation des capitaux, et non parce qu'elle se
propose pour ceux-ci tel ou tel autre mode de gestion et de
mise en exercice. Les prolétariens aspirent à leur rédemption sans se préoccuper de questions de technique économique. A mesure qu'ils acquièrent une conscience plus nette
de leurs droits, ils deviennent socialistes et visent à la socialisation de tous les instruments de production et à la
cessation de l'exploitation capitalistique qui en est la conséquence directe. Si un autre système que le collectiviste
leur garantissait ces conditions fondamentales, ils l'accep-
teraient avec ardeur et, armés d'une doctrine moins utopique et plus pratique, ils s'élanceraient avec une bien plus
grande probabilité de victoire à la conquête du pouvoir.

Certes, la substitution d'un programme concret et pratique à celui indéfini et inapplicable du collectivisme serait
d'un très grand avantage pour la cause socialiste. Mais de
quelque façon qu'on juge le collectivisme et tous les autres
systèmes socialistes déjà proposés ou proposables pour la
rédemption du prolétariat, et quand même il faudrait les
rejeter tous et avouer l'impossibilité de dessiner au moins
vaguement un programme maximum bien défini, tous ceux
qui ont à cœur la cause prolétarienne, c'est-à-dire la cause
même de l'équité, doivent, lorsqu'ils passent de l'idée à

l'action, aller grossir la formidable colonne de défense et d'attaque possédée par la classe prolétarienne : la démocratie sociale. En cela nous sommes d'accord avec tous les socialistes. C'est elle, en effet, c'est le parti dénommé socialiste marxiste qui, seul aujourd'hui, défend les intérêts du prolétariat. Il vise à augmenter autant que possible la force et l'organisation de la classe prolétarienne, à accroître autant que possible le nombre de ses représentants et des partisans de ses intérêts parmi les membres du gouvernement : que ceux-ci s'appellent ou non collectivistes, plus il y en aura, plus les intérêts des prolétaires seront défendus et sauvegardés dans la mesure compatible avec l'ordre de choses actuel.

Tout véritable socialiste a donc le devoir d'appuyer le parti de la démocratie sociale ; mais il est tenu en même temps d'étudier, de discuter, de formuler un programme complet moins indéfini et plus pratique que le programme collectiviste actuel.

Cet appui inconditionné s'impose d'autant plus que, pratiquement, on n'aura sans doute jamais à craindre l'institution du régime collectiviste. L'action législative ne peut, nous le verrons, exercer une influence profonde et durable sur les rapports économiques qu'au moyen de modifications essentielles dans la constitution de la propriété. Aussi, du jour où les socialistes exerceront une influence sérieuse sur la législation, tous leurs efforts tendront à modifier la propriété de façon à amener la nationalisation des instruments de production et des capitaux ; mais ils éviteront de recourir à une expropriation violente que les classes travailleuses seraient les premières à réprouver à cause de ses conséquences funestes et trop évidentes. Leur programme se transformera donc, inévitablement : au lieu d'être collectiviste, de recourir à l'expropriation des biens tout en laissant ensuite intacte la constitution formelle actuelle de la propriété, et de remettre la production entière aux mains de l'Etat, il se réalisera en transformant le droit actuel de propriété de manière à permettre la socialisation graduelle de tous les capitaux et en accordant aux masses travailleuses — sur leur demande sans doute — la plus grande liberté possible dans la gestion et la mise en exercice des capitaux nationalisés et dans la production et l'échange de tous les produits.

CHAPITRE III

LA CONSCIECNE COLLECTIVE DE LA CLASSE PROLÉTARIENNE
EN TANT QUE FACTEUR SOCIOLOGIQUE

I

De la conscience sociale et de l'équité.

Nous dirons qu'une collectivité est *consciente* quand ses membres ont la faculté d'agir de concert sous l'influence de la raison ; nous la dirons *inconsciente* quand ses membres n'ont pas cette faculté ou agissent tout au plus en quelques circonstances tous d'une même manière, instinctivement, sans être guidés par la raison. On peut dire en ce cas qu'ils ont des *instincts collectifs*.

Tous les actes d'une collectivité consciente tendront vers un but déterminé et conforme aux désirs de la majorité des intéressés. Or, le but de tout individu conscient étant le bonheur, une collectivité consciente tendra nécessairement à augmenter la quantité totale de bonheur collectif (somme algébrique des bonheurs particuliers) et à la distribuer parmi le plus grand nombre possible d'individus. Dans la presque totalité des cas, un accroissement ou une diminution du nombre des individus heureux impliquera une augmentation ou une diminution du bonheur collectif. En tout cas, une collectivité consciente fera encore plus d'efforts pour bien distribuer la félicité sociale que pour en augmenter la somme algébrique absolue.

Il lui faudra, pour atteindre son but, établir les rapports réciproques de ses membres de façon à assurer à chacun le maximum de bonheur *accordable* avec le montant maximum ou la meilleure distribution du bonheur collectif.

Par définition, nous appellerons *équitables* des rapports sociaux satisfaisant à ces conditions, c'est-à-dire rendant aussi parfait que possible l'accord des intérêts de l'individu et de ceux, nécessairement prépondérants, de la collectivité.

Conformément à la définition relative à la conscience sociale, nous dirons qu'une collectivité sera plus ou moins *parfaitement* consciente selon que ses membres parviendront plus ou moins facilement et plus ou moins complètement à se concerter et selon que plus ou moins grand sera le nombre des questions et des faits où se manifestera l'accord social.

Nous la dirons enfin *partiellement* ou *totalement* consciente selon que la possibilité d'une entente et d'une action rationnelle concertée y existera pour *un groupe seulement de ses membres* ou pour *toute la communauté*.

Le développement d'une conscience collective chez le groupe ou les groupes demeurés inconscients est évidemment nécessaire et suffisant pour transformer une société à conscience partielle en une société à conscience totale. Et ce seront le plus souvent les accords et les actes collectifs des diverses fractions ou classes sociales, et non ceux des simples individus, qui manifesteront la totalité de la conscience collective.

Quand les actes d'une société sont dirigés par une conscience collective partielle, ils tendent au plus grand bonheur du groupe conscient et non à celui de la collectivité entière. Cette vérité est démontrée par la façon dont, partout et toujours, ont agi les classes dominantes conscientes à l'égard des classes inconscientes et exploitées. Mais quand les actes collectifs sont le fait d'une conscience totale, ils tendent à procurer véritablement le summum du bonheur au plus grand nombre possible d'individus et les rapports sociaux qu'ils établissent sont nécessairement conformes à l'équité.

La faculté d'agir de concert sous l'influence de la raison se manifestera, chez les membres d'une société consciente, par toute sorte de contrats affectant tous les rapports possibles entre eux et qui pourront obliger deux individus seulement, ou s'étendre à un nombre quelconque de contractants, ou à la collectivité tout entière.

Les organes propres à réaliser l'infinie diversité des contrats dans un régime parfaitement contractuel seront très nombreux et très divers : institutions de l'État, administrations communales ou provinciales, Chambres de l'agriculture, de l'industrie, du commerce, Bourses des contrats commerciaux, syndicats industriels, unions coopératives de production et de consommation, sociétés par actions, associations, cercles, clubs, etc. Mais l'État demeurera le plus important de ces organes, celui par lequel, au moyen des institutions civiles et des lois, se resserrera et se renouvellera continuellement, entre tous les membres de la collectivité, le contrat social par excellence, garantissant l'équité dans tous les rapports sociaux.

Les garanties de la minorité dans une société parfaitement et totalement consciente seraient de deux sortes.

En premier lieu, aucun membre de la majorité ne pourrait s'empêcher de songer à ses très nombreuses chances de faire, dans un avenir éloigné ou dans une occasion prochaine, partie de la minorité. Et sachant qu'il pourrait se trouver un jour, vis-à-vis surtout des institutions civiles fondamentales, ou des lois ayant une action très vaste, et, pour des raisons d'utilité sociale, de longtemps immuables, dans la nécessité de subir les dispositions législatives sanctionnées par lui quand elles ne le touchaient pas encore, il obéirait en légiférant à des mobiles qui seraient pour la minorité une complète garantie de justice.

Et, d'autre part, si la minorité, consciente elle aussi,

acceptait les conditions contractuelles *équitables* stipulées par la majorité, parce qu'elles lui apparaîtraient, en vue de son état de minorité, comme *les seules possibles* et comme *les plus avantageuses pour elle ;* elle se révolterait au contraire contre les conditions *injustes*, c'est-à-dire trop désavantageuses pour elle par rapport à son degré de minorité. Or, ces révoltes devant créer plus d'inconvénients pour la majorité qu'elle ne trouverait d'avantages à enfreindre les principes de l'équité, elle se garderait d'être injuste.

Dans le contrat social qui s'efforcerait de réaliser les conditions essentielles à la plus grande actualisation pratique de l'équité, l'institution civile de la constitution de la propriété aurait une importance capitale. Les systèmes métaphysiques, du droit divin au *Naturrecht*, n'ayant plus d'ailleurs aucune consistance, elle proviendrait uniquement de la volonté d'assurer le plus de bien-être possible au plus grand nombre possible d'individus. Une société parfaitement et totalement consciente devra, en somme, de toute nécessité, être complètement et rigoureusement *utilitaire*, et l'institution qu'elle aura le plus d'intérêt à conformer aux principes de l'utilité sociale sera l'agencement de la propriété.

<h2 style="text-align:center">II</h2>

Des conditions qui favorisent le développement d'une conscience collective.

Quand on examine les conditions qui facilitent ou entravent la formation d'une conscience totale et parfaite dans une collectivité (société entière ou classe sociale) on trouve, parmi les plus importantes :

1° *Le nombre de ses composants.*

Plus une collectivité est nombreuse, plus il est difficile, toutes conditions égales d'ailleurs, que sa conscience collec-

tive parvienne à un haut degré de perfection et d'extension. On voit souvent, même dans des groupes minuscules :
sociétés commerciales, ligues défensives d'intérêts privés,
sociétés de secours mutuels, cercles ou clubs de récréation
ou de lectures, etc., l'impossibilité de l'accord sur la direction à suivre pour atteindre le but de l'association provenir
de la grandeur du nombre des associés. Souvent cette grandeur excessive amène une dissolution de l'union ou sa
scission en plusieurs groupes. On peut donc aisément comprendre quelle entrave à la formation d'une conscience
collective doit être la multitude des individus composant
une collectivité très étendue, quel esprit de conciliation,
quel sentiment du devoir de solidarité et d'abnégation,
quelle compacte organisation et quelle solide discipline
seront nécessaires pour former la conscience d'une classe
ou d'une nation.

Mais l'inconvénient du nombre peut être contrebalancé
et parfois même effacé par *l'unité du but à atteindre*. L'intérêt commun ne facilite pas seulement l'action concertée
d'un nombre très grand d'individus : il la rend spontanée,
naturelle, irrésistible. C'est la force de gravité qui attire et
entraîne dans une direction unique la multitude des gouttes
d'eau d'un torrent.

Or, aucune classe sociale, aucun parti politique n'a
connu, plus que les prolétariens de notre siècle, l'unité du
but à poursuivre. Tant qu'ont existé les anciennes subdivisions dans la masse des travailleurs et que les groupes des
artisans indépendants de la petite industrie, de l'industrie
domestique, des petits industriels, des petits marchands,
des salariés, des métayers, des petits cultivateurs, etc., ont
eu chacun un but économique spécial à atteindre, ils n'ont
pu s'accorder pour agir en commun. Mais — nous l'avons
vu — les artisans de la petite industrie et de l'industrie
domestique, et les petits industriels, ont été prolétarisés
par l'action de la moyenne et de la grande industrie ; les
petits commerçants, par celle des grands magasins ou des

énormes fabriques dont ils sont devenus de simples agents de vente au détail encore plus exploités que les salariés ; les métayers et les paysans propriétaires, par la grande industrie agricole, la grande propriété foncière et le capital hypothécaire.

Dès que le processus de prolétarisation générale eut donné à ces groupes divers une même position économique, un but unique à atteindre, l'entente commune et l'action concertée visant ce but : la socialisation de tous les instruments de production — furent non seulement possibles, mais faciles. C'est donc à la séparation économique entre les travailleurs et l'instrument de production qu'est principalement due la formation d'une conscience collective prolétarienne.

2° *La densité.*

Toutes autres conditions égales, l'ampleur et la perfection de la conscience collective croîtront avec la densité de la collectivité. On sait, en effet, combien la possibilité de se voir, de se parler, de vivre ensemble, facilite l'échange des idées, la conclusion des accords et des contrats. On sait combien ont contribué à la formation de la conscience prolétarienne l'agglomération des ouvriers dans d'énormes usines, leur rapprochement dans les grandes villes industrielles modernes. Ces phénomènes qui ne s'étaient jamais produits jusqu'à nos jours ont seuls rendu possibles les grèves, cette toute première manifestation de la force consciente du prolétariat, sa première arme de combat, le seul moyen par lequel il a pu arracher aux capitalistes une augmentation des salaires et une diminution des heures de travail.

En outre, *la densité virtuelle* ajoute aujourd'hui à l'effet de la densité effective. Deux individus aux antipodes se communiquent aujourd'hui leurs idées comme s'ils étaient l'un à côté de l'autre, et un article de journal est lu dans la même journée par des centaines de milliers de lecteurs : c'est comme si un propagandiste parlait à la fois à toute cette foule. Et ce merveilleux perfectionnement récent de tous les moyens de locomotion et de transmission de la pensée avantage les classes sociales les plus nombreuses relativement plus que les autres. La première manifestation du 1er mai, l'acte de conscience collective le plus ample et le plus parfait peut-être qu'ait enregistré l'histoire, est une conséquence de la densité virtuelle du prolétariat contemporain.

3° *La puissance économique des individus composant la collectivité.*

Toutes autres conditions égales, une conscience collective sera d'autant plus étendue et plus parfaite que la puissance économique des membres de la collectivité sera plus considérable. La richesse, en effet, facilite les voyages, et, partant, les rapports entre des individus vivant dans des lieux divers, très éloignés parfois les uns des autres ; elle permet une plus grande utilisation de tous les moyens de transmission de la pensée dont le service n'est pas gratuit (postes, télégraphes, etc.) ; elle aide à la propagande par le journal, l'opuscule, le manifeste ; et augmente en somme très considérablement la densité virtuelle dont nous parlions tantôt.

En outre, les composants d'une classe riche ont de longs loisirs à consacrer à l'échange des idées et la conclusion d'accords multiples. Ils ont à leur service des intermédiaires dont la seule fonction est de faciliter encore cet échange d'idées, cette conclusion d'accords, si propres à assurer l'organisation de la classe en parti politique compact.

Or, la légère augmentation de salaires que les ouvriers agglomérés dans les usines ont pu obtenir a provoqué, dans ces derniers temps, l'immense expansion de la presse dévouée à leurs intérêts ; elle a permis aux ligues de résistance, aux syndicats de défense, de rétribuer un nombreux personnel de secrétaires et de propagandistes qui ménage des accords multiples entre les membres de chaque association ou entre les associations, organise le parti, en dirigo les luttes électorales et l'activité et en répand les idées par une inlassable propagande.

Ce n'est pas tout : les ouvriers agglomérés ayant obtenu une réduction des heures de travail en même temps qu'une augmentation des salaires ont eu plus de loisirs, et les cercles de réunion et de lectures que, grâce à de minimes prélèvements sur les gains, leur multitude a pu fonder, facilitent leur entente plus que toute autre circonstance.

Le relèvement des salaires a été minime pour chaque intéressé, mais l'importance numérique des salariés, la répétition infinie des infimes améliorations personnelles a augmenté considérablement la puissance économique du prolétariat en tant que classe sociale et a favorisé d'autant le développement de sa conscience collective. Le socialisme s'y est répandu et ses progrès ont été particulièrement rapides là où l'amélioration était plus remarquable.

4° *Le degré d'intelligence et d'instruction des membres de la collectivité.*

Toutes autres conditions égales, il est évident que plus les membres d'une collectivité seront intelligents et instruits, plus la conscience du groupe sera ample et parfaite. Elle se développera d'autant plus rapidement qu'elle contiendra plus d'individus sachant lire et écrire et capables en outre d'administrer une association, diriger une entreprise, évaluer à leur juste valeur les conditions d'un contrat offert, discerner si une loi est favorable ou non aux intérêts communs, démêler dans les discours et les propositions des avocats des classes adverses, sous les protestations de désintéressement, les véritables mobiles économiques égoïstes.

Un niveau moyen assez élevé d'intelligence et d'instruction est aussi nécessaire pour créer les hautes qualités morales indispensables à un parti politique : le sentiment du devoir social, la discipline, l'esprit de solidarité.

Ainsi, la puissance économique des membres d'une classe, en leur facilitant l'étude, les voyages et, enfin, les meilleurs moyens de s'instruire, en les exerçant, par la vie de société qu'elle permet, dans l'art d'exposer des idées, les soutenir, réfuter des objections, en leur donnant la pratique de l'administration et de la direction des affaires, coopère, même indirectement, à la formation d'une conscience collective.

D'ailleurs, la classe capitaliste a elle-même singulièrement aidé dernièrement au développement intellectuel des salariés. Les machines compliquées et délicates auxquelles elle a dû recourir pour empêcher un relèvement trop fort des salaires, la croissante complication des procédés de la grande industrie, la subdivision toujours plus minutieuse du travail, l'exactitude rigoureuse du contrôle des travaux à faire exécuter ou à recevoir, ont rendu nécessaire la présence d'ouvriers instruits et capables. Voilà pourquoi la classe dominante a répandu de toutes ses forces, a imposé même, aux masses travailleuses, l'instruction élémentaire d'abord, puis l'enseignement professionnel, contenant les principes fondamentaux des sciences mécaniques, physiques ou chimiques. Par toutes ces études, particulièrement propres à élever la raison jusqu'aux idées abstraites et à l'assouplir aux argumentations de la logique, elle a imprudemment fourni à ses ennemis des armes formidables pour le combat futur. L'instruction primaire est toujours mieux complétée par les journaux, les revues populaires, les bibliothèques, que l'accroissement de la puissance économique des salariés leur permet maintenant de posséder.

Beaucoup d'ouvriers anglais ou allemands ont aujourd'hui une culture supérieure, et on sait que le nombre s'accroît sans cesse de ceux qui sont à même de lire avec fruit et de discuter les œuvres scientifiques les moins accessibles des principaux auteurs socialistes : George, Lassalle ou Marx. En outre, les masses ouvrières apprennent dans leurs ligues de résistance, leurs sociétés de secours mutuels, leurs coopératives de consommation, cette gestion des biens et des intérêts collectifs dont jadis les éloignait leur travail purement manuel.

Un autre fait remarquable s'est joint à l'accroissement des connaissances pour donner aux masses exploitées la notion exacte de l'injustice de leur condition économique et de leurs véritables intérêts de classe. La bourgeoisie, obligée, à l'époque de son émancipation, de recourir à leur aide puissante, dut leur octroyer les droits politiques qu'elle-même réclamait. Or, l'égalité politique accordée, au moins théoriquement, à tous les membres de la société, doit nécessairement faire paraître illogique, insupportable à la longue le régime actuel. Sous l'ancien, les droits de chacun étaient entièrement indépendants de sa valeur personnelle : le serf et le baron demeuraient tels, pour grands que fussent le mérite de l'un et l'indignité de l'autre. On comprend qu'un pareil état de choses prédisposât les humbles à se résigner aux irrémédiables différences artificielles des conditions initiales de la lutte pour la vie et supprimât en eux tout inutile désir d'élévation sociale. Mais le fait que ces mêmes droits ne sont plus *entièrement* indépendants de la personnalité et que l'homme né dans la plus humble des conditions a des chances théoriques, a même parfois la possibilité réelle de s'élever aux plus hautes fonctions sociales, éveille dans tous les citoyens le désir intense d'égaler ceux qui sont réputés les plus heureux. Et l'attention se fixant fortement dès lors sur ce qu'il y a d'artificiel dans l'inégalité des conditions initiales de la lutte pour une plus grande intensité de vie, on sent partout le besoin ardent et on perçoit la possibilité de corriger cette injustice.

5° *La fréquence, l'ampleur, et la gravité des perturbations dans les phénomènes et, partant, les conditions économiques.*

Les crises, les craks financiers, les alternatives de prospérité et de dépression industrielles, auxquelles correspondent les variations de fortunes, les oscillations des gains et les incertitudes de l'occupation, produisent, auprès de la classe qui en souffre le plus, et grâce à la recherche fiévreuse des remèdes qu'ils provoquent, une fermentation d'idées, un renouvellement continu d'accords, très favorables au développement d'une conscience collective. Mais le choc des troubles économiques si graves et si constants que provoquent et exaspèrent la trop grande inégalité des fortunes et l'existence du capital improductif de la spéculation et celle des trusts monopoleurs, est surtout douloureux aujourd'hui pour les masses ouvrières où il cause les chômages forcés et la misère la plus terrible des désœuvrés. Il devient donc, lui aussi, un facteur puissant du développement de la conscience collective prolétarienne.

6° *L'affaiblissement graduel du sentiment religieux.*

Voilà la condition fondamentale de l'élévation à la conscience collective des masses exploitées et de la formation d'une conscience sociale totale. Toutes celles énoncées ci-dessus auraient été inefficaces sans la présence de l'élément primitif de la conscience collective : l'individu entièrement guidé par la raison. Or, nous démontrerons que la fonction essentielle de la religion a été d'arrêter l'essor de la raison individuelle afin d'arrêter tout développement d'une vaste conscience sociale.

III

De la fonction sociale de la religion.

Voici en effet ce que nous enseigne l'histoire : Les sociétés à conscience totale se sont trouvées entièrement inaptes au combat pour l'existence tant qu'il a eu lieu (et c'est ce qui est toujours arrivé jusqu'ici) sous forme de *guerre*, de *lutte en masse* entre une société et l'autre. Les collectivités victorieuses furent toujours dans le passé celles à conscience partielle restreinte.

Les sociétés guerrières que, dans une classification bien

connue, M. Spencer nous montre basées sur la coopération forcée, avaient alors des avantages évidents sur les sociétés industrielles à coopération volontaire : or, elles supposent nécessairement une conscience restreinte.

On peut, en effet, affirmer qu'une société sera d'autant plus apte à la lutte brutale qu'elle ressemblera davantage à l'organisme d'un animal de proie. Chez elle, une caste peu nombreuse de parasites conscients — l'aristocratie et le prince — sera comparable au cerveau de la collectivité. Une classe militaire, vivant aussi aux dépens du reste de la communauté, y représentera l'équivalent des crocs et des griffes d'un carnivore. Enfin, dans son abnégation et sa soumission parfaites, le reste du peuple y remplira la fonction nutritive de l'organisme social. Il donnera en outre à ses mouvements la rapidité, la coordination et la simultanéité, absolument indispensables dans la lutte en masse, par une obéissance aux ordres de la classe dominante aussi aveugle que celle des muscles d'un fauve aux actions reflexes des centres nerveux.

Mais l'organisme animal est composé en partie de *centres psychiques conscients* et en partie de *cellules somatiques inconscientes*, tandis que dans l'organisme social *toutes* les cellules sont pourvues de *raisonnement propre* et de *volonté propre* : au lieu d'avoir, comme l'autre, un centre sensible unique, il est sensible en toutes ses unités (Spencer). Il n'aurait donc, en aucun cas, formé un *tout* aux mouvements d'ensemble rapides et coordonnés si chacun de ses éléments constitutifs avait pu affirmer sa volonté indépendante et refuser d'obéir aux ordres du cerveau social.

Si les volontés individuelles avaient été conscientes, elles se seraient nécessairement révoltées contre les fonctions que leur imposait le régime militaire et que leur raison n'aurait pu sanctionner.

« La force conservatrice d'une société » (et Spencer entend par là celle qui la rend le plus apte à la lutte entre sociétés) « sera d'autant plus grande qu'au secours direct de

« tous les hommes en état de porter les armes, s'ajoute le
« secours indirect de tous les individus qui ne le sont pas.
« Toutes choses égales, les sociétés qui survivront seront
« celles dans lesquelles les efforts des combattants seront
« secondés par ceux des non-combattants. Dans une société
« purement militaire, les individus qui ne portent pas les
« armes doivent consumer leur existence à entretenir celle
« de ceux qui combattent. Soit que, comme au début, les
« non combattants ne comptent que des femmes ; ou que,
« comme plus tard, cette classe comprenne des captifs ré-
« duits en esclavage ; ou que, comme à une époque plus
« avancée, elles comprenne des serfs, ses obligations sont
« les mêmes. En effet, s'il est deux sociétés où les condi-
« tions soient égales à tous les autres égards, et que la pre-
« mière assujettisse ses travailleurs à ce service, tandis
« que dans la seconde les travailleurs jouissent du droit de
« retenir pour eux le produit de leur travail, ou plus qu'il
« n'est nécessaire à leur propre entretien, il arrivera que,
« dans cette dernière société, les guerriers n'étant point en-
« tretenus, ou l'étant moins complètement que dans l'autre,
« auront à pourvoir eux-mêmes à leurs besoins, et se trou-
« veront par là moins propres aux fins de guerre. Par
« suite, dans la lutte pour l'existence entre ces deux so-
« ciétés, il arrivera habituellement que la première vaincra
« la seconde (1) ».

De là, donc, la nécessité pour les sociétés guerrières de
posséder un organe social empêchant la formation d'une
conscience collective parmi les travailleurs afin que, hypno-
tisés, incapables d'aspirer ardemment à un régime d'égalité et d'équité, ils n'aient pas besoin d'être contenus par
la force et, par conséquent, ne détournent pas les combattants de la guerre extérieure. Cette circonstance, à elle

(1) SPENCER, *Principes de Sociologie*, tome III, page 759 (Germer
Baillière, 1883).

seule, aurait suffi à mettre une société en des conditions de lutte tout à fait défavorables.

C'est la religion que la sélection a chargé d'entraver la formation d'une conscience collective des classes travailleuses exploitées et, partant, d'une conscience sociale totale. Elle a eu pour fonction de substituer à la raison collectives *l'instinct collectif* de la soumission chez les asservis.

C'est pourquoi elle a modifié la composition élémentaire de l'organisme social et réduit à l'état de cellules somatiques inconscientes la grande majorité des cellules sociales. Elle a enténébré et endormi les intelligences, subjugué, perverti le raisonnement (*credo quia absurdum*), anéanti les volontés individuelles.

Par la suggestion de l'au delà, terrible ou infiniment désirable, elle a puissamment polarisé dans un certain sens les centres ratiocinateurs et volitifs du cerveau du croyant. Elle n'a jamais été enfin qu'un grandiose phénomène de suggestion collective, d'hypnose sociale.

Les objets auxquels s'est appliquée la foi ont changé continuellement et, pour ainsi dire, presque à chaque génération, mais dans son essence et comme sentiment subjectif, elle est demeurée invariable. Aussi, ses traits généraux ont-ils été les mêmes dans toutes les religions.

La foi, en effet, dit M. Guyau, n'est que « la renonciation de la pensée qui abdique sa liberté. Elle renferme d'avance l'intelligence en des limites précises et elle lui impose une direction générale avec le devoir de n'en pas dévier (1) ».

Le croyant est un hypnotisé. En matière de foi, il agit comme un automate dépourvu de raison et de volonté personnelles. Ce n'est plus un centre psychique conscient, c'est une cellule somatique inconsciente.

La croyance en une volonté divine est le narcotique le plus propre à obtenir la soumission complète de la volonté

____

(1) *L'irréligion de l'avenir*, pages 107, 108 (Alcan, 1895, Paris).

et détruire toute velléité de revendication d'équité : « Le
« sentiment de soumission aux décrets de la Providence,
« nouveau destin personnifié », dit M. Guyau, « a été l'ex-
« cuse de toutes les paresses, de toutes les routines. Quand
« on le pousse jusqu'au bout, qu'est-ce autre chose que le
« sophisme paresseux des Orientaux ? Il est vrai qu'on cor-
« rige habituellement la parole : Le ciel t'aidera — par le
« précepte : Aide-toi toi-même. Mais pour s'aider soi-
« même efficacement, encore faut-il avoir l'initiative et
« l'audace, encore faut-il se révolter contre les évènements
« au lieu de se courber devant eux ; il ne faut pas se con-
« tenter de dire : Que la volonté de Dieu soit faite ! mais :
« Que ma volonté soit faite ! Il faut être comme un rebelle
« au sein de la multitude passive des êtres, une sorte de
« Prométhée ou de Satan. Il est difficile de dire à quel-
« qu'un : tout ce qui arrive, tout ce qui est, est par l'irrésis-
« tible et spéciale volonté de Dieu, et d'ajouter cependant :
« Ne te soumets pas à ce qui est. Les hommes du Moyen
« Age, sous la tyrannie et dans la misère, se consolaient en
« pensant que Dieu même les frappait, et n'osaient se lever
« contre leurs maîtres, crainte de se lever contre Dieu.
« Pour conserver l'injustice sociale, il a souvent fallu la di-
« viniser : on a fait un droit divin de ce qui n'était plus un
« droit vraiment humain et réel (1) ».

La foi a donc servi à merveille à fausser l'égoïsme de la
classe sujette en lui faisant craindre la sanction imaginaire
ultra terrestre d'une révolte, plus encore que les conséquences réelles de sa complète soumission. « Pour que
« la religion devînt un excellent instrument de coaction
« morale, il a suffi de représenter l'action contraire à
« l'égoïsme comme un moyen nécessaire pour se rendre la
« divinité propice, pour éviter sa colère et ses châtiments.
« C'est-à-dire qu'il a suffi d'étendre les méthodes de capta-
« tion de la bienveillance divine en y renfermant, non seu-

(1) *Ibid.*, pages 68, 69.

« lement une série d'actes de révérence de la part de
« l'homme envers la divinité, mais encore une série déter-
« minée d'actions de l'homme par rapport à l'homme...
« Ainsi, la menace de la sanction divine parvient à faire
« violence à l'égoïsme individuel et à détourner l'homme
« des actions conformes à son égoïsme réel pour le pous-
« ser à des actions contraires à celui-ci et conformes à
« l'égoïsme réel de ses oppresseurs (1) ».

La croyance en une volonté divine a été enfin tout particulièrement efficace pour inculquer la notion du devoir de
l'obéissance absolue :

« Le rôle fondamental du prêtre consiste à conserver la
« subordination, d'abord à l'ancêtre divinisé ou au dieu re-
« connu, ensuite au descendant vivant ou au représentant
« de cette divinité. On ne saurait trop redire que, depuis
« les temps les plus reculés jusqu'à nos jours, l'action cons-
« tante et essentielle des sacerdoces, en tout temps, en
« tout lieu, au nom de toute croyance, a été d'inculquer
« l'obéissance (2). ».

Le caractère sacré, divin, que revêt toujours le prince,
rendant sacrilège tout acte d'insubordination et de ré-
bellion, ces actes seront d'autant plus rares que le sentiment religieux sera plus répandu et plus intense dans les
masses. Ainsi, par exemple, chez les Péruviens, le châti-
ment habituel était la mort « parce qu'ils disaient qu'un
« coupable n'était pas puni pour les crimes qu'il avait com-
« mis, mais parce qu'il avait enfreint le commandement de
« l'Inca qu'on respectait comme un dieu. » De même, au
Japon, où le souverain passe pour divin, « la plupart des
« crimes sont punis de mort ; on inflige la peine moins
« pour la grandeur du crime que pour l'audace de la trans-
« gression des lois sacrées de l'empire (3) ».

(1) LORIA, *Les Bases économiques de la constitution sociale*, Paris,
Alcan, 1893, page 20.
(2) SPENCER, *Princ. de Sociol*, t. IV, p. 174 (Alcan, 1887).
(3) SPENCER, *ibid.*, t. III, p. 697.

Au Mexique, « on faisait du souverain une divinité et de la soumission absolue un dogme (1). » Les rois du Dahomey, ceux de l'ancienne Egypte, etc., nations éminemment belliqueuses, avaient un caractère surnaturel, sacré, divin (2).

Immanquablement et indistinctement, en tout lieu et en tout temps, on s'est assuré la plus aveugle obéissance, la plus solide discipline par *le serment*, c'est-à-dire au moyen d'un acte religieux appelant la colère divine sur le coupable qui manquerait à la promesse jurée. Par conséquent, l'efficacité du serment et ses dérivés : l'obéissance, la discipline, la cohésion, et la rapidité et simultanéité d'action de la collectivité guerrière, augmentaient proportionnellement à l'intensité de la foi religieuse.

De cette action constante, tendant à empêcher la formation d'une conscience sociale totale, proviennent les traits généraux communs à toutes les religions. Notons les principaux.

C'est le dogme d'abord, et l'intolérance.

Le dieu des Beni-Israël — et de toutes les tribus sauvages en général — était un dieu *jaloux*, et les papes actuels sont infaillibles. Le dogme, ce narcotique, défend le doute, détruit l'esprit critique, enchaîne et anéantit la libre raison :

« Le philosophe », dit M. Guyau, « prétend agir sur les
« esprits par la conviction, le prêtre par l'inculcation ; l'un
« enseigne, l'autre révèle ; l'un cherche à diriger le rai-
« sonnement, l'autre à le supprimer, tout au moins à le
« détourner des dogmes primitifs et fondamentaux ; l'un
« éveille l'intelligence, l'autre tend plus ou moins à l'en-
« dormir. Comment la révélation ne s'opposerait-elle pas à
« la spontanéité et à la liberté de l'esprit ? Quand Dieu a
« parlé, l'homme doit se taire... C'est toujours quand l'hu-
« manité a voulu se prouver à elle-même ses croyances

(1) LETOURNEAU, *L'évolution relig.*, p. 233.
(2) SPENCER. *Princ. de Sociol.*, tome III, 772.

« qu'elle a commencé à les dissoudre : qui veut contrôler
« un dogme est bien près de le contredire. Aussi le prêtre,
« pour qui la contradiction est un manque de foi, se voit-il
« toujours obligé par la force même des choses à éviter le
« contrôle, à interdire un certain nombre de questions, à
« se retrancher dans le mystère. Quand le prêtre a fait en-
« trer la foi dans le cerveau, il le ferme. Le doute et l'in-
« vestigation qui, pour le philosophe, sont un devoir, ne
« sont aux yeux du prêtre qu'une marque de défiance et de
« soupçon, un péché, une impiété ; il faut se frapper la
« poitrine quand on a osé penser par soi-même (1) ».

Un autre caractère commun à toutes les religions est
conséquemment leur aversion pour la science, leur miso-
néisme, l'inquisition de toute libre pensée, la mise à l'Index
des idées et des livres capables d'aider à la formation d'une
conscience sociale totale. De là, une lutte éternelle entre
l'Athénée et l'Eglise, la Science et la Superstition, le
Doute et le Dogme, la Raison et la Foi.

Ce trait en a produit un autre : le ritualisme, moyen
mécanique de prédisposer l'esprit au dogme (2). La répétition toujours pareille des mêmes cérémonies constitue le
meilleur des narcotiques pour le sens critique du fidèle.
Elle polarise son esprit vers une certaine direction, développe en lui « une intelligence ritualiste », et lui « fait
contracter des habitudes de pensée invincibles ». N'oublions pas non plus que tous les beaux-arts prêtent habituellement leur concours à l'effet hypnotisant du rite. Il
suffit d'entrer pour quelques instants dans une église ou un

_____

(1) *L'irréligion de l'av.*, 227.

(2) « L'éthique, dit Letourneau en parlant des religions sémitiques
en général, est surtout rituelle ; elle consiste principalement, sauf
quelques prescriptions de morale courante et laïque, à observer un
certain nombre de règles religieuses, dépourvues pour la plupart
d'utilité pratique. Et ce sont précisément les infractions à ces règles
rituelles que les divinités punissent avec le plus de rigueur » (*L'évolution religieuse*, pag. 385, Paris, Vigot, 1898).

temple quelconque pour voir à l'œuvre cet effet combiné des cérémonies rituelles et des splendeurs de l'art sur l'esprit des croyants.

« L'importance du rite dans la vie matérielle et reli-« gieuse d'un peuple indique la part prépondérante, chez « ce peuple, des associations inconscientes et obscures ; « son cerveau est comme pris et enveloppé dans un réseau « de fils opaques enchevêtrés, tissu impénétrable à la lu-« mière et à la conscience (1). »

Mais la religion n'a pas seulement empêché la formation d'une conscience sociale totale : elle a été aussi très utile aux sociétés guerrières en intensifiant tous les *instincts sociaux* les plus nécessaires à la *lutte en masse*, en inspirant par exemple, même à leurs classes dominantes, le sentiment de la discipline, l'enthousiasme du sacrifice pour le bien commun, les haines et les passions collectives ardentes : haines de tribus, de races, de religions, amour de la patrie.

Ainsi, par exemple, en Polynésie, la religion poussait les populations barbares à la guerre. « Le clergé s'y asso-« ciait docilement à la fureur guerrière ; la religion y exci-« tait souvent et en consacrait pieusement les pratiques les « plus affreuses. Les mœurs guerrières des Polynésiens « nous montrent avec quel empressement les religions pri-« mitives, bien loin de modérer la fureur des combattants, « s'associent à leur sauvagerie et parent de cérémonies « pieuses leurs coutumes les plus horribles (2) ». « Dans les « îles Fidji, pour plaire aux dieux, pour être reçu après la mort « dans leur paradis, il fallait avoir tué beaucoup d'hommes « et détruit beaucoup de villages ». Chez les Peaux-Rouges, c'est aussi la religion qui maintient l'instinct guerrier. Au Nicaragua, le paradis était réservé à ceux qui mouraient

(1) Guyau, *l. c.*, page 312.
(2) Letourneau, *La guerre dans les diverses races humaines*, pag. 128, 131 (Paris, Battaille, 1895).

sur le champ de bataille. Les hécatombes de milliers de victimes dont on honorait les dieux mexicains constituaient par elles-mêmes une excitation à la guerre. La religion des Aztèques était en effet, « étroitement associée à la guerre ». « Bien nourrir cette divinité (Uitzilopotchli) était de la plus « haute importance, puisqu'elle était la dispensatrice de la « victoire ; mais, pour l'honorer suivant ses goûts présu- « més, il fallait sans cesse de nouveaux prisonniers, aussi « le clergé excitait-il continuellement de nouvelles guerres ». Au Pérou, la religion, quoique moins sanguinaire, n'en sanctionnait pas moins la guerre et ses conséquences ; même, les guerres s'y faisaient dans le but de propager la religion (1).

Le Coran est, de tous les livres sacrés, celui qui montre le mieux la fonction de la religion de développer et d'intensifier les instincts collectifs les plus aptes à assurer la victoire dans la lutte en masse pour l'existence (2). Il pré-

(1) *Ibid.*, 41, 161 à 180. — Les prêtres Fidjiens enseignaient que l'effusion du sang et la guerre, comme tout ce qui s'y rapporte, sont choses agréables à la divinité. Chez les Hébreux, on attribuait à Dieu l'ordre de tuer le plus possible indistinctement, de sorte qu'une guerre religieuse était naturellement plus sanguinaire que les autres (SPENCER, *Princ. de Sociol.*, tome IV, p. 133). Voir tout ce chapitre : « Sur les fonctions militaires des prêtres ». « Les sacrifices faits avant ou après et parfois durant la bataille par des peuples barbares ou à demi civilisés montrent encore une fois l'étroite relation existant entre ces deux actes : tuer des ennemis et plaire aux dieux » (p. 135).

(2) Si dans les populations sédentaires agricoles et industrielles où est très prononcée la spécialisation en classes parasitaires (aristocratie et armée) et classes exploitées (les masses travailleuses), la fonction essentielle de la religion est d'empêcher la formation d'une conscience sociale totale, dans les tribus nomades, par contre, où tous sont guerriers et où, par conséquent, cette division entre classes parasites et classes exploitées n'est pas aussi marquée ni aussi essentielle, la fonction de la religion est surtout de rendre aussi intenses que possible les instincts collectifs les plus aptes à assurer la victoire.

sente la guerre comme un devoir imposé par Allah, inspire à ses adeptes un prosélytisme ardent et leur inculque un fanatisme aveugle. Or, le fanatisme forme un suprême élément de succès. Le prophète ne promet le paradis qu'aux fidèles tombés sur le champ de bataille, et il les pousse à obéir aveuglément en donnant aux luttes violentes un caractère sacré (1). Cela explique les succès rapides et les grandes conquêtes de l'islamisme.

Quant à la religion judaïque, dont le dieu est Jéhova Zebaoth (le dieu des armées), et à toutes les autres religions sémitiques en général, M. Letourneau trouve « qu'elles ont « déchaîné les pires instincts de l'humanité » — c'est-à-dire les plus nécessaires à la guerre.

Dans les races aryennes de l'Asie, aussi, la religion a béni les actes les plus sanguinaires et les prêtres les ont exaltés. De même en Europe. Ainsi, à Sparte, pour accroître la valeur morale des troupes, on recourait à la religion qui n'était « qu'un instrument de guerre. » On sacrifiait aux divinités, on les consultait avant de partir pour la guerre. A Athènes, la cérémonie religieuse des funérailles des morts à la guerre et leurs oraisons funèbres « étaient dans leur « ensemble très bien entendues pour exalter encore le pa- « triotisme toujours si vibrant dans les cités helléniques ». A Rome, on sait trop bien que la religion inspirait un patriotisme farouche et le fétichisme des aigles romaines. Enfin, dans le Moyen Age chrétien, c'est surtout au cours des guerres religieuses que « la férocité prend des proportions délirantes (2). »

Mais par d'autres voies encore la religion est parvenue à rendre les sociétés plus aptes à la *lutte en masse* et à assurer, à parité des autres conditions, leur triomphe et leur survie :

(1) Voir LETOURNEAU, *La guerre*, p. 315 et suiv. ; et *L'Évolution relig.*, 553.

(2) Voir LETOURNEAU, *La Guerre*, p. 354, 381, 405, 407, 433, 418, 522 et suiv. — Essentiellement municipale et politique à son origine,

Quand, chez les peuples anciens, les réponses favorables
des oracles, les sacrifices et prières adressés aux divinités
avaient inspiré aux combattants une grande foi dans l'heureuse issue d'une guerre, la certitude de la victoire était
pour eux un précieux élément de succès. Aussi, certains
peuples sauvages : les naturels des îles Sandwich, les antiques Mexicains, les Chibchas, les Philistins, entre autres,
emportaient-ils leurs dieux sur les champs de bataille.
L'arche accompagnait souvent les Hébreux dans leurs expéditions. Samuel nous dit, par exemple, que, se voyant
battus par les Philistins, ils firent avancer l'arche sainte afin
qu'elle les sauvât. A son apparition, le camp retentit des
cris du peuple, et les Philistins furent dans l'épouvante
parce qu'ils se dirent : Dieu est entré dans le camp.

« Quand il faudra aller à la guerre, dit le Deutéronome,
« le sacrificateur s'avancera et parlera au peuple et lui
« dira : Ecoutez, fils d'Israël, vous marchez aujourd'hui
« contre vos ennemis ; que votre cœur se rassure. Ne crai-
« gnez rien, ne demeurez pas douteux, n'ayez aucune ter-
« reur, car l'Eternel votre Dieu marche avec vous, pour
« combattre avec vous et vous préserver. »

Très généralement, les expéditions des plus diverses
peuplades sont précédées de sacrifices et autres actes propitiatoires. Les habitants de Samoa conduisent un prêtre à
la guerre avec eux « pour prier pour eux et maudire leurs
« ennemis ». Dans la Nouvelle-Calédonie, « les prêtres
« vont au combat, mais se tiennent à distance, jeûnant et
« priant pour obtenir la victoire (1) ». On peut voir une

ayant pour base les mythes relatifs à la fondation de la ville et à
ses divins protecteurs, la religion d'Athènes ne fut d'abord que la
consécration religieuse du patriotisme et des institutions de la
ville. C'était le culte de l'Acropole. « Aglaure » et le serment que
prêtaient sur son autel les jeunes Athéniens n'ont pas d'autre sens.
C'est à peu près comme si la religion parmi nous consistait à tirer
à la conscription, faire l'exercice, honorer le drapeau. » (RENAN,
Saint-Paul, p. 183).

(1) SPENCER *Principes de Sociologie*, tome IV, page 134 et suiv.

persistance de ces actes propitiatoires dans les *Te Deum*, la bénédiction des drapeaux, le baptême des navires de guerre de nos civilisations occidentales.

C'est donc toujours en supprimant le libre raisonnement et la volonté individuelle, en suggestionnant les masses, que la religion parvient à faire mouvoir comme un *tout unique*, aussi cohérent qu'un organisme animal, une foule d'éléments naturellement portés à agir séparément et chacun suivant sa propre initiative.

Ainsi, tandis que la conscience collective des classes dominantes leur permet à chaque instant de percevoir nettement leur intérêt économique, la religion inculque aux masses exploitées la soumission aveugle, et ces instincts collectifs : haines de race, haines religieuses, patriotisme, etc., propres à polariser l'intelligence en un certain sens touchant certains sujets. Les masses *ne discutent donc pas* les questions ressortissant à ces instincts collectifs, elles ne songent même pas à les résoudre raisonnablement, c'est-à-dire en s'accordant et procédant de concert à leur égard selon ce que la raison leur conseillerait pour leur plus grand avantage : de sorte que ces volitions sociales instinctives ou inconscientes, ces suggestions collectives, nées de l'anéantissement de la raison, manquent véritablement et tout à fait de mobile économique (1).

(1) Letourneau insiste à plusieurs reprises sur le tort que les religions font à la société ; ainsi par exemple en parlant des religions des races américaines il dit : « Non seulement ces conceptions religieuses sont chimériques, mais elles sont funestes, car elles barrent le chemin à toute interprétation plus juste et, une fois consacrées comme religions établies, et particulièrement vénérables, elles entravent tyranniquement toute spéculation rationnelle » (*L'Evolution religieuse*, 233).

Si ce tort est réel, et il l'est en effet, un avantage spécial doit le contrebalancer pourtant, puisque ce sont les sociétés les plus religieuses qui ont été sélectionnées parmi toutes les autres. Voilà justement le très grand mérite de M. Kidd : il a compris que les systèmes religieux et la religion en général ne peuvent pas être une

De tout ce qui précède, il résulte que la religion a dû être l'organe social le plus important et le plus indispensable pour toutes les sociétés dans leurs *luttes en masse*. Par conséquent, nous pouvons nous attendre *a priori* à ce qu'aux caractères distinctifs des sociétés militaires et à ceux des industrielles, que M. Spencer a déterminés dans ses Principes de Sociologie, viennent s'ajouter la forte religiosité des unes et l'irréligion des autres. Et, comme conséquence de ce double phénomène, *la conscience sociale partielle restreinte* des sociétés militaires et *la conscience sociale totale,* ou tendant à devenir totale, des sociétés industrielles. Chez celles-là, des *instincts collectifs inconscients*, indifférents ou même opposés au bien-être du plus grand nombre ; chez les autres, des *volitions collectives conscientes* ou même des *volitions sociales réflexes instinctives*, anciennes volitions conscientes passées à l'état d'instincts par leur continuel exercice, et toujours conformes au bien-être du plus grand nombre parce que toujours contrôlées par la raison.

Cette supposition *a priori* correspond à la réalité, grâce à la loi sociologique que l'organe religieux tend à se fortifier dans les sociétés toujours guerroyantes, tandis qu'il tend à disparaître quand la guerre est évitée pendant un long laps de temps.

La guerre, en effet, frappe toutes les imaginations par les morts violentes, les massacres, toutes les horreurs qui l'accompagnent. L'angoisse qu'elle répand exerce une action hautement suggestive qui inspire et intensifie la foi religieuse, la terreur sacrée des forces surnaturelles — esprits

simple « excroissance cryptogamique grotesque » qui se serait formée autour du tronc principal du culte des aïeux (Grant Allen), mais qu'elles devaient avoir au contraire une très importante fonction dans l'évolution des sociétés, et précisément dans la lutte pour la vie entre elles. Seulement, nous verrons qu'il s'est fourvoyé quand il a voulu déterminer l'essence de cette fonction.

des morts ou divinités — considérées comme les causes véritables des malheurs publics (1).

Par contre, la tendance naturelle de la raison humaine à se dégager de toute suggestion dont l'action ne se répète pas continuellement, affaiblit le pouvoir de la religion dans les longues périodes de paix. L'homme y retrouve la liberté de la pensée ; il s'y habitue à l'action collective guidée par la raison ; la société enfin y devient toujours plus irréligieuse tandis qu'une conscience sociale totale se forme peu à peu.

Il s'ensuit que l'état de guerre amènera une religiosité ardente et l'inconscience sociale, tandis que la paix créera l'irréligion et, avec la tendance de la conscience sociale à devenir totale, des mouvements des masses en faveur de l'établissement de rapports sociaux équitables. Ces deux conséquences du régime pacifique représentent cependant des conditions sociales excessivement désavantageuses pour la lutte en masse (2).

(1) Ainsi la guerre, la lutte en masse pour l'existence, ne sélectionne pas seulement la religion, l'organe social qui rend les sociétés plus aptes à cette lutte : *elle le crée* et fortifie le sentiment religieux sur lequel s'exerce la sélection naturelle. Par là, elle diffère de la lutte darwinienne pour l'existence entre les individus qui ne crée pas elle-même, mais sélectionne seulement les différences individuelles. Ces différences individuelles provenant uniquement de l'hérédité des caractères acquis, selon Darwin et Spencer ; ou de l'accouplement des sexes (qui aurait justement cette fonction d'augmenter à l'infini la variabilité des individus) et de la lutte des *déterminants* intergerminale, selon M. Weismann. (WEISMANN, *Essai sur l'hérédité*, Paris, Reinwald, 1892, chap. VI : La reproduction sexuelle et sa signification pour la théorie de la sélection naturelle ; *Germinal Selection* dans le « Monist », Chicago, janvier 1896.)

(2) Ainsi, par exemple, une des causes qui empêchèrent les Juifs de lutter victorieusement contre les Assyriens et les Perses fut la grande influence exercée par les prophètes, les *nabi*, véritables tribuns représentants de la classe pauvre qui, tenant toujours en éveil la conscience du peuple, provoquant de continuelles agitations intérieures, s'opposèrent à la formation d'une forte monarchie et

Les faits nous offrent la confirmation la plus complète
de notre thèse. Les Esquimaux, les Arafuras, etc, tribus
essentiellement pacifiques, sont cités comme n'ayant pas
ou presque pas de religion ; tandis qu'on nous présente
comme très religieuses les peuplades éminemment guerrières de l'ancien Mexique, du Dahomey, des îles
Fidji, etc. (1).

Pendant tout le Moyen Age, la guerre à l'état chronique
est corrélative du fanatisme le plus exalté (2). La raison se

de tous les sentiments d'obéissance passive qu'exige le régime militaire, rendirent enfin impossible la constitution sociale propre aux
nations belliqueuses. « Il importe de remarquer, dit Renan, que
l'autorité prophétique n'est pas moins hostile à la monarchie qu'au
sacerdoce. Le prophète ne provient pas de la tribu de Lévi ; il n'enseigne pas dans le temple, mais sur les places, dans les rues ou les
marchés : il ne pousse pas, comme le prêtre, à l'observance des
rites. Il prêche le culte pur, l'indifférence aux pratiques extérieures
séparées de l'adoration du cœur. Le prophète ne tient sa mission
que de Dieu et représente les intérêts populaires contre les rois et
contre les prêtres qui si fréquemment sont les alliés des rois.....
Les Juifs avec leurs idées si simples en fait d'organisation politique
et militaire éprouvèrent une vive impression de merveille et de terreur quand ils se trouvèrent pour la première fois en présence de
cette épouvantable organisation de la force (monarchies persique et
assyrienne), de ce matérialisme impie et brutal, de ce despotisme
où le roi usurpait la place de Dieu. Les prophètes ne cessaient de repousser la seule politique qui pût sauver Israël, de *battre en brèche
la monarchie et d'exciter par leurs menaces et leur puritanisme des agitations intérieures* » (*Histoire du peuple d'Israël*, dans les Études
d'histoire religieuse. Paris, Michel Lévy, 1864, p. 104, 113-114).

(1) LUBBOCK, *On the Origin of Civilisation of Man*, London, Longmans Green. 1889, p. 214. — Spencer lui-même remarque le rapport
qui a toujours existé, dans l'espace et dans le temps, « entre les
institutions relativement libres de l'industrialisme et l'arrêt des institutions sacerdotales » ou, d'autre part, entre « la soumission sans
résistance à un despotisme politique absolu approprié au type social du militarisme » et « un sacerdoce énormément développé »
(*Principes de sociologie*, tome IV, 162-163).

(2) Ce fanatisme laisse dans l'art une empreinte ineffaçable, le
style gothique (Taine, *Philos. de l'art*).

met alors entièrement en tutelle et on assiste à la complète
« disparition de toute forme d'indépendance du raisonne-
« ment. » « Jamais la pensée n'avait été aussi asservie à
aucune autre époque de l'histoire ». (1).

Par contre nous voyons, à l'aube des temps modernes,
le développement merveilleux et subit du commerce amener le ralentissement des guerres. On sait, qu'au XV° siècle
surtout, les milices étaient mercenaires et les combats des
condottieri de simples parades qui ne coûtaient parfois pas
une seule vie. C'est alors qu'apparaît, dans l'irréligion de la
Renaissance, la haute et ample conscience des Communes
italiennes. A son tour, cependant, cette irréligion cause
l'impuissance des *signorie* contre les invasions françaises et
espagnoles.

A la série incessante des guerres entre chrétiens et
Maures en Espagne s'unit un crescendo épouvantable du
fanatisme religieux et de longues luttes provoquent en
Ecosse une exaltation analogue. Dans les pages géniales de
Buckle apparaît on ne peut plus évidente l'identité de la
cause unique qui dans les deux pays, d'ailleurs si différents, produit l'effet identique d'un sentiment religieux
très intense (2).

D'autre part, c'est alors que les Césars ont pu assurer
aux peuples méditerranéens « la grande paix romaine » (3),
alors que, dans cette paix, le sentiment religieux païen
s'est extrêmement affaibli (4), et que « l'empire est devenu

(1) KIDD, *L'évolution sociale*, 126-127.

(2) BUCKLE, *Hist. de la Civilisat. en Angleterre*, Paris, Marpon et
Flammarion, 1881, tomes IV et V.

(3) Voir RENAN, *Histoire des Origines du christianisme, Les Apôtres* ;
Paris, Calmann Lévy, 1894, ch. xvii : Etat du monde vers le milieu
du premier siècle.

(4) « Les vieilles religions, dit M. Froude en parlant de l'époque
de César, s'éteignaient des colonnes d'Hercule aux rives de l'Eu-
phrate et du Nil, et avec elles, les principes sur lesquels était ap-
puyée la société » (Voir KIDD, *l'Evolution sociale*, 121). Sur cette
absence d' « un aliment religieux » pour le peuple de l'empire,

la proclamation la plus « absolue de l'état laïque qui ait jamais existé » (1), que se répand victorieuse, avec la parole socialiste de Jésus de Nazareth, l'agitation prolétaire qui dès longtemps fermentait déjà chez les Béni-Israël (2).

Un mouvement prolétarien : l'essence sociologique du christianisme primitif n'est en fait pas autre chose quoiqu'elle ait pris la forme et les caractères apparents d'un mouvement religieux (3). Plus tard, quand les prolétaires

« analogue à celui que reçoivent, dans l'Eglise, les portions les plus déshéritées de nos sociétés », voir aussi RENAN, *Les Apôtres*, p. 334 et suiv.

(1) RENAN, *Hist. des Orig. du Christianisme, L'Antéchrist* ; Calmann Lévy, 1893, p. 234.

(2) Voir RENAN, *Hist. des Orig. du Christ., Marc Aurèle et la fin du monde antique*, Calmann Lévy, 1895, pages 5-6; et *Hist. du peuple d'Israel*. dans les *Etudes d'Hist. relig.*, p. 104, 113-114.

(3) Cf. RENAN, *Hist. des Orig. du Christ.*, surtout *Les Apôtres*, ch. XVII, XVIII, XIX, et *Marc Aurèle*, p. 598 à 603. Voir aussi, entre autres, F. ENGELS, *Zur Geschichte des Urchristenthums*, dans la « Neue Zeit », 1894-95, num. 1 et 2 ; NITTI, *Le socialisme catholique*, ch. III : Origines économiques du Christianisme ; LORIA, *Les bases économ. de la constit. soc.*, 58 et suiv.

« Ce n'est pas contre les principes religieux, dit Hertzka, mais contre la propriété que s'est insurgé le Christ, et cette révolte est la véritable cause de sa mort. Elle explique pourquoi les Pharisiens, la fine fleur de l'intelligence et de la finance juives, les plus instruits et les plus riches de leur nation, l'ont si violemment attaqué. Ils auraient discuté volontiers avec un sectaire religieux ; ils haïrent jusqu'au crucifiement l'homme qui avait chassé les marchands du temple et qui s'était déclaré l'adversaire des publicains » (LORIA, *Les bases écon.*, 222).

Sur les nombreux et remarquables points de ressemblance entre le mouvement du christianisme primitif et le mouvement socialiste actuel, voir les auteurs cités ci-dessus.

Gibbons ne sait comment s'expliquer pourquoi les Romains, si tolérants d'ordinaire envers les cultes répandus dans l'empire, ont si cruellement persécuté les chrétiens (KIDD, *L'Evolution soc.*, 147). En effet, l'expansion du culte d'Isis, ou celle du Mitriacisme, etc., ne furent nullement gênées (RENAN, *Marc Aurèle*, 571 et suiv.), non chrétiens eurent formé un parti politique de grande importance, Constantin, le représentant de la bourgeoisie, des classes provinciales riches du temps, recourut à leur appui pour contrebalancer et écraser la puissance de l'antique aristocratie romaine (1). Mais c'est qu'il n'y avait

plus que les doctrines des épicuriens, aussi hostiles que les chrétiens pourtant aux superstitions vulgaires (*Ibid.*, 61). Sur la qualité prolétarienne des premiers chrétiens, voir des passages remarquables du philosophe Celsus, leur contemporain, dans RENAN, *Marc Aurèle*, 362 à 365 ; et RENAN lui-même, *Ibid.*, 453-454; et FRÉDÉRIC ENGELS, *Zur Geschichte des Urchristenthums*, 36 et suiv. — Sur l'aversion de Celsus pour la religion chrétienne provenant de ce que, à la différence de toutes les autres, éminemment nationales, celle-là n'était d'aucun pays et constituait seulement une protestation contre la religion nationale de l'empire, voir *ibid.*, 365-366.

« Chose étrange, dit Renan, le judaïsme qui se révolta trois fois contre l'empire avec une fureur sans égale ne fut jamais officiellement persécuté. . Et par contre le christianisme, qui ne se révolta jamais, était en réalité hors la loi. Le judaïsme eut, pourrait-on dire, son concordat avec l'empire ; le christianisme n'eut pas le sien. La politique romaine sentait que le christianisme était le termite qui rongeait intérieurement l'édifice de la société antique (*Les Evangiles et la seconde génération chrétienne*, Calmann Lévy, 1877, p. 213).

(1) « C'est au quatrième siècle que le combat contre le christianisme devient acharné. Les classes riches, presque toutes attachées à l'ancien culte, luttent énergiquement : mais les pauvres l'emportent. » (RENAN, *Marc Aurèle*, 602).

« L'Occident se montrait encore (à la fin du deuxième siècle) bien réfractaire au christianisme. L'Asie Mineure et la Syrie, au contraire, comptaient des masses denses de populations chrétiennes dont l'importance politique augmentait de jour en jour. Le centre de gravité de l'empire se transportait de ce côté là. On sentait déjà qu'un ambitieux aurait la tentation de s'appuyer sur ces foules, que la mendicité mettait dans les mains de l'Eglise et que l'Eglise, à son tour, livrerait au César qui lui serait favorable. La fonction politique de l'évêque ne date pas de Constantin. Dès le troisième siècle, l'évêque des grandes villes d'Orient nous apparaît comme un personnage analogue à ce qu'est, de nos jours, l'évêque en Turquie chez les chrétiens orthodoxes, les Arméniens, etc. Les dépôts des fidèles, les testaments, la tutelle des pupilles, les procès, toute l'adplus dès lors pour l'ensemble des propriétaires le moindre danger dans une telle alliance.

Dès lors, en effet, la religiosité n'est plus simplement un caractère extérieur du mouvement prolétarien : celui-ci, à travers une période de persécution où la terreur fut « l'état habituel de la vie chrétienne (1) », et correspondant par là à un état de guerre chronique, s'était transformé en une nouvelle véritable religion. Les nouveaux croyants, en conséquence, prêtent à leurs évêques une obéissance aveugle. Et ces évêques peuvent être facilement gagnés à la cause de l'Empire (2). Les classes riches n'ont donc plus rien à craindre des prolétaires dont elles désirent l'appui.

Cependant les invasions commencent, ouvrant le Moyen Age où l'état de guerre est chronique. Et le christianisme, désormais répandu parmi les Barbares même, perd de plus en plus son essence primitive. D'élément dissolvant du patriotisme, de l'esprit de discipline militaire, de toutes les qualités belliqueuses qui avaient rendu invincible l'empire romain (3), il devient, comme toutes les autres religions, l'instrument social expressément destiné à fortifier les instincts collectifs indispensables aux nations guerrières, et, de foyer périlleux d'agitation prolétarienne, il se transforme en organe particulièrement propre à empêcher l'éveil d'une conscience sociale totale.

ministration de la communauté lui est confiée. C'est un magistrat à côté de la magistrature publique et qui profite de toutes ses erreurs. L'Eglise, au troisième siècle, est déjà une grande agence d'intérêts populaires, suppléant à ce que l'empire ne fait pas. On sent qu'un jour l'empire venant à manquer, l'évêque en sera l'héritier. Quand l'Etat refuse de s'occuper des problèmes sociaux, ceux-ci se résolvent à part, au moyen d'associations qui démolissent l'Etat » (RENAN, *Marc Aurèle*, 586).

(1) RENAN, *Marc Aurèle*, 66.

(2) Cf. RENAN, *Ibid.*, ch., xxix.

(3) Cf. RENAN, *Ibid.*, ch. xxxii, pages 589-596.

IV

De la guerre.

La religion est indispensable à la *lutte en masse*. La guerre intensifie le sentiment religieux ; la paix l'affaiblit. Voilà les resultats auxquels aboutissent les recherches qui précèdent. Si donc la guerre tend à disparaitre, la religion aussi aura cette tendance, de même que dans les espèces animales s'atrophient peu à peu les organes devenus inutiles (1).

(1) Tout organe inutile est nuisible. Il y a lutte en effet entre les cellules comme entre les parties d'un même organisme (Roux). Un organe inutile est donc, pour la variété animale où il existe, une cause de faiblesse dans la compétition avec la variété rivale où il est totalement ou partiellement atrophié : chez celle-ci, en effet, une plus grande quantité de nourriture peut se distribuer entre les organes vraiment nécessaires à la vie. Le fait qu'un organe est nuisible par cela seul qu'il est inutile, explique sa disparition même d'après la théorie de l'intransmissibilité des caractères acquis, parce que les animaux à organes inutiles plus développés, à parité des autres circonstances, succomberont et seront éliminés en plus grand nombre que les autres. La théorie de la « panmixie « de Weismann serait, au contraire, insuffisante à ce sujet. Cf. WEISMANN, *Essais sur l'hérédité et la sélection naturelle*, ch. VII : *Le régression dans la nature* ; et la polémique SPENCER-WEISMANN : *A Rejoinder to Professor Weismann*, p. 22-26 : *Weismannism, once more*, p. 18 ; London, Williams and Norgate, 1894 ; WEISMANN, *The all sufficiency of natural selection*, « The Contemporary Review », September 1893 ; *The Effect of External Influences upon Development*, « The Romanes Lectures », 1894.

Le corps social peut, comme l'animal, avoir des organes inutiles. La religion en est un, depuis la disparition des luttes en masse. Même si elle n'était pas directement nuisible, elle le serait indirectement à cause de toutes les forces sociales employées à la maintenir. Ici pourtant s'arrête le parallélisme entre l'organisme social et

Or, la disparition définitive de la guerre, auprès de nos peuples civilisés, — tout comme ont disparu le cannibalisme, l'esclavage, etc., — est, parmi les futurs événements sociaux, celui que la science se hasarde à prédire avec la plus grande certitude.

Il est probable, selon des doctrines récentes, que la quantité totale de la vie répandue sur notre globe est une fraction ou une fonction déterminée du montant total de l'énergie rayonnée par le soleil sur la terre et *retenue* par celle-ci, augmentée de toute celle antérieurement fixée, emmagasinée déjà dans le globe et transformée de nouveau par l'homme de potentielle en actuelle (1).

A ce phénomène limitatif correspond, on le sait, dans la forme complexe de l'énergie représentée par la vie orga-

l'animal considéré d'après la théorie de Weismann. Dans l'organisme social, les caractères acquis et, par conséquent, le développement complet ou l'atrophie d'un organe sont réellement transmissibles à travers les générations, de sorte qu'il suffit qu'un organe social devienne inutile et absorbe une quantité toujours moindre d'énergie, pour disparaître enfin, sans qu'il soit nécessaire que l'organisme tout entier soit éliminé par un autre. Au moyen de sa théorie de la transmissibilité des caractères acquis, rejetée aujourd'hui par Weismann, Lamarck parvenait d'une façon analogue à expliquer la variabilité des espèces, sans besoin de recourir à la sélection naturelle, plus tard découverte par Darwin.

(1) Par exemple, le rayonnement nocturne enlève entièrement à une lande déserte la chaleur qu'elle a reçue pendant le jour, tandis qu'une fois arrosée, fumée, transformée en terrain fertile, elle absorbe et *retient*, par sa végétation, une grande partie de la chaleur solaire. De même, les maisons d'habitation et les vêtements, par exemple, retiennent une quantité d'énergie thermique qui, sans eux, se perdrait tôt ou tard dans l'espace.

D'autre part, l'homme sait aujourd'hui appliquer au maintien de la vie la chaleur emmagasinée jadis dans le globe. Ainsi, par exemple, la houille, que l'élève systématique du bétail utilise depuis peu pour le chauffage des étables, permet de diminuer considérablement la quantité de nourriture des bestiaux, c'est-à-dire de l'énergie solaire récente, fixée au moyen des pâturages.

nique, une tendance naturelle à s'épancher, à rompre l'équilibre en outrepassant la quantité fixée pour elle de la fraction ou fonction susdite. C'est pourquoi les diverses quantités de la vie organique *luttent* incessamment entre elles. Du *phagocytisme*, ou antagonisme des cellules au sein d'un organisme, au *struggle for life* entre les organismes, et aux *guerres* entre les collectivités d'organismes, les conflits ne sont autre chose que le *rétablissement violent d'un équilibre troublé*. Cependant, par suite de la loi universelle du *moindre effort*, la grandeur et la gravité des déséquilibres entre la quantité possible de vie organique et celle qui existe effectivement à un moment donné diminuent probablement grâce à une sorte d'affaiblissement de la force d'expansion de la vie organique. L'expansion des espèces à individualisation toujours plus grande et à genèse toujours moindre (Spencer) en serait peut-être une preuve.

Le montant total de la vie organique représentant une quantité déterminée, le nombre des individus humains ne pouvait s'accroître qu'aux dépens du reste de la vie organique, ou par une plus grande fixation de l'énergie solaire envoyée sur la terre durant le jour et tendant à se disperser dans l'espace par le rayonnement nocturne, ou encore par une plus grande transformation de potentielle en actuelle de l'énergie antérieurement emmagasinée dans la planète (1).

(1) Ainsi, l'industrie pastorale et sa conséquence, la destruction des fauves, et l'agriculture qui amène la destruction des forêts vierges primitives et des pampas, ont restreint la vie organique animale ou végétale à la quantité strictement nécessaire au maintien de la vie humaine. L'agriculture intensive se substitue à l'extensive pour diminuer encore davantage la quantité de vie organique végétale inutile à l'homme, et pour augmenter l'absorption de l'énergie solaire. Dans la sélection artificielle des animaux domestiques, l'homme parvient aussi à réduire au minimum les parties inutilisables pour son alimentation. D'autres perfectionnements techniques consistent à substituer, dans des cas de plus en plus nombreux :

Nous désignerons ces trois méthodes diverses d'augmentation de la vie humaine par le nom commun de *perfectionnements à l'intérieur*.

La tendance de la vie humaine à dépasser la quantité que lui assignait le milieu cosmique se manifesta par la *pression de la population sur les subsistances*. Souvent cette pression se résolvait d'elle-même par la famine, la peste, la mortalité économique (Malthus) ; parfois on recourait à l'expédient anormal et précaire du massacre systématique des enfants, des vieillards et des infirmes. Mais les deux grandes voies normales de solution de l'incessante pression des subsistances furent alternativement les *perfectionnements à l'intérieur* et la *guerre à l'extérieur*.

La solution par la guerre étrangère, bien que la plus fréquente, se produisit *seulement alors* que les perfectionnements à l'intérieur ne furent pas assez importants et ne se suivirent pas assez vite pour résoudre d'eux-mêmes la pression de la population sur les subsistances, même quand la population augmentait très rapidement ; ou encore, n'arrivèrent pas à constituer un ensemble de perfectionnements assez important pour pouvoir, dans les circonstances extraordinaires de famines et d'autres fléaux semblables, empêcher la pression normale de se transformer pour ainsi dire en choc. C'est ainsi que, très probablement, l'introduction de l'industrie pastorale et de l'agriculture, ces remarquables améliorations à l'intérieur, nécessairement accompagnées d'une grande diminution de la densité relative de la population par rapport au territoire, jusqu'alors, au contraire,

traction, éclairage, vêtement, logement, etc., les végétaux aux animaux et les minéraux aux végétaux. Et déjà, jusque parmi les savants, des rêveurs hardis entrevoient la possibilité d'obtenir pratiquement, c'est-à-dire même en dehors des laboratoires, des aliments directement tirés des substances minérales. Cette dernière conquête de la science permettrait à l'humanité d'éliminer toute autre vie organique que la sienne, d'absorber tout le montant de l'énergie vivante.

insuffisant, parce qu'uniquement consacré à la chasse, furent cause d'une longue interruption des guerres. La rigoureuse et minutieuse équité des antiques communautés de village est alors facilement expliquée par l'absence de l'organe religieux qui a dû s'ensuivre et permettre la totalité de leur conscience sociale.

Mais quand les perfectionnements à l'intérieur ne suffisaient pas, la guerre devenait nécessaire (1). Elle permettait pour quelque temps à la société victorieuse de résoudre le problème des subsistances d'une des deux façons suivantes :

1° Par la décimation des guerriers et l'extermination d'un nombre plus ou moins grand des non-combattants, dans le sein même de la collectivité victorieuse, elle en réduisait la population, tout en augmentant les vivres. Les vaincus mêmes servaient d'aliments (cannibalisme) ; en outre, les vainqueurs enlevaient des bestiaux, ou imposaient des tributs ou impôts en nature, ou bien encore ils tiraient, de l'occupation du territoire des ennemis exterminés, par la

(1) Ce besoin d'aliments est l'unique cause des guerres chez les sauvages de l'Australie et de la Tasmanie, de la Nouvelle Calédonie, de toutes les îles de la Mélanésie ; chez les Boschimans, les Hottentots ; les indigènes du Gabon, les nègres de l'Afrique Orientale, les Mombouttous et les Niams Niams de la région du Haut Nil ; les Massaïs de la région des grands lacs ; les Cafres, les indigènes de la zone africaine Nord Equatoriale (Dahomey, par ex.) ; les habitants des îles Marquises et de la Nouvelle Zélande ; les Peaux Rouges ; les Turcomans, les Kirghis, les Kalmoucks, etc. (LETOURNEAU, *La guerre*, passim.).

Bien souvent, même alors que la cause réelle de ces guerres est le besoin de se procurer des aliments par des razzias d'hommes ou de bestiaux, ou le désir d'occuper un nouveau territoire de chasse ou de nouveaux pâturages, leur cause apparente est un instinct collectif tel que la vengeance, la haine de tribu, de race, de religion (l'aversion naturelle de tout groupe syngénétique pour les groupes hétérogènes, dirait M. Gumplowicz). Parfois, cependant, quand ils ont acquis une certaine vigueur, les instincts collectifs deviennent à eux seuls des causes de guerre.

chasse, l'industrie pastorale ou l'agriculture, le surplus de produits devenu nécessaire.

2° Elle introduisait indirectement des perfectionnements à l'intérieur. Elle instituait, par exemple, au moyen de l'esclavage, la division et l'organisation du travail, même là où ne se serait pas constituée une coopération spontanée. Elle augmentait la production en rendant sédentaire et plus continu, plus long, plus intense, le labeur imposé à l'esclave, par rapport au travail spontané des membres de la tribu. Elle multipliait la capacité productive relative de la société en amenant la fusion de plusieurs petits groupes en un seul plus grand et plus complexe.

Mais à mesure que se multipliaient, comme conséquences des guerres, de la pression directe de la population sur les vivres, ou de l'intérêt économique des classes dominantes, les perfectionnements à l'intérieur (concurrence substituée à la coutume, division technique et sociale du travail, culture intensive et progrès ultérieurs de la technique agricole, inventions techniques industrielles et introduction de machines, substitution de la grande à la petite industrie, etc.), l'efficacité de la guerre comme solution, même temporaire, du problème des subsistances allait décroissant.

Cette efficacité finit par devenir nulle, puis par se transformer, jusque pour la société victorieuse, en une aggravation du malaise social.

En effet, l'incessante augmentation des perfectionnements à l'intérieur favorisait la population, et, de leur côté, les guerres, en amenant l'union de groupes isolés en collectivités toujours plus grandes, étendaient les agglomérations. Bientôt aucune lutte ne put parvenir à les décimer de façon à supprimer, fût-ce pour un temps, la pression de la population sur les vivres, ou de façon à dépeupler, au profit des vainqueurs, d'assez grandes étendues de territoire. Les razzias les plus abondantes et les plus lourds tributs en nature représentèrent des quantités toujours moindres, vis-à-vis de la totalité des produits d'un travail secondé par un ensemble complexe de perfectionnements à l'intérieur.

Et la guerre devenait toujours plus incapable d'introduire des perfectionnements nouveaux à mesure qu'augmentait l'importance de ceux déjà existants. Le seul qu'elle aurait encore à accomplir aujourd'hui, l'intégration ultérieure des groupes nationaux en groupes internationaux, ne peut se faire par la violence, par suite de la grandeur des groupes à intégrer, grandeur que la guerre même a produite.

Bien plus : à mesure qu'augmentait, avec l'extension du commerce international, l'importance de la division internationale du travail, les luttes violentes qui interrompaient les exploitations industrielles, détruisaient des capitaux, supprimaient des ouvriers dans les pays vaincus et envahis, devenaient également funestes aux nations victorieuses et envahissantes. Les anciennes tribus se procuraient des vivres et s'enrichissaient en dévastant le territoire de leurs ennemis : aujourd'hui la destruction des sources de production du pays vaincu amène une diminution de consommations même dans le pays vainqueur.

Cependant, à mesure que l'efficacité de la guerre comme solution du problème des subsistances diminuait, puis se transformait en une aggravation des difficultés qu'elle aurait dû résoudre, la pression de la population sur les vivres agissait avec une intensité moyenne toujours moindre et toujours plus uniforme. Elle finit par ne plus jamais se transformer en choc violent, et partant, ne plus pousser à la guerre.

Les disettes, en effet, disparaissaient à mesure que se développaient le commerce national et international et la facilité des transports.

L'abondance croissante des richesses donnait, malgré l'inégalité de leur distribution, à un nombre toujours plus considérable de personnes, un superflu qu'elles pouvaient au besoin retrancher sans manquer du nécessaire.

La somme des améliorations introduites ne cessait de grandir, ce qui rendait à mesure plus rapides et plus efficaces les améliorations ultérieures basées sur celles-là. Or, ce qui empêche surtout une trop forte pression de la population sur les vivres n'est pas tant la quantité déjà réalisée de perfectionnements à l'intérieur que la possibilité d'en établir rapidement de nouveaux.

Et enfin les chemins de fer et la navigation à vapeur, non seulement facilitaient énormément l'échange national et international, mais, pour la première fois, venaient permettre aux blancs de se répandre en masse sur les continents de l'ancien et du Nouveau Monde pour y occuper d'immenses territoires. Le débordement des Européens sur des étendues relativement dépeuplées, et l'importation des vivres exubérants des pays nouveaux, résolurent toujours plus complètement le problème des subsistances.

Désormais, en effet, l'excédent de la population sur les vivres ne produit la mortalité économique que dans les couches les plus basses des masses prolétariennes, et il n'a plus du tout la force de se transformer en cause de guerre. Mais à mesure qu'il a perdu ce pouvoir, a surgi une puissance sociale aux effets analogues : l'avidité de la classe dominante.

Issue de la lutte en masse pour l'existence entre les diverses sociétés, et pour leur plus grand avantage, originairement composée des propriétaires des terres et des esclaves, l'aristocratie, d'abord seule classe dominante, a peu à peu subi des modifications profondes, englobé des intérêts très divers et dû partager enfin avec d'autres classes sociales le pouvoir politique. Elle a été, par là, forcée de se fractionner en sous-classes plus ou moins antagoniques et alternativement ou sucessivement prédominantes, dont chacune, poussée par des mobiles économiques spéciaux, a provoqué des guerres.

On en fit pour se procurer de nouvelles masses d'esclaves ; pour s'approprier violemment des terres que les anciens maîtres étaient forcés de cultiver en qualité de serfs ; pour acquérir à la caste aristocratique et militaire de nouveaux sujets, de nouveaux tributs, et partant un surcroît de richesses.

Plus tard, quand de nombreuses améliorations à l'intérieur eurent provoqué un processus économique plus complexe, quand les commerçants d'abord, puis les industriels aussi, acquirent le pouvoir ou le partagèrent avec les anciens dominateurs, on fit la guerre pour s'emparer d'un marché et en exclure les trafiquants des autres groupes sociaux, pour augmenter les possessions coloniales, sources d'énormes revenus grâce aux prix de monopole imposés aux importations de la mère patrie. Les guerres des anciennes républiques italiennes, celles des XVIᵉ, XVIIᵉ et XVIIIᵉ siècles entre Hollandais et Portugais, Hollandais et Espagnols, Anglais et Espagnols, Anglais et Français n'eurent pas d'autres causes.

Enfin, quand la grande industrie et le grand capital imposèrent, ici, la formation d'un marché unique et de plus en plus vaste, là, la conquête de débouchés nouveaux pour l'émigration des capitaux (dont l'exubérance menaçait, nonobstant la proportion immensément accrue des capitaux techniques et improductifs au capital total, un trop fort relèvement des salaires et un amoindrissement correspondant des profits), la guerre eut pour but la formation des unités nationales et la conquête de nouveaux territoires, de nouvelles zones d'influence.

Mais, de même que le progrès continu des améliorations à l'intérieur avait fini par empêcher les guerres primitives de résoudre la pression de la population sur les subsistances, un progrès ultérieur et toujours plus merveilleux de ces perfectionnements internes a pu enfin empêcher la guerre, fût-elle heureuse, d'apporter à la classe dominante des profits capables de contrebalancer les pertes qu'elle occasionnerait ; celles-ci seraient même tellement énormes que les avantages de la victoire sembleraient par comparaison absolument négligeables. Que l'on songe, en effet, à l'ensemble des progrès réalisés par la production moderne :

extrême facilité des transports et des communications ; perfectionnement incessant du mécanisme du crédit, et, partant, de la circulation des capitaux ; énorme développement de la grande industrie et de ses marchés ; spécialisation, division nationale et internationale croissante du travail... Aujourd'hui, les industries sont étroitement liées les unes aux autres, non seulement dans chaque pays, mais, par-dessus les frontières, sur toute l'étendue du marché international ; les intérêts de chaque branche industrielle et de chaque groupe de producteurs sont désormais inséparables de ceux des autres branches et des autres groupes du même pays et de tous les autres.

La balance du commerce international annuel entre les nations civilisées dépasse le chiffre de 80 milliards ; leurs emprunts à l'étranger représentent une somme tout aussi énorme ; on évalue à plus de 50 milliards le seul montant des capitaux anglais placés hors du Royaume-Uni. Les dommages que la guerre porterait à l'industrie et au commerce de tous les pays, belligérants ou neutres, en anéantissant ou en réduisant seulement la consommation et la production d'un seul d'entre eux, seraient donc immenses. Elle provoquerait une crise économique universelle, ruinerait l'armée des possesseurs des sommes directement engagées dans les industries et les commerces interrompus, ou placées à l'intérieur du pays ou au dehors, ou prêtées à la nation vaincue ou à d'autres États. Aussi, à ce moment du développement capitalistique, la guerre est-elle condamnée à disparaître entièrement de tous les pays civilisés, comme ont déjà disparu chez nous les pires horreurs primitives : le cannibalisme, les razzias, les massacres en masse de populations entières.

V

La théorie de Kidd sur la religion, et la religion dans la race Anglo-Saxonne.

Mais si la fin de la lutte en masse est fatale, les conditions qui assurent la survie des êtres humains doivent changer complètement.

Pendant la période des *luttes en masse* violentes, la victoire, dans le struggle for life humain, n'aura pas été directement accordée aux simples individus selon leurs aptitudes, mais aux groupes dont ils faisaient partie. À la fin de cette période primitive, dans la lutte économique devenue personnelle, les sociétés contenant le plus grand nombre d'hommes intelligents et énergiques triompheront des autres.

En d'autres termes, jadis une société n'était assurée d'exister que si elle savait *en bloc* lutter pour survivre : aujourd'hui il faut que *chacun de ses membres* compte sur lui-même et s'efforce de triompher individuellement dans le combat économique. La race anglo-saxonne nous prouve cette vérité, car elle envahit et conquiert le monde grâce à la forte individualité et à l'esprit d'entreprise de ses fils.

Fortifier les individualités autant que possible, c'est, autant que possible, égaliser les conditions initiales artificielles de la lutte économique. Il arrive donc, *pour la première fois*, dans l'histoire du monde, que les institutions sociales les plus aptes à assurer la vie d'une société sont celles qu'instituerait une conscience sociale totale. Pour la première fois, les conditions les plus favorables au progrès, selon le mot de M. Kidd, sont aussi les plus favorables au maximum du bonheur pour l'immense majorité des membres de la société.

Voilà pourquoi la religion cesse de constituer aujourd'hui un organe social nécessaire. Dorénavant, ce ne seront pas les sociétés les plus religieuses qui survivront, mais au contraire celles à conscience collective très étendue, parce qu'elles réaliseront le mieux l'égalité des conditions initiales artificielles de la lutte économique (1).

M. Kidd n'est pas de cet avis. Il affirme que dans une société consciente, composée d'individus éminemment raisonnables, chacun se préoccupera uniquement de son mieux être et demeurera indifférent au progrès futur de l'espèce.

(1) Cette lutte économique, amenant une sélection naturelle des individus les mieux doués, continuera donc à s'exercer même dans la société à conscience totale et parfaite ; mais le phénomène se mitigera incessamment et perdra toute sa brutalité actuelle.

D'une part, en effet, le développement toujours plus grand des sentiments égo-altruistes et de leur dérivé, la bienfaisance privée, empêchera que les incapables succombent comme des brutes. Ils pourront vivre quoique, nécessairement, d'une vie moins intense et en s'abstenant de procréer.

D'autre part, le développement toujours plus grand des forces morales malthusiennes, telles que la force de capillarité sociale ou le sentiment de responsabilité de donner la vie à d'autres êtres, fera en sorte que les mieux doués seuls laisseront des enfants : les autres s'abstiendront de la procréation et la sélection naturelle dès lors condamnera à disparaître non plus *des individus*, mais, pour ainsi dire, des *plasmas germinatifs*. Déjà, dans les classes supérieures de la race anglo-saxonne, les jeunes — surtout les puinés privés par le droit successoral ou par la coutume du majorat de certaines conditions artificielles de lutte — sont contraints d'aller chercher fortune à l'étranger. Il leur faut s'enrichir pour pouvoir, de retour chez eux, se marier ; et ceux d'entre eux qui n'y parviennent pas, ou qui y parviennent très lentement, tardent à prendre femme ou y renoncent même tout à fait.

La sélection naturelle réduite dans l'espèce humaine à s'exercer seulement sur les plasmas germinatifs et la substitution graduelle de l'homme à tout le reste de la vie organique amèneraient une décroissance dans la force d'expansion de la vie organique ; celle-ci en arriverait enfin à ne plus dépasser la portion d'énergie solaire totale qui lui est destinée tout en se maintenant à son maximum possible.

Les membres de cette société essayeront donc de se dérober à la lutte éternelle entre les organismes, c'est-à-dire aux conditions essentielles de l'évolution humaine, et elle sera par conséquent fatalement destinée à disparaître devant celles qui ne se seront pas soustraites aux lois du progrès. Aussi prévoit-il le triomphe des sociétés religieuses, puisque la religion a pour fonction sociale d'empêcher cette volition rationnelle collective qui tendrait à soustraire les individus aux conditions de la lutte éternelle entre les organismes, aux conditions du progrès.

Il croit même pouvoir affirmer qu'elle s'emploiera toujours davantage à égaliser les conditions initiales artificielles de la lutte pour la vie. Il attribue donc à la religion en général, et au christianisme en particulier, une fonction exactement opposée à celle que nous lui avons reconnue et que lui reconnaissent, comme nous, presque tous les sociologues : la fonction de maintenir des régimes contraires à l'équité en leur assurant l'assentiment de ceux là mêmes qui en souffrent le plus. Évidemment, il a été trompé par cet esprit de protestation prolétarienne du christianisme primitif que devaient plus tard remplacer des tendances si différentes.

Pour soutenir la thèse que la religion est, encore aujourd'hui, l'organe social le plus indispensable à la survivance des sociétés, il faudrait commencer par prouver qu'une société consciente, composée d'êtres éminemment raisonnables, pourrait se soustraire à la lutte éternelle entre les organismes. Nous nions que cela soit.

L'homme le plus raisonnable a des penchants qu'il est porté à satisfaire. Quand même il serait entièrement irréligieux, son irréligion ne l'empêcherait pas de suivre l'instinct sexuel ou de ressentir l'aiguillon de la faim. Et si sa raison le retenait de fonder une famille tant qu'il n'aurait pas la certitude de pouvoir la nourrir sans déchoir de son rang social, elle le pousserait cependant à atteindre au plus tôt à la condition économique qui lui permettrait de satisfaire ce désir ardent.

On affirmera peut-être qu'un tel homme recourra aux fraudes en amour pour en assouvir son instinct sexuel tout en se dérobant aux responsabilités de la lutte pour la vie. Cela ne saurait être soutenu. Les fraudes en amour ne peuvent satisfaire un organisme normal, sain et robuste. La morale positive individuelle dictée par la seule raison, et n'ayant d'autre sanction que la santé, le bien-être et le bonheur de l'individu, les rejette absolument. Et n'est-ce pas un instinct naturel, aussi fort que l'instinct sexuel, ce désir profondément enraciné au cœur de l'homme d'avoir une famille à lui ?

Certes, de deux races dont l'une se permettrait des fraudes en amour auxquelles l'intensité du besoin sexuel empêcherait l'autre de recourir, la première serait sans doute devancée par la seconde dans le développement économique et l'ampleur de son expansion sur le globe. Elle s'éteindrait à la longue, par la simple diminution progressive de ses membres, ou par la croissante dégénérescence de générations dans lesquelles ne s'exercerait plus l'œuvre de la sélection naturelle, parmi les plasmas germinatifs. La société rivale, au contraire, croîtrait et prospérerait. L'évolution de l'espèce humaine s'y poursuivrait grâce à la sélection qui, favorisant les individus les mieux doués, multiplierait les êtres forts. Mais pour triompher ainsi, il suffit tout simplement qu'une race ait l'instinct sexuel sain, de sorte qu'il ne se contente pas des fraudes en amour et qu'il exige la satisfaction normale. Il n'y a pas besoin de recourir à la foi religieuse ou à aucun autre antidote de la raison pour pousser l'homme à satisfaire ses penchants.

Et si les hommes, doués d'instincts normaux, ne se dérobent pas à la lutte entre les organismes, la question se réduit aux termes suivants : Si le combat ou la compétition pour la vie ne peut cesser, comment favorisera-t-on davantage le bonheur social ? comment élèvera-t-on à l'extrême le nombre de ceux qui y participent ? Est-ce en égalisant les conditions initiales artificielles de la lutte, de façon que chacun soit récompensé selon ses mérites, ou en les maintenant artificiellement inégales ? La réponse ne saurait être douteuse. Une société totalement consciente tendra donc à égaliser autant que possible les conditions initiales artificielles de la lutte économique, *non pour réaliser les conditions les plus favorables au progrès de l'espèce*, chose dont elle ne se souciera nullement, *mais pour assurer le maximum du bonheur aux générations vivantes*.

Ainsi, dès que disparaissent les luttes en masse, les conditions les plus favorables au progrès coïncident avec celles qui favorisent le plus le bonheur social et que pourrait sanctionner une société totalement consciente.

La religion perd donc toute raison d'être.

On aurait tort d'ailleurs de croire que la religion disparaitra en même temps que son utilité sociale. On sait qu'un organe persiste à l'état rudimentaire d'autant plus longtemps après qu'il a cessé d'être utile qu'il avait été plus anciennement fixé par la sélection naturelle. Cela est vrai aussi des organes sociaux. Or, dès les tout premiers combats en masse parmi les primitives minuscules collectivités humaines, la religion a commencé à se former et se fixer dans la vague terreur du *double* des chefs morts et redoutés.

Sa fonction limitative du développement d'une conscience sociale totale ne cessera donc pas de sitôt. Mais elle n'en sera pas moins entièrement et fatalement éliminée à la longue. L'intelligence humaine se déprend de la foi à mesure que diminue l'action effrayante et suggestionante de la guerre. Les institutions ecclésiastiques, qui continuent cette action hypnotisatrice dans les intervalles de paix, se relâchent et s'atrophient peu à peu, si les guerres ne viennent plus aviver de temps en temps leur activité fonctionnelle. La diffusion de l'instruction et de l'esprit scientifique dans les masses, diffusion plus importante à cet égard que les progrès mêmes de la science, ce patrimoine intellectuel d'une élite, accélère l'émancipation de la raison, comme l'action d'un sélénoïde accélère la désaimantation d'un morceau de fer magnétisé.

La foi a d'ailleurs plus ou moins de prise sur les esprits. Elle est particulièrement tenace chez les moins synthétiques, incapables d'embrasser d'un regard toute l'absurdité des principes religieux. La race anglo-saxonne, par exemple, doit à sa moindre puissance de synthèse une religiosité plus persistante que celle des peuples latins.

Est-ce le rude climat anglais qui, imposant les longues heures d'isolement dans le home, parmi un tas d'objets disparates, tend à transformer l'esprit britannique en une simple *collection de faits ;* tandis que les climats méridionaux, qui permettent les longs séjours à l'air ouvert, en favorisant la vie en commun, créent l'habitude de la discussion, et, partant, de la généralisation et de la synthèse (républiques de la Grèce et de la Grande Grèce)?

Peut-être aussi l'activité fiévreuse que provoquent les climats rigides et humides, en poussant les individus à s'occuper d'une seule chose à la fois, leur enlève-t-elle le temps, le désir et l'habitude de laisser vaguer la pensée sur plusieurs faits et concepts à la fois, de manière à saisir les qualités communes et les lois des êtres, de s'élever, par là, à l'abstraction et à la synthèse. Cette habitude, ce désir et ce loisir sont fréquents sous des ciels plus doux : la perception intellectuelle s'y élargit, y devient tout naturellement synthétique.

Enfin, ce n'est pas seulement sous l'influence du milieu physique ou social que se façonne l'intelligence. Ces caractères intellectuels des Anglo-Saxons, dans leurs traits principaux du moins, peuvent avoir été fixés en puissance dans le plasma germinatif par la sélection naturelle. C'est-à-dire, comme nous le verrons un peu plus loin, qu'ils pourraient être de vrais caractères de race. Et il appartiendrait alors aux sciences bio-psychologiques et non à la sociologie de les expliquer.

Quelles qu'en soient les causes, le fait est qu'un Anglo-

Saxon d'intelligence moyenne est plus incapable de synthèse qu'un individu moyen de race latine (1).

De là vient la tournure éminemment pratique de l'esprit anglais. Quand, en Angleterre, une institution surannée jure avec des besoins nouveaux, on se garde bien de la rejeter en bloc : on la modifie lentement et on l'adapte pièce à pièce aux contingences présentes, de façon à en changer entièrement l'essence tout en laissant intacts son nom et son apparence. C'est ainsi qu'on y a conservé la forme extérieure féodale de la monarchie, tandis que les institutions politiques devenaient peu à peu essentiellement républicaines. On y a maintenu l'apparence féodale de la propriété foncière, que l'on a reconstituée cependant, à l'exemple de ce qui s'est fait dans les autres pays, selon les exigences de la production capitaliste.

Les Anglais n'agissent pas autrement en ce qui concerne la religion. Ils rejettent ses données absurdes une à une, sans briser brusquement avec le passé (2). Les Latins ont bondi du catholicisme au voltairianisme pendant que les Anglo Saxons glissaient du catholicisme au protestantisme, puis de l'Église anglicane à des Églises ou sectes multiples, dont le trait commun est une tendance de plus en plus marquée à restreindre le domaine de l'absurde, à réduire le dogme à « un simple déisme symbolique ». Sans changer le nom ou l'apparence extérieure de l'institution religieuse, ils en modifient essentiellement la nature et tendent peu à peu à la transformer en un simple enseignement de la morale positive (3).

<hr>

(1) Cf. TAINE, *Notes sur l'Angleterre*, ch. VIII : De l'esprit anglais. Et, *vice versa*, quant à l'esprit synthétique français, cf. le même auteur, *Les Origines de la France contemporaine*, *L'Ancien Régime*, livre III, chap. II : L'esprit classique.

(2) Voir, dans RENAN, *Études d'histoire religieuse*, le mouvement religieux typique à cet égard, dirigé par Channing aux États-Unis (Michel Lévy, 1864).

(3) Cf. GUYAU, *L'irréligion de l'avenir*, 2ᵉ partie, ch. II : « La foi symbolique et morale, Dissolution de la foi symbolique. »

En d'autres termes, tandis que dans les races latines, plus
synthétiques, la religion, de par la cessation de sa raison
d'être, tend à s'atrophier et enfin à disparaître tout à fait,
ainsi qu'ont disparu par ex. les membres dans les serpents ;
dans la race ango-saxonne, moins synthétique et plus pratique, elle tend à se transformer peu à peu en un organe social de tout autre nature, ainsi que dans les cétacés les
membres des mammifères se sont tranformés en nageoires.
Cet enseignement de la morale positive, d'une très grande
utilité et destiné à porter les meilleurs fruits, se développe
aussi chez les races latines, mais plus lentement, car leurs
tendances plus synthétiques les ont poussées a le créer
ex novo.

Essentiellement modifiée, pratiquement appliquée à une
vulgarisation de la morale positive, individuelle et sociale,
et théoriquement réduite à un simple déisme symbolique,
la religion peut survivre longtemps à sa fonction sociale
primitive chez des races médiocrement synthétiques. Car,
sous cette forme nouvelle, elle cesse d'être en butte aux at-
taques de la libre raison dégagée de la suggestion hypno-
tique, et de la science qui rejette l'absurde. Son apparence
extérieure, demeurée inchangée, n'est alors qu'un de ces organes rudimentaires, devenus inutiles, qui ne se modifient
et n'évoluent plus et toutefois, n'étant pas particulièrement
nuisibles à l'espèce, tardent à disparaître : problèmes inso-
lubles pour le naturaliste qui voudrait leur découvrir une
utilité actuelle.

Car ce serait une erreur de croire que cette apparence
extérieure religieuse aura encore une certaine utilité, par
une sanction ultra terrestre donnée à des préceptes moraux.
Une telle sanction n'est indispensable qu'à une morale mise
au service des classes dominantes conscientes, pour maintenir les masses dans la sujétion. Des préceptes vraiment
conformes au bien-être social total pourront s'en passer,
car l'opinion publique, dégagée des errements religieux,
leur assurera une autorité suffisante. Plus une société sera

consciente, plus ses membres, d'un accord délibéré ou tacite, s'entendront pour distribuer la louange ou l'opprobre, plus le jugement de l'opinion aura de prise sur l'individu. Chacun finira par trouver son compte à se conduire moralement, et son caractère s'élèvera à mesure que ses actes, dictés d'abord par l'intérêt personnel, deviendront des habitudes, de simples actions réflexes.

On voit déjà, à mesure que se développe la conscience de la classe ouvrière, augmenter son mépris des camarades qui vendent leur vote, séparent leur cause de la cause commune en cas de grève ou de protestation, nuisent enfin à la collectivité pour suivre leur intérêt personnel. Et cette sanction morale a déjà poussé une foule d'ouvriers, par intérêt d'abord, puis par habitude, à des actes véritablement nobles.

Ainsi, tandis que la religion anglo-saxonne se transformait en un enseignement toujours plus strictement, plus exclusivement renfermé dans les bornes de la morale positive, la conscience sociale anglaise s'étendait et se perfectionnait. Et c'est justement à elle, à sa vigoureuse, efficace sanction morale des rapports de l'individu avec les sociétés, que l'Angleterre doit le relèvement de son niveau moral si évident depuis un demi siècle (1).

(1) Cette morale relativement haute n'est pas une conséquence de la religiosité anglaise : elle provient exclusivement d'une conscience collective qui est, sous ce rapport, moins imparfaite que celle des collectivités continentales. La preuve en est dans le fait que la haute moralité des Anglais est un phénomène récent, tandis que leur religiosité est un phénomène ancien : celle-ci ne peut donc pas avoir causé celle-là.

Comment pourrait-on, par exemple, attribuer à la religiosité des Anglais leur habitude de vendre à prix fixe ? Cette habitude relativement récente est le fruit d'un véritable acte social conscient, dû à une entente tacite spontanée entre les acheteurs. Ceux-ci, pour économiser du temps et de l'argent, se sont adressés de plus en plus exclusivement aux vendeurs à prix fixe, de sorte que les autres ont été peu à peu aussi amenés à fixer leurs prix : une telle con-

Cependant, si la religion anglo-saxonne *tend* à changer de nature, il s'en faut qu'elle ait déjà accompli sa transformation ; au contraire, elle conserve encore en grande partie sa fonction primitive. C'est pourquoi le développement de la conscience prolétarienne est plus arriéré en Angleterre que sur le continent, quoique toutes les autres conditions qui le provoquent y soient plus complètement réalisées qu'ailleurs.

L'Angleterre est en effet le pays des Trades Unions, de mille autres sociétés ouvrières admirablement outillées et possédant d'autre part des secrétaires expressément occupés à faciliter l'action commune de leurs membres ou l'entente des diverses associations ; c'est aussi le pays des meetings et des réunions de tout genre ; celui où les journaux dévoués aux intérêts de la classe ouvrière sont le plus diffus et le mieux rédigés ; où abondent les moyens de communication, de transport, de transmission de la pensée, etc. Mais la religion, y conservant une grande partie de son ancienne fonction, crée encore bien des obstacles à la formation d'une véritable conscience collective prolétarienne.

Les masses anglaises ont un mystique respect pour les institutions que la religion revêt d'un caractère sacré. Et ce respect, joint à leur absence de synthèse, les a empêchées d'avoir un programme concret et bien à elles, de s'organiser rationnellement en un parti politique voué à la transformation radicale des bases de l'ordre social et des rapports de distribution des richesses. Leur magnifique outillage n'a servi jusqu'ici qu'à résoudre des questions spéciales et pratiques ; l'élévation des salaires, la réduction des heures de travail, la législation sur les fabriques, etc. Ces problèmes sont fort importants sans doute, mais leur solution laisse intactes les bases fondamentales sur lesquelles se fonde notre système social.

duite, uniformément adoptée, a fini par relever le niveau moral de tous les vendeurs.

Cependant, la conscience prolétarienne s'éveille àussi chez les Anglo-Saxons. Elle commence à soumettre à sa critique toutes les institutions, et réclame désormais, avec tout le reste du prolétariat international, la réforme du droit de propriété, la nationalisation des instruments de production. Déjà des lois sur la propriété foncière et minière, des impôts sur les successions, toute une législation ouvrière, tout l'ensemble du mouvement social révèlent en Angleterre, aux États-Unis, dans l'Australie et la Nouvelle Zélande, la puissance de ce nouveau facteur du progrès. Nul doute maintenant que ces masses d'ouvriers énergiques, intelligents, guidés par des chefs habiles, possédant un outillage admirable, ne parviennent, plus tôt qu'ailleurs peut-être, à réaliser, d'une façon compatible avec le plus grand bien-être de l'énorme majorité des citoyens, le but suprême du mouvement social actuel : l'égalité des conditions initiales artificielles de la lutte économique.

VI

Des facteurs sociologiques et du Matérialisme Historique.

Mais cette conscience prolétarienne qui, dans tous les pays, s'éveille et se perfectionne grâce au déclin du sentiment religieux et aux conditions positivement favorables à sa formation et son développement, sera-t-elle jamais un facteur sociologique capable de changer l'institution fondamentale, le cadre du processus économique, le droit de propriété ?

Avant de répondre à cette question, il faudra, pour mieux l'élucider, classifier sommairement les facteurs sociologiques en général.

On peut les partager en trois grandes séries ressortissant

respectivement au facteur individuel, au milieu ambiant, à la conscience sociale considérée dans sa plus ample acception (1).

Le facteur individuel comprend :

a) Les caractères de race proprement dits, c'est-à-dire fixés dans le plasma germinatif.

D'après la théorie de M. Weismann, que nous admettons avec la grande majorité des savants (2), les caractères acquis par l'individu n'étant pas transmissibles à ses enfants, les traits essentiels d'une race ne pourront se modifier que très lentement et grâce uniquement à l'œuvre de la sélection naturelle. Ils seront donc, comme nous le verrons bientôt au sujet des caractères acquis, bien moins nombreux qu'on ne le croit communément. L'esprit d'initiative anglo-saxon, par exemple, ou l'impulsivité française, appartiennent peut-être à cette catégorie. L'anthropologie criminelle essaie aujourd'hui de déterminer lesquels des traits moraux des criminels sont dûs respectivement à leur tempérament, au milieu social et au milieu physique. L'anthropologie sociologique doit se proposer d'étendre ces études, de l'individu anormal, au type moyen normal d'un peuple, d'une race. Tel est le genre de recherches auquel se rattachent, par exemple, les travaux de M. de Lapouge sur la plus grande fréquence de la dolichocéphalie dans les villes que dans les campagnes et sur son rapport à l'esprit d'initiative.

b) Les caractères acquis, dûs au milieu sociologique.

On entend par là ceux que crée l'éducation, le dressage psychique résultant de l'action des parents et de la société sur l'individu. Ce sont là des caractères de race *apparents.* N'étant pas fixés *en puissance* dans le plasma germinatif, et ne tendant pas à s'y fixer, si la théorie de Weismann

(1) Cf. la classification proposée par M. Spencer dans ses *Princ. de Sociol.*, tome I, p. 14 et suiv.

(2) Weismann, *Essai sur l'hérédité* (Paris, Reinwald, 1892). Voir aussi sa polémique avec Spencer.

est vraie, ils se modifieront moins lentement que les précédents et, jusqu'à un certain point, sous l'influence de l'action collective consciente de l'homme (institutions civiles affectant les rapports économiques, systèmes d'éducation, sanction morale sociale, etc.).

Probablement appartiennent à cette catégorie l'esprit chevaleresque des Français, la religiosité des Anglo-Saxons, le sens moral des divers peuples, et bien d'autres phénomènes communément considérés encore comme de véritables caractères de race.

En l'état actuel des sciences anthropologiques, c'est un problème des plus difficiles que le départ des caractères de race réels de ceux apparents et uniquement dûs au milieu sociologique.

Quand ce milieu développe certaines aptitudes capables de faire triompher les individus qui les possèdent dans le combat pour la vie, ces aptitudes pourront tendre réellement à devenir à la longue des traits de race (1). On pourra toujours expliquer cette tendance, sans renoncer à la théorie de Weismann sur la non transmissibilité des caractères acquis, par la simple survivance en plus grand nombre, des individus qui se développeront de plasmas germinatifs ayant ces caractères en puissance.

Mais il pourra se faire aussi que le milieu sociologique tende à susciter, — par exemple, pour le plus grand bien

(1) Ainsi, par exemple, dans les pays tropicaux le climat tend à noircir le teint. D'autre part, les individus qui naissent avec la peau plus foncée sont les plus aptes à résister à ce climat : voilà pourquoi cette qualité s'est fixée en puissance dans le plasma germinatif des noirs.

De même, le climat ingrat où vivent les Anglo-Saxons, joint aux influences du milieu sociologique, c'est-à-dire à l'éducation, au droit de majorat, à l'absence de légitime dans les successions, etc., développe leur esprit entreprenant, leur puissance d'application soutenue. Mais ces qualités sont aussi celles qui rendent l'individu plus apte à la lutte pour la vie. Donc, elles pourront tendre à se fixer en puissance dans les plasmas germinatifs de ce peuple.

de la collectivité prise en masse, — des caractères moraux
ou intellectuels, qui ne soient pas en même temps les plus
propres à assurer le triomphe de l'individu en particulier
dans le sein de son groupe social (1). Dans ces cas, grâce
à la théorie de Weismann, ces caractères n'auront aucune
tendance à se fixer dans les plasmas germinatifs ; c'est-à-
dire à se tranlormer de caractères d'ambiant en caractères
de race.

En outre, certains caractères moraux ou intellectuels
pourront rendre l'individu plus apte à la lutte pour l'existence, quand l'ambiant sociologique sera constitué d'une
certaine façon ; et cesser d'être utiles à une époque succes-
sive, grâce à des changements survenus dans la composition de cet ambiant. Quand même ces caractères pourraient
tendre dans la première période à se transformer en caractères de race réels, cette tendance s'arrètera dans la période
suivante. Donc, si la première structure sociologique n'a
pas persisté pendant un très grand nombre de générations
ou de siècles, la fixation des caractères en puissance dans le
plasma germinatif, si la théorie weismannienne est vraie,
n'aura même pas eu le temps de commencer.

En général, on peut considérer comme caractères appa-
parents d'une race ceux qui se sont partout modifiés, ou
qui sont en train de se modifier, depuis quelques siècles
seulement : par exemple, la religiosité, le degré de moralité,
l'aptitude commerciale et ses corrélatifs, — la ruse et l'avidité (Juifs, Arméniens). Ces qualités ne se seraient modifiées
qu'au bout d'un très grand nombre de générations si elles·

---

(1) Ainsi, par exemple, chez les Anglo-Saxons, le milieu ambiant
tend à développer la religiosité. Cependant, même dans ce milieu,
ceux-là auront le plus de probabilité de survivre et de laisser des
enfants qui sont les moins inclinés au mysticisme : la religiosité ne
tendra donc jamais à se fixer dans le plasma germinatif. Voir, pour
preuve que le sentiment religieux n'est pas inné, GUYAU, *Irréligion
de l'avenir*, et les faits qu'il cite à l'appui (187 et suiv.).

étaient dues à des modifications correspondantes des plasmas germinatifs.

Ainsi, la théorie de la non transmissibilité des caractères acquis semble devoir établir que le représentant moyen d'un peuple ou d'une race est, au moment de sa naissance, une *tabula rasa* pour bien des traits moraux sociaux, que l'on considère à tort comme des traits de race (1). Un ouvrage récent de M. Roux confirme nos déductions, car il montre la grande plasticité de chaque organe en particulier, et de tout l'organisme en général, la grande capacité de celui-ci et de ceux-là de se modifier sous l'action d'influences extérieures grâce à la lutte interne de leurs parties et cellules, provoquant une sélection intra-organique et, partant, l'adaptation fonctionnelle (2). Et de tous les organes, le cerveau est le plus modifiable.

Cependant, en des cas nombreux, le départ des caractères de race réels et des apparents n'est pas seulement difficile dans la pratique, il est théoriquement impossible. Car beaucoup de caractères seront la résultante des prédispositions constitutionnelles et des influences de l'ambiant sociologique. Dans ces cas, on aura à lutter contre des difficultés de la même nature, mais beaucoup plus graves, que celles rencontrées par l'anthropologie criminelle, quand elle entreprend de distinguer et de mesurer dans l'individu anormal la grandeur respective des deux coefficients du crime : le facteur social et l'individuel.

c) Caractères de race acquis après la naissance et dûs aux influences du milieu physique.

C'est la troisième et dernière subdivision du *facteur individuel*. Le climat exerce une action différente sur les individus selon qu'il est chaud ou froid, humide ou sec. Un même individu sera plus actif dans un pays humide et froid

____

(1) C'est ce qui justifie la confiance illimitée de Robert Owen dans la force de l'éducation.

(2) Cf. aussi WEISMANN, The effect of external influences upon development (p. 10 et suiv.).

que dans un pays humide et chaud. L'enfant d'un pays froid, transporté tout jeune sous un climat ardent, y deviendra sexuellement plus précoce qu'il ne l'aurait été au pays natal.

Nous pourrions répéter ici les considérations faites au sujet des caractères de race provenant du milieu sociologique. Mais, pratiquement, les caractères dûs au milieu physique ne différeront pas des réels, dans une société qui habite longtemps la même région du globe. Car alors l'action du milieu ambiant demeurant identique à elle-même, les caractères qu'elle produit ne changeront pas. La diversité entre ces derniers et les caractères de race réels se manifestera, au contraire, dès que la totalité ou une partie du groupe social émigrera dans d'autres pays.

La seconde classe fondamentale des facteurs sociologiques est constituée par *le milieu pris dans sa plus ample acception*. Il faut en exclure cependant les influences directes sur le tempérament, le caractère émotionnel ou intellectuel de l'individu, que nous avons considérées déjà dans les subdivisions *b* ou *c* de la première classe. Celle dont nous nous occupons peut se subdiviser ainsi :

a) *Facteur tellurique naturel* (1).

Climat, fertilité du sol, minéraux, flore, faune, situation géographique (fluviale, méditerranéenne ou océanique); conformation orographique (en ce qu'elle favorise la guerre, le commerce, etc., ou empêche ces phénomènes).

b) *Facteur tellurique artificiel.*

Il comprend tous les perfectionnements à l'intérieur, à peu près tout ce que Marx appelait les « forces productives matérielles de la société » : améliorations de la technique agricole et industrielle (machines-outils se substituant au travail de l'homme, vapeur appliquée comme force motrice, usines grandioses, chemins de fer, steamers; tranformations de la technique économique dans la pro-

____

(1) Cf. SPENCER, t. I, chap. III ; Facteurs originels externes.

duction sociale des richesses ; découverte et mise en culture de nouvelles terres, etc. Tous les progrès dans l'art de la guerre appartiennent aussi à cette subdivision.

c) *Structure sociologique inconsciente ou spontanée.*

Les hommes n'agissent que rarement de concert. Le plus souvent, au contraire, ils opèrent comme à l'insu l'un de l'autre. Mais entre les actions individuelles les plus indépendantes s'établissent, quand elles sont d'une même nature, des rapports et des liens inévitables et spontanés. Leur ensemble forme une structure sociologique *inconsciente*, c'est-à-dire étrangère à toute délibération ou volition collective. Les rapports et les liens spontanés qui se produisent, dans le cadre d'une constitution de la propriété, entre toutes les actions de nature économique, composent la *structure économique* d'une société, la plus caractéristique et la plus importante de toutes les structures sociologiques inconscientes. Elle comprend aussi, entre autres, certains perfectionnements à l'intérieur tout à fait spéciaux, tels que la division du travail, la concurrence substituée à la coutume, etc.

d) *Densité de la population par rapport au facteur tellurique complexe* (naturel et artificiel), *et montant absolu de la population.*

C'est le facteur par excellence de M. Loria, auquel nous donnons une signification encore plus compréhensive.

L'intensité de la pression de la population sur les vivres, par exemple, dépendra en certaines circonstances de sa densité relative et de la nature du facteur tellurique complexe. L'existence ou l'absence de terres libres dépendra de cette densité relative (Loria).

Quant au montant absolu de la population, son accroissement empêchera, par exemple, les guerres même les plus meurtrières de résoudre la pression de la population sur les subsistances ; il permettra une plus grande division du travail ; toutes conditions égales d'ailleurs, il retardera la formation d'une conscience collective parfaite ; etc.

La troisième et dernière classe fondamentale des facteurs sociologiques est constituée par *le facteur de la conscience sociale prise dans sa plus ample acception.*

Nous entendons parler des faits moraux qui constituent ou supposent nécessairement une entente commune, instinctive ou raisonnée, et une action concertée et concordante de plusieurs individus (1).

Ce facteur comprend :

a) Les instincts collectifs.

Foi religieuse et tous les instincts collectifs qui en dépendent nécessairement ou qui, susceptibles de se former indépendamment, ont été favorisés et intensifiés par la religion et se sont peu à peu soustraits au contrôle de la raison. En outre, les opinions, les idées, et les sentiments collectifs secondaires, que ces instincts développent ; ainsi que les conceptions métaphysiques, théories morales et juridiques, goûts esthétiques, formes d'art, etc., qui de ces instincts, originels et dérivés, sont les manifestations sensibles. C'est l'appareil hypnotisateur fondamental de la religion qui engendre et maintient tous ces états psychiques collectifs de nature instinctive ; cependant ils se transmettent et se conservent aussi grâce à l'*imitation-coutume,* dont M. Tarde nous a ébauché les lois.

b) La conscience collective proprement dite.

Extension et perfection de la conscience sociale dans son ensemble ou, en particulier, de la conscience collective de

(1) Ainsi, par exemple, l'honnêteté de toute une population n'implique pas par elle-même une entente, une action concertée. Le patriotisme, et tous les autres instincts collectifs, constituent, au contraire, par eux-mêmes, une entente commune instinctive. La religiosité d'un individu, en tant qu'elle affecte ses sentiments personnels, appartient à la subdivision *b* de la première classe, mais il faut l'inscrire dans cette troisième classe en tant que phénomène d'hypnotisme social, développant certains instincts collectifs, certains modes d'entente commune et empêchant de se produire ceux auxquels aboutirait une action collective consciente.

chacune des classes économiques ; opinions, idées, sentiments collectifs qui se développent rationnellement — par exemple, selon les lois de l'*imitation-mode* étudiées par M. Tarde. Tout ce qui favorise le développement de la conscience sociale : le langage, l'écriture, la presse, la poste, le télégraphe, le téléphone, les circulaires, les assemblées, les conférences, les meetings, les associations de tout genre, ressortit à ce facteur de l'évolution. Il faut y rattacher encore la justesse ou l'inexactitude des connaissances sociologiques des diverses classes sociales. En effet, elles visent toujours sans doute, quand elles sont irréligieuses et conscientes, à favoriser leurs intérêts économiques, mais elles peuvent se tromper et aller, par ignorance, à l'encontre de leur but (1).

Une importance tout à fait spéciale revient aux mobiles économiques particuliers et aux *poids* relatifs des diverses classes antagonistes. Ces poids ne sont pas déterminés seulement par le processus économique qui se développe dans le cadre de la constitution de la propriété en vigueur à ce moment ; car ils sont produits aussi par d'autres facteurs, surtout par les différents degrés d'extension et de perfection des diverses consciences collectives. Mais, fussent-ils même déterminés uniquement par le processus économique, ils ne cesseraient pas pour cela de constituer à leur tour un facteur sociologique à part, ayant une action propre, tout à fait distincte de celle du processus qui leur aurait donné naissance. Si distincte, qu'ils suffisent parfois, comme

(1) Par là, la science sociologique, en illuminant les diverses classes sur leur intérêt bien entendu, peut devenir elle aussi un facteur sociologique de quelque importance : non pas que, selon l'opinion de Buckle, il suffise à la science de découvrir des vérités pour que la société les applique (exemple d'Ad. Smith) : celles qui s'opposent aux intérêts de la classe dominante ne sont pas du tout suivies. Le protectionnisme moderne, si vivement attaqué pourtant par la science économique orthodoxe, suffirait à prouver notre assertion.

nous le verrons bientôt, à déterminer à eux seuls un agencement nouveau de la propriété.

c) Structure sociologique consciente ou institutive.

Elle comprend toutes les institutions qui dérivent de la manière d'être complexe et respective de la conscience sociale et des instincts collectifs : institutions civiles (dont la plus importante est la constitution de la propriété qui canalise et encadre tout le processus économique), institutions juridiques, politiques, ecclésiastiques, militaires, etc. Les mœurs et les coutumes y sont aussi compris.

A chaque instant, l'évolution sociologique résulte de tout l'ensemble des facteurs que nous avons classifiés. Quoique chacun d'eux provienne directement de l'ensemble des phénomènes sociaux dans sa manière d'être précédente, ce que Spencer appelle la *loi de la causalité fructifiante* lui permet d'exercer une action particulière et, par certains côtés, entièrement indépendante, des facteurs et des phénomènes qui l'ont déterminé.

Tout phénomène sociologique peut, à la rigueur, être considéré comme la résultante de l'ensemble des facteurs sociaux immédiatement précédents, mais sa partie essentielle est toujours rapportable à un nombre limité de causes prépondérantes : la difficulté est de bien distinguer celles-là parmi les autres. Mais dès qu'on y est parvenu, et dès que, par suite, on a déterminé le sens, la grandeur et le point d'application de la force agissante de ces facteurs prépondérants immédiats, on peut, en étudiant la façon dont ils tendent à évoluer, prévoir leur réaction finale sur le phénomène à l'étude.

Ainsi quand, après avoir reconnu que la constitution de la propriété est un des facteurs prépondérants du processus économique, on voit cette constitution dépendre aussi du degré de conscience collective et de prépondérance des différentes classes sociales, on peut, en étudiant les tendances des consciences collectives des classes, prévoir les modes futurs de la constitution de la propriété et, partant, toute la constitution économique à venir.

Une théorie récente aboutit, dans ses dernières conséquences logiques, à une négation formelle de l'efficacité des consciences collectives comme facteurs sociaux.

Quand Marx l'a d'abord élaborée, elle rattachait à une cause unique fatale, irrésistible, entièrement indépendante de la volonté des hommes — et destinée à produire le collectivisme — le développement actuel et futur du processus économique. Reprise depuis avec une logique et une rigueur encore plus grandes par M. Loria, elle préconise avec cet auteur, comme aboutissant d'une autre cause pareillement unique et non moins inéluctable, le régime de la terre libre. Mais sous aucune de ses formes elle ne daigne prendre en considération une modification de l'arrangement de la propriété par l'œuvre consciente d'une volonté collective ; comme elle rapporte à la fatalité d'une cause unique fondamentale l'évolution des phénomènes économiques, elle nie un tel degré de puissance au facteur de la conscience sociale, et refuse en tout cas d'admettre qu'aucun changement du droit puisse influer sur la marche fatale de ces phénomènes.

Et cependant la volonté humaine — et surtout un faisceau de volontés — constitue une force sociologique naturelle dont on peut discuter la grandeur, mais dont on ne saurait nier absolument l'efficacité, puisqu'elle forme l'élément primordial de la phénoménalité sociologique.

« Dans la production sociale », dit Marx dans le passage fameux où il dresse sa théorie sur une interprétation matérialiste de l'histoire, « les hommes arrivent à des rapports « déterminés, nécessaires, indépendants de leur volonté ; « rapports de production qui correspondent à un degré dé- « terminé de développement des forces productives maté- « rielles. L'ensemble de ces rapports de production forme « la structure économique de la société, la base réelle sur « laquelle s'élève la superstructure juridique et politique et « à laquelle correspondent des formes déterminées de cons-

« cience sociale. Le mode de production de la vie maté-
« rielle dicte les conditions du processus de la vie sociale,
« politique et spirituelle en général. Ce n'est pas la cons-
« cience des hommes qui détermine leur être, mais au con-
« traire c'est l'existence sociale qui détermine leur cons-
« cience. A un certain moment de leur développement, les
« forces productives matérielles de la société entrent en
« conflit avec les rapports de production existants, c'est-à-
« dire, — pour exprimer juridiquement le même fait, —
« avec les rapports de propriété dans les limites desquels
« elles avaient jusqu'alors évolué. Ces rapports, formes
« évolutives des forces de production, deviennent peu à peu
« des entraves. Alors commence une époque de révolution
« sociale et les modifications de la base économique finis-
« sent par changer radicalement la monstrueuse supers-
« tructure de la société. » (1)

Ainsi, Marx affirme d'abord que le phénomène économique est déterminé d'une façon exclusive et fatale par un
certain degré de développement de l'instrument technique
pris dans sa plus ample acception ; ensuite, que ce phénomène économique est la base et la condition de toutes les
autres manifestations sociales (la morale, le droit, toutes
les institutions civiles en général) qui ne peuvent, en retour, aucunement l'influencer.

Ces deux assertions, dont chacune est la conséquence logique de l'autre, ne peuvent pas correspondre à la réalité,
puisqu'elles négligent ce fait évident : les phénomènes économiques étant essentiellement affectés par la constitution
de la propriété dans le cadre de laquelle ils se développent,
un arrangement différent de la propriété ne peut manquer
à *lui seul* de les modifier profondément. L'arrangement de
la propriété n'est jamais, dira-t-on, que la conséquence des
phénomènes économiques ; mais tout phénomène écono-

<hr>

(1) Zur Kritik der Politischen Œkonomie, 1859 ; Stuttgart, Dietz,
1897 ; *Vorwort*, p. 9.

mique n'implique-t-il pas un *modus vivendi* quelconque parmi les hommes, qui lui soit antécédent et lui donne la possibilité de se produire ? On n'en saurait donc imaginer aucun qui ne suppose l'œuvre antérieure du facteur de la conscience sociale. C'est par conséquent de ce facteur aussi, quelles que soient d'ailleurs les causes qui déterminent ses diverses manières d'être, que doit dépendre, en partie du moins, le phénomène économique.

Pour M. Loria, on le sait, l'évolution du processus économique n'a pas pour cause première et unique les changements du mode de production qui tiennent au développement des forces productives matérielles de la société (insrument technique au sens le plus ample du mot), mais la densité de la population. Elle n'en est pas moins considérée comme entièrement indépendante de la volonté humaine.

« L'intérêt personnel n'est pas la cause des phénomènes
« économiques mais le moyen par lequel elle parvient à les
« déterminer. Cette cause est le degré de densité de la po-
« pulation, ou de limitation dans la productivité de la terre.
« Seulement, les phénomènes économiques sont des faits
« humains sociaux : leur cause extra humaine ne pourra
« donc jamais les modifier qu'en agissant directement sur
« l'homme, leur sujet immédiat. Or, la terre ne peut agir
« sur l'homme qu'en l'attaquant dans son intérêt personnel.
« C'est pourquoi, quand le degré de densité de la popula-
« tion impose un phénomène économique déterminé, il doit
« agir sur l'intérêt personnel de l'homme et le contraindre
« irrésistiblement à la production de ce phénomène (1) ».

De tous les facteurs compris sous la dénomination générale du milieu ambiant, M. Loria ne prend donc en considération que le degré de densité de la population, dans son rapport à la productivité naturelle de la terre. Il néglige complètement, entre autres, le facteur tellurique artificiel des

(1) Loria, *La proprietà fondiaria e la questione sociale*, p. 117-118.

perfectionnements à l'intérieur. Il en reviendrait d'ailleurs, en l'acceptant, à prendre pour cause de l'évolution économique l'instrument technique considéré dans sa plus large acception, selon le verbe de Marx. Quoiqu'il en soit, notons ici que ce n'est pas seulement le degré de densité de la population qui est susceptible de changer, mais en outre le moyen même par lequel agit ce facteur tellurique. Ce moyen n'est pas constitué seulement par des individus, mais aussi par des collectivités, susceptibles d'actions concertées dues à un mobile économique commun. Il variera donc selon la manière d'être de la conscience sociale ; selon son extension et sa perfection ; selon que les individus agissant ensemble formeront une fraction minime ou très considérable de la collectivité ou sa totalité. Car, évidemment, dans chacun de ces cas, même à égalité du degré de densité de la population, les forces qui manifestent l'intérêt personnel auront une intensité, une direction et un point d'application différents.

M. Loria nie parfois nettement l'efficacité de la conscience sociale comme facteur de l'évolution économique ; d'autres fois il semble l'admettre, du moins sous certaines réserves : de là, de graves et fréquentes contradictions dans sa doctrine. Le passage suivant, par exemple, paraît faire une large part d'influence à « l'œuvre rationnelle de l'homme » :

« Si on ne peut atténuer la misère des masses en agis-
« sant sur sa cause lointaine, le degré de densité de la po-
« pulation, il est heureusement possible d'agir sur ses
« causes immédiates, la constitution agraire et la condition
« économique du plus grand nombre. La constitution
« agraire est le produit nécessaire de la densité historique
« de la population, mais elle ne l'est d'une façon absolue
« que lorsque l'œuvre rationnelle de l'homme ne la modifie
« pas. Et la connaissance du fait qu'une corrélation existe
« nécessairement entre le système foncier actuel et le degré
« actuel de la limitation productive du sol n'efface pas le

« droit et le devoir de l'Etat d'intervenir par des règlements
« savants pour modifier l'arrangement de la propriété ter-
« rienne (1) ».

Du reste, comment méconnaître l'aptitude du facteur de
la conscience sociale à agir sur les phénomènes économiques en général, et sur la constitution de la propriété en
particulier, lorsque l'histoire en offre une foule de preuves
irréfutables ?

Ainsi, par exemple, M. Loria lui-même affirme que les
Trades Unions et en général toutes les ligues de résistance
des travailleurs (tous les organes par lesquels a commencé
à se manifester la conscience collective de la classe ouvrière) ont puissamment contribué au relèvement des salaires. Ainsi, à égalité de densité de peuplement, il admet
que les effets économiques différeront au gré du niveau atteint par la conscience collective des travailleurs. Et ces
effets ont été obtenus par l'action *directe* de ce facteur sur
les phénomènes économiques, c'est-à-dire de la façon la
moins efficace. Nous pouvons donc nous attendre à des
effets bien plus considérables lorsque ce facteur agira sur
les mêmes phénomènes *indirectement*, au moyen de modifications opportunes du droit de propriété, c'est-à-dire de la
manière la plus efficace.

Il suffit, pour saisir cette vérité, de comparer l'arrangement de la propriété foncière en France et dans la Grande-
Bretagne. Les usurpateurs normands et leur descendance,
— cercle restreint d'individus collectivement conscients, —
devenus les maîtres absolus du sol britannique, visèrent au
maintien de leur monopole en instituant le majorat et le
fidéicommis, qui ont produit le latifundium.

En France, la bourgeoisie révolutionnaire (fraction beaucoup plus grande de la société que le cercle étroit des landlords) a favorisé la subdivision du sol par son accapare-
ment des biens de la noblesse et du clergé et par ses lois

____

(1) LORIA, *La proprietà fondiaria e la questione sociale*, p. 123.

testamentaires. Ainsi, la différences des deux arrangements de la propriété, des deux cadres endiguant les phénomènes économiques ruraux, a conduit à ces effets disparates : là, les latifundia immenses et les *evictions* avec toutes leurs horreurs ; ici, le morcellement excessif du territoire.

M. Loria reconnaît qu'on ne put, malgré la vaste étendue des terres libres, introduire l'esclavage dans la Nouvelle Zélande, comme on l'avait fait autrefois dans la Virginie. « L'opinion publique ne le permit pas » nous dit-il (1). Cette opinion publique était-elle autre chose que la manifestation d'une conscience sociale plus développée, capable de réfréner l'avidité de la classe capitaliste ? Un même degré de densité de la population peut donc aboutir à des arrangements sociaux essentiellement différents quand diffère le degré d'extension et de perfection de la conscience sociale.

L'acte portant que les terres inoccupées de l'Australie se vendraient à un prix très élevé, et que le produit des ventes servirait à favoriser l'immigration, a été, pour la classe capitaliste consciente, un moyen de soustraire les terres libres à ses salariés et de s'assurer des troupes toujours nouvelles de travailleurs à exploiter. Et cet arrangement particulier de la propriété a bien produit les phénomènes économiques tout spéciaux que l'on en attendait.

A cet égard, il est très instructif de comparer la Nouvelle Galles du Sud à la Victoria, le facteur de la densité de la population étant égal chez elles. « Dans la Nouvelle Galles du Sud, — ainsi s'exprime l'auteur qui fait de la densité de la population la cause unique de tous les phénomènes de production et de distribution des richesses, — la terre est confisquée par un petit nombre de propriétaires représentant à peine 4 ou 4 1/2 0/0 de la population, et ne se

---

(1) LORIA, *Analisi della prop. capit.*, vol. II, p. 417.

souciant même pas de faire valoir leurs fonds. Dans la Victoria, au contraire, dès 1883, la loi tend, par l'impôt progressif sur les successions (de 1 à 10 0/0 selon la grandeur des domaines), l'exemption de la cote foncière accordée aux petites propriétés et une foule d'autres mesures, à morceler le latifundium et empêcher l'inhibition du sol. Et on peut voir aujourd'hui les conséquences *de cette différente constitution de la propriété terrienne dans les deux colonies australiennes* : la Nouvelle Galles offre le spectacle d'une dépression constante ; un nombre croissant de désœuvrés y oblige le gouvernement à organiser de gigantesques et souvent inutiles travaux pour contenir des foules menaçantes d'affamés ; la Victoria voit au contraire croître son aisance et jouit d'une tranquillité sociale relative » (1).

M. Herbert Spencer et Sir Henry Maine ont enfin pleinement démontré (2) que la disparition de la propriété collective et de tous les autres rapports d'équité dans les anciennes communautés de village provient uniquement des guerres et de leurs conséquences : l'institution de la propriété privée et de l'esclavage. Ce fait fondamental de l'histoire montre à lui seul combien le facteur de l'action collective importe à la détermination des phénomènes sociologiques et économiques les plus essentiels.

M. Loria affirme que ce furent les rapports différents de la population au facteur tellurique qui créèrent les trois grandes formes du droit. Celui-ci, en effet, se serait basé sur l'esclavage (droit romain), ou le servage (droit germanique), ou le salariat (droit bourgeois), selon le degré de fertilité et d'occupation des terres. Ainsi; la fertilité exubérante de la terre libre, en Italie, aurait rendu nécessaire dans ce pays, pour empêcher les travailleurs de se rendre sur

(1) LORIA, *La costituzione economica odierna*, 643.
(2) SPENCER. *Princ. de Soc.*, vol. III, pages 728 et suiv. ; HENRY MAINE, *Etudes sur les transformations du droit*, Paris, Thorin, 1889 : 1re Partie : *Les communautés de village*, chap. I, *Origines de la féodalisation*, pages 189 et suiv.

les terres inoccupées et se soustraire ainsi à l'exploitation
des dominateurs, le « régime de fer et de sang » de l'esclavage. La moindre fertilité du sol en Allemagne, et, partant,
son attrait moindre, auraient permis de détacher les travailleurs de la terre libre par le simple servage, autre moyen
coactif mais plus doux que l'esclavage. Enfin, l'occupation
totale du sol aurait fini par rendre inutile tout lien de coer-
cition personnelle. — Or, même en admettant tout cela,
ces faits ne démontreraient qu'une chose : que le rapport
de la population à la fertilité du sol est *un des* facteurs sociologiques. Ce que tout le monde admet. Mais ils té-
moignent aussi de l'action consciente de la classe dominante, dictant, pour chaque manière d'être du facteur tellurique, les normes juridiques les plus appropriées au maintien de l'assujettissement et de l'exploitation des masses
inconscientes. Si celles-ci eussent été conscientes, les mêmes
manières d'être du facteur tellurique auraient conduit à
d'autres normes, tout à fait différentes, et toujours conformes à l'équité.

Il faut, par conséquent, rejeter absolument cette prétendue
dépendance directe et fatale des phénomènes économiques
du facteur tellurique seul, soit qu'on le considère dans
toute sa complexité, ou seulement sous l'aspect de l'ensemble des forces productives matérielles de la société, ou
du seul rapport de la densité de la population au degré de
productivité du sol.

Par contre, un autre principe de la doctrine du matérialisme historique paraît être indiscutablement vrai : celui de
la lutte des classes. Or, il s'oppose à l'autre et sert à en
démontrer l'erreur.

La lutte des classes est l'expression de ce fait que toute
collectivité d'individus ayant un mobile économique commun
est uniquement guidée par ce mobile *quand elle est consciente*. Quand elle ne l'est pas, la lutte cesse pour elle et
elle subit le joug des classes plus éclairées. Chaque classe
sociale, en somme, tend à accroître ses avantages écono-

miques aux dépens des autres et pour cher qu'il puisse leur en couter. La lutte entre elles a donc pour base leur égoïsme, *un égoïsme absolu*. Quelques-uns de leurs membres peuvent sans doute être animés par des sentiments très élevés et très désintéressés, mais les traits moraux caractéristiques d'un groupe sont les plus généralement répandus parmi ses membres.

« L'égoïsme des individus », dit M. Spencer, « conduit à « l'égoïsme des classes et produit, outre les efforts indivi- « duels pour s'approprier une part exagérée des produits « agrégés de l'activité sociale, un effort collectif dirigé vers « le même but. Les tendances agressives qui se développent « ainsi dans chaque classe doivent être contrebalancées « par des tendances également agressives dans les autres « classes (1) ».

Il suit que, dans l'ordre politique, chaque classe essaiera de faire des lois, d'établir des institutions sociales, de consacrer des croyances, qui répondent à son utilité directe ou indirecte.

Du principe de la lutte des classes ressort donc bien clairement l'importance de la conscience sociale comme facteur de l'évolution sociologique. Si, en effet, selon ce qu'affirment Marx et Engels dans leur Manifeste du parti communiste « l'histoire de la société qui a existé jusqu'ici est l'histoire d'une lutte des classes », le degré d'extension et de perfection des consciences collectives, le *poids* des classes comme forces sociologiques antagoniques devra être compté comme un des principaux facteurs de l'évolution sociale en général, de celle économique en particulier.

La façon dont ce facteur a agi nous apparaît dans les arrangements sociaux fondamentaux, imposés ou transformés, à mesure, par les classes nouvellement parvenues à peser plus ou autant que leurs rivales.

L'évolution de la propriété foncière en Angleterre, sur-

____

(1) SPENCER, *Introduction à la Sociologie*, p. 262.

tout en ce qui concerne le droit successoral, est particulièrement instructive à cet égard. A partir de 1688, c'est-à-
dire du moment où la place « d'une monarchie reposant
sur le peuple » (la classe des paysans libres) est prise par
« une aristocratie se déguisant sous l'apparence d'une monarchie », le fidéicommis et le droit d'aînesse l'emportent
sur la libre transmission des biens au moyen de donations
ou d'actes testamentaires, jusqu'à ce que la prédominance
de la bourgeoisie sur la classe aristocratique-foncière permette de rétablir graduellement la liberté de disposer du
sol et le dégage enfin des liens féodaux (1).

« Tout arrangement du droit », écrit M. Menger, « est
« un grand système de rapports de puissance des diverses
« classes sociales (ein grosses System von Machtverhält-
« nissen der einzelnen Classen), rapports qui se sont déve-
« loppés au cours de leur évolution historique. Les intérêts
« des classes dominantes, alors qu'ils se conservent pen-
« dant longtemps, se changent en droits et en règles du
« droit que le reste des concitoyens est obligé d'admettre
« comme s'il s'agissait de données objectives. Mais lorsque
« les rapports de puissance viennent à changer, les droits
« et les normes du droit perdent leur base naturelle et re-
« tournent à l'état de simples intérêts et de luttes d'intérêts.
« Il incombe donc à la science sociale du droit d'observer
« soigneusement la variation des puissances relatives des
« classes sociales afin d'en déduire la conformation future
« du droit. Elle s'efforcera surtout de maintenir la corréla-
« tion nécessaire entre le droit et la manière d'être des
« puissances relatives des diverses classes, pour prévenir
« les catastrophes sociales qu'amène si souvent une oppo-
« sition entre ces deux sortes de phénomènes (2) ».

(1) BRENTANO, L'Evolution du droit successoral anglais dans la
propriété foncière (*Revue internationale de Sociologie*, Oct. 1898,
p. 703-715).
(2) MENGER, *Ueber die socialen Aufgaben der Rechtwissenschaft*, Wien
und Leipzig, Braumüller, 1895, p. 19-20.

M. Loria s'exprime là-dessus avec toute la clarté désirable :

« Si la législation était impuissante à modifier les rap-
« ports économiques, c'est-à-dire, si ceux-ci étaient déter-
« minés irrévocablement par des lois naturelles, les pro-
« priétaires n'auraient aucun motif de s'assurer le mono-
« pole politique, puisque les classes non propriétaires, lors
« même qu'elles posséderaient la fonction législative, se-
« raient dans l'impossibilité d'apporter aucune modification
« à l'ordre social. Si donc le concept des lois économiques,
« qui est admis par la science orthodoxe, était conforme à
« la vérité, il n'y aurait plus une base logique à la com-
« position capitaliste de l'État, et la constitution politique
« perdrait toute connexion avec la constitution écono-
« mique. Mais c'est seulement en admettant que la législa-
« tion est capable de modifier les rapports sociaux qu'on
« arrive à cette conséquence fatale, que les classes proprié-
« taires, par la nécessité même de leur propre conservation,
« doivent s'emparer du pouvoir-politique, afin de diriger la
« législation dans un sens favorable à la propriété et d'em-
« pêcher l'introduction de lois qui puissent l'ébranler » (1).

Mais M. Loria admet-il la possibilité que le processus
économique conduise au pouvoir une classe intéressée à
un certain changement dans l'arrangement de la propriété ?
Pense-t-il que ce changement puisse modifier essentiellement le processus économique, de façon à produire, par
exemple, une tout autre distribution des richesses ?

On dirait que non, car il ajoute :

« De ces considérations, on déduit immédiatement que
« toute aptitude de la loi à modifier les rapports écono-
« miques n'est en somme que l'aptitude des rapports éco-
« nomiques à se modifier eux-mêmes. Car, si la constitu-
« tion économique détermine la constitution politique, et
« celle-ci l'œuvre législative qui modifie l'assiette écono-

____

(1) LORIA, *Les bases économ. de la constitut. soc.*, p. 362-363.

« mique, il est évident que la loi n'est que l'intermédiaire
« par lequel la constitution économique arrive à se modifier
« elle-même, et que, de fait, les rapports économiques se
« développent et se modifient *par un processus naturel*
« *d'élaboration intérieure.* »

Voilà qui semble exclure absolument la possibilité à laquelle nous faisions allusion tantôt. Mais d'ailleurs M. Loria ne prévoit-il pas le régime de la terre libre comme l'inéluctable conséquence dernière du rapport de la densité de la population à la productivité du sol? C'est au point que, malgré son matérialisme historique, il oublie de songer à la relative puissance future des classes sociales, et, partant, à la résultante du choc de leurs forces diverses.

Et, en outre, il affirme expressément dans son dernier ouvrage que le droit reconnu à chacun d'occuper une unité foncière « ne créera pas une nouvelle constitution écono-
« mique, — ce qui serait inadmissible, le droit ne pouvant
« changer les rapports économiques dont il est au contraire
« la créature et l'instrument, — mais reconnaîtra et don-
« nera une assiette pacifique à un état de choses imposé dé-
« sormais par l'évolution économique, et qui se réaliserait
« d'ailleurs, avec une véhémence effrénée, même sans l'in-
« tervention de la loi » (1).

C'est seulement dans l'hypothèse de l'immutabilité des institutions encadrant le cours des phénomènes économiques qu'il serait légitime de parler *d'un processus naturel d'élaboration intérieure* de ces phénomènes. Il pourrait très bien se faire alors que le développement et les modifications des rapports économiques aboutissent réellement d'une manière fatale, soit à la concentration des capitaux et à la production collectiviste préconisées par Marx, soit à la crise foncière générale et au régime de la terre libre de M. Loria. Mais si — pour ne considérer qu'elle — l'évolution du processus économique accroissait l'importance d'une classe

---

(1) LORIA, *La costituzione economica odierna*, 783.

sociale jusqu'à lui accorder la possibilité de modifier dans un sens quelconque l'arrangement de la propriété, et si cette modification entraînait celle de tout le processus économique, le nouveau droit de propriété, et non un processus naturel d'élaboration interne, causerait effectivement le cours différent des rapports économiques. Et si l'accroissement de puissance d'une classe sociale était une des conséquences ultimes du processus économique antérieur, son action, comme nous l'apprend la loi de la *causalité fructifiante* dans les phénomènes sociologiques, ne demeurerait pas moins pour cela un facteur sociologique à part.

D'ailleurs, ne pas admettre qu'une collectivité consciente puisse devenir capable de modifier en sa faveur le processus économique, c'est nier toute efficacité à la lutte des classes, pendant qu'on fait de celle-ci la base principale de l'évolution historique ; c'est croire que les résultats de ces luttes sont indépendants de leurs facteurs ou de la manière d'être de ces facteurs. C'est, en somme, conclure que les effets ne sont pas déterminés par leurs causes.

Le matérialisme historique nous a dotés de cette grande vérité que le mobile économique est le plus puissant, sinon le seul ressort du commun des hommes, le lien constitutif des classes sociales. Il a été amené par là à reconnaître, dans la lutte économique entre les classes, le phénomène fondamental de l'histoire, et à déclarer l'importance suprême des faits économiques dans le domaine sociologique. Mais il a outré et faussé la portée de ses découvertes en passant de cette juste affirmation : « Le mobile économique est la seule ou la principale cause des faits historiques et des faits sociaux, la chaîne dont ils sont la trame ; le phénomène économique a donc une importance très grande » — à cette autre : « Le phénomène économique se rattache uniquement à un facteur tellurique particulier et il est, du reste, indépendant de tous les autres facteurs sociologiques qu'il détermine et produit sans en être, en retour, aucunement nfluencé. Et le siège du mobile économique, la volonté humaine, même dans ces hautes manifestations collectives où elle agit sur le cadre des rapports économiques, la constitution de la propriété, n'a jamais d'efficacité déterminative vis-à-vis de l'évolution sociologique ».

On comprend d'ailleurs que la première de ces assertions ait conduit à la seconde.

En effet, le processus économique actuel se base encore essentiellement sur la production individuelle. Le phénomène purement économique nait habituellement encore du rapprochement fortuit des individus, agissant séparément, pensant chacun à son affaire. Et l'individu isolé a un pouvoir théoriquement infinitésimal, et, pratiquement, nul, sur les phénomènes économiques qui se déroulent dans le cadre d'un certain arrangement de la propriété. En outre, tant qu'elle agit seule, la volonté humaine n'est pas seulement une force minime, mais son intensité et sa direction — la nature de l'*homo œconomicus* étant invariable — demeurent à très peu près les mêmes pour tous les hommes et dans tous les temps : c'est en somme ce qu'on appellerait en langage mathématique des *constantes*. Le changement, dans la fonction variable qu'est l'évolution du processus économique, sera donc entièrement indépendant de ces quantités constantes : les volontés humaines isolées.

Mais la doctrine du matérialisme historique a cru, à tort, pouvoir conclure de l'impuissance des volontés isolées à celle des volontés collectives. Elle aurait dû admettre, pour le moins, la *possibilité* qu'en s'additionnant des valeurs minimes parvinssent à former des grandeurs efficacement actives. D'autant que par le nombre plus ou moins grand des individus groupés, le degré différent d'extension et de perfection de l'entente, et la multiplicité des intérêts et des buts à poursuivre, les classes sociales, ces faisceaux formidables de volontés humaines, se montrent susceptibles de constituer des forces d'intensité et de direction très diverses, très variables dans l'espace et dans le temps. Elles présentent donc toutes les qualités requises pour former un facteur sociologique éminemment efficace. C'est ce que cette même doctrine, par la plus flagrante des contradictions, admet implicitement quand elle considère la lutte des classes comme la base et le substratum de l'histoire.

Mais après avoir reconnu l'erreur fondamentale de la doctrine fataliste du matérialisme historique, admettrons-nous que toutes les classes sociales ont, selon la grandeur de leur *poids* comme forces sociologiques, une efficacité déterminative sur la phénoménalité sociologique, à l'exception de la seule classe prolétarienne ? Lui dénierons-nous toute possibilité d'action consciente ?

Une classe peut être consciente même sans posséder la puissance économique de la classe capitaliste, par exemple. La richesse est *une des conditions* qui favorisent le plus la formation et le développement d'une conscience collective : mais il y en a d'autres. Et nous avons vu qu'en ce qui concerne la conscience prolétarienne, ces conditions sont toutes aujourd'hui, et *aujourd'hui pour la première fois*, suffisamment satisfaites.

Une classe pauvre, dira-t-on, quand même elle serait susceptible d'un certain degré de conscience collective, sera *impuissante* à agir selon son intérêt économique. Sans doute, à égalité de degré de conscience collective, et à égalité du nombre des membres composants, une classe riche aura toujours une plus grande efficacité d'action qu'une classe pauvre : c'est un fait indéniable. Mais ce qui donne surtout à une classe un poids prépondérant comme facteur sociologique est un degré supérieur d'extension et de perfection de sa conscience collective. Les individus, en effet, comme force active, s'équivalent à peu près ; l'efficacité de leur action dépend donc de la somme des forces employées, de la perfection de l'accord visant à un certain but. Tel groupe de cent individus possédera une force égale à cent. Tel autre, plus nombreux, plus riche, pourra posséder, par suite de la moindre unanimité de ses membres, une force inférieure, nulle peut-être. La perfection de la conscience collective :

voilà le suprême élément de force pour un groupe social.

S'il se réalisait au sein du prolétariat, il s'opposerait victorieusement à la supérieure puissance économique de la classe capitaliste : d'autant plus victorieusement que la puissance économique du prolétariat grandit chaque jour, grâce au nombre imposant des termes de la somme des très petites augmentations individuelles. Et il s'ajouterait à cette autre immense force des prolétariens : *la prépondérance du nombre.*

Le perfectionnement de la conscience collective de la classe prolétarienne, par la valeur et l'efficacité qu'il donnerait à sa sanction morale des actes de ses membres, empêcherait ceux-ci de vendre leur vote aux riches candidats du capitalisme. Et la prépondérance numérique des ouvriers empêcherait la bourgeoisie de se servir contre eux des travailleurs improductifs qu'elle tient à sa solde si, voyant que « la légalité la tue », elle essayait de restreindre ou d'anéantir leur droit de vote.

Il n'est donc pas seulement possible, il est probable que la classe prolétarienne devienne peu à peu un facteur social capable de contrebalancer le poids de la classe capitaliste dans l'organisation de la propriété et de toutes les autres institutions fondamentales. On accorde déjà d'ailleurs une certaine efficacité sociologique à sa conscience collective. M. Loria lui-même l'admet. Il reconnaît, par exemple, que, pendant la Révolution française, les prolétariens ont beaucoup contribué à l'organisation de la propriété en général et à celle de la propriété foncière en particulier.

« En France, la puissance de la noblesse oblige la bour
« geoisie à s'allier au peuple pour conquérir le pouvoir po
« litique, ce qui détermine le caractère populaire de la Révo
« lution française ; et ce mouvement populaire de la France
« n'est pas la moindre cause de la distribution moins in
« juste des fortunes sur le sol français (1). »

On peut donc conclure qu'un développement ultérieur de

(1) *Les bases écon. de la const. sociale*, p. 353.

la conscience collective prolétarienne, en augmentant infiniment son *poids* comme facteur sociologique, aboutira — quand même tous les autres facteurs sociologiques en général et le facteur tellurique en particulier devraient demeurer ce qu'ils sont — à une distribution des richesses encore plus équitable.

M. Loria semble aussi admettre que la conscience collective de la classe ouvrière *a déjà un certain poids* dans la détermination des phénomènes sociaux, par l'explication qu'il donne du phénomène apparemment contradictoire à sa thèse de l'institution des lois « désavantageuses à la classe qui constitue l'État ». Ces lois, celles par exemple sur la protection du travail, réduisant le revenu des capitalistes, ou celles sur la propriété foncière, limitatives des droits et des revenus des propriétaires, proviennent, dit-il, de la scission entre les deux branches principales du revenu capitaliste, la rente et le profit. Cette scission a créé deux partis politiques opposés, dont chacun essaie de vaincre l'autre en s'appuyant sur la classe ouvrière et lui faisant des concessions (1).

La conscience collective prolétarienne n'est pas encore assez développée sans doute pour déterminer seule une transformation fondamentale de la législation, un arrangement de la propriété essentiellement conforme à ses intérêts. Elle ne peut, pour le moment, apporter que de légères modifications à la législation, de légères retouches à l'arrangement actuel de la propriété, et les unes et les autres sont de faibles palliatifs aux misères du prolétariat, des correctifs dérisoires des injustices sociales, Mais, dès aujourd'hui, la classe prolétarienne constitue *un facteur sociologique d'un certain poids* et l'on peut raisonnablement espérer que, grâce à un progrès ultérieur — et infiniment probable — de sa conscience collective, elle soit dans l'avenir un facteur sociologique de premier ordre.

(1) Cf. *Les bases économ. de la constit. soc.*, 3ᵉ partie, ch. ii : Répartition du revenu et du pouvoir.

VII

Ligne du maximum d'efficacité pour l'action du facteur de la conscience sociale.

La doctrine fataliste du matérialisme historique s'est donc trompée. Nous pouvons fermement croire qu'une conscience prolétarienne perfectionnée serait un facteur social de très grande importance. Et tout porte à croire que le poids de ce facteur augmente, que la conscience prolétarienne s'étend et se perfectionne sans cesse et avec une rapidité croissante, car, non seulement les forces qui la produisent continuent d'agir, mais, nous l'avons vu, elles deviennent de plus en plus considérables.

Quand la classe prolétarienne sera complètement consciente, la conscience sociale sera totale. Et, dès lors, des rapports sociaux équitables deviendront possibles.

Mais, quand elle sera devenue un facteur sociologique important, comment la conscience collective prolétarienne pourra-t-elle d'abord modifier le processus économique? Quels sont, parmi les phénomènes et les facteurs sociologiques, ceux sur lesquels elle agira pour atteindre à son maximum d'efficacité? En d'autres termes, quel sera, pour la conscience sociale devenue totale, le meilleur moyen de réaliser des rapports économiques équitables parmi tous les membres de la société?

« A l'aide de quels facteurs, se demande M. De Greef, et
« sur quels facteurs de la société convient-il d'agir pour
« introduire systématiquement et méthodiquement au sein
« des sociétés des modifications voulues par la volonté
« collective en tant qu'émanation de la conscience collec-
« tive? Quels sont les éléments sociaux *les plus modifiables*,
« quels sont ceux dont la modification aura les conséquences

« et les effets *les plus étendus et les plus énergiques* (1) ? »

C'est le nœud de la question.

Or, il faut réfléchir que lors même qu'elle sera devenue totale, la conscience sociale demeurera encore relativement imparfaite. Parmi la foule des questions complexes sur lesquelles l'entente ne pourra pas être spontanée ou facile, l'action concertée ne sera possible, à cause de la multitude énorme des composants de la société, que pour celles, assez rares, vraiment essentielles et auxquelles tout le monde sera vivement intéressé. Pour celles-ci, l'accord aura lieu en des moments particuliers — jours de révolution, périodes électorales — où un état spécial de surexcitation aiguisera la conscience collective, l'amènera momentanément à un haut degré de perfection. A ces époques exceptionnelles, une même question occupe tous les esprits, l'échange des idées s'active, des contrats, des accords, des compromis très nombreux, et de toutes sortes, sont conclus entre les petits groupes spéciaux et entre les classes sociales ou les partis politiques : aussi, est-ce seulement dans ces moments que la société peut parvenir à une entente collective et accomplir un acte conscient.

En d'autres termes, une société imparfaitement consciente, quand même elle s'élèverait à la hauteur d'*un* ou de *plusieurs* actes conscients d'une grande perfection (tels que, par exemple, la première manifestation du 1ᵉʳ mai) demeurerait entièrement incapable d'en accomplir *une suite ininterrompue.*

Ces rares actes conscients n'auront donc d'effets durables que s'ils aboutissent à un facteur sociologique en qui ils se fixent, se cristallisent, pour ainsi dire. Il faudra, par conséquent, que le facteur provoqué ou modifié par l'acte collectif conscient puisse demeurer par lui-même après que la la société, revenue à son état normal de demi torpeur, aura perdu la faculté d'accomplir d'autres actes conscients d'un

____

(1) *Le transformisme social,* p. 329, 330.

égal degré de perfection. En outre, il faudra que, comme le parapet d'un fleuve, il endigue constamment dans la direction voulue les phénomènes sociologiques mêmes, en vue desquels il a été provoqué ou modifié.

Or, ce sont les facteurs juridiques qui remplissent le plus complétement ces conditions. Les principes juridiques, comme le corps lancé dans le vide, demeurent en vigueur et continuent à produire leurs effets indéfiniment, si aucun autre acte conscient collectif n'agit sur eux pour les modifier. Pour que leur action se poursuive après qu'ils ont été fixés dans les institutions civiles et dans les lois, il suffit d'en empêcher la transgression ; ce qui demande un degré de conscience sociale bien inférieur à celui qui les a provoqués.

Et de tous les principes juridiques, celui qui a trait à la plus fondamentale des institutions civiles, la propriété, est aussi celui qui agit le plus efficacement sur l'ensemble du processus économique. Il l'endigue, le canalise, en oriente à son gré tous les phénomènes.

A la différence des juridiques, les phénomènes économiques ne subissent que très imparfaitement l'action directe du facteur de la conscience sociale. D'abord parce que le processus économique de production et de distribution des richesses a une base essentiellement individuelle encore, de sorte que pour modifier les phénomènes économiques par l'intervention directe de l'Etat, par exemple, la société devrait agir en même temps et dans le même sens sur *tous* les individus *séparément*. Entreprise pratiquement hérissée de difficultés.

Mais chaque homme est obligé par la société à réagir selon certaines normes, communes et égales pour tous, contre la pression des intérêts personnels des autres. Le système de règles qui s'impose ainsi à tous les membres à la fois est ce qu'on appelle la constitution de la propriété. Son action limitative et directrice s'exerçant uniformément sur tous les mobiles économiques permet à la société d'influer sur tous également et contemporainement, d'un seul coup. C'est, encore une fois, la digue qui contient la masse infinie des molécules liquides et enferme les pressions et contre pressions moléculaires dans l'espace et la direction voulues par les hommes.

En outre, les phénomènes économiques n'ont jamais la force d'inertie des principes juridiques fixés dans les institutions civiles et influant par là durablement sur tous les autres phénomèmes sociaux. Quand un acte collectif conscient se porte sur un phénomène économique, il n'agit sur lui *qu'une seule fois* et ne le modifie que *momentanément*. Il faut donc, si la modification redevient nécessaire, la provoquer de nouveau par un second acte analogue au premier. On ne pourra donc influer d'une façon permanente sur un phénomène économique que par *une série ininterrompue d'actes conscients analogues*. Ainsi, il ne suffirait pas à la société de s'élever en de certaines conjonctures favorables et rares à un état conscient plus élevé que le normal pour agir directement sur les rapports économiques : il lui faudrait pouvoir se maintenir à ce niveau psychique supérieur, chose dont, pendant longtemps encore, elle sera absolument incapable.

Le facteur sociologique de la conscience sociale exerçant une influence minime sur les phénomènes économiques et une influence extrême sur les phénomènes juridiques dont le plus fondamental, la constitution de la propriété, a de très vastes et très profondes conséquences économiques, c'est afin de modifier celui-ci que, partout et de tout temps, ont lutté entre elles les diverses classes. De toutes leurs victoires, les seules qui aient eu des conséquences durables furent celles que consacra une de ces modifications essentielles, opportunes et répondant au but poursuivi. Citons, entre mille autres, la destruction par le groupe vainqueur de la propriété collective du territoire des antiques communautés de village ; la confiscation du sol anglais sanctionnée par le Domesday Book ; les chartes communales arrachées aux seigneurs féodaux, cet irréparable coup porté à la propriété féodale ; les changements de la propriété foncière anglaise, du droit successoral surtout, selon la prédominance de la Couronne ou de l'aristocratie ou enfin de la classe capitaliste industrielle ; la Révolution française, dont l'œuvre durable est une série de modifications essentielles imposées par la conscience sociale aux phénomènes juridiques. Et tandis que ces modifications (de la proclamation des droits de l'homme au nouvel agencement de la propriété) survivaient à la tourmente révolutionnaire, presque rien n'est demeuré, après 1848, de tout ce que, dans un effort conscient, a tenté de réaliser alors la classe prolétarienne. Et c'est surtout parce qu'elle a principalement voulu agir sur des phénomènes économiques (1).

Les concessions d'un caractère durable que les prolétaires commencent à arracher à la classe capitaliste ne sont que des modifications plus ou moins directes et plus ou moins importantes de la constitution de la propriété. Elles forment l'essence de la législation sociale, des systèmes financiers de plus en plus démocratiques, des impôts sur les successions établis en Angleterre et dans les colonies anglo-saxonnes, des lois agraires accordées à l'Irlande. Que sont d'ailleurs la finance sociale préconisée par M. Wagner, la confiscation du sol, moyennant l'impôt de la rente ricardienne naturelle, réclamée par George, le sys-

______

(1) La proclamation du droit au travail du 26 février n'a pas été, comme elle pourrait le paraître, un acte social conscient, tendant à influer sur un phénomène juridique. La société n'aurait pu rendre effectif un tel droit qu'en agissant continuellement, incessamment et directement sur tout le processus économique, comme elle avait commencé à le faire au moyen des ateliers nationaux. La tendance de la Révolution de février à agir directement sur les phénomènes économiques s'est manifestée clairement par l'institution des ateliers nationaux, l'emprunt de trois millions pour les coopératives de production, le décret du 21 mars relatif aux magasins généraux et autres mesures semblables.

tème d'indemnité pour la *quit rent* de la terre à nationaliser
de M. Wallace, et le salaire territorial ou l'institution du
du droit à la terre de M. Loria, ou la violente expropriation générale que des attardés désirent encore, sinon des
modifications du droit de propriété?

En somme, c'est sur la constitution de la propriété que
la conscience sociale a toujours dû et qu'elle devra toujours
agir pour produire dans tout le processus économique « les
conséquences et les effets les plus étendus et les plus énergiques. »

Jusqu'à présent, la classe dominante exploiteuse seule
ayant été pleinement consciente, c'est en sa faveur seulement que le droit de propriété a évolué. Dans les rares cas
où son intérêt particulier s'est trouvé d'accord avec l'intérêt général, les modifications ont été justes, équitables :
c'est ainsi, par exemple, que l'agencement de la propriété
des inventions, ou de la propriété immatérielle en général,
tend à faire passer cette sorte de propriété aussi rapidement
que possible dans le patrimoine social.

Mais la détention de la terre d'abord, et, plus tard,
de tous les instruments de production, a été d'intérêt suprême, la condition d'existence, de toutes les classes ex-
ploiteuses. Elles ont, par conséquent, toujours conformé
l'agencement de la propriété matérielle de façon à empêcher, de la façon la plus absolue, son passage aux autres
classes.

L'aristocratie terrienne a d'abord établi les fidéicommis,
la main morte, le majorat, afin d'exclure de la terre, qui
était pour lors l'unique instrument de production essentiellement important, le bourgeois médiéval dont grandis-
sait la puissance économique. Car, quant au cultivateur,
les liens du servage suffisaient à le maintenir sous le joug.
Plus tard, quand la bourgeoisie fit la loi et eut intérêt à
dégager des entraves féodales la terre, tous les instruments
de production, et le travailleur lui-même, dont la liberté,
l'affranchissement complet de la glèbe ou de la corporation,

désormais sans danger grâce à l'occupation complète du sol, étaient très avantageux à ses exploiteurs, il suffit aux capitalistes d'instituer le droit de tester pour maintenir leurs injustes privilèges.

Les masses inconscientes acceptèrent toujours, sans les discuter, les constitutions de la propriété que, selon leur intérêt du moment, adoptaient les classes dominantes et que la religion revêtait toujours d'un caractère sacré.

Mais aujourd'hui, pour la première fois, une conscience totale de moins en moins imparfaite tend à transformer le droit en l'acte collectif conscient non d'une seule classe, mais de toute la société. Le droit, en d'autres termes, se dépouillant de tout accessoire métaphysique, de tout résidu de consécration religieuse, tend à devenir uniquement et rigoureusement utilitaire.

Aujourd'hui enfin, selon le mot de M. Spencer, les institutions civiles et les lois qui tirent leur autorité « du consensus des intérêts individuels » tendent à prévaloir sur les institutions et les lois qui émanent de l'organe gouvernemental, instrument de la classe dominante consciente. La force des institutions ne résidant plus dans le sentiment religieux et les instincts collectifs qui y soumettent aveuglément les masses, la clé de voûte des rapports économiques changera aussi et, de sa conformation présente anti-équitable et anti-contractuelle par excellence, l'agencement de la propriété deviendra peu à peu tel que le ferait un véritable contrat social passé entre tous les composants de la société. Le contrat social deviendra dès lors une réalité.

Déjà existe l'organe nécessaire pour le réaliser : ces assemblées représentatives qui sont désormais « l'appareil régulateur par excellence de la vie sociale », « l'organe vraiment cérébral de la société » (De Greef), la plus active manifestation de la conscience sociale.

Elles ont d'abord grossièrement déterminé les premières formes du contrat, dans les débats entre l'ancienne classe dominante, prince et noblesse, et la classe bourgeoise capitaliste, touchant les questions d'impôt. Plus tard, quand la classe bourgeoise fut non seulement capable de refréner la rapacité de l'aristocratie, mais, à son tour, maîtresse du pouvoir, les assemblées nationales étendirent le contrat collectif entre les composants individuels ou les diverses sous classes de la classe capitaliste à un nombre de questions plus considérable. Au fur et à mesure de leur processus évolutif, les assemblées se perfectionneront toujours davantage comme organes de contrat social. Elles deviendront, grâce à la formation graduelle de la conscience de classe des prolétariens, un organe de contrat collectif entre un nombre toujours plus grand des membres composant la société et les questions qu'elles résoudront augmenteront sans cesse. Puis enfin, l'agencement même de la propriété deviendra matière de contrat, et tous les composants de la société se trouvant représentés, les assemblées constitueront l'organe fondamental par lequel s'affirmera le véritable contrat social par excellence, celui qui règle seul les rapports économiques de tous les associés et d'où proviennent, par conséquent, toutes les iniquités ou toute l'équité des relations humaines. Ce contrat se renouvellera et se modifiera continuellement, par les changements incessants qui surviendront dans les circonstances telluriques, naturelles ou artificielles, ou dans le milieu ambiant en général, mais il se réalisera enfin, toujours et immanquablement, selon les suprêmes et éternels principes de l'équité.

FIN

TABLE DES MATIÈRES

—

Première partie

Saint-Amand (Cher). — Imprimerie BUSSIÈRE.

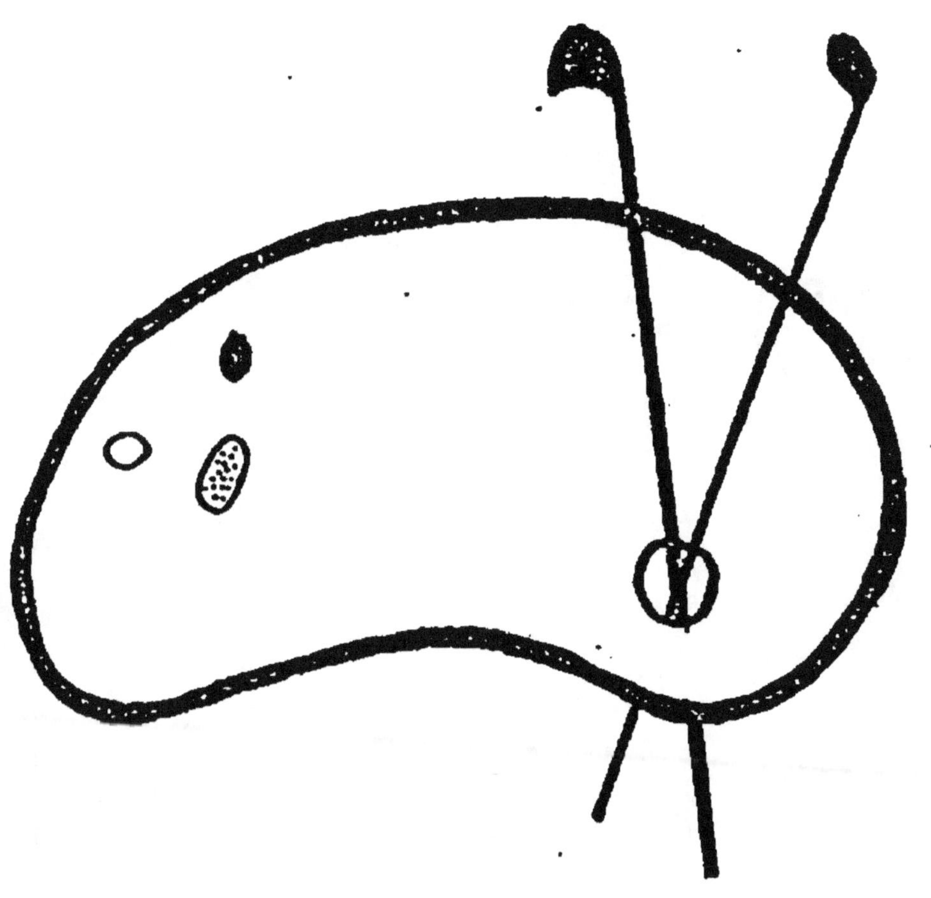

REVUE INTERNATIONALE

DE

SOCIOLOGIE

PUBLIÉE TOUS LES MOIS, SOUS LA DIRECTION DE

RENÉ WORMS

Secrétaire-Général de l'Institut International de Sociologie et de la
Société de Sociologie de Paris

AVEC LA COLLABORATION ET LE CONCOURS DE

Ch. Andler, Paris. — A. Asturaro, Gênes. — G. de Azcarate, Madrid.
A. Babeau, Troyes. — M. E. Ballesteros, Santiago. — P. Beauregard,
Paris. — R. Bérenger, Paris. — M. Bernès, Paris. — J. Bertillon,
Paris. — A. Bertrand, Lyon. — L. Brentano, Munich. — Ad. Buylla,
Oviedo. — Ed. Chavannes, Paris. — E. Cheysson, Paris. — R. Dalla
Volta, Florence. — J. Dallemagne, Bruxelles.— G. De Greef, Bruxelles.
— E. Delbet, Paris. — H. Denis, Bruxelles. — C Dobrogeanu, Buca-
rest. — P. Dorado, Salamanque. — M. Dufourmantelle, Paris. — L.
Duguit, Bordeaux. — P. Duproix, Genève. — A. Espinas, Paris. —
Fernand Faure, Paris. — E. Ferri, Rome. — G. Fiamingo, Rome. —
A. Fouillée, Paris. — A. Giard, Paris. — Ch. Gide, Montpellier. — R.
de la Grasserie, Nantes. — P. Guiraud, Paris. — L. Gumplowicz,
Graz — H. Hauser, Dijon. — M. Kovalewsky, Beaulieu. — F. Lar-
naude, Paris. — E. Levasseur, Paris. — P. de Lilienfeld, Saint-Péters-
bourg. — A. Loria, Padoue. — J. Loutchisky, Kiew. — John Lubbock,
Londres. — J. Mandello, Presbourg. — L. Manouvrier, Paris — P. du
Maroussem, Paris. — T. Masaryk, Prague. — Carl Menger, Vienne.—
G. Monod, Paris. — F. S. Nitti, Naples. — J. Novicow, Odessa. — Ed.
Perrier, Paris. — Ch. Pfister, Nancy — Georges Picot, Paris — Ad.
Posada, Oviedo. — O Pyfferoen, Gand. — A. Raffalovich, Paris. —
M. Revon, Paris. — Th. Ribot, Paris. — Ch. Richet, Paris. — E. de
Roberty, Tver. — V. Rossel, Berne. — Th. Roussel, Paris. — A.
Schæffle, Stuttgard. — F Schrader, Paris. — G. Simmel, Berlin. —
C. N. Starcke, Copenhague. — L. Stein, Berne. — S R. Steinmetz,
Utrecht. — G. Tarde, Paris. — J. J. Tavares de Medeiros, Lisbonne.
— F. Tœnnies, Kiel. — A. Tratchewsky, Saint-Pétersbourg. — E. B.
Tylor, Oxford. — E. Van der Rest, Bruxelles. — I. Vanni, Rome. —
J. M. Vincent, Baltimore. — P. Vinogradow, Moscou. — E. Wester-
marck, Helsingfors. — Emile Worms, Rennes. — L. Wuarin, Genève.

Secrétaires de la Rédaction : Ed. Herriot.— Al. Lambert.— G.-L. Duprat.

ONZIÈME — ANNÉE 1903

Abonnement annuel : FRANCE : 18 fr. — UNION POSTALE : 20 fr.

PARIS (5e)

V. GIARD & E. BRIÈRE, LIBRAIRES-ÉDITEURS,

16, RUE SOUFFLOT ET RUE TOULLIER, 12